"十四五"职业教育国家规划教材

国家骨干高等职业院校建设成果
中央财政支持重点建设专业教材

高速铁路轨道施工与维护

第3版
3RD EDITION

Construction and Maintenance
of High Speed Railway Track

方　筠　主　编

崔彦增　苗兰弟　张　军　副主编

赵东田　主　审

人民交通出版社
北　京

内 容 提 要

本教材为"十四五"职业教育国家规划教材,"互联网＋"纸数融合一体化教材。本书编写遵循学生认知规律,根据高等职业院校专业开设的"高速铁路轨道施工与维护"课程教学大纲编写而成,结合现行高速铁路行业规范,对我国高速铁路无砟轨道施工与维护所采用的新技术、新工艺、新设备和新材料进行了系统介绍。

全书按照轨道施工工艺流程设置了六大项目,包括:绪论、项目一 轨道结构及轨道精测、项目二 板式无砟轨道施工、项目三 双块式无砟轨道施工、项目四 无砟轨道道岔施工、项目五 无缝线路铺设施工、项目六 轨道检测与维修。每个项目下设若干任务,内容由浅入深、全面翔实,结构清晰简明、编排合理,可作为高等职业院校铁道工程技术、高速铁路施工与维护、城市轨道交通工程技术等专业教材,也可供相关工程技术人员使用和参考。

本书配有教学课件,教师可通过加入职教铁路教学研讨群(QQ:211163250)获取。

图书在版编目（CIP）数据

高速铁路轨道施工与维护 / 方筠主编. — 3 版.

北京：人民交通出版社股份有限公司, 2025. 6.

ISBN 978-7-114-20239-1

Ⅰ . U238

中国国家版本馆 CIP 数据核字第 2025VD1387 号

Gaosu Tielu Guidao Shigong yu Weihu

书　　名：	高速铁路轨道施工与维护(第 3 版)
著 作 者：	方　筠
策划编辑：	李　娜
责任编辑：	陈虹宇
责任校对：	赵媛媛
责任印制：	张　凯
出版发行：	人民交通出版社
地　　址：	(100011)北京市朝阳区安定门外外馆斜街 3 号
网　　址：	http://www.ccpcl.com.cn
销售电话：	(010)85285911
总 经 销：	人民交通出版社发行部
经　　销：	各地新华书店
印　　刷：	北京市密东印刷有限公司
开　　本：	787×1092　1/16
印　　张：	26
字　　数：	623 千
版　　次：	2013 年 12 月　第 1 版
	2019 年 8 月　第 2 版
	2025 年 6 月　第 3 版
印　　次：	2025 年 6 月　第 3 版　第 1 次印刷　总第 10 次印刷
书　　号：	ISBN 978-7-114-20239-1
定　　价：	69.00 元(含主教材和实训手册)

(有印刷、装订质量问题的图书,由本社负责调换)

第3版前言

随着我国高速铁路建设飞速发展,截至2024年底,我国高铁运营总里程已经超过4.8万km,位居世界第一,我国已成长为当今世界高速铁路发展的领跑者和技术集大成者。由中国国家铁路集团有限公司(以下简称国铁集团)建造的雅万高铁、中老铁路等铁路,全线采用中国技术、中国标准,"中国建造"将持续助力各国发展。国铁集团2020年8月出台的《新时代交通强国铁路先行规划纲要》提出,到2035年,我国将率先建成现代化铁路网,高铁运营里程将达到7万km。因此,高速铁路的施工与维护需要更多高素质的专业技能型人才。

本教材内容编写以高速铁路轨道施工与维护岗位核心专业技能和职业素养的养成为目标,以高速铁路轨道结构组成为主线,设计了高速铁路轨道结构与轨道精测、板式无砟轨道施工、双块式无砟轨道施工、无砟轨道道岔施工、无缝线路铺设施工、轨道检测与维修等6个项目,涵盖了我国所有无砟轨道结构形式的施工与维护工作的关键技术,融入高速铁路轨道的新技术、新工艺、新标准、新规范,实现教学过程与生产过程对接,确保了教学内容的先进性和科学性;从高速铁路技术自主创新精神、高速铁路建造精益求精的工匠精神、扎根基层奉献青春的吃苦精神等方面,深入挖掘高速铁路建设和养护维修中的思政元素,设计完成课程全部知识点对应的课程思政点,可实现专业学习与思政育人共融的目标。本书适用于高速铁路施工与维护、铁道工程技术、城市轨道交通工程技术等专业教学。

本教材按照产教深度融合、校企合编共用的原则编写,由陕西铁路工程职业技术学院方筠(副教授)担任主编并统稿。具体编写分工如下:方筠编写绪论、项目一、三、四;中铁一局集团有限公司崔彦增(高工)编写项目二任务二;陕西铁路工程职业技术学院苗兰弟(副教授)编写项目二任务一、三,项目五,项目六任务二;西安铁路职业技术学院张军(副教授)编写项目六任务一;中国铁路成都局集团郑江(高工)编写项目六任务三;中国国家铁路集团有限公司工程管理中心赵东田(正高工)担任本书主审,对书稿的编写结构和内容均提出有益的修改意见和建议,在此表示由衷感谢!

本教材配套的实训手册,由陕西铁路工程职业技术学院高铁维护教研室方筠、苗兰弟、王婷茹、周永胜编写,方筠统稿,在此对教学团队的老师表示衷心的感谢!

教材编写过程中主要参考《高速铁路轨道工程质量验收标准》《高速铁路线路维修规则》及近年来行业内普遍应用的技术资料,同时在编写过程中,得到了各铁路局集团、铁路工程公司及兄弟院校的支持与帮助,在此一并表示感谢。

由于编者水平有限,难免有不足,敬请读者和专家指正。

本教材配套教学慕课在2023年被认定为职业教育国家在线精品课程,相应课程思政建设成果在2023年被认定为陕西省课程思政示范课。有意学习者请登录智慧职教MOOC学院,搜索高速铁路轨道施工与维护课程或者链接以下网址即可注册学习:

https://mooc.icve.com.cn/course.html? cid = GSTSX001031

有需要进行网络教学的教师可与我们联系,开通权限,联系敬请提宝贵意见!
联系 QQ 号码:51443660 苗老师、110970477 方老师。

编　者

2024 年 11 月

课程思政设计

本教材编写基于工作过程理念建构了有砟轨道施工与维护、无砟轨道施工与维护和高速道岔施工与维护三个教学模块，以"高铁精神"为主线，系统设计了爱国情怀、吃苦奉献、精益求精、责任担当、务实创新、传统文化等思政点，将课程内容与思政教育融合，帮助学生树立"高铁有我"的信念，使学生在教学实践过程中强化动手能力，激发学生"我为高铁"的使命感和责任感。请扫描下方二维码，查看各项目任务的授课要点和课程思政点。

教材配套数字资源索引

第一部分：教材多媒体资源

序号	项目	任务	资源名称	资源类型	页码
1	绪论 高速铁路 概述	一	中国铁路百年历程	微课	P4
2			新、老京张铁路	微课	P4
3		任务一 有砟轨道布置	有砟轨道结构	微课	P6
4			钢轨	微课	P6
5			汉阳造钢轨	微课	P6
6			钢轨伤损扫查	动画	P6
7			轨枕	微课	P10
8			接头连接零件	微课	P14
9			扣件	微课	P17
10			WJ-7型扣件	动画	P27
11			WJ-8型扣件	微课	P29
12			道床	微课	P39
13			道岔分类	微课	P43
14			道岔工作原理	动画	P43
15			普通单开道岔结构	微课	P43
16			道岔转辙机械	微课	P43
17	项目一 轨道结构 及轨道精测		辙叉及护轨	微课	P45
18			道岔连接部分、岔枕	微课	P46
19		任务二 无砟轨道布置	京沪高速铁路	动画	P54
20			CTRS II 型板式无砟轨道结构	动画	P54
21			CTRS II 型板式无砟轨道结构	微课	P54
22			CTRS III 型板式无砟轨道结构	微课	P55
23			双块式无砟轨道结构	微课	P57
24		任务三 轨道状态检测	轨距	微课	P63
25			容许偏差	微课	P63
26			水平、三角坑	微课	P65
27			轨底坡	微课	P67
28			轨向	微课	P68
29			高低	微课	P68
30			轨道状态检查	微课	P68
31		任务四 高速铁路轨道精测	测试放样处理系统	视频	P69
32			CPIII测量放样	视频	P69

1

序号	项目	任务	资源名称	资源类型	页码
33	项目一 轨道结构 及轨道精测	任务四 高速铁路轨道精测	全站仪设站	微课	P69
34			轨道不平顺分析	微课	P69
35		任务一 CRTS Ⅰ型板式无砟 轨道施工	Ⅰ型板式无砟轨道施工设备	视频	P78
36			底座施工	动画	P79
37			轨道板铺设施工	动画	P85
38			CA砂浆灌注施工	动画	P90
39		任务二 CRTS Ⅱ型板式无砟 轨道施工	Ⅱ型板的制造（1）	视频	P92
40			Ⅱ型板式无砟轨道施工（2）	视频	P92
41			Ⅱ型板式无砟轨道施工（3）	视频	P92
42	项目二 板式无砟 轨道施工	任务三 CRTS Ⅲ型板式无砟 轨道施工	CRTS Ⅲ型板式无砟轨道施工技术	视频	P108
43			CRTS Ⅲ型板施工工艺	动画	P108
44			CRTS Ⅲ型板式轨道底座放样计算	微课	P110
45			CRTS Ⅲ板式无砟轨道底座板施工	微课	P110
46			隔离层施工	微课	P110
47			轨道板粗铺	微课	P116
48			精调爪安装	微课	P116
49			CRTS Ⅲ型板精调-掌上电脑使用	微课	P116
50			CRTS Ⅲ型轨道板精调	动画	P116
51			CRTS Ⅲ型自密实混凝土施工	微课	P120
52			CRTS Ⅲ型轨道板生产	视频	P125
53			CRTS Ⅲ型轨道板生产工艺	微课	P125
54		任务一 CRTS 双块式 无砟轨道施工	双块式无砟轨道施工工艺1	视频	P136
55			双块式路基支承层施工	微课	P136
56			双块式无砟轨道施工工艺2	视频	P140
57			双块式桥梁段底座施工	微课	P140
58	项目三 双块式 无砟轨道 施工		无砟轨道排框架法施工	动画	P144
59			双块式无砟轨道轨排法施工	动画	P144
60			双块式无砟轨道施工工艺3	视频	P151
61			双块式无砟轨道精调	动画	P151
62			双块式无砟轨道精调原理	微课	P151
63			双块式道床板施工	微课	P153
64			轨检小车组装（南方高铁）	微课	P153
65			双块式轨枕预制	微课	P157
66			CRTS Ⅰ型双块式轨枕制造	视频	P157
67	项目四 无砟轨道 道岔施工	任务一 埋入式道岔施工	原位法无砟道岔施工与精调	动画	P186
68			基地组拼道岔施工及精调	动画	P186

2

序号	项目	任务	资源名称	资源类型	页码
69	项目四 无砟轨道 道岔施工	任务一 埋入式道岔施工	长枕埋入式道岔施工	视频	P186
70			长枕埋入式道岔施工	微课	P186
71		任务二 板式道岔施工	板式道岔施工	视频	P196
72			板式道岔施工	微课	P196
73			高速道岔工务精调工艺	微课	P196
74			普通单开道岔检查	微课	P196
75			高速道岔检查	微课	P196
76	项目五 无缝线路 施工	任务一 无缝线路设计	无缝线路工作原理	视频	P206
77			无缝线路工作原理	微课	P206
78			无缝线路的结构	微课	P206
79			温度力计算	微课	P209
80			轨温确定	微课	P210
81			基本温度力图绘制	微课	P214
82			线路阻力组成	微课	P214
83		任务二 无缝线路铺设施工	无缝线路铺设施工	视频	P217
84			无缝线路施工	微课	P217
85			长钢轨铺设(有砟轨道)	微课	P217
86			工厂(基地)焊接	微课	P219
87			长钢轨道铺设施工	动画	P227
88			长钢轨铺设(无砟轨道)	微课	P231
89			长钢轨焊接施工	动画	P234
90			移动式闪光焊接	微课	P235
91			铝热焊	微课	P235
92			应力放散原理	微课	P236
93			既有线应力放散	微课	P237
94			新建线路应力放散施工	微课	P237
95			钢轨伸缩调节器	微课	P240
96		任务三 轨道精调	长轨道精调原理	动画	P244
97			长轨道精调概述	微课	P244
98			轨道精调	微课	P244
99			安伯格轨检小车操作	微课	P244
100	项目六 轨道检测 与维修	任务一 无砟轨道伤损及维修	板式无砟轨道伤损检查	微课	P250
101		任务二 无缝线路养护维修	位移观测桩设置	微课	P265
102			胀轨轨道处理方法	微课	P272
103			扣件紧固施工	视频	P276

第二部分:实训手册多媒体资源

序号	项目	任务	资源名称	资源类型	页码
1	项目1	胶结绝缘接头安装实训作业	胶结绝缘接头	微课	P1
2	项目2	扣件螺栓涂油实训作业	画撬并更换扣件	微课	P5
3	项目3	WJ-7型扣件实训作业	WJ-7型扣件安装	动画	P8
4	项目4	WJ-8型扣件实训作业	WJ-8型扣件安装	微课	P13
5	项目5	有砟轨道结构实训作业	有砟轨道结构	微课	P18
6	项目6	道岔结构实训作业	普通单开道岔结构	微课	P23
7	项目7	CRTS Ⅲ型板式无砟轨道结构实训作业	Ⅲ型板式无砟轨道结构	微课	P27
8	项目8	线路几何形位检查实训作业	轨道状态检查——道尺	微课	P30
9			线路检查——电子道尺	微课	P30
10	项目9	CPⅢ高程及沉降观测实训作业	CPⅢ平差计算	微课	P34
11			二等水准外业观测	视频	P34
12	项目10	全站仪后方交会法设站实训作业	全站仪设站	微课	P39
13			棱镜安装	微课	P39
14	项目11	CRTS Ⅲ型板式无砟轨道施工实训作业	底座板放样	微课	P43
15	项目12	CRTS Ⅲ型板式无砟轨道精调实训作业	精调爪安装及调整	微课	P46
16			CRTS Ⅲ型板精调	微课	P46
17	项目13	双块式无砟轨道施工实训作业	双块式无砟轨道结构	微课	P51
18	项目14	双块式无砟轨道底座放样实训作业	CRTS Ⅰ型双块式无砟轨道布板里程计算	微课	P55
19			CRTS Ⅰ型双块式无砟轨道梁端里程反算	微课	P55
20	项目15	CRTS双块式无砟轨道精调实训作业	CRTS Ⅰ型双块式无砟轨道精调操作	微课	P58
21			安伯格轨检小车安装（1）	微课	P58
22			安伯格轨检小车安装（2）	微课	P58
23	项目16	单开道岔检查实训作业（1）轨向高低检查	普通单开道岔检查——轨向、高低检查	微课	P63
24		单开道岔检查实训作业（2）轨距水平检查	普通单开道岔检查——轨距水平检查	微课	P67
25		单开道岔检查实训作业（3）支距检查	普通单开道岔检查——支距检查	微课	P74
26		单开道岔检查实训作业（4）轮缘槽及动程检查	普通单开道岔检查——查照间隔、护背距离检查	微课	P77
27			尖轨动程检查	微课	P77
28	项目17	提速道岔检查实训作业	高速道岔检查——结构检查项目	微课	P81
29			高速道岔检查——密贴性检查	微课	P81

4

序号	项目	任务	资源名称	资源类型	页码
30	项目18	钢轨焊缝平直度及焊缝质量手工检查实训作业	钢轨探伤仪使用	微课	P90
31	项目19	焊缝平直度检查及精磨实训作业	钢轨打磨作业	视频	P95
32	项目20	轨道精调实训作业	安伯格小车数据采集	微课	P98
33			轨检小车软件操作(南方小车)	微课	P98
34			TDES曲线调整方法	微课	P98
35	项目21	无砟轨道道床板裂纹修补实训作业	板式无砟轨道裂缝检查	微课	P102
36	项目22	双块式轨枕离缝注胶实训作业	高铁精调维护	动画	P105
37	项目23	轨道检查仪检查线路实训作业	瑞邦轨道检查仪	微课	P108
38			瑞邦小车软件操作	微课	P108

资源使用说明:

1.扫描封面二维码,注意每个码只可激活一次;

2.长按弹出界面的二维码关注"交通教育出版"微信公众号并自动绑定资源;

3.公众号弹出"购买成功"通知,点击"查看详情",进入后即可查看资源;

4.也可进入"交通教育出版"微信公众号,点击下方菜单"用户服务—图书增值",选择已绑定的教材进行观看。

本教材配套有教学慕课,有意学习者请登录智慧职教 MOOC 学院,搜索高速铁路轨道施工与维护课程,进行注册学习,或者通过扫描下方二维码注册学习。有需要进行网络教学的教师可与我们联系,开通权限,敬请提出宝贵意见!

联系 QQ 号码:51443660(苗老师)、110970477(方老师)。

智慧职教

目　　录

高速铁路概述

素质目标:

通过学习高速铁路概述,了解高速铁路在国家基础建设中的重要性;对比国内外高速铁路的建设,清楚中国高铁建设历程中面临的困境和机遇,培养在竞争与合作环境下的创新意识和躬身入局的实践精神。以科技创新为思政主线,厚植爱国情怀,不畏困难、勇于奋斗,砥砺强国之志。

一、高速铁路特点

我国高速铁路是专门或主要用于旅客运输的铁路,也称为客运专线铁路。高速铁路设计速度为250km/h(含预留)及以上,初期运营速度不小于200km/h,铁路等级应符合下列规定。

Ⅰ级客运专线铁路:旅客列车最高设计行车速度为300km/h及以上的客运专线铁路,其远期年客流一般应大于或等于5000万人,一般设计为无砟轨道结构。

Ⅱ级客运专线铁路:旅客列车最高设计行车速度为200~250km/h的客运专线铁路,其远期年客流一般应大于或等于3000万人,一般设计为有砟轨道结构。

无砟轨道是以混凝土或沥青混合料等取代散粒道砟道床而组成的轨道结构形式。无砟轨道具有结构高度低、维修保养工作量少、列车高速行驶时不存在道砟飞溅的现象、稳定性好、适用性强、耐久性强和维修少、轨道横向阻力大等特点,在各国高速铁路中得到了较为广泛的应用,特别是在隧道内及桥梁上取得良好效果。

国际铁路联盟经过多年的调查,认为无砟轨道是未来高速铁路轨道结构的发展方向,且以少维修为目的,向着高速化、减振降噪、降低成本、少维修、提高施工效率等综合性能优化的方向发展。

目前,世界各国采用的无砟轨道主要有板式无砟轨道和双块式无砟轨道两种结构形式。

二、高速铁路轨道主要技术要求

高速铁路与传统铁路相比较,最突出之处是要求轨道具有高平顺性,为达到这一要求,需要轨下基础有较高的稳定性和较小的永久变形。

1. 桥上无砟轨道的主要技术要求

桥上无砟轨道与隧道、路基不同,桥梁结构在活载作用下的弹性变形以及恒载作用下的长期变形都会影响到桥上轨道结构的受力、平顺性、行车安全及舒适性。而且在无砟轨道铺设后,扣件的调整量有限,因此,控制预应力产生的徐变上拱是设计和施工的关键。

2. 土质路基无砟轨道的主要技术要求

控制沉降是土质路基无砟轨道施工的关键。地基沉降与地质情况关系密切,因此必须重视地基的处理和排水设施的设置。为强化路基基础,必须在钢筋混凝土底座下面铺设一层水凝性稳定承载层。

3. 隧道无砟轨道的主要技术要求

隧道衬砌应采用曲墙、仰拱结构。仰拱必须设置在稳定的基础上,并保证与下部围岩密贴。当围岩基底承载力低于0.3MPa或预计会发生沉降时,应采取加固措施,回填层混凝土强度等级不低于C20,并应设置双侧排水沟。隧道底部不能出现渗水和积水,否则,列车动载下水的"拍板"效应,会对无砟轨道产生极大的破坏。

4. 轨道电路的主要技术要求

无砟轨道的道床漏泄电阻不得低于2.0Ω·km;钢轨阻抗的电感偏差不大于5%,交流有效电阻偏差不大于15%。

三、高速铁路基本性能

为适应运输的快速、舒适、安全三大要求,无论选用哪种轨道类型,高速铁路都应具备高平顺性、高稳定性、高可靠性和高耐久性四大基本性能。

1. 高平顺性

就轮轨系统而言,高速铁路轨道上存在几何不平顺和动力不平顺,以及短波不平顺和长波不平顺两大类不平顺问题。这种不平顺对其行车平稳性、舒适性和安全性的影响均随行车速度的提高而显著增大。

加强对各种轨道不平顺的管理,在高速铁路轨道特别是有砟轨道中尤为重要。为此,高速铁路轨道必须实现无缝化、平顺化、高精度化和维护管理的现代化。

2. 高稳定性

高稳定性主要是指轨道结构的重型化,轨道部件的高精度化,轨道刚度的合理化与均匀化。

3. 高可靠性

高可靠性主要是指轨道强度足够,轨道弹性合理,轨道部件的长效性和完好性,轨下基础的稳固性和长久性。

4. 高耐久性

高耐久性主要是指轨道结构维修少、寿命长、成本低。

若要真正实现高速铁路轨道应具备的四大基本性能,设计、制造、安装、铺设、维护、管理等各方必须各尽其责、一丝不苟、同心协力,做到精心设计、精心施工、精心维护,确保列车运营安全。

四、高速铁路轨道结构

1. 高速铁路轨道结构组成

我国高速铁路轨道结构组成见表 0.0.1。

高速铁路轨道结构的组成   表 0.0.1

轨道类型	钢轨	轨枕	道床	扣件
有砟轨道	U71Mn 60kg/m	Ⅲ型 PC 枕(桥隧用弹性轨枕),长 2.6m,质量 330kg,配置 1667 根/km	级配碎石,特级,厚度 350mm,桥隧设砟下胶垫	弹条Ⅳ型无挡肩、无螺栓,弹条Ⅴ型有挡肩不分开式,轨下垫板刚度 60kN/mm,每组扣压力 9kN(一般)、4kN(小阻力),塑料轨距挡板
无砟轨道		轨道板	CAM(连续级配沥青混合料)层,混凝土底座	WJ-7 型无挡肩分开式,轨下垫板刚度 0 ~ 30kN/mm;WJ-8 型有挡肩不分开式,铁垫板下弹性垫板刚度 20 ~ 30kN/mm;每组扣压力 9kN(一般)、4kN(小阻力),塑料轨距挡板
		双块枕	混凝土道床	

2. 两种轨道的综合评价

通过对高速铁路有砟轨道与无砟轨道两种轨道结构使用经验的初步分析,其性能综合评价见表 0.0.2。

有砟轨道和无砟轨道性能综合评价   表 0.0.2

性能	有砟轨道	无砟轨道
几何形位	难以持久维持	持久保持
平纵断面参数	选线自由度较小	选线自由度大
改建	较易	很难

性能	有砟轨道	无砟轨道
运输能力	较低	较高
承载能力	较低	较高
轨道弹性	较优	较差
基础变形	调整容易	整治困难
环境条件	减振降噪处理易	减振降噪处理难
建筑限界高度	较高	较低
工程投资	较低	较高
维护费用	较大	很少
使用寿命	30 年	60 年

3.高速铁路轨道结构选型要求

（1）对于高速铁路轨道结构的选型,应根据线路速度等级和线下工程条件,经技术经济比较后选择,具体如下：

①设计速度 $V \leqslant 250km/h$,以有砟轨道为主。

②设计速度 $V \geqslant 250km/h$,优选无砟轨道。

③设计速度 $V \geqslant 300km/h$,以无砟轨道为主。

（2）不同类型轨道结构应集中成段铺设,有砟轨道与无砟轨道之间应设置过渡段。

五、进击的中国高铁

21 世纪之前,高速铁路还是我们的梦想,当时世界上只有日本、德国、法国等国家有高速铁路。2003 年,秦沈客运专线建成通车;2007 年,和谐号动车组开始运营;2008 年,中国高铁运营总里程突破 1000km;2009 年,武广高铁投入运营,中国高铁运营总里程突破 2000km;2010 年,沪宁城际全段投入运营,中国高铁运营总里程突破 5000km,中国高速铁路运营里程成为世界第一,中国铁路人奋力拼搏,6 年走完了国外 30 年的发展历程。此后历经京沪高铁、京广高铁、宁杭高铁、贵广高铁、兰新高铁、沈丹高铁、海南环线、西成高铁等建设,中国高速铁路技术不断取得突破,截至 2024 年底,我国高铁累计通车总里程约 4.8 万 km。20 余年,中国高速铁路从零到铺向全国的通达网络,验证了中国速度,而这背后,是百余年的砥砺前行。

微课:中国铁路百年历程

微课:新、老京张铁路

高速铁路轨道施工与维护（第3版）

项目一

轨道结构及轨道精测

学习目标

知识目标:

1. 正确描述有砟轨道的结构组成和适用条件。
2. 简述有砟轨道的连接方式、轨枕的安装要求、道床的结构形式。
3. 简述无砟轨道的类型。
4. 简述 CRTS Ⅲ 型板式无砟轨道的结构构造。
5. 简述双块式无砟轨道的结构构造。
6. 正确描述无砟轨道扣件类型及组成。
7. 正确描述轨道状态的 5 个要素和基本检测标准。
8. 正确描述无砟轨道测量基点的分类及用途。
9. 简述道岔的结构及分类。

能力目标:

1. 能用道尺对有砟轨道结构的轨道状态进行检查。
2. 能识读有砟轨道和无砟轨道结构图。

3. 能正确选用不同轨道结构的扣件并进行安装。
4. 能用电子道尺对无砟轨道结构的状态进行检查。
5. 能用塞尺对有砟轨道轨缝和无砟轨道结构的扣件进行检查。
6. 能用道尺、支距尺对道岔进行检查。
7. 能正确进行轨道结构配件数量的计算。
8. 能进行轨道轨向和高低的检查。

素质目标:

通过学习轨道结构组成,了解轨道各组成部分的功用,掌握轨道结构间的连接方式和标准。培养忠于职守、就就业业的螺丝钉精神,能积极主动创造美好未来,实现自己的人生理想与价值;通过实训练习,培养团队协作能力,能热爱专业,树立正确的人生观,勇敢肩负起时代赋予的光荣使命。

高速铁路轨道结构根据设计要求的不同,分为有砟轨道结构和无砟轨道结构。本项目主要学习两种轨道结构的基本组成、轨道状态、轨道基准网设置等知识点。

任务一　有砟轨道布置

轨道是铁路线路的组成部分,包括钢轨、轨枕、连接零件、道床、防爬设备和道岔等(图1.1.1)。作为一个整体性工程结构,轨道铺设在路基、桥梁、隧道等线下结构之上,起着列车运行的导向作用,直接承受机车车辆及其荷载的巨大压力(垂直压力、横向水平力、纵向水平力、温度附加力)。在列车运行的动力作用下,轨道的各个组成部分必须具有足够的强度和稳定性,结构要合理,尺寸及材质要相互配合、等强配套,保证列车按照规定的最高速度,安全、平稳、不间断地运行。

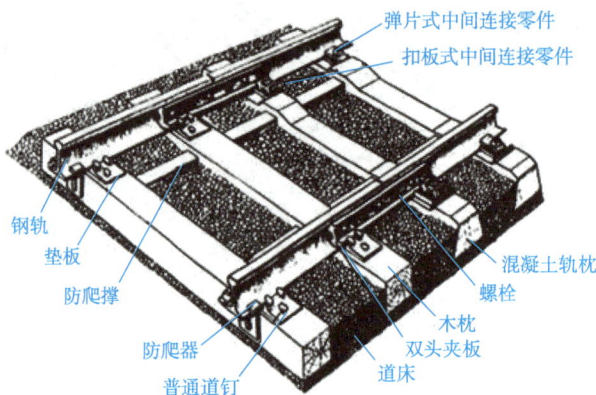

图1.1.1　轨道的基本组成

一、钢轨

1. 钢轨的功用、性能和截面

1)钢轨的功用、性能

不管铁路采用何种类型、何种形式的轨道结构,钢轨都是铁路轨道的主要部件。钢轨与机车车辆的车轮直接接触。钢轨质量的好坏直接影响到行车的安全性和稳定性。为了使铁路线路能按照设计速度保证列车运行,钢轨必须具备以下几方面的功能:

(1)为车轮提供连续、平顺和阻力最小的滚动面,引导机车车辆前进。因此,要求钢轨表面光滑,以减小轮轨阻力;轮轨之间有较大的摩擦力,以发挥机车的牵引力。

(2)钢轨要承受来自车轮的巨大垂直压力,轨面要承受极大的接触应力。除垂直力外,钢轨还要承受横向力和纵向力。在这些力的作用下,钢轨要产生弯曲、扭转、爬行等变形,轨头的钢材还要产生塑性流动、磨损等,因此要求钢轨有足够的强度、韧性、耐磨性。

(3)兼作轨道电路,作为电路信号电流的传输通道和电气化铁路机车牵引电流的回路通道。

2)钢轨的截面

从构件截面的力学特性可知,工字形截面的构件具有较好的抗弯曲性能。因此,可把钢轨看成是连续弹性地基梁,或连续点支撑地基梁。根据钢轨的功能要求,一般将钢轨截面设计成工字形,如图 1.1.2 所示。

钢轨截面由轨头、轨腰和轨底三部分组成,它们之间用圆弧连接,以便安装钢轨接头夹板和减少截面突变引起的应力集中。钢轨的三个主要尺寸是钢轨高度、轨头宽度、轨底宽度。根据钢轨的受力特点,对轨头、轨底、轨腰的技术要求如下:

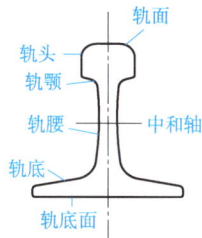

图 1.1.2　钢轨截面形状

(1)轨头宜大而厚,并具有与车轮踏面相适应的外形,以改善轨轮接触条件,提高抵抗压陷的能力,同时具有足够的支撑面积,以应对磨耗。钢轨顶面在具有足够宽度的同时,为使车轮传来的压力更集中于钢轨中心轴,顶面形状做成隆起的圆弧形。

(2)轨腰必须有足够的厚度和高度,具有较大的承载能力和抗弯能力。轨腰的两侧可为直线,也可为曲线,其中,曲线最常用,以有利于传递车轮对钢轨的冲击力和减小钢轨扎制后因冷却而产生的残余应力。我国设计的标准 50kg/m、60kg/m 和 75kg/m 钢轨的轨腰圆弧半径分别采用 350mm、400mm、450mm。轨腰与钢轨头部和底部的连接,必须保证夹板有足够的支承面,并使截面的变化不致过分突然,以免产生过大的应力集中。

(3)轨底直接支承在轨枕顶面上,为保持钢轨稳定,轨底应有足够的宽度和厚度,并具有必要的刚度和抗锈蚀能力。轨底顶面可以做成单坡或折线坡的斜坡。

钢轨高度要保证有足够的惯性矩和截面系数来承受车轮的垂直压力,并要使钢轨在横向水平力作用下具有足够的稳定性。钢轨身高 H 与轨底宽度 B 之间应有一个适当的比例,H/B 一般取 1.20～1.15。

为使钢轨扎制冷却均匀,轨头、轨腰及轨底的面积应有一个最适当的比例。根据上述要求,我国的 60kg/m 和 75kg/m 钢轨标准截面尺寸如图 1.1.3 所示,其余部分的截面尺寸及特征见表 1.1.1。

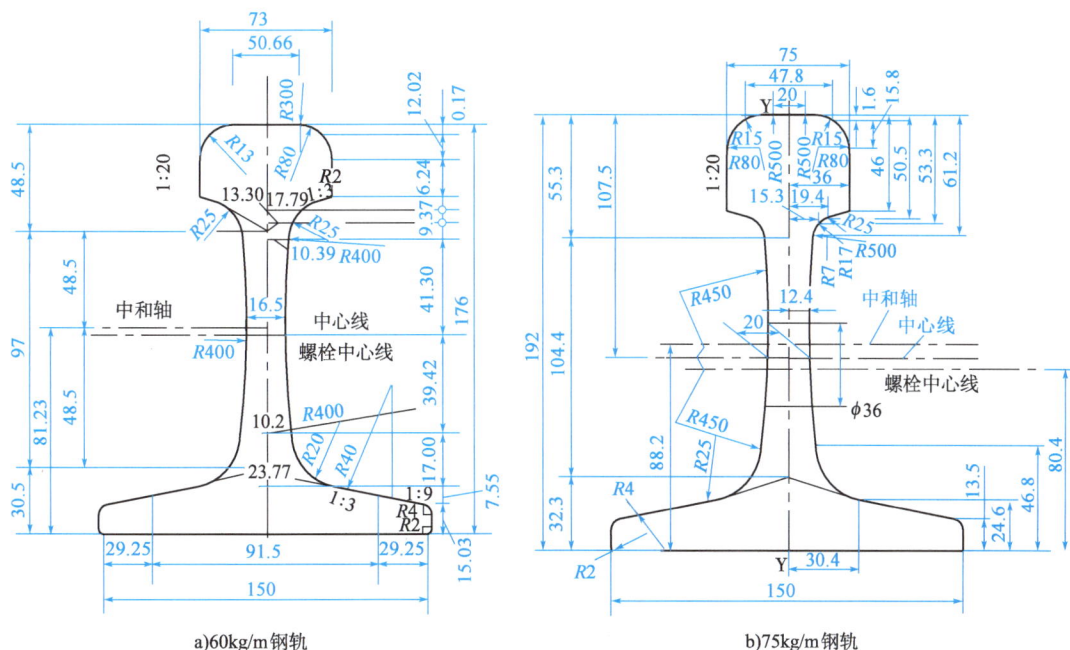

a)60kg/m 钢轨　　　　　　　b)75kg/m 钢轨

图 1.1.3　60kg/m、75kg/m 钢轨截面形状(尺寸单位:mm)

钢轨截面尺寸及特性参数　　　　　　　　　　表 1.1.1

项目	钢轨类型(kg/m)			
	75	60	50	43
每米质量(kg/m)	74.414	60.64	51.514	44.653
截面面积 F(cm^2)	95.073	77.45	65.8	57
重心距轨底面的距离 y(mm)	88	81	71	69
对水平轴的惯性矩 J_x(cm^4)	4490	3217	2037	1489
对竖直轴的惯性矩 J_y(cm^4)	665	524	377	260
底部截面系数 W_1(cm^3)	509	396	287	217
头部截面系数 W_2(cm^3)	432	339	251	208
轨底横向挠曲截面系数 W_y(cm^3)	89	70	57	46
钢轨高度 H(mm)	192	176	152	140
钢轨底宽 B(mm)	150	150	132	111
轨头高度 h(mm)	55.3	48.5	42	42
轨头宽度 b(mm)	75	73	70	70
轨腰厚度 t(mm)	20	16.5	15.5	14.5

2. 钢轨类型

世界上铁路所用的钢轨类型通常按取整后的每米质量来分,在轴重大、运量大和速度高的重要线路上采用质量大的钢轨,在一般次要线路上使用的钢轨质量相对要小一点。我国铁路标准钢轨有 43kg/m、50kg/m、60kg/m 和 75kg/m 等。43kg/m 钢轨的长度有 25m 和 12.5m;50kg/m、60kg/m 钢轨的长度有 25m、12.5m、100m;75kg/m 钢轨的长度有 25m、75m、100m。另外,还有比 25m 缩短 40mm、80mm、160mm 和比 12.5m 缩短 40mm、80mm、120mm 的六种标准短轨。对于高速铁路,一般采用 60km/m、长度为 100m 的定尺钢轨。

3. 钢轨伤损

钢轨伤损是指钢轨在使用过程中发生的裂纹、折断、磨耗以及其他影响和限制钢轨使用性能的病害。钢轨伤损的原因,既有钢轨在冶炼过程中出现的缺陷,也有在运输、使用过程中出现的破损。因此,及时发现钢轨伤损,摸清钢轨伤损的规律,加强对钢轨的管理工作,对铁路工务部门是极为重要的。

钢轨伤损主要包括锈蚀、折断、磨耗等。

1) 锈蚀

钢轨的锈蚀多出现在隧道、盐渍土地区,这是个别区段,因此对于全路来讲,决定钢轨使用寿命的主要损伤因素是折断和磨耗。

2) 折断

钢轨因折断而更换的数量,虽然一般不超过更换总数的 1% ~ 2%,但折断是在行车过程中突然发生的,对行车安全威胁很大。因此,钢轨折断是一个重要问题。造成钢轨折断的主要原因是疲劳伤损。除因钢轨材质外,在气候寒冷季节、重载情况下钢轨折断更为严重。

3) 磨耗

钢轨磨耗分轨顶垂直磨耗、轨头侧面磨耗和波浪形磨耗(以下简称波磨)。

(1) 轨顶垂直磨耗。不管在直线还是在曲线上都存在垂直磨耗。垂直磨耗与轮轨之间的垂直力和轮轨之间的蠕滑、摩擦等因素有关;随着线路通过车轮总重力的增大,垂直磨耗也相应增大。当垂直磨耗量增加到一定值时应更换钢轨。在正常情况下,决定钢轨使用寿命的两项依据是钢轨强度下降和车轮轮缘不与接头夹板上缘碰撞。

(2)轨头侧面磨耗,主要发生在曲线轨道的外股钢轨。随着电力、内燃机的应用和机车牵引功率的增大,钢轨侧面磨耗的情况更加严重。钢轨侧面磨耗直接影响到曲线钢轨的使用寿命,特别是在线路半径800m以下的曲线,这一情况更加严重。在半径为600m的曲线上,运量达到1亿t就要更换钢轨,仅为其使用寿命的1/7。钢轨侧面磨耗使得轨头宽度变窄,钢轨在侧面磨耗过程中轨头下侧钢材产生塑性变形,产生裂纹,严重时形成核伤等病害。在工务方面,减缓曲线钢轨侧面磨耗的措施有:①合理调整轨道结构参数,如轨距、轨底坡、超高等;②改善轨道结构的动力性能,如改变轨道结构动力弹性;③钢轨侧面涂油;等等。

(3)钢轨波磨是指钢轨投入运行后在钢轨表面上出现的有一定规律的周期性磨损和塑性变形。根据波长可将波磨分成两大类:波长为30~80mm,波深0.1~0.5mm,波峰亮,波谷暗,规律明显,此类波磨称为波纹磨耗;波长大于150mm,波深0.5~5mm,波峰波谷都发亮,波浪界限不规则,此类波磨称为长波磨耗。

波磨一般出现在曲线地段,在半径为300~4500m的曲线上都可能发生波磨。列车制动地段的波磨出现概率和磨耗速率都较大。直线地段出现波磨的情况很少。钢轨波磨一直是制约铁路高速重载发展的主要因素,其成因十分复杂,有钢轨材质原因,也有机车车辆动力性能的原因,还有列车运行工况的原因。防止和减缓钢轨波磨的措施有:提高轨道结构的弹性、合理设置曲线轨道参数、钢轨表面打磨等。

4. 轨缝

1)轨缝设置

钢轨与钢轨之间留有的一定的缝隙称为轨缝。钢轨通过夹板和接头螺栓夹紧而连接起来,随着轨温的变化,钢轨要伸缩,这个伸缩量是由钢轨螺栓孔、夹板螺栓孔与螺杆之间的间隙来提供的,我们把它们之间在构造上能实现的轨端最大缝隙称为构造轨缝。在铺轨施工时,也需要预留一定的轨缝,称为预留轨缝。预留轨缝要适当,保证:冬季不超过构造轨缝,以防止拉弯接头螺栓及增大车轮对轨道的冲击;夏季轨缝不顶严,以防温度压力太大而胀轨跑道。《高速铁路线路维修规则》(以下简称《维规》)规定普通线路预留轨缝计算公式为

$$a_0 = \alpha L(t_z - t_0) + \frac{1}{2}a_g \qquad (1.1.1)$$

式中:a_0——更换钢轨或调整轨缝时的预留轨缝,mm;

α——钢轨线膨胀系数,取0.0118mm/(m·℃);

L——钢轨长度,m;

t_0——更换钢轨或调整轨缝时的轨温,℃;

a_g——构造轨缝,38kg/m、43kg/m、50kg/m、60kg/m、75kg/m的钢轨,a_g均采用18mm;

t_z——更换钢轨或调整轨缝地区的中间轨温,℃。

$$t_z = \frac{1}{2}(T_{max} + T_{min}) \qquad (1.1.2)$$

式中:T_{max}、T_{min}——当地历史最高轨温和最低轨温,℃。

最高轨温和最低轨温的差不大于85℃的地区,在按式(1.1.2)计算以后,可根据具体情况将轨缝值减小1~2mm。

25m 钢轨铺设地段,在当地历史最高轨温与最低轨温的差大于100℃时,应个别设计。

12.5m 钢轨铺设地段,更换钢轨或调整轨缝时的轨温不受限制。

25m 钢轨铺设地段,更换钢轨或调整轨缝时的轨温限制范围为($t_z - 30℃$) ~ ($t_z + 30℃$);最高轨温与最低轨温之差不大于85℃的地区,如将轨缝值减小 1~2mm,轨温限制范围相应地应降低 3~7℃;特殊情况下,在轨温限制范围以外更换的25m 钢轨,必须在轨温限制范围以内时调整轨缝,使其符合上述规定。

2）轨缝标准

轨缝应设置均匀。对于每千米线路轨缝总误差,25m 钢轨地段不得超过 80mm,12.5m 钢轨地段不得超过 160mm,普通绝缘接头轨缝不得小于 6mm。

微课:轨枕

二、轨枕

轨枕是轨下基础的部件之一,它的功能是保持钢轨的位置、方向和轨距,并将它承受的钢轨力均匀地分布到道床上。轨枕要有一定的坚固性、弹性和耐久性,并且便于固定钢轨,抵抗轨道框架结构的纵向和横向位移,并且应具有价格低廉、制造简单、易于铺设养护的特点。

世界铁路有砟轨道所用的轨枕主要有木枕、钢枕和混凝土枕。混凝土枕由于原料充分、轨道结构稳定、弹性均匀,是目前高速铁路和重载铁路的首选轨枕类型。

1. 混凝土轨枕

1）优缺点

混凝土轨枕全称是预应力混凝土轨枕。混凝土轨枕结构形式有整体式、组合式和短枕式三种,如图 1.1.4 所示。

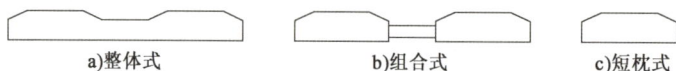

a)整体式   b)组合式   c)短枕式

图 1.1.4　混凝土轨枕的结构形式

钢筋混凝土轨枕,材料来源丰富,尺寸统一,可使轨道弹性均匀,从而提高轨道的稳定性;不受气候、腐朽、虫蛀及失火的影响,使用寿命长,养护工作量小,损伤率和报废率比木枕要低得多。但是钢筋混凝土轨枕弹性差、连接零件复杂、绝缘性较差、更换困难;道床受到较大的压力和冲击力,要求道床材料较好,断面厚度较大。

2）外形主要尺寸

各类混凝土轨枕的截面均采用上窄下宽的梯形,这是为了增加轨枕的支承面积和抵抗正弯矩。混凝土轨枕根据外形可分为有挡肩和无挡肩两种形式,长度有 2.6m 和 2.5m 两种。目前使用的主要是Ⅲ型混凝土轨枕（有挡肩）,长度为 2.6m,如图 1.1.5 所示。

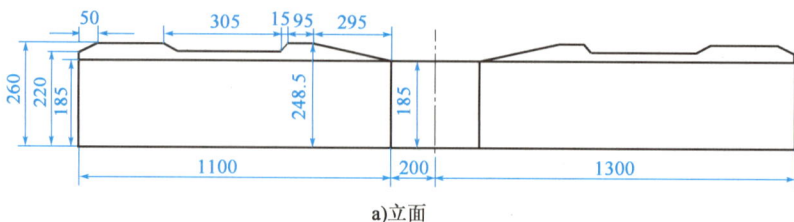

a)立面

图　1.1.5

b)平面

c)底面

d)端面

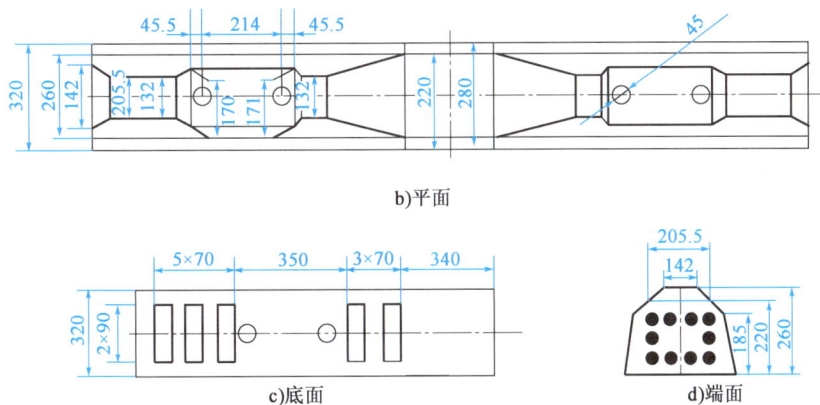

图 1.1.5　Ⅲ型混凝土轨枕的外形和截面尺寸(尺寸单位:mm)

3)混凝土轨枕类型

目前我国使用的混凝土轨枕有Ⅱ型、Ⅲ型,如图1.1.6所示。其中Ⅱ型轨枕主要年通过能力在50Mt以下,钢轨类型为50kg/m及60kg/m,客车最高速度在140km/h以下,每千米铺设1440～1760根,采用弹条Ⅰ型、Ⅱ型扣件;Ⅲ型轨枕型主要年通过能力在30Mt以上,钢轨类型为60kg/m及75kg/m,客车速度在140～200km/h,每千米铺设1680～1760根。Ⅲ型轨枕根据其外形可分为Ⅲa型枕、Ⅲb型枕,分别采用Ⅱ型扣件和Ⅲ型扣件。我国各类混凝土轨枕的主要设计参数见表1.1.2。

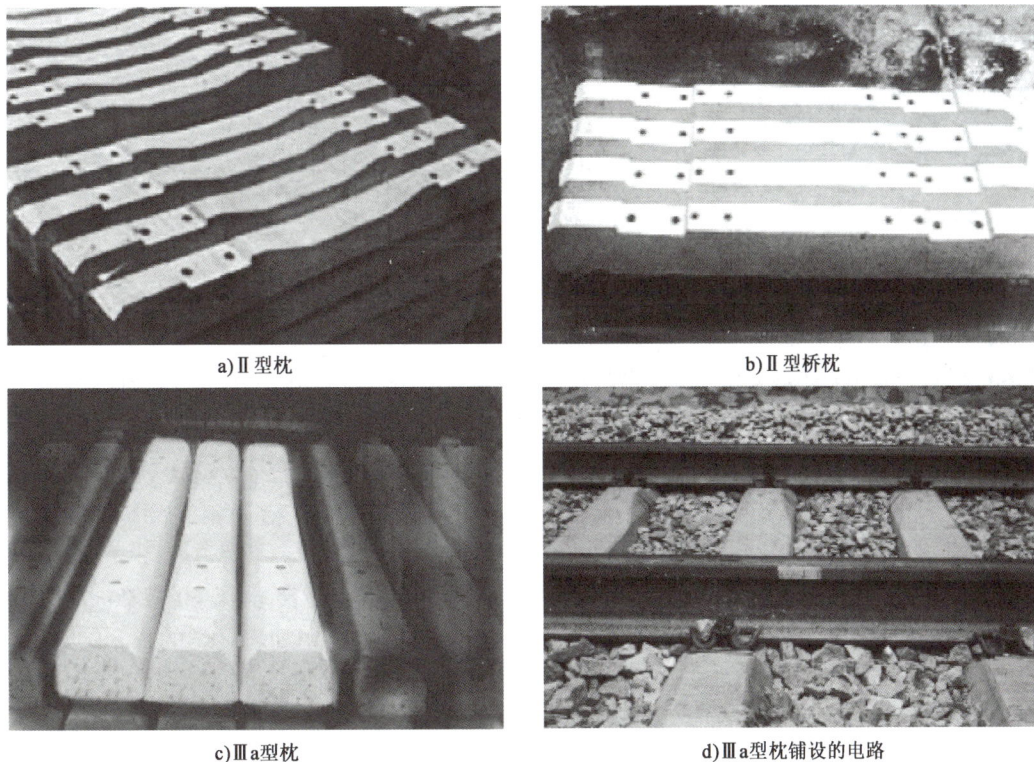

a)Ⅱ型枕

b)Ⅱ型桥枕

c)Ⅲa型枕

d)Ⅲa型枕铺设的电路

图　1.1.6

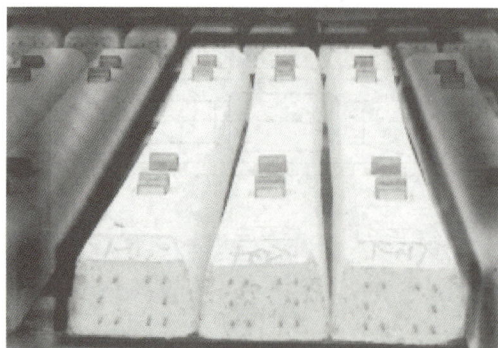

e) Ⅲb型枕

f) Ⅲb型枕铺设的电路

图 1.1.6　混凝土轨枕类型

我国各类混凝土轨枕的主要设计参数　　　　　表 1.1.2

轨枕类型	Ⅰ型		Ⅱ型		Ⅲ型	
轨枕长度(mm)	2500		2500		2600	
轨枕质量(kg)	250		251		320340	
轨枕底面积(cm²)	6588		6588		7720	
端头面积(cm²)	490		490		590	
截面位置	轨下	中间	轨下	中间	轨下	中间
高度(mm)	201	175	201	201	230	185
表面宽度(mm)	165	155	165	165	170	200
底面宽度(mm)	275	250	275	250	300	280
设计承载弯矩(kN·m)	11.9	−8.0	13.3	−10.5	19.05	−17.30
抗裂弯矩(kN·m)	17.7	−11.9	19.3	−14.0	27.90	22.50
扣件类型	70型扣板式、弹条Ⅰ型		弹条Ⅰ型、弹条Ⅱ型		弹条Ⅱ型、弹条Ⅲ型	

2. 混凝土宽枕

混凝土宽枕如图 1.1.7 所示。目前我国铁路上使用的宽枕主要为弦 76、筋 76、筋 82、弦 82 等几种型号,过去也曾用过弦 65A、筋 65A、筋 65B、弦 72 等型号。

图 1.1.7　混凝土宽枕

混凝土宽枕薄而宽,在使用时是连续密排铺设。它与普通混凝土轨枕比较,具有下列优点:

(1)支承面积比普通混凝土轨枕增加一倍,因而有效地降低了道床应力和变形,使线路更加稳定,行车平稳。

(2)因为是连续密排(1760 根/km)铺设,而且在宽枕底边之间用沥青之类的封闭层封闭,所以能持久、有效地保持道床清洁,延长了道床清筛周期,减少了维修工作量(为普通混凝土轨枕的 1/2 ~ 1/3)。

(3)重量大,轨道框架相对稳定,道床阻力增加 80% 以上,有利于铺设无缝线路。

(4)外观整洁美观。

混凝土宽枕特别适用于下列地段：

（1）运输繁忙、行车密度大、列车间隔时间短的线路上铺设宽枕后，大大减少了维修工作量，缓和了维修与运输的矛盾。

（2）在隧道内的线路维修条件差，铺设宽枕后可以有效地减少维修工作，尤其在一些地质条件差，不能铺设整体道床的隧道，更加适用。

（3）在大桥桥头、大型客站正线、到发线的道床易脏污，为了减少养护工作，也宜采用。

由于宽枕重而宽，不便起道捣固，现在多采用起道垫砟和枕上垫垫板相结合的形式，要求垫砟的材料应是粒径为 8~20mm 的火成岩碎石，垫砟要均匀、准确。

3. 轨枕的铺设数量及布置

1）轨枕的铺设数量

每千米铺设轨枕的数量与运量、轴重及行车速度有关。每千米铺设的数量多，轨枕布置得密，传递到道床上的单位面积压力相对减小，但是轨枕间隔窄了，也不便捣固。因此规定：混凝土枕最多为 1840 根/km，最少为 1440 根/km。在 1440~1840 根/km 范围内，轨枕的级差为 80 根/km，分别有 1840 根/km、1760 根/km、1680 根/km、1600 根/km、1520 根/km、1440 根/km。采用哪种数量来铺设，与线路等级有关。在既有线上，线路标准略有提高，每千米混凝土枕的数量与木枕相同。在站内的到发线、驼峰溜放线，木枕线路不小于 1600 根/km，混凝土枕不小于 1520 根/km；其他站线及次要站线一律不小于 1440 根/km。混凝土宽枕一律为 1760 根/km。

具备下列地段条件之一者，正线轨道应加强（混凝土枕增加 80 根/km，木枕增加 160 根/km；当条件重合时，只增加一次，当然不能超过允许最大铺设数量）：

（1）在混凝土枕轨道 $R \leqslant 600$m 的曲线（包括缓和曲线和圆曲线）或木枕轨道、电力牵引线路 $R \leqslant 800$m 的曲线地段。

（2）坡度大于 12% 的下坡制动地段。

（3）长度等于或大于 300m 的隧道内线路。

2）轨枕的布置

钢轨接头处车轮的冲击动荷载大，接头处轨枕的间距应当比中间的小一些，并且从接头间距向中间间距过渡时，应有一个过渡间距，以适应荷载的变化。如图 1.1.8 所示，每节钢轨下轨枕间距应当满足：$a > b > c$。接头轨枕间距一般是给定的：对于 50kg/m、60kg/m 钢轨，接头木枕间距为 440mm，接头混凝土枕间距为 540mm；对于 43kg/m、38kg/m 钢轨，不分轨枕类型，接头轨枕间距为 500mm。

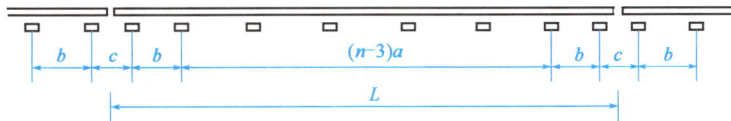

图 1.1.8　轨枕间距计算

$$a = \frac{L - c - 2b}{n - 3} \tag{1.1.3}$$

式中：L——标准轨长，并考虑轨缝为 8mm；

$\quad\quad n$——每节钢轨下轨枕的根数，由每千米铺设的轨枕数换算过来；

$\quad\quad a$——中间轨枕间距；

c——接头轨枕间距；

b——过渡轨枕间距。

由图1.1.8可知：

对于相错式接头、非标准长度钢轨的轨枕配置根数和间距，可以通过式(1.1.3)计算。使用大型养路机械的线路，为了捣固机械的机械化工作，轨枕可适当调整成均匀布置。无缝线路长轨节下轨枕间距要均匀，铝热焊缝应距枕边70mm以上。

线路上轨枕位置，应用白油漆标在顺公里方向左股钢轨内侧轨腰上，曲线地段标在外股钢轨内侧轨腰上。轨枕应按标记位置铺设，并应与线路中线垂直。

三、连接零件

微课：接头连接零件

轨道连接零件分为连接钢轨与钢轨的接头和连接钢轨与轨枕的扣件。

1. 钢轨接头

1）接头连接零件

钢轨接头的连接零件由接头夹板、螺栓、螺母、垫圈组成。

(1)接头夹板：接头夹板的作用是夹紧钢轨。夹板以双头对称式最常用。接头夹板分斜坡支承型和圆弧支承型，如图1.1.9所示。我国目前标准钢轨接头用斜坡支承型双头对称式夹板，这种夹板的优点是在竖直荷载作用下具有较大的抵抗弯曲和横向位移能力，夹板上下两面的斜坡能楔入轨腰空间，但不贴住轨腰，这样当夹板稍有磨耗，以致连接松弛时，仍可重新旋紧螺栓，保持接头螺栓的牢固。接头夹板有4孔和6孔两种，我国铁路使用的夹板上有6个螺栓孔，圆形与长圆形螺栓孔相间布置。圆形螺栓孔的直径较螺栓直径略大，长圆形螺栓孔的长轴尺寸较螺栓头下方长圆形短柱体的长轴尺寸略大，当夹板就位后螺栓头部的长圆形柱体部分与夹板的长圆孔配合，拧螺母时螺栓就不会转动。依靠钢轨圆形螺栓孔直径与螺栓直径之差，以及夹板圆形螺栓孔直径与螺栓直径之差，就可以得到所需的预留轨缝。夹板的6个螺栓头部交替布置，以免列车脱轨时，车轮轮缘将所有的螺栓剪断。我国使用的接头夹板和接头螺栓如图1.1.10所示。

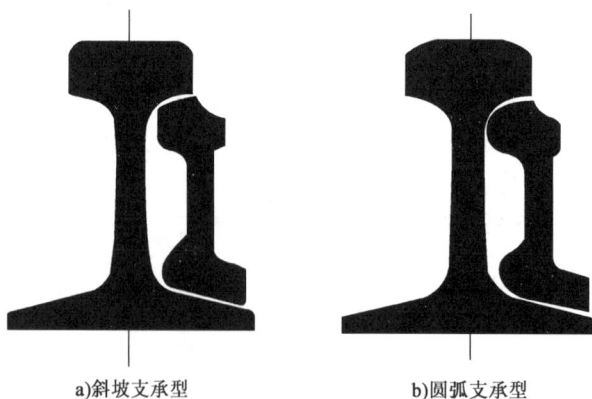

a)斜坡支承型 b)圆弧支承型

图1.1.9 接头夹板的支承形式

(2)接头螺栓、螺母、垫圈：接头螺栓、螺母是在钢轨接头处用以夹紧夹板和钢轨的配件，其作用是使夹板连接牢固，阻止钢轨部分伸缩。螺栓由螺栓头、径、杆组成，与夹板长孔相对应。螺杆的长度、直径与钢轨型号相适应。垫圈是为了防止螺母松动，其断面形状有圆形、矩形两种。

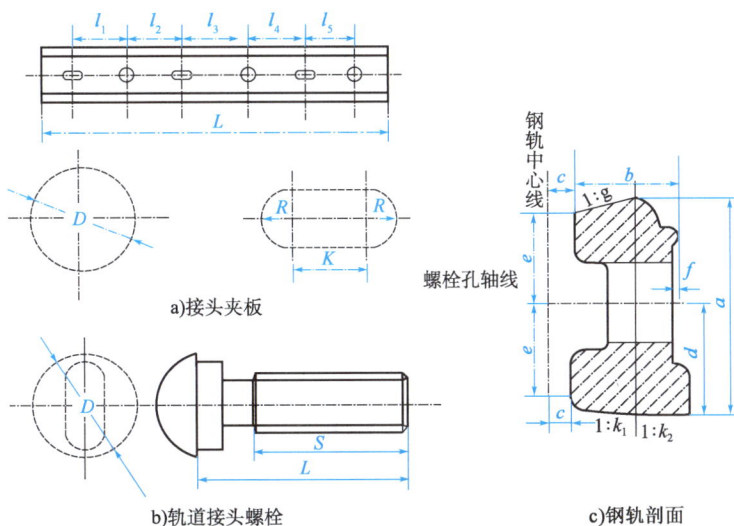

a)接头夹板

b)轨道接头螺栓

c)钢轨剖面

图1.1.10　我国使用的接头夹板和接头螺栓

2)接头连接形式

（1）钢轨接头类型,按照左右股钢轨接头位置划分,有对接式和锚接式两种,如图1.1.11所示。对接式钢轨接头可减少车轮对钢轨的冲击次数,使左右钢轨受力均匀,旅客舒适,也有利于机械化铺设,被世界各国广泛采用。对于错接式钢轨接头,《维规》规定:直线地段每节轨上,相差量不应大于3mm,并应前后、左右抵清,在两股钢轨上累计相差量最大不得大于15mm。

a)对接

b)错接

图1.1.11　钢轨接头布置

（2）按钢轨接头与轨枕的相对位置,有悬空式、双枕承垫式两种,如图1.1.12所示。目前我国广泛采用的是悬空式钢轨接头,即将轨缝悬于两接头轨枕之间,当车轮通过时钢轨挠曲,轨端下落,弯矩增大,为了减小挠曲和弯矩,采用较小的接头轨枕间距。双枕承垫式钢轨接头可保证稳定性,但又有刚度大、道砟不易捣固的不足。一般为了加强木枕地段钢轨接头,只在正线绝缘接头处采用双枕承垫式。

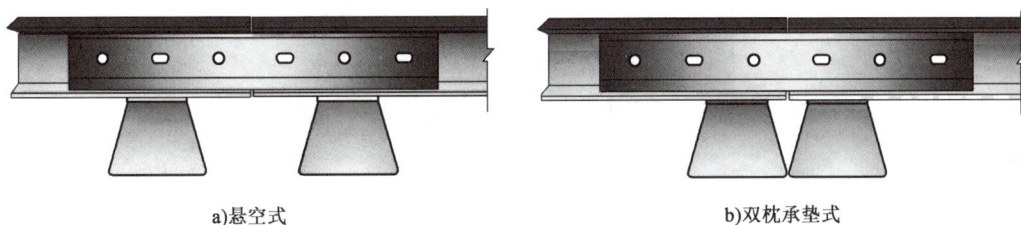

a)悬空式

b)双枕承垫式

图1.1.12　钢轨接头的承垫方式

（3）钢轨接头连接件按照用途及工作性能来分,有普通接头、异形接头、导电接头、绝缘接头、尖轨接头、冻结接头等。

①普通接头用于前后同类型钢轨的正常连接。

②异形接头（图1.1.13）则用于前后不同类型钢轨的连接,由于异形接头较易损坏,现多用异形钢轨代替。

a)异形钢轨

b)异形接头

图1.1.13 异形钢轨与异形接头

③导电接头(图1.1.14)和绝缘接头(图1.1.15)是用于自动闭塞区段的两种接头。

高速铁路轨道施工与维护(第3版)

图1.1.14 导电接头

a)普通绝缘接头

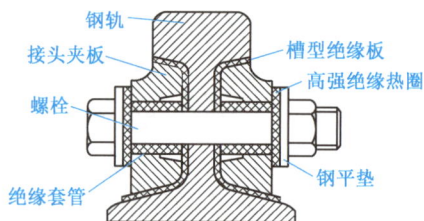

钢轨
接头夹板
槽型绝缘板
高强绝缘热圈
螺栓
钢平垫
绝缘套管

b)绝缘接头结构图

c)胶接绝缘接头

图1.1.15 绝缘接头

将钢轨作为导电体的自动闭塞区段,为了确保和加强导电性,要在接头处锚上或焊上一根导线,称为导电接头。使信号电流不能从一个闭塞分区传到另一个闭塞分区的接头,称为绝缘接头。它在钢轨与夹板之间、夹板与螺栓之间、两轨端之间都应用绝缘材料填充,以严格绝缘,防止漏电。在无缝线路上,还采用了胶接绝缘接头,轨缝也用胶填满,其抗剪荷载可达1700kN及以上,是一种较为理想的绝缘接头。

④尖轨接头(图1.1.16),又称伸缩接头或温度调节器,是将接头以尖轨的形式连接。尖轨接头用于一些轨端伸缩量大的线路,如无缝线路长轨节、温度跨度大的桥梁。

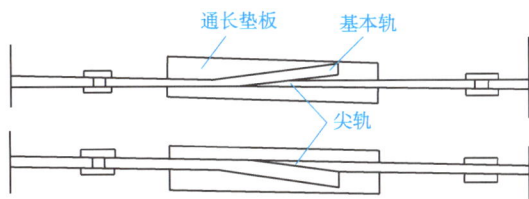

a)尖轨接头结构图   b)尖轨接头

图1.1.16　尖轨接头

⑤冻结接头。上述几种接头结构允许轨端伸缩。也有一种接头不允许钢轨伸缩,称为冻结接头,一般用于道口、明面小桥等不适应设钢轨接头的地方。

开动脑筋

结合上述知识点,请说明:我国有砟轨道钢轨接头一般如何布置?

技能训练

参考高速铁路轨道施工与维护实训手册的项目1　胶结绝缘接头安装实训作业指导书。

2.扣件

扣件是将钢轨扣压在轨枕或其他轨下基础上的连接零件。其作用是将钢轨固定在轨枕上,保持轨距和阻止钢轨相对于轨枕的纵、横向移动。在混凝土轨枕的轨道上,由于混凝土轨枕的弹性较差,扣件还要提供足够的弹性。为此,扣件必须具有足够的强度、耐久性和一定的弹性,并有效地保持钢轨与轨枕之间的可靠连接。此外,还要求扣件系统零件少、安装简单、便于拆卸。这里主要介绍客货共线铁路和高速铁路混凝土轨枕使用的扣件。

微课:扣件

1)客货共线铁路有砟轨道混凝土轨枕扣件

我国客货共线铁路使用的扣件主要有弹条Ⅰ型扣件、弹条Ⅱ型扣件和弹条Ⅲ型扣件。

(1)弹条Ⅰ型扣件:适用于客货共线铁路直线及半径不小于295m曲线线路混凝土轨枕有砟轨道50kg/m钢轨,轨距调整量为−12~+16mm(表1.1.3、表1.1.4),高低调整量10mm。其由弹条、螺旋道钉、轨距挡板、挡板座及轨下垫板等组成(图1.1.17)。

弹条Ⅰ型扣件轨距调整配置(配新Ⅱ型和Ⅲa型轨枕)　　　　　　表1.1.3

轨型 (kg/m)	轨距 调整量 (mm)	左股钢轨				右股钢轨			
		外侧		内侧		内侧		外侧	
		挡板座号码	轨距挡板号码	轨距挡板号码	挡板座号码	挡板座号码	轨距挡板号码	轨距挡板号码	挡板座号码
50	−12	6	20	14	0	0	14	20	6
	−10	4	20	14	2		14	20	6

轨型(kg/m)	轨距调整量(mm)	左股钢轨 外侧 挡板座号码	左股钢轨 外侧 轨距挡板号码	左股钢轨 内侧 轨距挡板号码	左股钢轨 内侧 挡板座号码	右股钢轨 内侧 挡板座号码	右股钢轨 内侧 轨距挡板号码	右股钢轨 外侧 轨距挡板号码	右股钢轨 外侧 挡板座号码
50	−8	4	20	14	2	2	14	20	4
	−6	2	20	14	4	2	14	20	4
	−4	2	20	14	4	4	14	20	2
	−2	4	14	20	2	2	14	20	4
	0	4	14	20	2	4	14	20	2
	+2	2	14	20	4	4	14	20	2
	+4	4	14	20	2	2	20	14	4
	+6	2	14	20	—	2	20	14	—
	+8	2	14	20	4	4	20	14	2
	+10	0	14	20	6	4	20	14	2
	+12	0	14	20	6	6	20	14	0

弹条Ⅰ型扣件轨距调整配置(配既有Ⅰ型和Ⅱ型轨枕)　　表1.1.4

轨型(kg/m)	轨距调整量(mm)	左股钢轨 外侧 挡板座号码	左股钢轨 外侧 轨距挡板号码	左股钢轨 内侧 轨距挡板号码	左股钢轨 内侧 挡板座号码	右股钢轨 内侧 挡板座号码	右股钢轨 内侧 轨距挡板号码	右股钢轨 外侧 轨距挡板号码	右股钢轨 外侧 挡板座号码
50	−8	6	20	14	0	0	14	20	6
	−6	4	20	14	2	0	14	20	6
	−4	4	20	14	2	2	14	20	4
	−2	2	20	14	4	2	14	20	4
	0	2	20	14	4	4	14	20	2
	+2	4	14	20	2	2	14	20	4
	+4	4	14	20	4	4	14	20	2
	+6	2	14	20	4	4	14	20	2
	+8	4	14	20	2	2	20	14	4
	+10	2	14	20	4	2	20	14	4
	+12	2	14	20	4	4	20	14	2
	+14	0	14	20	6	4	20	14	2
	+16	0	14	20	6	6	20	14	0

　　弹条分A型、B型两种。A型用于50kg/m钢轨,B型用于60kg/m钢轨。

　　轨距挡板分中间和接头两种,每种又分14号、20号两种型号。除14号接头轨距挡板安装B型弹条外,其余均安装A型弹条。

　　挡板座分2-4号、0-6号两种。

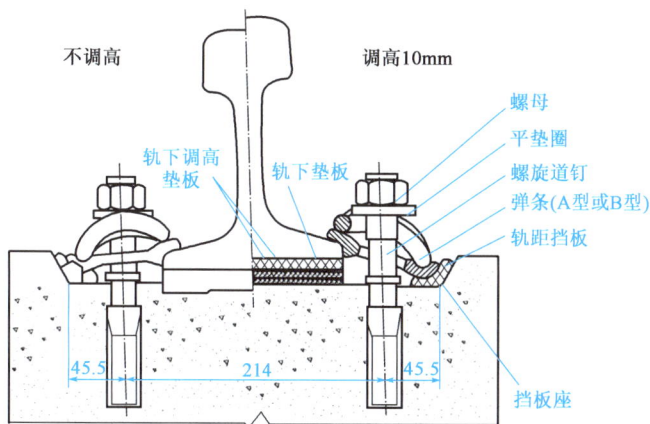

图 1.1.17 弹条Ⅰ型扣件

轨下垫板的型号分 50-10-190(新Ⅱ型、Ⅲ型轨枕)和 50-10-185(既有Ⅰ、Ⅱ型轨枕)两种,严寒地段,应采用带有"H"标志的轨下垫板。

(2)弹条Ⅱ型扣件:适用于客货共线铁路直线及半径不小于 295m 曲线线路混凝土枕有砟轨道 60kg/m 和 75kg/m 钢轨,轨距调整量为 -12~+12mm(表 1.1.5 和表 1.1.6),高低调整量 10mm。其结构由弹条、螺旋道钉、轨距挡板、挡板座及轨下垫板等组成(图 1.1.18)。

弹条Ⅱ型扣件轨距调整配置(配新Ⅱ型和Ⅲa型轨枕)　　　　表 1.1.5

轨型（kg/m）	轨距调整量（mm）	左股钢轨				右股钢轨			
		外侧		内侧		内侧		外侧	
		挡板座号码	轨距挡板号码	轨距挡板号码	挡板座号码	挡板座号码	轨距挡板号码	轨距挡板号码	挡板座号码
60	−12	6	10	6	0	0	6	10	6
	−10	6	10	6	0	2	6	10	4
	−8	4	10	6	2	2	6	10	4
	−6	4	10	6	2	4	6	10	2
	−4	2	10	6	4	4	6	10	2
	−2	2	10	6	4	2	10	6	4
	0	4	6	10	2	2	10	6	4
	+2	2	6	10	4	2	10	6	4
	+4	2	6	10	4	4	10	6	2
	+6	0	6	10	6	4	10	6	2
	+8	0	6	10	6	6	10	6	0

弹条Ⅱ型扣件轨距调整配置(配既有Ⅰ型和Ⅱ型轨枕)　　　　表 1.1.6

轨型（kg/m）	轨距调整量（mm）	左股钢轨				右股钢轨			
		外侧		内侧		内侧		外侧	
		挡板座号码	轨距挡板号码	轨距挡板号码	挡板座号码	挡板座号码	轨距挡板号码	轨距挡板号码	挡板座号码
60	−8	6	10	6	0	0	6	10	6
	−6	6	10	6	0	2	6	10	4

轨型(kg/m)	轨距调整量(mm)	左股钢轨				右股钢轨			
		外侧		内侧		内侧		外侧	
		挡板座号码	轨距挡板号码	轨距挡板号码	挡板座号码	挡板座号码	轨距挡板号码	轨距挡板号码	挡板座号码
60	−4	4	10	6	2	2	6	10	4
	−2	4	10	6	2	4	6	10	2
	0	2	10	6	4	4	6	10	2
	+2	4	6	10	2	4	6	10	2
	+4	4	6	10	2	2	10	6	4
	+6	2	6	10	4	2	6	10	4
	+8	2	6	10	4	4	10	6	2
	+10	0	6	10	6	4	10	6	2
	+12	0	6	10	6	6	10	6	0

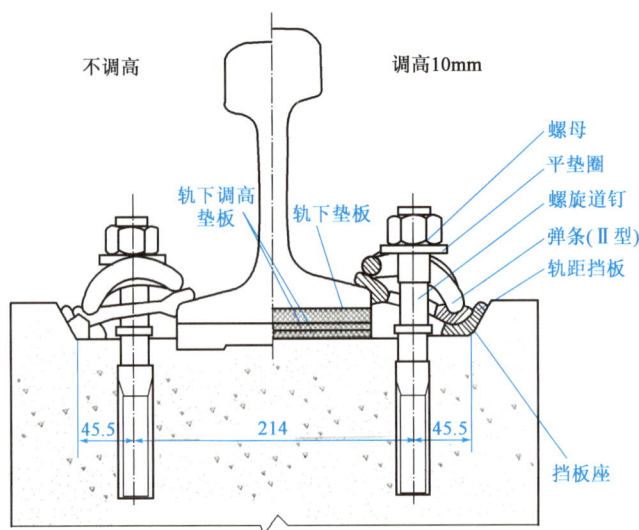

图 1.1.18　弹条Ⅱ型扣件

轨距挡板分中间和接头两种,有 6 号、10 号两种型号。

挡板座分 2-4 号、0-6 号两种。

轨下垫板的型号分 60-10(直线及半径不小于 600m 曲线)、60-10R(半径小于 600m 曲线)和 60-12(接头)三种型号。严寒地段,应采用带有"H"标志的轨下垫板。

在螺旋道钉上部螺纹处涂油后安装弹条、平垫圈、螺母。拧紧螺母,使弹条中部前端下颚与轨距挡板刚好接触,不应过紧或过松。弹条中部前端下颚与轨距挡板离缝不应大于 1mm、Ⅰ型弹条参考扭矩为 80~100N·m、Ⅱ型弹条参考扭矩为 100~120N·m;在半径小于 600m 的曲线地段,应在弹条中部前端下颚与轨距挡板刚好接触后将螺母加拧 1/4 圈,Ⅰ型弹条参考扭矩为 120~150N·m、Ⅱ型弹条参考扭矩为 140~170N·m。

(3)弹条Ⅲ型扣件(图 1.1.19):适用于客货共线铁路直线及半径不小于 350m 曲线线路

无挡肩混凝土枕有砟轨道 60kg/m 钢轨,轨距调整量为 −8 ~ +4mm(表1.1.7),高低调整量 0。其由弹条、预埋铁件、绝缘轨距块和橡胶垫组成。

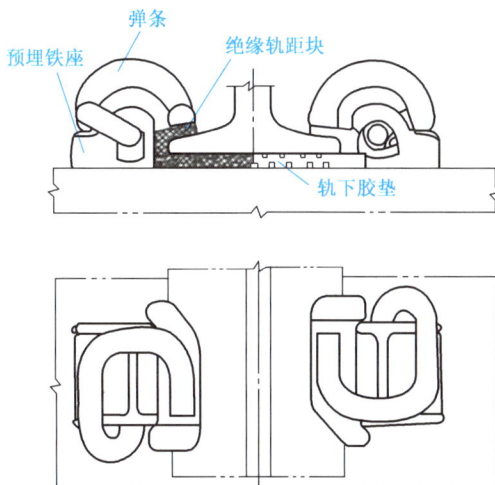

图 1.1.19 弹条Ⅲ型扣件

弹条Ⅲ型扣件轨距调整配置   表1.1.7

轨型 (kg/m)	轨距调整量 (mm)	左股钢轨		右股钢轨	
		外侧绝缘轨 距块号码	内侧绝缘轨 距块号码	外侧绝缘轨 距块号码	内侧绝缘轨 距块号码
60	−8	13	7	7	13
	−6	13	7	9	11
	−4	11	9	9	11
	−2	11	9	11	9
	0	9	11	11	9
	+2	7	13	11	9
	+4	7	13	13	7

技能训练

参考高速铁路轨道施工与维护实训手册的项目 2 扣件螺栓涂油实训作业指导书。

2)高速铁路扣件

高速铁路扣件按轨下基础形式分为有砟轨道扣件和无砟轨道扣件,具体分类及适用范围见表1.1.8。

高速铁路扣件分类及适用范围   表1.1.8

轨道类型	扣件类型	适用轨下基础
有砟轨道	弹条Ⅳ型扣件	无挡肩轨枕
	弹条Ⅴ型扣件	有挡肩轨枕
	FC 型扣件	无挡肩轨枕

轨道类型	扣件类型	适用轨下基础
无砟轨道	WJ-7 型扣件	无挡肩轨枕/轨道板
	WJ-8 型扣件	有挡肩轨枕/轨道板
	SFC 型扣件	无挡肩轨枕/轨道板
	300 型扣件	有挡肩轨枕/轨道板

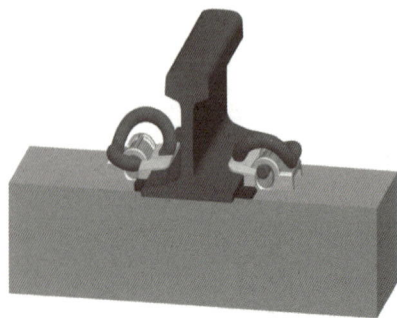

图 1.1.20　弹条Ⅳ型扣件

高速铁路轨道施工与维护（第3版）

（1）弹条Ⅳ型扣件：弹条Ⅳ型扣件为无螺栓扣件（图 1.1.20），属轨枕不带混凝土挡肩的不分开式有砟轨道用扣件。

①结构特征。

a. 在制作轨枕时预先埋设预埋铁座，弹条通过插入预埋铁座扣压钢轨。

b. 预埋铁座与钢轨间设有绝缘轨距块，通过更换绝缘轨距块实现钢轨左右位置的调整，轨距调整量为 –8 ～ +4mm,（表 1.1.9）。

弹条Ⅳ型扣件轨距调整配置（单位：mm）　　　　　表 1.1.9

轨距调整量	左股钢轨		右股钢轨	
	外侧扣位号码	内侧扣位号码	内侧扣位号码	外侧扣位号码
–8	13	7	7	13
–7	12	8	7	13
–6	12	8	8	12
–5	11	9	8	12
–4	11	9	9	11
–3	10	10	9	11
–2	10	10	10	10
–1	9	11	10	10
0	9	11	11	9
+1	8	12	11	9
+2	8	12	12	8
+3	7	13	12	8
+4	7	13	13	7

c. 本扣件不能进行钢轨高低调整。

②部件组成。

弹条Ⅳ型扣件由弹条、绝缘轨距块、预埋铁座和橡胶垫板组成（图 1.1.21）。

a. 弹条：分 C4 型、JA 型和 JB 型三种（图 1.1.22）。一般地段安装 C4 型弹条，C4 型弹条的直径为 20mm；钢轨接头处安装 JA 型和 JB 型弹条，JA 型和 JB 型弹条的直径为 18mm。JA 型弹条防锈涂料为灰色，与 7 号、8 号和 9 号接头绝缘轨距块配用；JB 型弹条防锈涂料为黑色，与 10 号、11 号、12 号和 13 号接头绝缘轨距块配用。

b. 预埋铁座：该部件预先埋设于轨枕中。

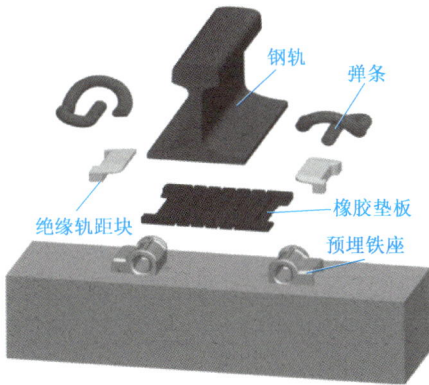

图 1.1.21　弹条Ⅳ型扣件部件组成

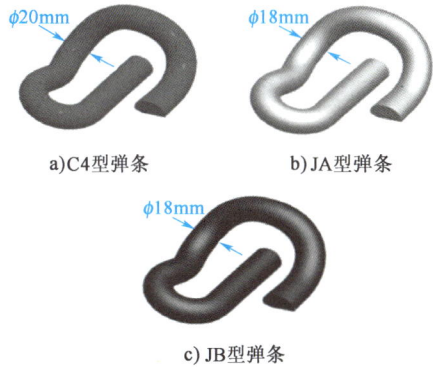

图 1.1.22　弹条类型

a)C4型弹条　b)JA型弹条

c)JB型弹条

c. 绝缘轨距块(简称轨距块):分两种,即一般地段使用的轨距块 G4(图 1.1.23)和钢轨接头处使用的轨距块 G4J(图 1.1.24、图 1.1.25),每种轨距块又各有 7 个规格,即 7 号、8 号、9 号、10 号、11 号、12 号和 13 号。标准轨距时采用 9 号和 11 号轨距块。除 7 号、8 号和 9 号轨距块为非黑色外,其他轨距块均为黑色。

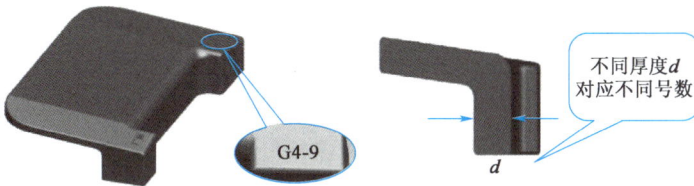

不同厚度 d 对应不同号数

G4-9

d

图 1.1.23　9 号轨距块

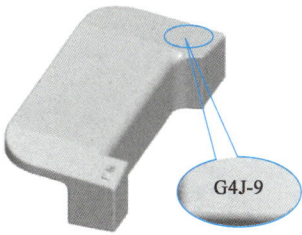

G4J-9

图 1.1.24　9 号接头轨距块

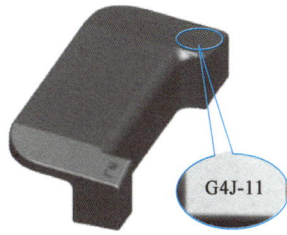

G4J-11

图 1.1.25　11 号接头轨距块

(2)弹条Ⅴ型扣件:弹条Ⅴ型扣件为有螺栓扣件(图 1.1.26),属轨枕带混凝土挡肩的不分开式有砟轨道用扣件。

①结构特征。

a. 在制作轨枕时预先埋设预埋套管,螺旋道钉与套管配合紧固弹条。

b. 通过更换轨距挡板实现钢轨左右位置的调整,轨距调整量为 −8 ~ +4mm(表 1.1.10)。

c. 可垫入调高垫板实现钢轨高低调整,高低调整量为 10mm。

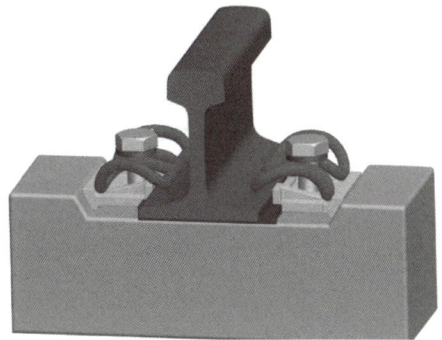

图 1.1.26　弹条Ⅴ型扣件

弹条V型扣件轨距调整配置(单位:mm)　　　　　　　　　　　　　　　表1.1.10

轨距调整量	左股钢轨		右股钢轨	
	外侧扣件号码	内侧扣件号码	内侧扣件号码	外侧扣件号码
−8	8	2	2	8
−7	7	3	2	8
−6	7	3	3	7
−5	6	4	3	7
−4	6	4	4	6
−3	5	5	4	6
−2	5	5	5	5
−1	4	6	5	5
0	4	6	6	4
+1	3	7	6	4
+2	3	7	7	3
+3	2	8	7	3
+4	2	8	8	2

②部件组成。

弹条V型扣件由螺旋道钉、平垫圈、弹条、轨距挡板、预埋套管和轨下垫板组成(图1.1.27)。此外,为了调整钢轨高低位置,还包括轨下调高垫板。

a.弹条:分两种,即一般地段使用的W2型弹条[图1.1.28a)]和桥上可使用的X3型弹条[图1.1.29a)],W2型弹条的直径为14mm,X3型弹条的直径为13mm。此外,作为备件的弹条Ⅰ型扣件A型弹条可能用于钢轨接头处。

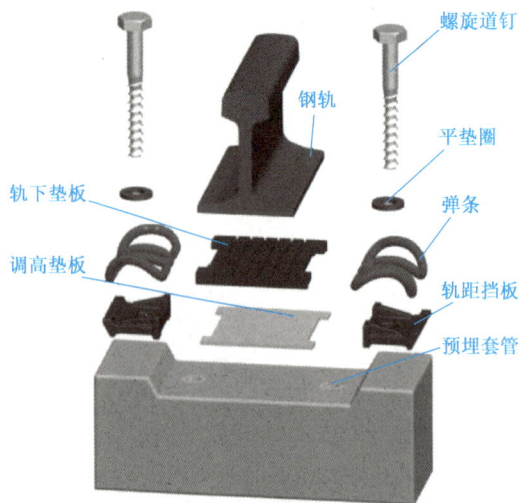

图1.1.27　弹条V型扣件部件组成

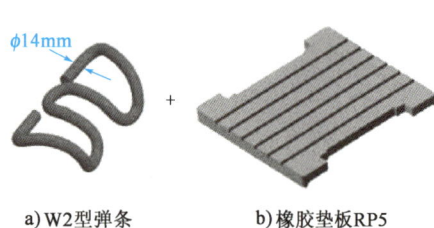

a)W2型弹条　　　b)橡胶垫板RP5

图1.1.28　一般地段使用

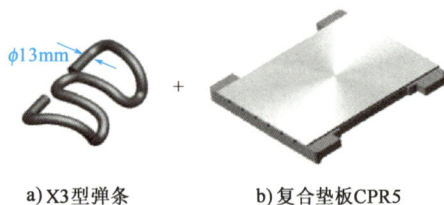

a)X3型弹条　　　b)复合垫板CPR5

图1.1.29　桥上可使用

b.轨距挡板(图1.1.30):轨距挡板G5分7种型号,即2号、3号、4号、5号、6号、7号和8号,标准轨距时采用4号和6号。

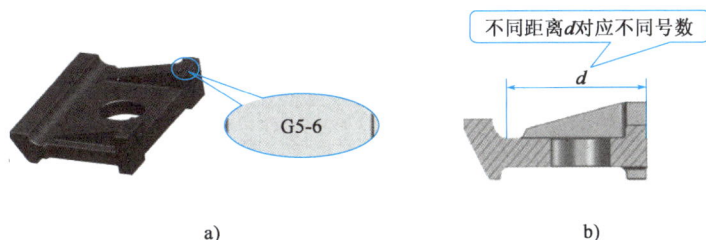

图 1.1.30　轨距挡板

c. 预埋套管:该部件预先埋设于轨枕中,埋设精度应满足要求,且预埋套管 D1 顶面应与轨枕承轨面齐平。预埋套管埋设后,应加盖塑料(或其他材料),以防雨水和泥污进入(图 1.1.31)。

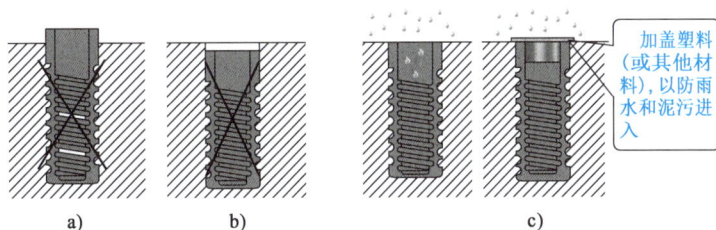

图 1.1.31　预埋套管埋设

d. 轨下垫板:分为一般地段使用的橡胶垫板 RP5[图 1.1.28a)]和桥上可使用的复合垫板 CRP5[图 1.1.29b)]两种。桥上需要降低线路阻力时,可采用 X3 型弹条并配用复合垫板,此时单组扣件的钢轨纵向阻力为 4kN。

e. 轨下调高垫板(图 1.1.32):调高垫板 TD5 按厚度 d 分为 1mm、2mm、5mm、8mm 四种规格,放置于轨下垫板与轨枕承轨面之间,调高量超过 10mm 时,可同时在铁垫板下放入调高垫板。

(3)FC 型扣件:FC 型扣件为无螺栓扣件(图 1.1.33),属轨枕不带混凝土挡肩的不分开式有砟轨道用扣件。

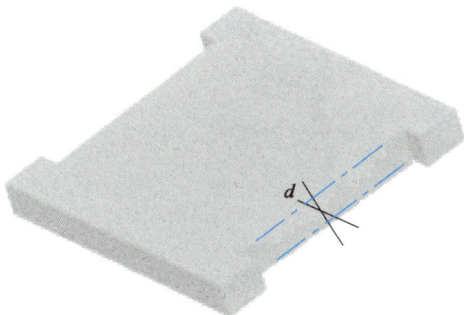

图 1.1.32　轨下调高垫板

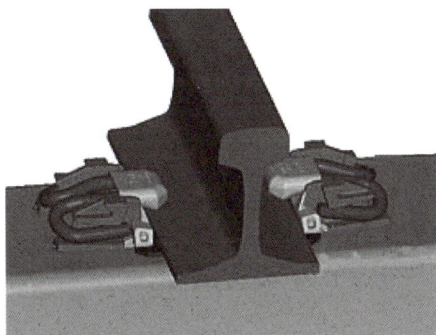

图 1.1.33　FC 型扣件设

①结构特征。

a. 在制作轨枕时预先埋设预埋底座,弹条通过插入预埋底座扣压钢轨。

b. 预埋底座与钢轨间设有绝缘轨距块,通过更换绝缘轨距块实现钢轨左右位置的调整,轨距调整量为 −8 ~ +8mm(表 1.1.11)。

轨距调整量	左股钢轨		右股钢轨	
	外侧扣件号码	内侧扣件号码	内侧扣件号码	外侧扣件号码
−8	14	7	7	14
−7	13	7	7	14
−6	13	8	8	13
−5	12	9	8	13
−4	12	9	9	12
−3	11	10	9	12
−2	11	10	10	11
−1	10	11	10	11
0	10	11	11	10
+1	9	12	11	10
+2	9	12	12	9
+3	8	13	12	9
+4	8	13	13	8
+5	7	14	13	8
+6	7	14	14	7
+7	6	15	14	7
+8	6	15	15	6

c.本扣件不能进行钢轨高低调整。

②部件组成。

FC 型扣件由快速弹条、绝缘帽、绝缘轨距挡块、预埋底座和橡胶垫板组成(图 1.1.34)。

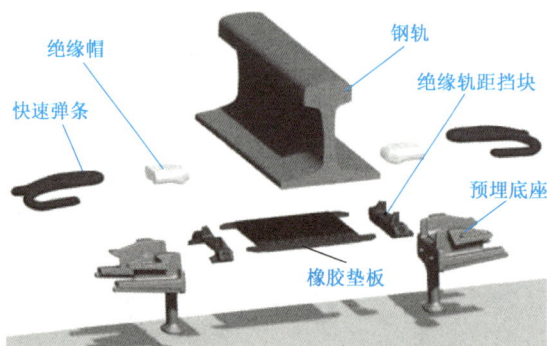

图 1.1.34 FC 型扣件部件组成

a.弹条(带绝缘帽):分 FC1504 型、FC1502 型和 FC1306 型三种(图 1.1.35 ～ 图 1.1.37)。其中,FC1504 型和 FC1306 型弹条分别配用 8494 型和 12133 型绝缘帽,且出厂时已将绝缘帽装配在相应的弹条上;FC1502 型弹条不安装绝缘帽。

一般地段安装 FC1504 型弹条,钢轨绝缘接头处安装 FC1502 型弹条,小纵向阻力地段安装 FC1306 型弹条。FC1504 型和 FC1502 型弹条的直径均为 15mm,FC1306 型弹条的直径为 13mm。FC1504 型弹条防锈涂料为红色,配用的 8494 型绝缘帽为白色;FC1306 型弹条防锈涂料为红色,配用的 12133 型绝缘帽为蓝色;FC1502 型弹条为黄色,绝缘帽不安装在弹条上。

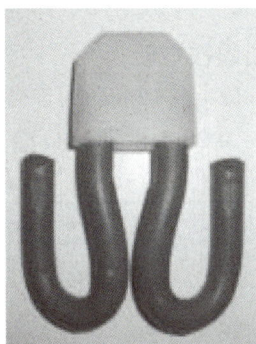

图 1.1.35 FC1504 型弹条   图 1.1.36 FC1502 型弹条   图 1.1.37 FC1306 型弹条

b. 绝缘轨距挡块(图 1.1.38):共有 10 个规格,即厚度 6mm 的 8691 型、厚度 7mm 的 9816 型、厚度 8mm 的 7551 型、厚度 9mm 的 8272 型、厚度 10mm 的 8690 型、厚度 11mm 的 8274 型、厚度 12mm 的 8102 型、厚度 13mm 的 8277 型、厚度 14mm 的 9556 型和厚度 15mm 的 8999 型。标准轨距时同一轨底内外两侧分别采用厚度 10mm 的 8690 型和厚度 11mm 的 8274 型;安装时两两配对安装。

c. 预埋底座:该部件预先埋设于轨枕中。

d. 覆盖板和绝缘套:在钢轨绝缘接头处,需使用覆盖板和绝缘套(图 1.1.39)。

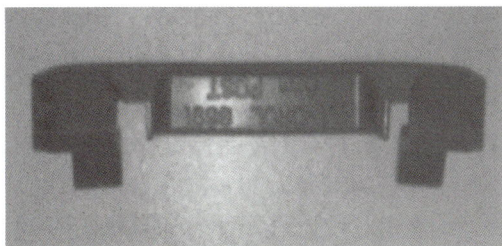

图 1.1.38 绝缘轨距挡块

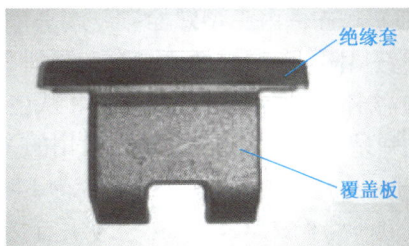

图 1.1.39 覆盖板和绝缘套

(4)WJ-7 型扣件:WJ-7 型扣件为无砟轨道扣件(图 1.1.40),属轨枕/轨道板不带混凝土挡肩的分开式扣件。

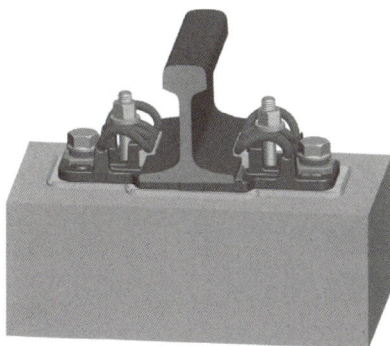

图 1.1.40 WJ-7 型扣件

动画:WJ-7 型扣件

①结构特征。

a. 铁垫板上设置轨底坡,轨枕/轨道板承轨面为平坡。

b. 铁垫板上设有 T 型螺栓插入座和挡肩,通过拧紧 T 型螺栓的螺母紧固弹条。

c. 铁垫板上挡肩与钢轨间设有绝缘块,起绝缘作用。

d. 通过锚固螺栓与轨枕/轨道板中预埋的绝缘套管配合紧固铁垫板。

e. 轨向和轨距的调整通过移动铁垫板来实现,调整量为 −12 ~ +12mm,为连续无级调整。

f. 高低的调整可通过垫入调高垫板来实现,调整量为 −4 ~ +26mm(表 1.1.12)。

WJ-7 型扣件高低调整配置(单位:mm)   表 1.1.12

钢轨高低调整量	绝缘缓冲垫板厚度	轨下微调垫板总厚度	铁垫板下调高垫板厚度
−4	2	0	0
−3	2	1	0
−2	2	2	0
−1	2	3	0
0	6	0	0
+1 ~ +7	6	1 ~ 7	0
+8	6	0	8
+9 ~ +15	6	1 ~ 7	8
+16	6	0	2 × 8
+17 ~ +26	6	1 ~ 10	2 × 8

②部件组成。

WJ-7 型扣件由 T 型螺栓、螺母、平垫圈、弹条、绝缘块、铁垫板、轨下垫板、绝缘缓冲垫板、重型弹簧垫圈、平垫块、锚固螺栓和预埋套管组成(图 1.1.41)。此外,为了满足钢轨高低位置调整的需求,还包括轨下调高垫板和铁垫板下调高垫板。

a. 弹条:分两种,即一般地段使用的 W1 型弹条[图 1.1.42a)]和桥上可使用的 X2 型弹条[图 1.1.43a)]。W1 型弹条的直径为 14mm,X2 型弹条的直径为 13mm。

b. 轨下垫板:分 A、B 两类,A 类用于兼顾货运的客运专线,B 类用于客运专线,每一类又分一般地段使用的橡胶垫板[图 1.1.42b)]和桥上可使用的复合垫板[图 1.1.43b)]两种。桥上需要降低线路阻力时,可采用 X2 型弹条并配用复合垫板,此时单组扣件的钢轨纵向阻力为 4kN。

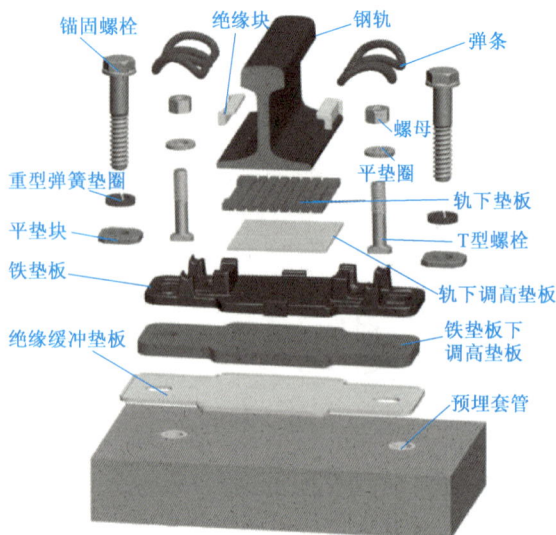

图 1.1.41 WJ-7 型扣件部件组成

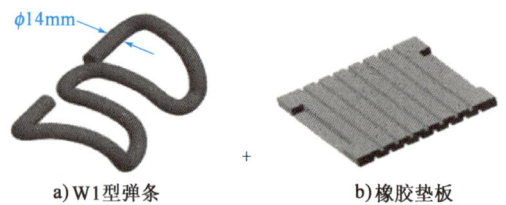

图 1.1.42 一般地段使用

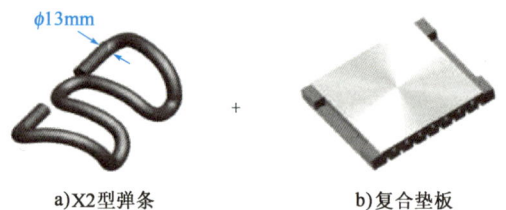

图 1.1.43 桥上可能使用

c.预埋套管:该部件预先埋设于轨枕/轨道板中,埋设精度应满足要求,且预埋套管顶面应与轨枕/轨道板承轨面齐平,预埋套管埋设后,应加盖塑料(或其他材料),以防雨水和泥污进入(图1.1.31)。

d.调高垫板:分轨下调高垫板[图1.1.44a)]和铁垫板下调高垫板[图1.1.44b)]两种。轨下调高垫板根据厚度 d 不同,分为1mm、2mm、5mm、8mm四种规格;铁垫板下调高垫板根据厚度 d 不同,分为5mm、10mm两种规格。

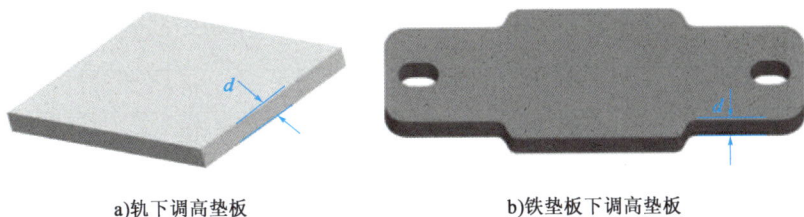

a)轨下调高垫板   b)铁垫板下调高垫板

图1.1.44　调高垫板

技能训练

参考高速铁路轨道施工与维护实训手册的项目3　WJ-7型扣件实训作业指导书。

(5)WJ-8型扣件:WJ-8型扣件为无砟轨道扣件(图1.1.45),属轨枕/轨道板带混凝土挡肩的不分开式扣件。

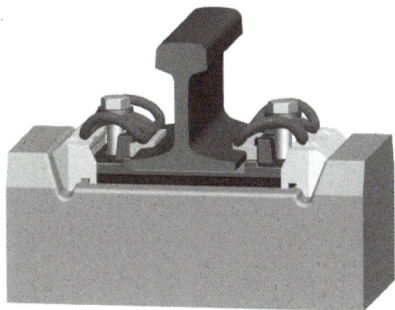

图1.1.45　WJ-8型扣件

微课:WJ-8型扣件

①结构特征。

a.铁垫板上设挡肩,挡肩与钢轨之间设有绝缘块。

b.通过螺旋道钉与轨枕/轨道板中预埋的套管配合紧固弹条。

c.铁垫板与混凝土挡肩间设置轨距挡板,通过更换轨距挡板实现钢轨左右位置的调整,单根钢轨左右调整量为 $-5 \sim +5$mm(表1.1.13)。

WJ-8型扣件单根钢轨左右位置调整配置(单位:mm)　　　　　表1.1.13

单股钢轨左右位置调整量	钢轨外侧		钢轨内侧	
	标准轨距挡板号码	绝缘轨距块号码	标准轨距挡板号码	绝缘轨距块号码
-5	10	11	4	7
-4	10	10	4	8
-3	10	9	4	9

单股钢轨左右位置	钢轨外侧		钢轨内侧	
调整量	标准轨距挡板号码	绝缘轨距块号码	标准轨距挡板号码	绝缘轨距块号码
-2	7	11	7	7
-1	7	10	7	8
0	7	9	7	9
+1	7	8	7	10
+2	7	7	7	11
+3	4	9	10	9
+4	4	8	10	10
+5	4	7	10	11

d. 高低调整可通过垫入轨下微调垫板和铁垫板下调高垫板来实现,调整量为 -4 ~ +26mm (表1.1.14)。

WJ-8 型扣件高低调整量配置(单位:mm)　　　表1.1.14

高低调整量	轨下垫板厚度	轨下微调垫板总厚度	铁垫板下调高垫板厚度
-4 ~ -1	2 ~ 5	0	0
0	6	0	0
+1 ~ +6	6	1 ~ 6	0
+7 ~ +10	3 ~ 6	0	10
+11 ~ +16	6	1 ~ 6	10
+17 ~ +20	3 ~ 6	0	20
+21 ~ +26	6	1 ~ 6	20

②部件组成。

WJ-8 型扣件由螺旋道钉、平垫圈、弹条、绝缘块、轨距挡板、轨下垫板、铁垫板、铁垫板下弹性垫板和预埋套管组成(图1.1.46)。此外,为了满足钢轨高低位置调整的需要,还包括轨下微调垫板和铁垫板下调高垫板。

a. 弹条:分两种,即一般地段使用的 W1 型弹条[图1.1.47a)]和桥上可使用的 X2 型弹条[图1.1.48a)]。W1 型弹条的直径为 14mm,X2 型弹条的直径为 13mm。

b. 轨下垫板:分两种,即一般地段使用的橡胶垫板[图1.1.47b)]和桥上可能使用的复合垫板[图1.1.48b)]。当桥上需要降低线路阻力时,可采用 X2 型弹条并配用复合垫板,此时单组扣件的钢轨纵向阻力为 4kN。轨下垫板厚度分为 2mm、3mm、4mm、5mm、6mm 五种,正常情况下安装 6mm 厚垫板,根据钢轨高低位置情况可更换不同厚度垫板。

c. 轨距挡板(图1.1.49):分一般地段用 WJ8 轨距挡板,钢轨接头处用 WJ8 接头轨距挡板。

每种轨距挡板分 4 号、7 号、10 号三种规格,正常情况下使用 7 号,根据钢轨左右位置情况可调换使用。

d. 绝缘块:分Ⅰ型和Ⅱ型两种,一般地段采用Ⅰ型绝缘块(图1.1.50),钢轨接头处采用Ⅱ型绝缘块(图1.1.51)。绝缘块分 7 号、8 号、9 号、10 号、11 号五种规格,正常情况下使用 9 号,根据钢轨左右位置情况可调换使用。夹板处采用接头绝缘轨距块。轨道精调时,可增设 0.5mm 级别的绝缘轨距块。

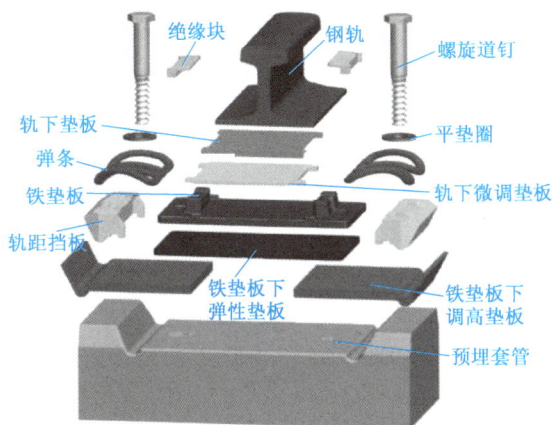

图 1.1.46 WJ-8 型扣件部件组成

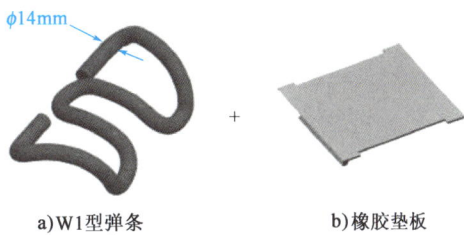

图 1.1.47 一般地段使用

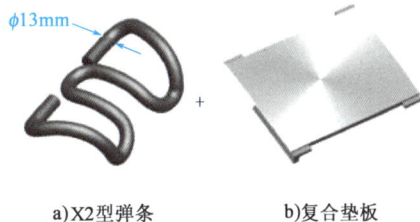

a)W1型弹条
b)橡胶垫板

a)X2型弹条
b)复合垫板

图 1.1.48 桥上可使用

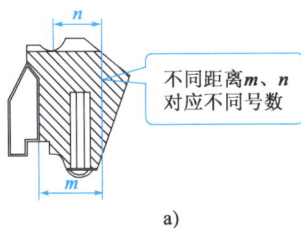

不同距离*m*、*n*
对应不同号数

WJ8-7

a)
b)

图 1.1.49 轨距挡板

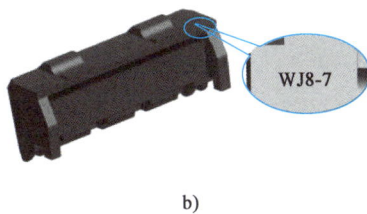

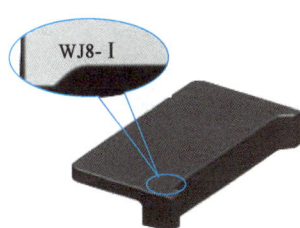

WJ8-Ⅰ

图 1.1.50 Ⅰ型绝缘块

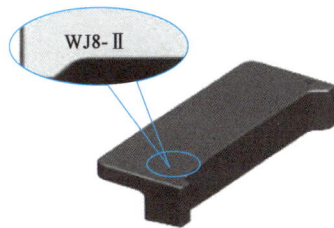

WJ8-Ⅱ

图 1.1.51 Ⅱ型绝缘块

e.铁垫板下弹性垫板(图 1.1.52):铁垫板下弹性垫板分 A、B 两类。A 类弹性垫板用于兼顾货运的客运专线,B 类弹性垫板用于客运专线。

f.螺旋道钉:分 S2 型和 S3 型两种(图 1.1.53)。在扣件正常状态安装或钢轨调高量不大于 15mm 时用 S2 型螺旋道钉,大于 15mm 时用 S3 型螺旋道钉。

图 1.1.52 铁垫板下弹性垫板

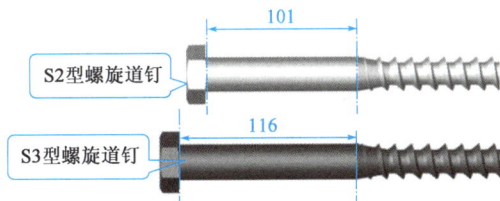

S2型螺旋道钉

101

S3型螺旋道钉

116

图 1.1.53 螺旋道钉(尺寸单位:mm)

g. 预埋套管:该部件预先埋设于轨枕/轨道板中,埋设精度应满足要求,且预埋套管顶面应与轨枕/轨道板承轨面齐平。预埋套管埋设后,应加盖塑料(或其他材料),以防雨水和泥污进入(图1.1.30)。

h. 调高垫板:分轨下微调垫板(图1.1.54)和铁垫板下调高垫板(图1.1.55)两种,分别放置于轨下垫板与铁垫板之间和铁垫板下弹性垫板与轨枕/轨道板承轨面之间。

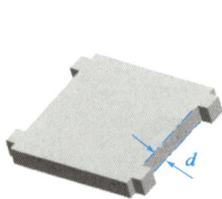

图1.1.54　轨下微调垫板　　　　　　　　图1.1.55　铁垫板下调高垫板

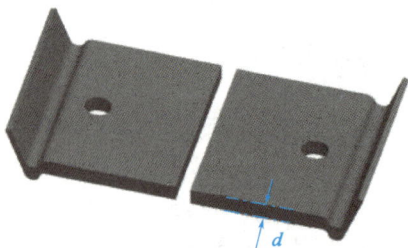

轨下微调垫板按厚度分为0.5mm、1mm、2mm和5mm四种规格。

铁垫板下调高垫板按厚度分为10mm和20mm两种规格,铁垫板下调高垫板由两片组成,应成副使用。

技能训练
参考高速铁路轨道施工与维护实训手册的项目4　WJ-8型扣件实训作业指导书。

(6)SFC型扣件:SFC型扣件为无砟轨道扣件,属轨枕/轨道板不带混凝土挡肩的分开式扣件,其分直列式(图1.1.56)和错列式(图1.1.57)两种。

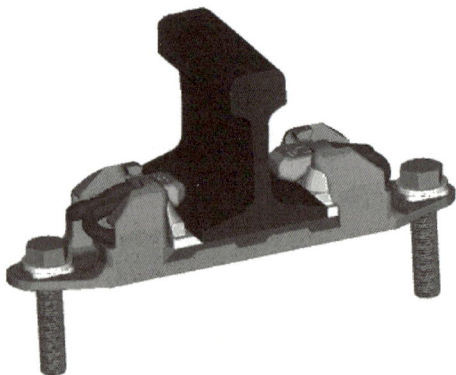

图1.1.56　直列式SFC型扣件　　　　　　图1.1.57　错列式SFC型扣件

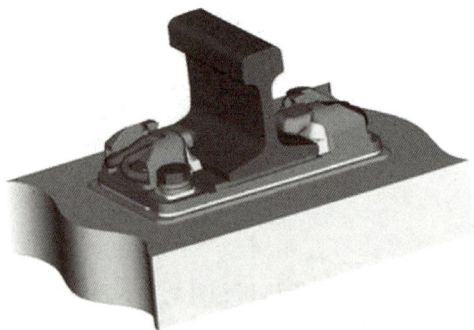

①结构特征。

a. 弹条通过插入铸铁底板的挡肩紧固钢轨。

b. 铸铁底板挡肩与钢轨间设有绝缘块,起绝缘作用。

c. 通过锚固螺栓与轨枕/轨道板中的预埋套管配合紧固铸铁底板。

d. 轨向和轨距的调整通过移动铸铁底板来实现,调整量为 $-12 \sim +12$ mm。

e. 钢轨高低调整可通过在铸铁底板下垫入调高垫板来实现,调整量为 $-4 \sim +26$ mm(表1.1.15)。

钢轨高低调整量	耦合垫板厚度	塑料调高垫板总厚度	钢调高垫板总厚度
−4	2	0	0
−3	2	0	1
−2	2	0	2
−1	2	0	1 ~ 2
0	6	0	0
+1 ~ +3	6	0	1 ~ 3
+4	6	4	0
+5	6	5	0
+6 ~ +8	6	5	1 ~ 3
+9	6	4 +5	0
+10	6	10	0
+11 ~ +13	6	10	1 ~ 3
+14	6	4 +10	0
+15	6	15	0
+16 ~ +18	6	15	1 ~ 3
+19	6	4 +15	0
+20	6	20	0
+21 ~ +23	6	20	1 ~ 3
+24	6	4 +20	0
+25 ~ +26	6	4 +20	1 ~ 2

②错列式 SFC 型扣件部件组成。

错列式 SFC 型扣件由绝缘帽、弹条、铸铁底板、绝缘轨距挡块、橡胶垫板、耦合垫板、锯齿垫片、调高垫板、锚固系统及预埋套管组成(图1.1.58)。

a.弹条(带绝缘帽):错列式 SFC 型扣件弹条分 FC1504 型、FC1502 型和 FC1306 型三种(图 1.1.35 ~ 图 1.1.37)。其中,FC1504 型和 FC1306 型弹条分别配用8494 型和12133 型绝缘帽,且出厂时已将绝缘帽装配在相应的弹条上;FC1502 型弹条不安装绝缘帽。

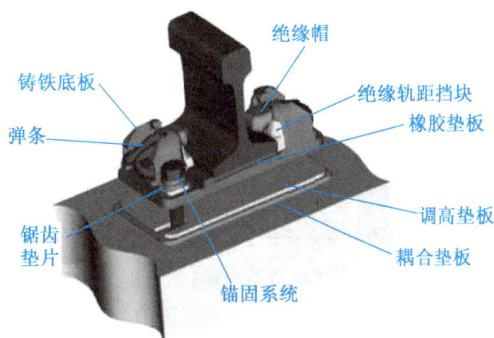

图 1.1.58　错列式 SFC 型扣件部件组成

一般地段安装 FC1504 型弹条,钢轨绝缘接头处安装 FC1502 型弹条,小纵向阻力地段安装 FC1306 型弹条。FC1504 型和 FC1502 型弹条的直径均为 15mm,FC1306 型弹条的直径为 13mm。FC1504 型弹条防锈涂料为红色,配用的 8494 型绝缘帽为白色;FC1306 型弹条防锈涂料为红色,配用的 12133 型绝缘帽为蓝色;FC1502 型弹条为黄色,绝缘帽不安装在弹条上。

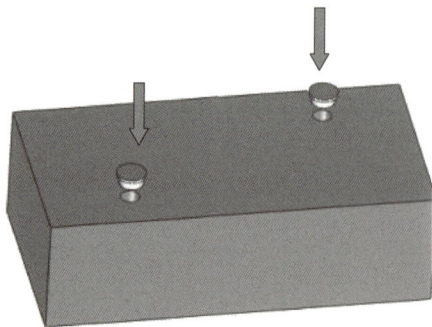

图 1.1.59　预埋套管埋设

b. 预埋套管：该部件预先设置于轨枕/轨道板中，预埋精度应满足要求，且预埋套管顶面应与轨枕/轨道板承轨面齐平。预埋套管埋设后，应加盖塑料（或其他材料），以防止雨水和泥污的进入（图 1.1.59）。

c. 耦合垫板和调高垫板：耦合垫板（图 1.1.60）由低密度聚乙烯制成，厚度分为 2mm、2.5mm、3mm、3.5mm 和 4mm 5 种规格，一般做成彩色垫板，其中 4mm 厚度为标准设计厚度；调高垫板（图 1.1.61）根据厚度和材质不同，分为厚度 3mm、5mm、10mm、15mm、20mm、25mm 和 30mm 的高密度聚乙烯以及厚度 1mm

和 2mm 的镀锌钢板 9 种规格，一般做成黑色垫板。

图 1.1.60　耦合垫板

图 1.1.61　调高垫板

d. 锚固系统：错列式 SFC 扣件系统配用的锚固系统由 M22 锚固螺栓、M22 平垫片、M22 贝氏垫片和尼龙套管组成（图 1.1.62）。

特别提示：首先，两片 M22 贝氏垫片应背靠背安装（图 1.1.63）。贝氏垫片的正确安装非常重要，否则铸铁底板在线路运营时有出现松动的可能。其次，当垫板（含调高垫板和耦合垫板）叠加总厚度超过 15mm 时，需要使用更长的螺栓替换当前使用的螺栓（图 1.1.64）。

M22锚固螺栓
M22平垫片
M22贝氏垫片
尼龙套管
预埋套管

图 1.1.62　锚固系统

a)正确

b)错误

图 1.1.63　贝氏垫片的安装方法

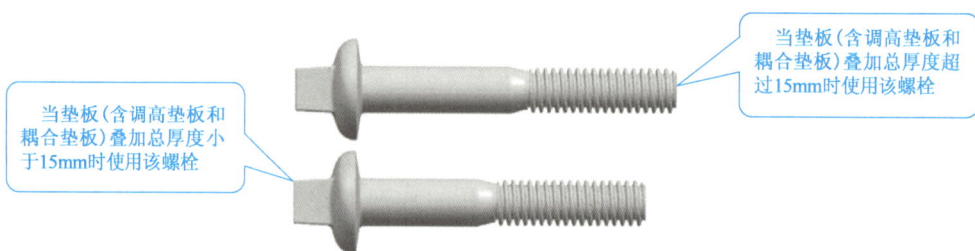

当垫板（含调高垫板和耦合垫板）叠加总厚度超过15mm时使用该螺栓

当垫板（含调高垫板和耦合垫板）叠加总厚度小于15mm时使用该螺栓

图 1.1.64　调高垫板用加长螺栓

③直列式 SFC 型扣件部件组成。

直列式 SFC 型扣件由弹条、绝缘帽、铸铁底板、绝缘轨距挡块、橡胶垫板、锚固螺栓、贝式弹簧垫片、锯齿垫片、耦合垫板和预埋套管组成(图 1.1.65)。此外,为了满足钢轨高低位置调整的需要,还包括用在铸铁底板和耦合垫板之间的调高垫板。

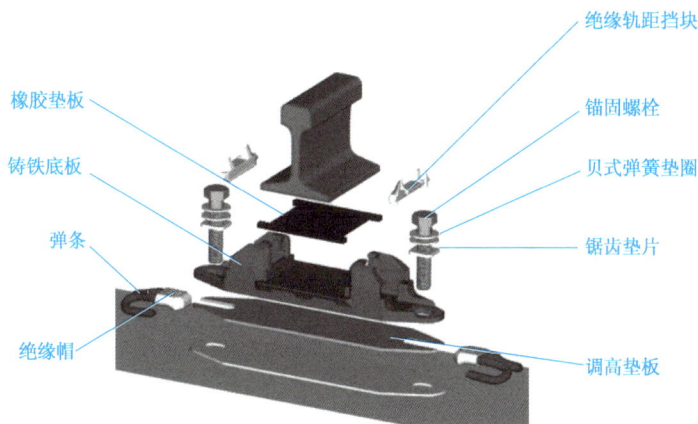

图 1.1.65　直列式 SFC 型扣件部件组成

a. 弹条(带绝缘帽):直列式 SFC 型扣件弹条同错列式扣件弹条。

b. 预埋套管:该部件预先设置于轨枕/轨道板中,预埋精度应满足要求,且预埋套管顶面应与轨枕/轨道板承轨面齐平。预埋套管埋设后,应加盖塑料(图 1.1.59)以防止雨水和泥污的进入。

c. 调高垫板:调高垫板根据其厚度和材质的不同,可分为厚度 4mm、5mm、10mm、15mm、20mm、25mm 和 30mm 的高密度聚乙烯(HDPE)调高垫板,以及厚度 1mm 和 2mm 的镀锌钢板。其中,常用的调高垫板分别为厚度 1mm、2mm 的钢板,厚度 5mm 的高密度聚乙烯调高垫板(图 1.1.61)。

(7)300-1 型扣件:300-1 型扣件为无砟轨道扣件,属轨枕/轨道板带混凝土挡肩的不分开式扣件(图 1.1.66、图 1.1.67)。

图 1.1.66　300-1 型扣件

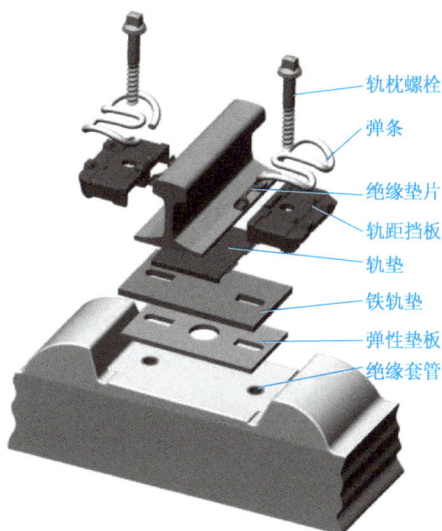

图 1.1.67　300-1 型扣件部件组成

①结构特征。

a. 通过轨枕螺栓与轨枕/轨道板中预埋的套管配合紧固弹条。

b. 钢轨与混凝土挡肩间设置轨距挡板,通过更换轨距挡板实现钢轨左右位置的调整,单根钢轨左右调整量为 −8 ~ +8mm(表 1.1.16)。

300-1 型扣件轨距调整配置　　　　表 1.1.16

单股钢轨左右位置调整量(mm)	钢轨外侧轨距挡板	钢轨内侧轨距挡板
−8	Wfp15 + 8	Wfp15 − 8
−7	Wfp15 + 7	Wfp15 − 7
−6	Wfp15 + 6	Wfp15 − 6
−5	Wfp15 + 5	Wfp15 − 5
−4	Wfp15 + 4	Wfp15 − 4
−3	Wfp15 + 3	Wfp15 − 3
−2	Wfp15 + 2	Wfp15 − 2
−1	Wfp15 + 1	Wfp15 − 1
0	Wfp15	Wfp15
+1	Wfp15 − 1	Wfp15 + 1
+2	Wfp15 − 2	Wfp15 + 2
+3	Wfp15 − 3	Wfp15 + 3
+4	Wfp15 − 4	Wfp15 + 4
+5	Wfp15 − 5	Wfp15 + 5
+6	Wfp15 − 6	Wfp15 + 6
+7	Wfp15 − 7	Wfp15 + 7
+8	Wfp15 − 8	Wfp15 + 8

c. 钢轨高低调整可通过垫入调高垫板来实现,高低调整量为 −4 ~ +26mm(表 1.1.17)。

300-1 型扣件高低调整配置　　　　表 1.1.17

高低调整量 (mm)	轨下垫板厚度 (Zw692-x) (mm)	塑料调高垫板厚度 (AP20-x) (mm)	钢制铁垫板下调高垫板厚度(AP20S) (mm)	螺旋道钉长度 (Ss36) (mm)
−4 ~ −1	1 × 2 ~ 5			230
0	1 × 6			
+1 ~ +2	1 × 7 ~ 8			
+3 ~ +8	1 × 3 ~ 8	1 × 6		
+9 ~ +12	1 × 5 ~ 8	1 × 10		240
+13 ~ +14	1 × 7 ~ 8	2 × 6		
+15 ~ +18	1 × 5 ~ 8	1 × 10 + 1 × 6		
+19 ~ +22	1 × 5 ~ 8	2 × 10		250
+23 ~ +26	1 × 3 ~ 6	1 × 6	1 × 20	

注:垫板厚度中乘号连接的两个数字分别代表块数和单板厚度,如 1 × 6 表示 6 块厚度为 1mm 的垫板。

②部件组成。

300 型扣件由弹条、绝缘垫片、轨距挡板、轨枕螺栓、绝缘套管、轨垫、铁垫板和弹性垫板组成(图 1.1.68)。此外,为了满足钢轨的高低调节的需要,还包括调高垫板。

a. 弹条:分两种,即一般地段使用的 SKL15 型弹条(图 1.1.68)和桥上可使用的小阻力 SKL B15 型弹条(图 1.1.69)。其中,SKL15 型弹条(黑色)的直径为 15mm,SKL B15 型弹条(蓝色)的直径为 13mm。

b. 轨枕螺栓:标准规格轨枕螺栓(Ss36-230,图 1.1.70)总长为 230mm,为了满足钢轨调高的要求,还配有 Ss36-240、Ss36-250、Ss36-260、Ss36-270 和 Ss36-280 轨枕螺栓。

图 1.1.68　SKL15 型弹条

图 1.1.69　SKLB15 型弹条

图 1.1.70　轨枕螺栓

c. 轨下垫板:标准规格轨下垫板(Zw692-6,图 1.1.71)厚度为 6mm。为了满足钢轨调高的要求,还配有不同厚度的 Zw692-2、Zw692-3、Zw692-4、Zw692-5、Zw692-7 和 Zw692-8 轨下垫板。

d. 轨距挡板:标准规格轨距挡板分为 Wfp15 型轨距挡板(图 1.1.72),为了满足钢轨左右位置调整的要求,还配有 Wfp15 ±1 ~ Wfp15 ±8 16 种规格轨距挡板。

图 1.1.71　轨下垫板

图 1.1.72　Wfp15 型轨距挡板

e. 弹性垫板:弹性垫板放置于铁垫板下。图 1.1.73 所示两种不同颜色的弹性垫板,性能相同。

f. 预埋套管:预埋套管预先埋设于轨枕/轨道板中,埋设精度应满足要求,且预埋套管顶面应低于轨枕/轨道板承轨面 0 ~ 2mm。预埋套管埋设后,如果不是在轨枕厂进行预先安装,则应盖上塑料(或其他材料),以防雨水和泥污进入(图 1.1.74)。

g. 绝缘垫片 Is15(图 1.1.75):如果露天存储,则现场必须加盖顶棚或苫布。在现场铺轨时,应将绝缘垫片安装到弹条弹臂下正确位置。

h. 调高垫板:分塑料调高垫板和钢制调高垫板两种。其中,塑料调高垫板的厚度分为 6mm

和 10mm 两种,标号分别为 Ap20-6(Ap20U-6) 和 Ap20-10(图 1.1.76)/Ap20U-10(图 1.1.77)。钢制调高垫板为厚度 20mm 的 Ap20S(图 1.1.78)/Ap20U-S(图 1.1.79)。

a)　　　　　　　　　　　　b)

图 1.1.73　弹性垫板

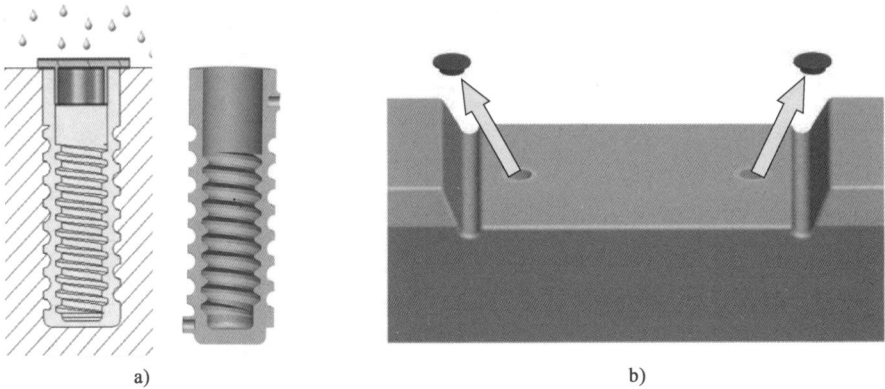

a)　　　　　　　　　　　　b)

图 1.1.74　轨枕预埋套管及套管盖

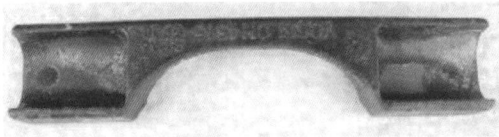

图 1.1.75　绝缘垫片

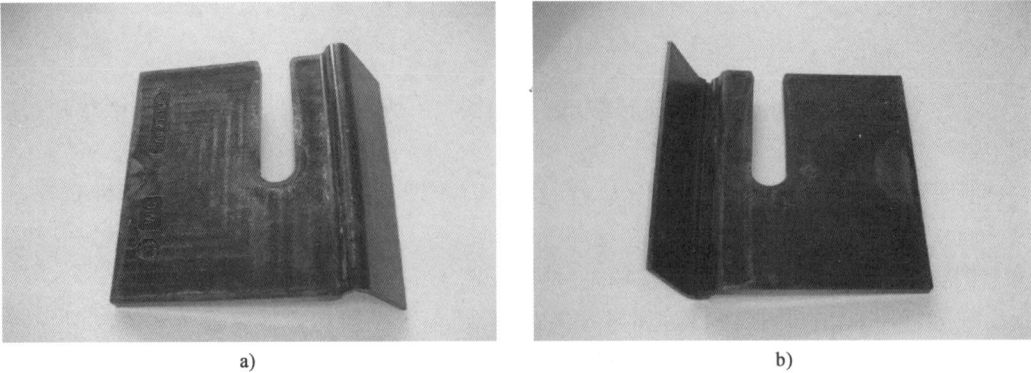

a)　　　　　　　　　　　　b)

图 1.1.76　塑料调高垫板 Ap20-10(适用于 300-1a 型系统)

a)   b)

图 1.1.77　塑料调高垫板 Ap20U-10（适用于 300-1U 型系统）

a)   b)

图 1.1.78　钢制调高垫板 Ap20S（适用于 300-1a 型系统）

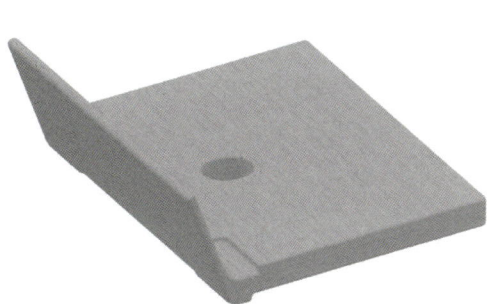

a)   b)

图 1.1.79　钢制调高垫板 Ap20S-U（适用于 300-1U 型系统）

开动脑筋

有砟轨道和无砟轨道的扣件有何区别？

四、道床

1.道床的功用

道床是轨道框架的基础,道床的功用包括如下：

微课:道床

（1）机车车辆的荷载通过钢轨、轨枕传递给道床，道床将荷载扩散，然后传给路基，从而减小路基面上的荷载压强，起到保护路基顶面的作用。

（2）提供抵抗轨道框架纵、横向位移的阻力，保持轨道稳定和正确的几何形位，保证行车安全。

（3）道床具有良好的排水作用，能够减少轨道的冻害，提高路基的承载能力。

（4）提供轨道弹性，起到缓冲、减振降噪的作用。

（5）调节轨道框架的水平和方向，保持良好的线路平纵断面，为轨道几何尺寸超限时的维修保养提供便利条件。

2. 道床材料

为了满足上述道床功能，作为道床材料的道砟应质地坚硬、有弹性，不易压碎和捣碎，排水性能良好，吸水性差，不易风化，不易被风吹走或被水冲走。道砟材料有碎石、筛选级配卵石、天然级配卵石、粗砂和中砂以及熔炉矿渣等。铁路有砟道床的碎石材料应符合国家现行标准《铁路碎石道砟》(TB/T 2140)的规定。新建设计行车速度250km/h及以上的高速铁路、年通过总质量大于250Mt且设计轴重大于250kN的重载铁路应采用特级道砟；新建设计行车速度200km/h的城际铁路和客货共线铁路、年通过总质量大于101Mt小于250Mt且设计轴重大于25t的重载铁路可采用特级道砟或一级道砟；其余铁路应采用一级道砟。铁路碎石道砟应符合以下技术要求：

（1）道砟由开山块石破碎筛分而成，其中特级道砟的颗粒表面全部为破碎面。

（2）特级、一级道砟材质性能参数指标应符合表1.1.18的规定。

特级、一级道砟材质性能参数指标　　　　　　　　表1.1.18

性能	参数	特级道砟		一级道砟	
		指标	评估方法	指标	评估方法
抗磨耗、抗冲击性能	洛杉矶磨耗率 LAA(%)	≤18	至少有两项指标满足要求	$18 < LLA < 27$	至少有两项指标满足要求
	标准集料冲击韧度 IP	≥110		$18 < IP < 110$	
	石料耐磨硬度系数$K_{干磨}$	>18.3		$18 < K < 18.3$	
抗压碎性能	标准集料压碎率 CA(%)	<8	两项指标同时满足要求	$8 ≤ CA < 9$	两项指标同时满足要求
	道砟集料压碎率 CB(%)	<19		$19 ≤ CB < 22$	
渗水性能	渗透系数P_m(10^{-6}cm/s)	>4.5	至少有两项指标满足要求	>4.5	至少有两项指标满足要求
	石粉试模件抗压强度 σ(MPa)	<0.4		<0.4	
	石粉液限w_L(%)	>20		>20	
	石粉塑限w_p(%)	>11		>11	
抗大气腐蚀性能	硫酸钠溶液浸泡损失率(%)	<10	均应满足要求	<10	均应满足要求
稳定性能	密度(g/cm³)	>2.55		>2.55	
	重度(10^{-2}N/cm³)	>2.50		>2.50	
软弱颗粒	饱水单轴抗压强度(MPa)	≤20	含量小于10%	≤20	含量小于10%

（3）特级道砟粒径级配，应符合表1.1.19的规定，特级道砟粒径级配曲线，如图1.1.80所示。

特级道砟粒径级配表   表 1.1.19

粒径	筛分机底筛和面筛筛孔边长(mm):31.5～50				
级配	方孔筛孔边长(mm)	22.4	31.5	40	50	63
	过筛质量百分率(%)	0～3	1～25	30～65	70～99	100
颗粒分布	方孔筛孔边长(mm)	31.5～50				
	颗粒质量百分率(%)	≥50				

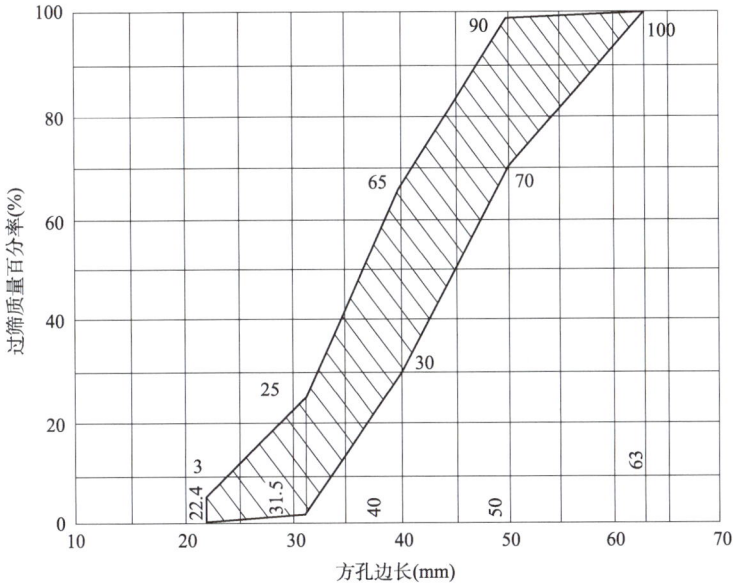

图 1.1.80　特级道砟粒径级配曲线

(4)一级道砟粒径级配应符合表 1.1.20 的规定,一级道砟粒径级配曲线如图 1.1.81 所示。

一级道砟粒径级配表   表 1.1.20

方孔筛孔边长(mm)	16	25	35	45	56	63
过筛质量百分率(%)	0～5	5～15	25～40	55～75	92～97	97～100

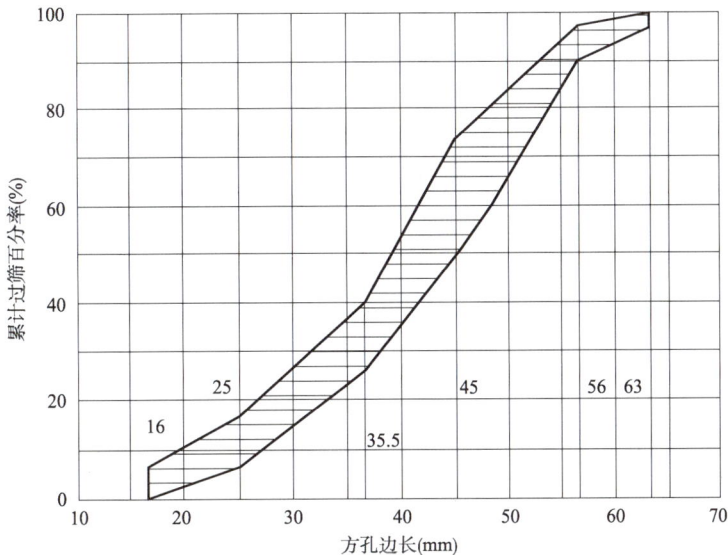

图 1.1.81　一级道砟粒径级配曲线

（5）特级、一级道砟颗粒形状及清洁度指标。

①特级道砟的颗粒形状及清洁度指标：

a. 针状指数不大于20%，片状指数不大于20%。

b. 粒径0.063mm以下的粉末含量的质量百分率不大于0.5%，粒径0.5mm以下的颗粒含量的质量百分率不大于0.6%。

c. 出厂道砟须经清洗，不得含黏土团及其他杂质。

②一级道砟的颗粒形状及清洁度指标：

a. 针状指数不大于30%，片状指数不大于30%。

b. 粒径0.1mm以下的粉末含量的质量百分率不大于1%。

c. 黏土团及其他杂质含量的质量百分率不大于0.5%。

3. 道床断面

道床断面（图1.1.82）包括道床厚度、顶面宽度和边坡坡度三个主要特征指标。

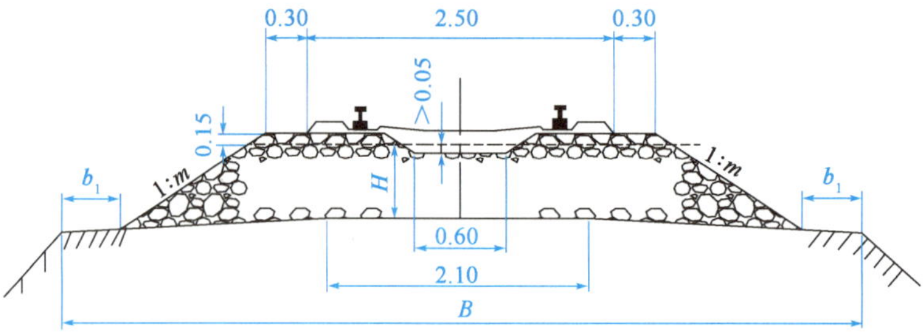

图1.1.82　道床断面（尺寸单位：m）

1）道床厚度

道床厚度是指在直线上钢轨或曲线上内股钢轨中心线与轨枕中心线相交点处的轨枕底面至路基顶面的距离。道床厚度应根据作用在道床顶面上的轨枕压力在道床内部的传递特性及路基的承载力来决定。我国铁路的道床厚度为250~350mm。

2）道床顶面宽度

道床顶面宽度取决于轨枕长度和轨道类型。其伸出轨枕端的部分称为道床肩宽，一般情况下的道床肩宽为200~300mm，在无缝线路上定为400~500mm，为提高道床的横向阻力，还需要将砟肩堆高150mm。我国铁路道床顶面宽度见表1.1.21。

单线道床顶面宽度

表1.1.21

铁路等级	列车设计行车速度 v（km/h）	道床顶面宽度（m）	
		无缝线路轨道	有缝线路轨道
高速铁路	$250 \leqslant v \leqslant 350$	3.6	—
重载铁路	$v \leqslant 100$	3.5	—
城际铁路、客货共线铁路	$250 < v \leqslant 350$	3.5	—
	$250 < v \leqslant 350$	3.4	—
	$250 < v \leqslant 350$	3.4	3.1
客货共线铁路	$v \leqslant 100$	3.4	3.0

3）道床边坡

自道床顶面引向路基顶面的斜坡称为道床边坡，其大小对道床的稳定性有十分重要的意义。道床边坡的大小与道砟材料的内摩擦角和黏聚力有关，我国正线上的道床边坡规定为1：1.75。

技能训练

参考高速铁路轨道施工与维护实训手册的项目5 有砟轨道结构实训作业指导书。

五、道岔

铁路轨道的连接和交叉是通过道岔来实现的。从一条线路转向另一条线路时所用的设备叫作道岔。通过道岔可以起到连接两条及两条以上线路的作用。道岔的功能是保证机车车辆以规定的速度，安全可靠地从一股轨道转入另一股轨道。我国习惯上把道岔和交叉设备统称为道岔，这些设备包括各种道岔、交叉及道岔和交叉的组合。道岔由转辙部分、辙叉部分、连接部分及岔枕和连接零件等组成。

微课：道岔分类　　动画：道岔工作原理

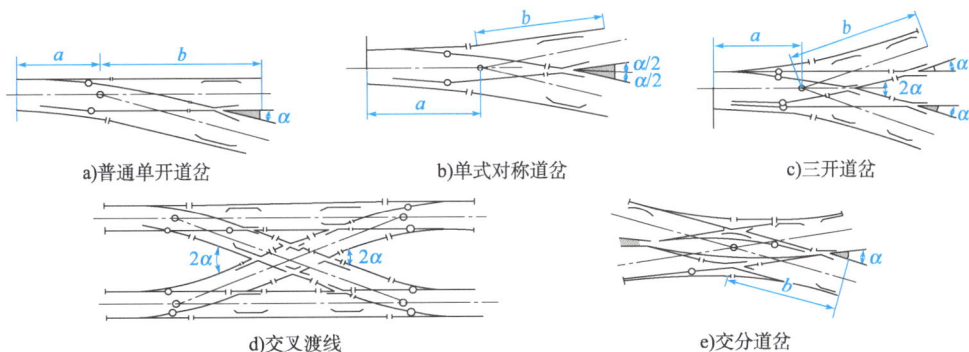

1. 道岔的种类

我国铁路上铺设和使用的标准形式道岔有普通单开道岔（以下简称单开道岔）、单式对称道岔、三开道岔、交叉渡线和交分道岔（图1.1.83）。

a)普通单开道岔　　b)单式对称道岔　　c)三开道岔

d)交叉渡线　　e)交分道岔

图1.1.83　道岔的种类

a-道岔前长；b-道岔后长；α-辙叉角

我国铁路上使用最多的道岔形式是单开道岔，其数量占各类道岔总数的90%以上。单开道岔的主线为直线方向，侧线由主线向左（左开道岔）或向右（右开道岔）侧分支。

单开道岔又以它的钢轨每米质量及辙叉号数来分类。目前我国的钢轨有75kg/m、60kg/m、50kg/m、45kg/m和43kg/m等类型，标准道岔号数（用辙叉号数来表示）有6号、7号、9号、12号、18号、24号、30号等。其中6号、7号仅用于厂矿企业内部铁路或驼峰下，其他型号则用于铁路正线和站线，并以9号和12号最为常用；用于侧向通过列车，速度80~140km/h的单开道岔，不得小于30号；用于侧向通过列车，速度50~80km/h的单开道岔，不得小于18号；用于侧向通过列车，速度不超过50km/h的单开道岔，不得小于12号。

2. 单开道岔的构造

单开道岔，由引导列车的轮对沿原线进入或转入另一条线路运行的转辙部分，为使轮对能顺利地通过两线钢轨的连接点而形成的辙叉部分，使转辙部分和辙叉连接的连接部分以及岔

微课：普通单开道岔结构　　微课：道岔转辙机械

枕和连接零件等组成,其构造示意图如图1.1.84所示。

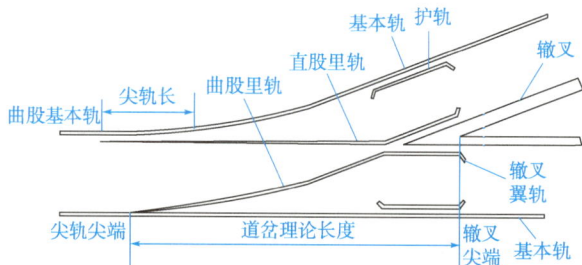

图1.1.84 单开道岔构造示意图

1)转辙器

单开道岔的转辙器由两根基本轨、两根尖轨以及各种连接零件和道岔转辙机构组成。

(1)基本轨是用一根12.5m或25m标准断面的普通钢轨制成,主股为直线,侧股按转辙器各部分的轨距在工厂事先弯折成规定的折线。基本轨除承受车轮的垂直压力外,还与尖轨共同承受车轮的横向水平力。

(2)尖轨是转辙器的主要部分,机车车辆进出道岔靠它引导。为使转辙器能正确引导列车的行驶方向,尖轨尖端必须与基本轨紧密贴靠。尖轨与基本轨的贴靠方式通常有两种:一种是爬坡式尖轨[图1.1.85a)],另一种是藏尖式尖轨[图1.1.85b)]。

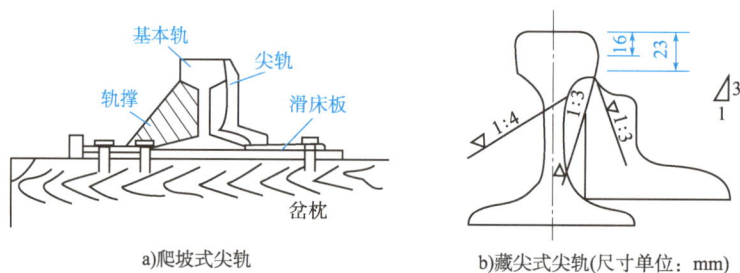

a)爬坡式尖轨   b)藏尖式尖轨(尺寸单位:mm)

图1.1.85 尖轨与基本轨的贴靠方式

尖轨与导曲线钢轨连接的一端称尖轨跟端。我国的道岔主要采用间隔铁鱼尾板式和弹性可弯式跟端结构。间隔铁鱼尾板式跟端结构,由尖轨根端大垫板、间隔板、跟端夹板、跟端轨撑、防爬卡铁及连接螺栓等组成,如图1.1.86所示。在钢轨为75kg/m型的道岔中,防爬卡铁已改为内轨撑。间隔铁鱼尾板式跟端结构的特点是零件较少,结构简单,尖轨扳动灵活,但稳定性较弹性可弯式跟端结构差,容易出现病害。

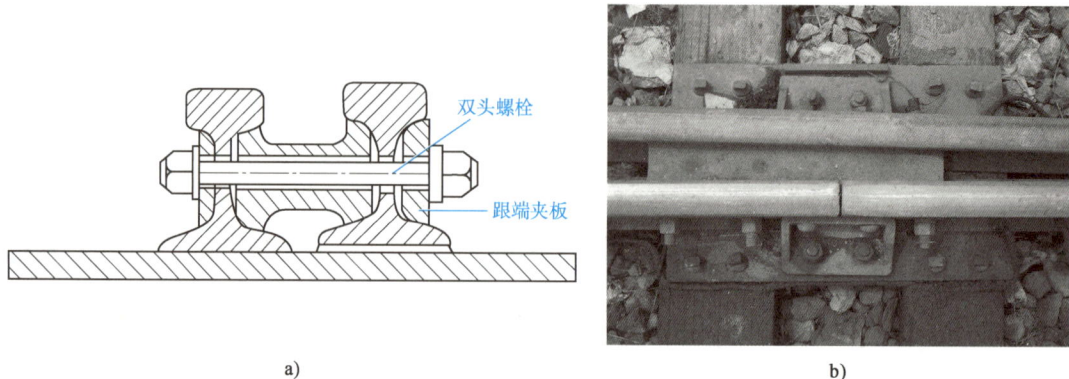

a)   b)

图1.1.86 间隔铁鱼尾板式跟端结构

（3）转辙器上的零、配件及其作用。

①在整个尖轨长度范围内的岔枕面上有承托尖轨和基本轨的滑床板。滑床板有分开式和不分开式两种。不分开式是用道钉将轨撑、滑床板直接与岔枕连接；分开式是轨撑由垂直螺栓先与滑床板连接，再用道钉或螺纹道钉将垫板与岔枕连接。

②用以防止基本轨倾覆、扭转和纵横向移动的轨撑，安装在基本轨的外侧。它用螺栓与基本轨相连，并用两个螺栓与滑床板连接。轨撑又分为双墙式和单墙式。

③铺设在尖轨之前的辙前垫板和之后的辙后垫板。

④铺设在尖轨尖端和尖轨跟端的通长垫板。

⑤道岔顶铁。尖轨的刨切部位紧贴基本轨，而在其他部位则依靠安装在尖轨外侧腹部的顶铁将车轮施加的横向力传递给基本轨，以防止尖轨受力时弯曲，并保持尖轨部分的轨距正确。

⑥为保持导曲线的正确位置而设置的支距垫板。

⑦道岔拉杆和连接杆。道岔拉杆连接两根尖轨并与转辙设备相连，以实现尖轨的摆动，故又叫作转辙杆。连接杆为连接两根尖轨的杆件，其作用是加强尖轨间的联系，提高尖轨的稳定性。

尖轨尖端非作用边与基本轨作用边之间的拉开距离叫作道岔的尖轨动程，规定在距尖轨尖端 380mm 的第一连接杆中心处量取。

道岔转换设备，必须具备转换（改变道岔开向）、锁闭（锁闭道岔，在转辙杆中心处尖轨与基本轨之间不允许有 1mm 以上的间隙）和显示（显示道岔的正位或反位）等三种功能。

2）辙叉及护轨

辙叉是使车轮从一股钢轨越过另一股钢轨的设备，设置于道岔侧线钢轨与道岔主线钢轨相交处，由心轨、翼轨、护轨及连接零件组成。按平面布置形式分，辙叉有直线辙叉和曲线辙叉两种；按构造分，有固定式辙叉和可动辙叉两种。在单开道岔上以直线固定式辙叉最为常用。直线固定式辙叉分两种，即整铸辙叉（图 1.1.87）和钢轨组合式辙叉（图 1.1.88）。

微课：辙叉及护轨

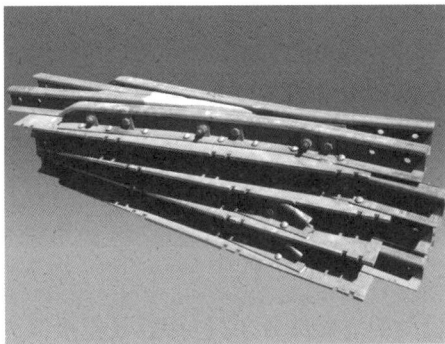

图 1.1.87　高锰钢浇铸的整体辙叉

图 1.1.88　组合式辙叉

叉心两侧作用边之间的夹角，称为辙叉角，通常以 α 表示。辙叉心轨两个工作边延长线的交点称为辙叉理论中心（理论尖端）。由于制造工艺的原因，实际上叉心尖端有 6 ~ 10mm 的宽度，此处称为心轨的实际尖端。

翼轨由普通钢轨弯折刨切而成。它通过间隔铁及螺栓和叉心连接在一起，以保持相互间的正确位置，并形成必要的轮缘槽，使车轮轮缘能顺利通过。两翼轨工作边相距最近处称为辙叉咽喉。从辙叉咽喉至心轨实际尖端之间的轨线中断的距离称为有害空间(图1.1.89)。道岔号数越大,辙叉角越小,相应的有害空间就越大。车轮通过有害空间时,叉心容易受到撞击。为保证车轮安全通过有害空间,会在辙叉两侧相对位置的基本轨内侧设置护轨,借以引导车轮的行驶方向。道岔号数是以辙叉号数 N 来表示的。辙叉号数越大,辙叉角越小。辙叉号数的计算公式为

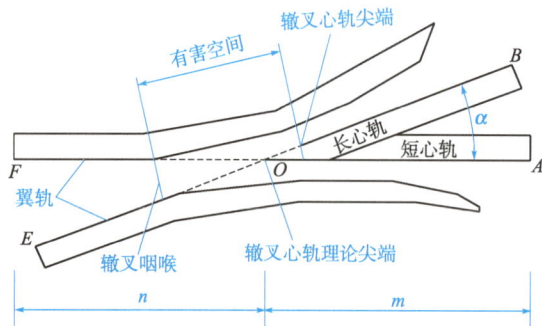

图1.1.89 有害空间

$$N = \cot\alpha = \frac{OB}{AB} \qquad (1.1.4)$$

辙叉角的计算公式为

$$\alpha = \arctan\frac{1}{N} \qquad (1.1.5)$$

我国道岔号数与辙叉角的对应值见表1.1.22。

我国道岔号数与辙叉角的关系 表1.1.22

道岔号数	6	7	9	12	18	24
辙叉角	9°27′44″	8°07′48″	6°20′25″	4°45′49″	3°10′47″	2°23′09″

在单开道岔中,因辙叉角小于90°,所以将这类辙叉又称为锐角辙叉。

护轨设于固定辙叉的两侧,用于引导车轮轮缘,使之进入适当的轮缘槽,防止叉心碰撞。护轨可用普通钢轨或特种断面的护轨钢轨制作。

护轨的防护范围,应包括辙叉咽喉至叉心顶宽50mm的一段长度,并要求有适当的余裕。辙叉护轨由中间平直段、两端缓冲段和开口段组成,如图1.1.90所示。护轨平直段是实际起防护作用的部分,缓冲段和开口段起着将车轮平顺地引入护轨平直段的作用。缓冲段的冲击角应与列车允许的通过速度相配合。

图1.1.90 护轨

3)连接部分

连接转辙器和辙叉的轨道称为道岔的连接部分,它包括直股连接线和曲股连接线。直股连接线与区间直接线路的构造基本相同。曲股连接线又称导曲线,其平面形式可以是圆曲线、缓和曲线或变曲率曲线。我国目前线路上铺设的道岔曲股连接线均为圆曲线,当尖轨为曲线形时,尖轨本身就是导曲线的一部分。曲股连接线由于长度及限界的限制,一般不设超高和轨底坡,但在构造及条件容许的情况下,可设置少量超高。我国在钢筋混凝土岔枕上铺设的曲股连接线设置了6mm的超高,两端用逐渐减薄厚度的胶垫进行顺坡。

高速铁路轨道施工与维护(第3版)

微课:道岔连接
部分、岔枕

连接部分一般配置 8 根钢轨,直股连接线 4 根,曲股连接线 4 根。配轨时要考虑轨道电路绝缘接头的位置和满足对接接头的要求。我国标准的 9 号、12 号及 18 号道岔连接部分的配轨,其示意图如图 1.1.91 所示,其尺寸见表 1.1.23。

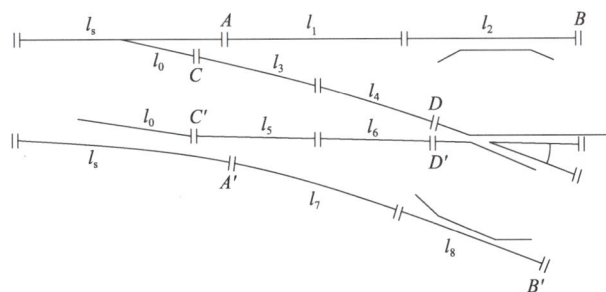

图 1.1.91 配轨示意图

标准道岔的配轨尺寸(单位:mm)　　　　　表 1.1.23

N	9	12	18	N	9	12	18
l_1	5324	11791	10226	l_5	6838	12500	16574
l_2	11000	12500	18750	l_6	9500	9385	12500
l_3	6894	12500	16903	l_7	5216	11708	10173
l_4	9500	9426	12500	l_8	11000	12500	18750

4)岔枕

我国铁路现在主要采用钢筋混凝土岔枕(图 1.1.92)。钢筋混凝土岔枕最长者为 4.90m,级差为 0.10m。混凝土岔枕与Ⅲ型混凝土枕具有相当的有效支承面积,采用无挡肩形式,岔枕顶面平直,岔枕中还预埋有塑料套管,依靠扣件摩擦及旋入套管中的道钉承受横向荷载。岔枕配 ϕ7mm 钢筋。

图 1.1.92 钢筋混凝土岔枕

岔枕的间距不应大于区间线路上的轨枕间距,通常为区间轨枕间距的 0.9 ~ 1 倍。

5)单开道岔主要尺寸

单开道岔主要尺寸如图 1.1.93 所示。单开道岔的直线轨道中心线与侧线轨道中心线的交点称为道岔中心。从道岔中心到基本轨前端的距离称为道岔前长(定型图一般用 a 表示);从道岔中心到辙叉尾端的距离称为道岔后长(定型图一般用 b 表示);从基本轨前端至辙叉尾端的距离称为道岔全长。

根据机车限界的要求,为保证行车安全,在道岔后部距离两股轨道中线 2m 的地方设置警冲标。禁止机车车辆在警冲标内停放,以免另一股道上通过列车时发生撞车事故。警冲标的位置可近似地从道岔中心沿直线轨道中心线量 4 倍道岔号数的长度找到一点,再从这一点往侧线方向垂直量 2m 的距离求得,如图 1.1.94 所示。在自动闭塞区段的警冲标,应满足钢轨绝缘接头 3.5m 的要求。

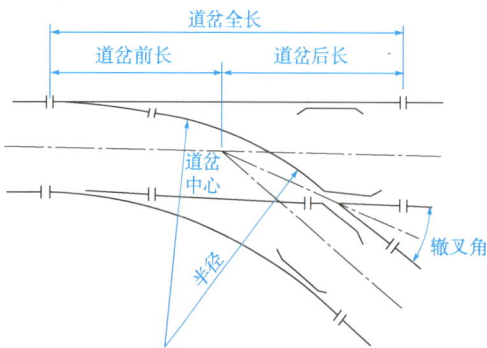

图 1.1.93　单开道岔尺寸图

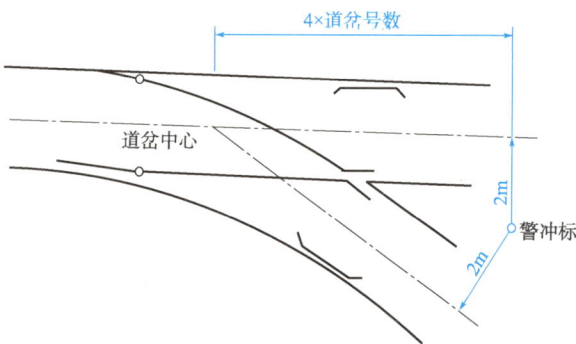

图 1.1.94　道岔与警冲标关系

技能训练

参考高速铁路轨道施工与维护实训手册的项目6　道岔结构实训作业指导书。

3. 高速道岔

高速道岔是指高速铁路、客运专线或城际铁路正线铺设的道岔,直向容许通过列车速度不小于250km/h,均为单开道岔。

高速道岔按直向容许通过列车速度分为250km/h和350km/h两种;按侧向容许通过列车速度分为80km/h、160km/h、220km/h三种。其中规定侧向容许通过列车速度为80km/h的道岔,应采用18号。

1)特点
高速道岔具有以下特点:

(1)道岔种类较为单一,以单开道岔为主,辙叉普遍采用可动心轨辙叉。

(2)道岔号码较大,一般在18号以上,最大可达62号。

(3)尖轨采用60D40钢轨制造。

(4)尖轨跟端采用间隔铁、限位器或无传力结构。

(5)翼轨采用轧制的特种断面翼轨,翼轨与长心轨或叉跟尖轨铰接。

(6)叉跟尖轨用60kg/m钢轨制造。

(7)所有铁垫板采用硫化处理。

(8)部分滑床板间隔设置施维格辊轮,辊轮高度可方便地进行调整。

(9)扣件为弹条Ⅱ型扣件。

(10)牵引点设于两岔枕之间,尖轨采用多机多点、分动转换。

(11)道岔适用于跨区间无缝线路。

(12)电务转换采用外锁闭装置。

(13)寒冷地区的道岔,需安装融雪装置。

(14)轨下基础采用混凝土岔枕或道岔板,并与道床相匹配。

(15)道岔要具有监测系统。

(16)道岔要具有较高的制造、组装、铺设精度。

(17)道岔的铺设需要专用设备。

2）结构组成

高速道岔按平面布置，可以分为转辙器、导曲线、可动心轨辙叉和岔后连接部分共四部分。其中，转辙器部分主要由尖轨、基本轨、转辙机械等组成，如图1.1.95所示；可动心轨辙叉主要由长心轨、短心轨、翼轨、叉跟尖轨、间隔铁等组成，如图1.1.96所示。

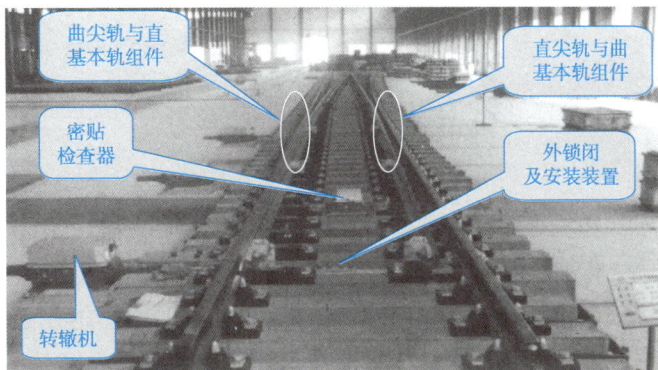

图1.1.95　转辙器结构组成

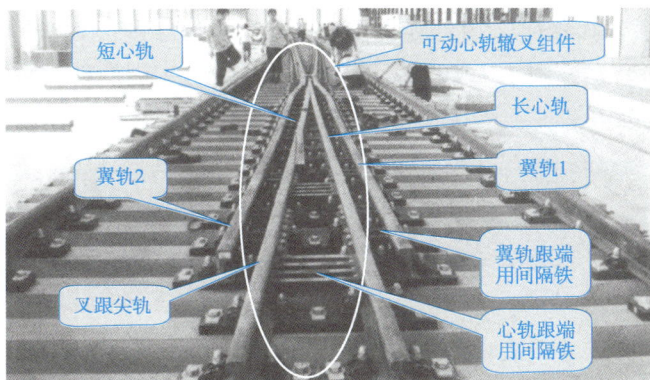

图1.1.96　可动心轨辙叉结构组成

（1）钢轨件：高速道岔尖轨、心轨用60D40钢轨制造（70kg/m），不采用原60AT钢轨。心轨采用60D40钢轨拼接，如图1.1.97所示；道岔尖轨尖端均采用藏尖结构，藏尖深度均为3mm，如图1.1.98所示；尖轨跟端锻压成60kg/m钢轨断面，成型段长度为450mm，并设有1：40的轨底坡，如图1.1.99所示；翼轨采用特种断面钢轨制造，如图1.1.100所示。

图1.1.97　60D40钢轨拼接的心轨

图1.1.98　尖轨尖端均采用藏尖结构

图1.1.99 尖轨跟端成型段

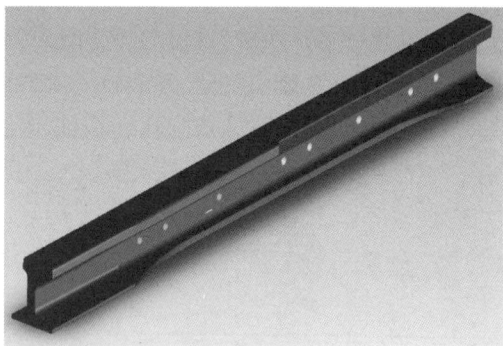

图1.1.100 特种断面翼轨

18号高速道岔,基本轨、导轨等采用与适用速度相匹配的60kg/m钢轨,其中250km/h的道岔钢轨采用淬火轨,侧线均设置护轨,护轨采用33kg/m槽形钢制造,侧面工作边做淬火处理;大号码道岔不设置护轨;岔区内钢轨均采用焊接接头,绝缘接头均采用胶接绝缘接头。

(2)尖轨跟端的传力结构:尖轨跟端传力机构的作用是将导曲线钢轨的温度力传递给基本轨,以保证尖轨尖端的伸缩位移在规定的限度内。尖轨跟端的传力机构主要有限位器和间隔铁两种形式(图1.1.101、图1.1.102)。当能够保证尖轨尖端的伸缩位移在允许范围以内时,也可以不设传力机构。

图1.1.101 尖轨跟端限位器

图1.1.102 尖轨跟端间隔铁

①限位器(图1.1.101):设限位器的优点是传力较为明确,基本轨所受的附加力较小,但尖轨的位移较大。根据提速道岔的使用经验,设限位器的效果较差,限位器受力时,容易造成尖轨的方向不合适,且多个限位器很难同时受力。对于限位器结构,在道岔锁定时,必须保证限位器子母块两侧的间隙偏差不大于0.5mm。

②间隔铁:设间隔铁的优点是尖轨的固定比较牢固,尖轨的位移较小,也有利于保持尖轨的线形;缺点是基本轨承受的附加力较大,间隔铁本身的受力也较大。

③不设任何传力结构:尖轨跟端只用扣件固定,结构较为简单,对保证行车平稳较为有利,但当尖轨的位移较大时容易造成尖轨的转换故障。

尖轨跟端不设传力机构时,应保证间隔铁、扣件的螺栓扭矩达到规定要求;道岔应全焊,道岔铺设时保证转换杆件与岔枕间的距离大于35mm。

④使用条件:

a. 限位器:允许温升49℃,允许温降57℃。

b. 间隔铁:允许温升43℃,允许温降51℃。

c. 不设传力机构:允许温升45℃,允许温降45℃。

(3)滑床板:高速道岔采用弹性夹扣压,其优点是扣压力大,安装和拆卸均较为方便,如图1.1.103所示。

为弥补扳动和位移的不足,尖轨和心轨的滑床板必须采取减磨措施,国内自主研发的道岔采用在滑床板表面增设镍基合金-MoS2自润滑复合镀层。在尖轨部分,每隔3m左右设一对辊轮滑床板。辊轮结构的特点是可以无级调高,最大调高量达6mm,如此可保证辊轮与滑床台板密切接触。辊轮结构如图1.1.104所示。

图1.1.103 施维格弹性夹

图1.1.104 施维格辊轮

(4)心轨:18号高速道岔心轨跟端采用斜接,与叉跟尖轨拼接,如图1.1.105所示;42号道岔采用双肢弹性可弯结构,如图1.1.106所示。心轨防跳采用顶铁扣压(图1.1.107)或者间隔铁扣压(图1.1.108)两种方式。

图1.1.105 心轨跟端的斜接头

图1.1.106 双肢弹性可弯心轨

3)18高速道岔参数

(1)18号单开道岔主要技术参数(图1.1.109):

①全长:69m。

②前长:31.729m。

③后长:37.271m。

④辙叉角:3°10′47.39″。

⑤导曲线半径:1100m。

图 1.1.107　顶铁防跳

图 1.1.108　间隔铁扣压

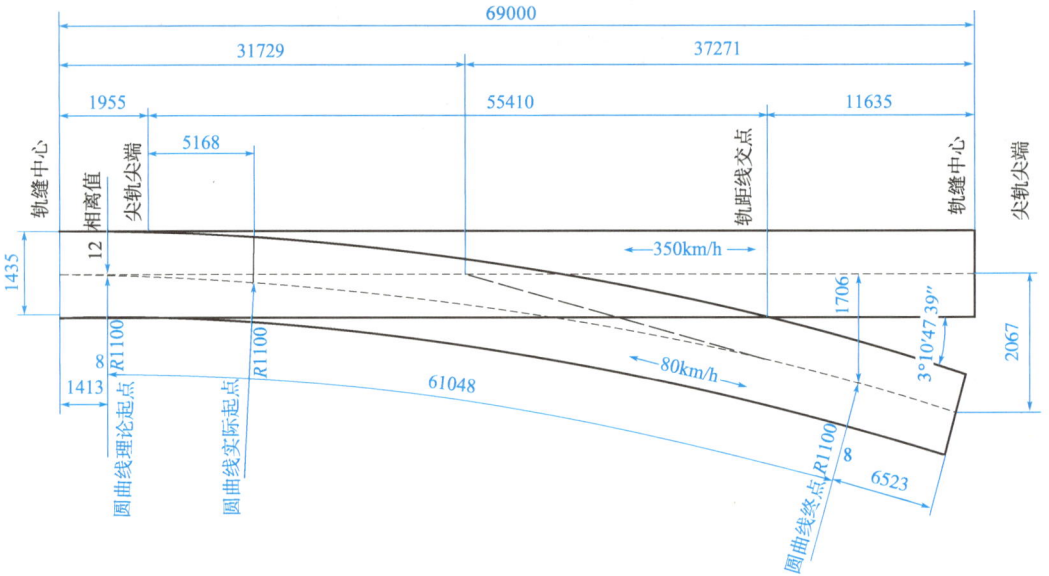

图 1.1.109　18 号道岔主要线形及尺寸参数(尺寸单位:mm)

(2)18 号单开道岔主要组件参数(图 1.1.110):

①转辙器轨排:长 23.392m,钢轨 6.3t,扣件 7t,岔枕 9.7t。

②导轨组件:长 24.614m,钢轨 7.2t。

③辙岔轨排:长 20.992m,钢轨 7.0t,扣件 5.7t。

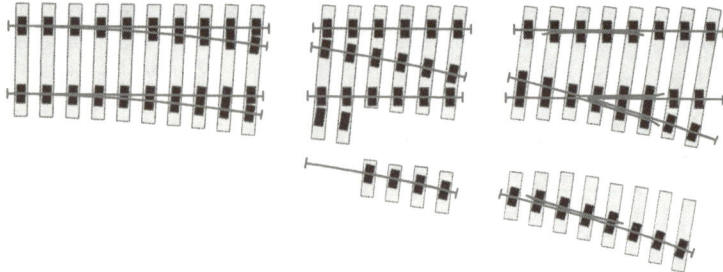

图 1.1.110　18 号道岔节段组拼图

六、防爬设备

1. 线路爬行及防止

列车运行时产生纵向水平力,使钢轨沿着轨枕或轨道框架沿着道床顶面纵向移动,这种现象称为线路爬行。使钢轨产生爬行的纵向水平力称为爬行力。

一般情况下,钢轨爬行方向列车运行方向一致。当轨枕扣件扣压力不足、扣件阻力小于轨枕下道床纵向阻力时,钢轨沿轨枕顶面爬行;如果扣件阻力大,而道床纵向阻力小,钢轨-轨枕框架(简称轨道框架)沿着道床顶面爬行。

防爬设备一般在等级较低的线路上使用,目前建设的线路较少采用。防爬设备有两种:一种是弹簧防爬器,另一种是穿销式防爬器。穿销式防爬器由轨卡、挡板和穿销组成(图1.1.111),挡板紧贴在轨枕侧面,通过穿销使轨卡紧紧地卡在轨底。这样,当钢轨爬行时,带动防爬器一起前进,而挡板贴靠轨枕,因此带动轨枕一起爬行,发挥了穿销防爬器的防爬作用。

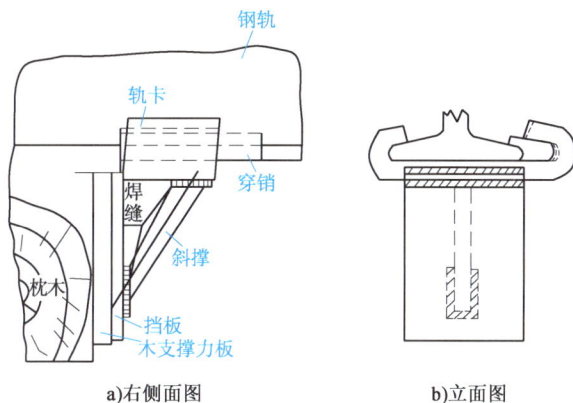

a)右侧面图   b)立面图

图1.1.111　穿销式防爬器

根据安装位置不同,在复线、道岔区的防爬器分正向(顺向)防爬器和反向(逆向)防爬器两种。所谓正向防爬器,是指阻止列车向运行方向爬行的防爬器,反之则为反向防爬器。

2. 曲线加强

在线路曲线地段,尤其是小半径曲线地段,列车通过时,横向水平力比直线段大,可使轨距扩大,轨道框架横移,平面位置歪曲,轨枕挡肩损坏,养护维修工作量增加。因此,必须对小半径曲线段予以加强。加强办法有以下两种:

(1)增加轨枕配置,提高轨道框架横向稳定性。对于混凝土枕轨道 $R \leq 800 \mathrm{m}$ 的曲线(包括缓和曲线),每千米增加轨枕根数为80。

(2)安装轨撑及轨距杆,提高钢轨水平方向的稳定性,防止轨距扩大。

轨撑是安装在钢轨外侧以顶住轨下颚和轨腰,防止钢轨外倾(图1.1.112)。轨距杆是一端扣住外轨轨底,另一端扣住里轨轨底的拉杆(图1.1.113),作用是防止钢轨位移,保持轨距。实践证明,轨撑、轨距拉杆都是比较有效的防止轨距扩大、车轮脱轨的重要手段。

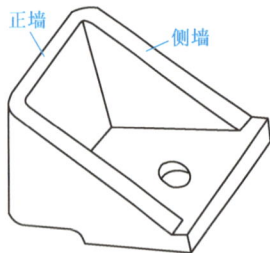

图 1.1.112　轨撑

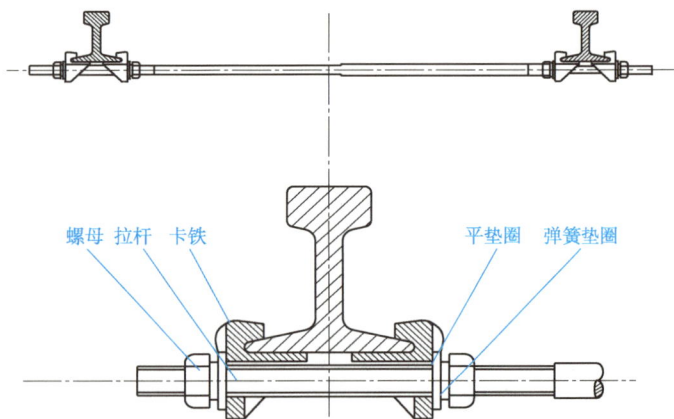

图 1.1.113　轨距拉杆

动画:京沪高速
铁路

任务二　无砟轨道布置

目前,我国客运专线无砟轨道结构形式主要有 CRTS Ⅰ 型板式、CRTS Ⅱ 型板式、CRTS Ⅲ 型板式、CRTS 双块式、弹性支承块式、道岔区轨枕埋入式、岔区板式等类型(表 1.2.1)。

我国客运专线无砟轨道类型　　　　　　　　　　表 1.2.1

轨道结构类型	应用线路
CRTS Ⅰ 型板式	遂渝试验段、石太、广州新客站、广深港、广株、沪宁城际等
CRTS Ⅱ 型板式	京津城际、京沪、京石、石武、津秦、沪杭、合蚌等
CRTS Ⅲ 型板式	武汉城际、沈丹、郑徐、京沈、成贵等
CRTS 双块式	武广、合武、温福、福厦、襄渝、太中银等线路的长大隧道内
弹性支承式	中南通道、太兴铁路、蒙华铁路的长大隧道内
岔区无砟轨道	轨枕埋入式:京津城际、武广客专、郑西客专等 板式:京津城际、武广客专、京沪等

一、CRTS Ⅰ 型板式无砟轨道

1)定义

预制轨道板通过水泥沥青砂浆调整层铺设在现浇的具有凸形挡台的钢筋混凝土底座上,并适应 ZPW-2000 轨道电路的单元轨道板无砟轨道结构形式(图 1.2.1)。

2)特点

单元板及板与板之间不纵连,不设横向挡块(引进日本无砟轨道技术)。

动画:CRTS Ⅱ 型
板式无砟轨道结构

微课:CRTS Ⅱ 型
板式无砟轨道结构

二、CRTS Ⅱ 型板式无砟轨道

1)定义

预制轨道板通过水泥沥青砂浆调整层铺设在现场摊铺的混凝土支承层或现场浇筑的钢筋混凝土底座(桥梁)上,并适应 APW-2000 轨道电路的无砟轨道结构形式(图 1.2.2、图 1.2.3)。

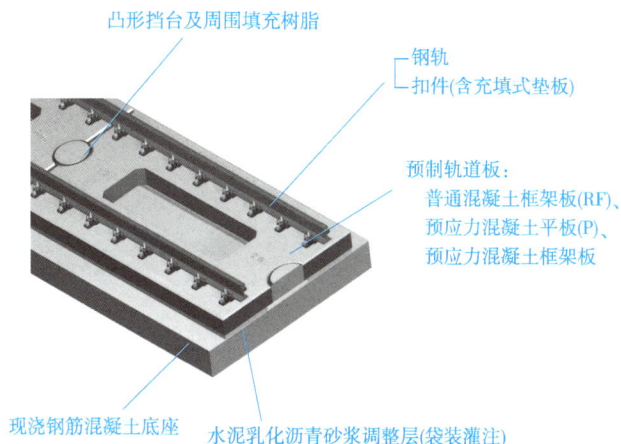

图 1.2.1　CRTS Ⅰ型板式无砟轨道结构

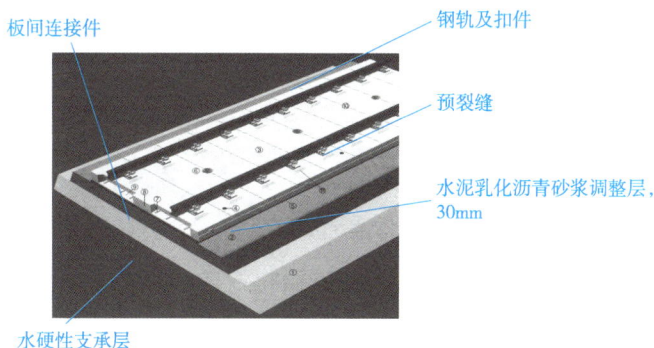

图 1.2.2　路基、隧道地段的 CRTS Ⅱ型板式轨道结构

自上而下结构层：
　　钢轨
　　扣件（Vossloh300）
　　预制轨道板 200mm
　　水泥沥青砂浆层 30mm
　　连续底座板 190mm
　　硬泡沫塑料板 50mm（梁缝两侧）
　　滑动层（两布一膜）粘贴在梁面
　　侧向挡块底座限位

图 1.2.3　桥梁地段 CRTS Ⅱ型板式板式轨道结构

2）特点

板与板之间要纵连,设有横向挡块,引进德国博格板技术。

三、CRTS Ⅲ 型板式无砟轨道

1）定义

预制的轨道板通过自密实混凝土调整层铺设在现浇的混凝土底座上,并适应轨道电路的无砟轨道结构形式。

微课：CRTS Ⅲ 型
板式无砟轨道结构

（1）桥梁上CRTSⅢ型轨道结构：直线地段结构轨道高度为738mm，结构自上而下分别为双向预应力轨道板（厚200mm）、自密实混凝土结构层（厚90mm）、隔离层（厚4mm）及弹性垫层、钢筋混凝土底座（厚200mm）。桥梁段CRTSⅢ型板式无砟轨道结构示意图（直线段）如图1.2.4所示。

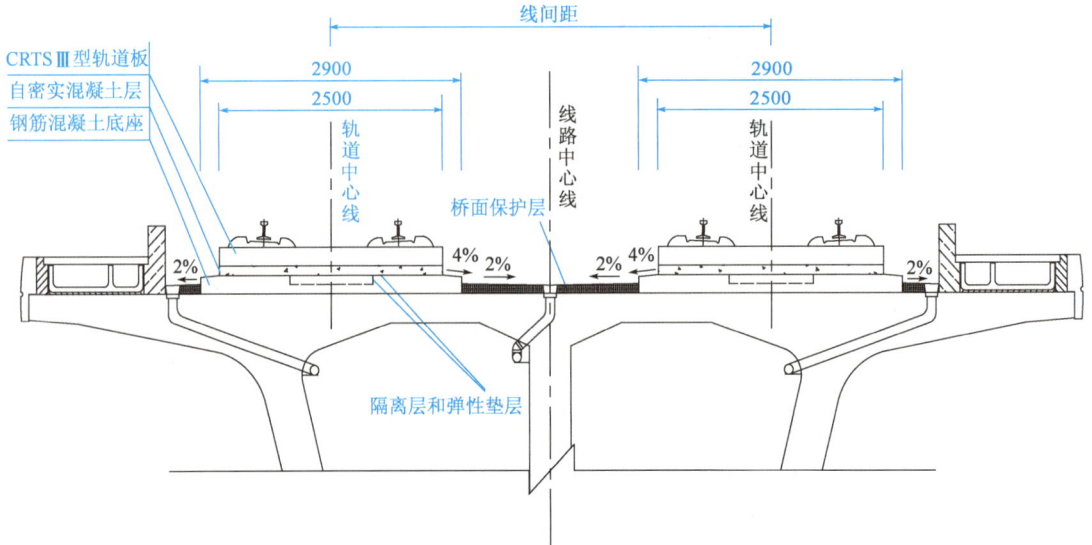

图1.2.4　桥梁段CRTSⅢ型板式无砟轨道结构示意图（直线段）（尺寸单位:mm）

（2）路基上CRTSⅢ型轨道结构：直线地段结构轨道高度为838mm，以直线段为例，其结构自上而下分别为双向预应力轨道板（厚200mm）、自密实混凝土结构层（厚90mm）、隔离层（厚4mm）及弹性垫层、钢筋混凝土底座（厚300mm）。路基段CRTSⅢ型板式无砟轨道结构示意图（直线段）如图1.2.5所示。

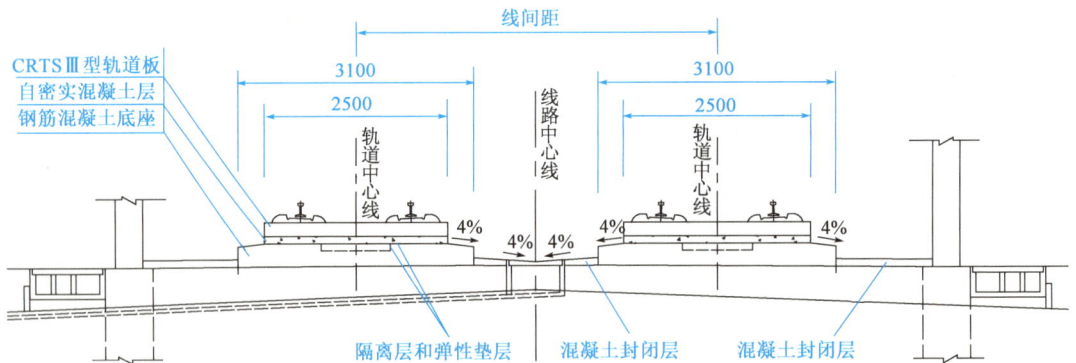

图1.2.5　路基段CRTSⅢ型板式无砟轨道结构示意图（直线段）（尺寸单位:mm）

（3）隧道内CRTSⅢ型轨道结构：以直线段为例，结构自上而下分别为双向预应力轨道板（厚200mm）、自密实混凝土结构层（厚90mm）、隔离层（厚4mm）及弹性垫层、钢筋混凝土底座（厚200mm）。隧道段CRTSⅢ型板式无砟轨道结构示意图（直线段）如图1.2.6所示。

2）特点

桥梁上底座与轨道板一一对应呈单元结构，每个底座单元设置2个限位凹槽，以1块轨道板对应的底座长度设置1个宽度为20mm的横向伸缩缝；路基上底座长度为2～3块轨道板长度对应并呈单元结构,每块轨道板下的底座内设置 2 个限位凹槽,单元底座两端设置宽度为 20mm 的横向伸缩缝;隧道内底座厚度、宽度与桥梁上相同,其长度方向、限位凹槽、横向伸缩缝设置与路基相同。

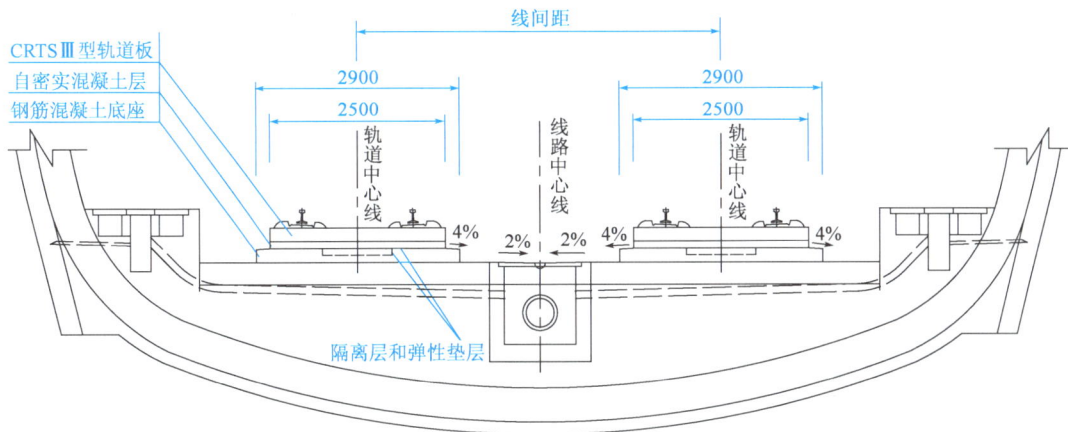

图 1.2.6 隧道段 CRTSⅢ型板式无砟轨道结构示意图(直线段)(尺寸单位:mm)

3)施工工艺

桥面凿毛及剪力筋安装→安放底座钢筋网→支立底座模板→浇筑底座混凝土及限位凹槽→伸缩缝填缝→隔离层与弹性垫层施工→轨道板吊装→自密实混凝土结构层配筋安装→轨道板铺设与精调→轨道板固定及模板安装→自密实混凝土结构层灌注→拆除模板。

技能训练

参考高速铁路轨道施工与维护实训手册的项目 7 CRTSⅢ型板式无砟轨道结构实训作业指导书。

四、CRTS 双块式无砟轨道

1)定义

将预制的双块式轨枕组装成轨排,以现场浇筑混凝土方式,将轨枕浇入均匀连续的钢筋混凝土道床内,并适应 ZPW-2000 轨道电路的无砟轨道结构形式。

微课:双块式无砟轨道结构

(1)路基长度小于 300m 地段 CRTS 双块式无砟轨道:路基基床表层为混凝土找平或回填地段及路基基床表层为级配碎石填筑,采用分块式无砟轨道结构;它主要由底座、道床板、双块式轨枕、扣件系统及 60kg/m 钢轨组成。道床板钢筋混凝土分块浇筑,分块长度一般为 6.5m,允许调整范围为 5~7m。道床板宽度为 2800mm,厚度为 260mm,伸缩缝宽度为 20mm。道床板浇筑在底座上,通过将底座架立筋深入道床内加强二者间的连接如图 1.2.7 所示。

(2)路基长度大于 300m 地段 CRTS 双块式无砟轨道:基床表层为级配碎石,采用连续式无砟轨道结构。路基两端各设置两个端梁。端梁宽为 3400mm,长为 800mm,端梁在路基基床表层内埋置深度为 1m,端梁与道床板浇筑成为一整体,端梁在路基基床表层内埋置深度为 1m。路基中间段结构主要由支承层、道床板、双块式轨枕、扣件系统及 60kg/m 钢轨组成,支承层底面宽度为 3400mm,厚度为 300mm。支承层应连续摊铺并间隔约 4.55m 设置宽度为

8mm 的横向伸缩假缝,道床浇筑前在假缝两侧铺设宽 200mm 的土工布,具体结构如图 1.2.8 所示。

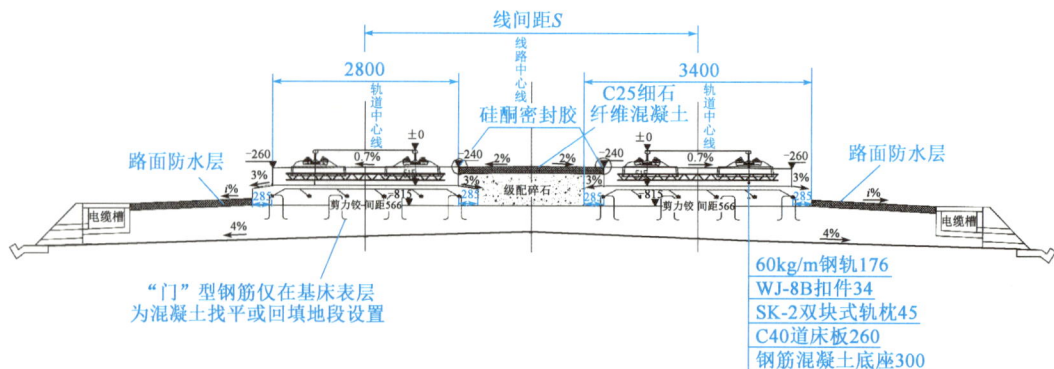

图 1.2.7　路基地段 CRTS 双块式无砟轨道横断面示意图(分块结构)(尺寸单位:mm)

高速铁路轨道施工与维护(第3版)

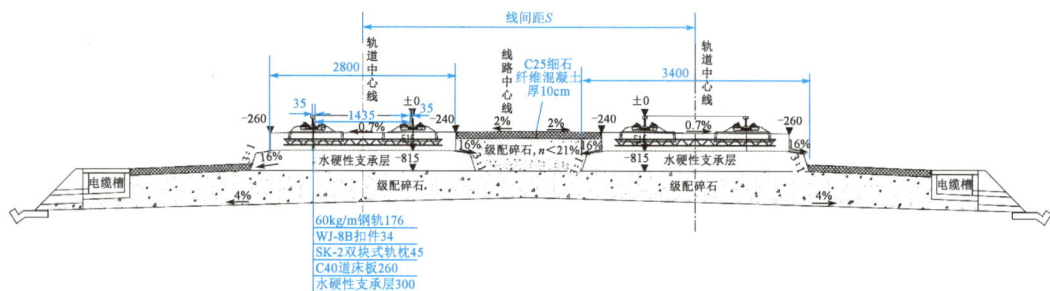

图 1.2.8　路基 CRTS 双块式无砟轨道横断面示意图(连续结构)(尺寸单位:mm)

(3)桥梁及桩板路基地段 CRTS 双块式无砟轨道:采用分块式无砟轨道结构;主要由带凹槽的底座、中间隔离层、道床板、双块式轨枕、扣件系统及 60kg/m 钢轨组成。底座通过连接套筒与桥梁及桩板结构相连,混凝土现场浇筑而成,宽度为 2800mm,直线地段厚度为 210mm。每分块底座上设置 2 个凹槽,限位凹槽四周设弹性垫层。桥梁段 CRTS 双块无砟轨道横断面示意图如图 1.2.9 所示,桩板路基地段 CRTS 双块无砟轨道横断面示意图如图 1.2.10 所示。

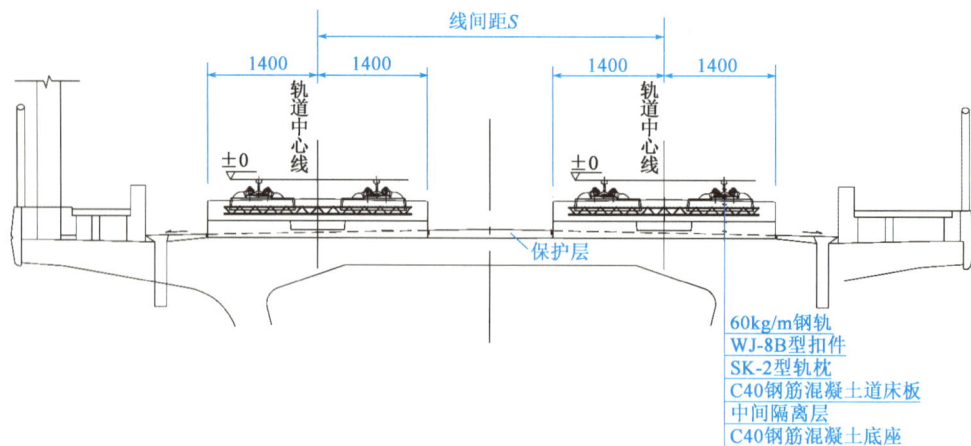

图 1.2.9　桥梁段 CRTS 双块无砟轨道横断面示意图(尺寸单位:mm)

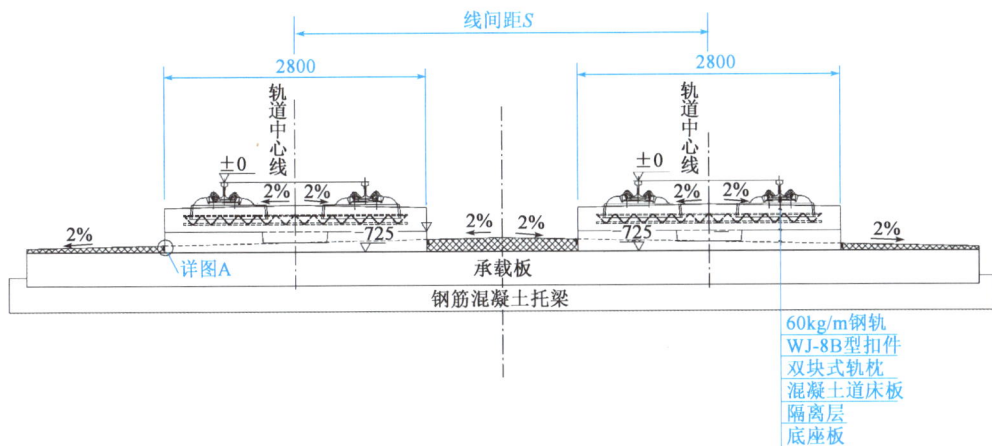

图 1.2.10　桩板路基地段 CRTS 型双块式无砟轨道横断面示意图(尺寸单位:mm)

（4）隧道段 CRTS 双块式无砟轨道:采用连续式无砟轨道结构,主要由道床板、双块式轨枕、扣件系统及 60kg/m 钢轨组成。隧道地段道床板宽度为 2800mm,连续浇筑,在结构变形缝处,道床设置宽为 20mm 的伸缩缝,并用硅酮密封材料密封,在仰拱回填层或结构底板植入胀锚螺栓以加强道床板与基础的连接,距洞口 200m 范围道床采用连续多筋结构。隧道段 CRTS 双块式无砟轨道横断面示意图如图 1.2.11 所示。

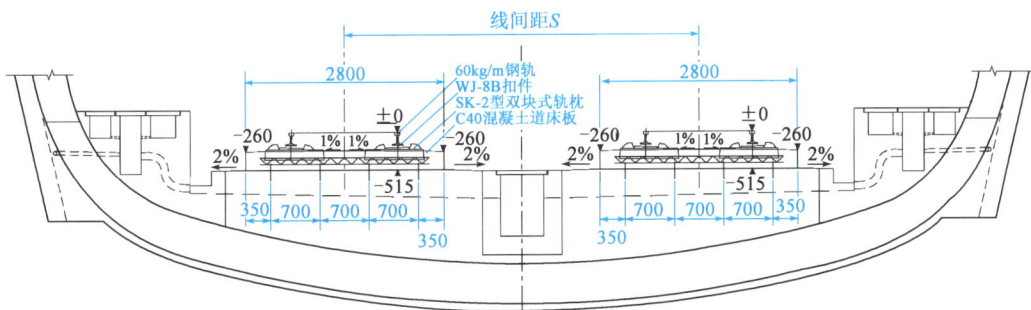

图 1.2.11　隧道地段 CRTS 型双块式无砟轨道横断面示意图(尺寸单位:mm)

2）特点

埋入式。图 1.2.12 为雷达 2000 无砟轨道制造和施工主要设备。

a)散枕装置

b)纵、横向模板

图　1.2.12

c)粗调机组   d)组合螺杆调节器

图 1.2.12　雷达 2000 无砟轨道制造和施工主要设备

3)施工工艺

水硬性混凝土层施工→轨枕散布→轨排组装→轨排粗调→钢筋绑扎→轨排精调→立模灌筑混凝土→混凝土养护→长钢轨铺设→无缝线路施工。

五、弹性支承块式无砟轨道

1)定义

弹性支承块式无砟轨道由混凝土支承块、橡胶靴套、混凝土道床组成。近几年弹性支承块式无砟轨道主要应用在客货共线铁路长大隧道(长度大于 1km 的)中。隧道内弹性支承块式无砟轨道横断面如图 1.2.13 所示,弹性支承块如图 1.2.14 所示。

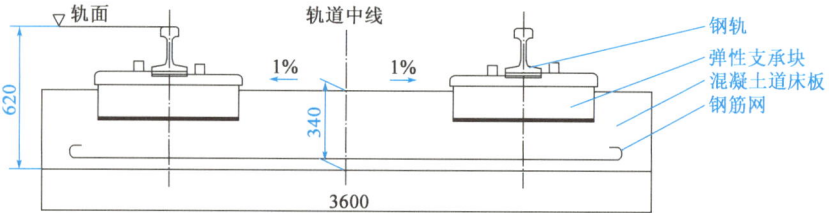

图 1.2.13　隧道内弹性支承块式无砟轨道横断面示意图

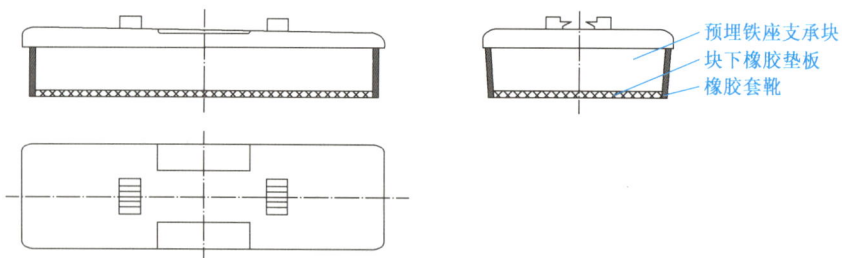

图 1.2.14　弹性支承块示意图

(1)混凝土支承块:支承块为工厂预制,承轨面设 1∶40 轨底坡,块体内设置预埋铁座与扣件系统连接;支承块主要尺寸为 680mm(长)×290mm(宽)×230mm(高)。

(2)微孔橡胶垫板:微孔橡胶垫板通过调整橡胶内部微孔的大小和疏密来提供适宜的刚度,同时避免垫板本身由于煤灰污染而影响刚度值。微孔橡胶垫板静刚度值为 70~100kN/mm,主要尺寸为 674mm(长)×284mm(宽)×12mm(厚)。

(3)橡胶套靴:橡胶套靴的作用是包裹支承块和块下弹性垫板,方便施工和维修,同时为轨道在侧向(横向和纵向)提供适宜的弹性。橡胶套靴侧面静刚度为 200~250kN/mm,主要尺寸为 684mm(长) ×297mm(宽) ×178mm(深)。

(4)弹条IV型扣件:弹条IV型扣件与重载弹性支承块式无砟轨道结构配套,适用于60kg/m钢轨。

(5)道床板:道床采用 C40 混凝土,标准长度为 6580mm,两道床板间设宽为 20mm 的伸缩缝,道床板宽为 2800mm,道床板设计厚度为 393mm。

2)特点

预制的支承块轨枕需安装橡胶套靴,形成弹性支承块。

3)施工工艺

底板处理→底层钢筋安装→轨排组装和吊装→轨排粗调→上层钢筋安装→综合接地→模板安装→轨排精调→混凝土浇筑→拆除轨排框架和模板→混凝土养护及成品保护。

开动脑筋
CRTSⅢ型板式无砟轨道与 CRTS 双块式无砟轨道结构特点有何区别?

六、道岔区段无砟轨道

1. 岔区轨枕埋入式无砟轨道

1)结构组成

岔区轨枕埋入式无砟轨道包括道岔及配件、道床板(含桁架式预应力混凝土岔枕)、混凝土底座等。

2)施工方法

自上至下施工,道岔和岔枕现场组装、精调完成后,进行道床板混凝土的浇筑。岔区轨枕埋入式无砟轨道的施工如图 1.2.15 所示。

a)道岔轨排吊装

b)道岔轨排组拼

c)道岔精调

d)道床板混凝土浇筑

图 1.2.15 岔区轨枕埋入式无砟轨道的施工

2. 岔区板式无砟轨道

1）结构组成

岔区板式无砟轨道包括道岔及配件、预制混凝土道岔板（厚度240mm）、自密混凝土调整层（厚180mm）及找平层（130mm）等。

2）技术特点

（1）轨道板为普通混凝土结构，分块设置，预设连接筋。

（2）轨道板厂内预钻扣件螺栓孔、测量棱镜孔（精度0.5mm）。

（3）板底充填自密混凝土砂浆。

（4）便于施工组织，不需带道岔钢轨件组装施工。

3）施工方法

（1）自下至上施工，先铺设轨道板，后安装道岔及配件。岔区板式无砟轨道结构如图1.2.16所示。

a)道岔板预测

b)道岔板组拼

c)板式道岔现场组拼

d)道岔板精调及板底CA砂浆（混凝土）浇筑

图1.2.16　岔区板式无砟轨道结构

（2）铺设精度：高程及平面0.5mm，板接头错位0.2mm。

七、无砟轨道与有砟轨道过渡段

过渡段是高速铁路的一个薄弱环节，直接影响列车运行的舒适性和线路的养护维修工作。无砟轨道与有砟轨道存在刚度和变形差异，必须设置过渡段。过渡段设置如图1.2.17所示。

无砟到有砟轨道结构过渡段设计的一般要求如下：

（1）过渡段范围的线下基础刚度均匀。

（2）过渡段范围不应设置联合接头和绝缘接头。

（3）设置25m辅助轨（有砟轨道20m，无砟轨道5m），与基本轨间距不影响大机械养修作业。

(4)无砟轨道下部基础(如支承层、底座)向有砟轨道延伸至少10m。

(5)过渡段有砟轨道范围,扣件胶垫刚度至少分3级过渡。

a)无砟轨道   b)有砟轨道

图1.2.17　无砟轨道与有砟轨道过渡段

任务三　轨道状态检测

一、轨距

轨距是指两股钢轨头部内侧与轨道中线相垂直的距离。因为钢轨头部外形由不同半径的复曲线组成,钢轨底面设有轨底坡,钢轨向内倾斜,车轮轮缘与钢轨侧面接触点发生在钢轨顶面下10～16mm处,我国《铁路技术管理规程》(以下简称《技规》)规定轨距测量部位在钢轨顶面下16mm处,欧洲国家(如德国等)的轨距测量部位为钢轨踏面(顶面)下20mm处。

微课:轨距　　微课:容许偏差

1.直线轨距

目前,世界大多数国家铁路普遍采用1435mm轨距,称为标准轨距。轨距宽于1435mm称为宽轨距,常用的有1542mm、1600mm和1676mm三种;轨距窄于1435mm为窄轨距,常用的有1067mm、1000mm和762mm三种。

轨距用道尺或轨检车进行测量。前者测得的是静态的轨距,后者可以测得列车通过时轨距的动态变化。轨距的变化对高速运行的列车来说更加重要。我国高速铁路静态的轨距容许偏差值见表1.3.1。

高速铁路轨道静态平顺度允许偏差　　　　　　　　　　　　　　　　　表1.3.1

序号	项目	无砟轨道		有砟轨道	
		允许偏差	检查方法	允许偏差	检查方法
1	轨距	+1mm	相对于1435mm	+1mm	相对于1435mm
		1/1500	变化率	1/1500	变化率
2	轨向	2mm	弦长10m	2mm	弦长10m
		2mm/8a	基线长48a	2mm/8a	基线长30m
		10mm/240a	基线长480a	10mm/150a	基线长300m
3	高低	2mm	弦长10m	2mm	弦长10m
		2mm/8a	基线长48a	2mm/8a	基线长30m
		10mm/240a	基线长480a	10mm/150a	基线长300m

序号	项目	无砟轨道		有砟轨道	
		允许偏差	检查方法	允许偏差	检查方法
4	水平	2mm	—	2mm	—
5	扭曲(基长3m)	2mm	—	2mm	—

注:1. 表中 a 为轨枕/扣件间距;

2. 站台处的轨面高程不应低于设计值。

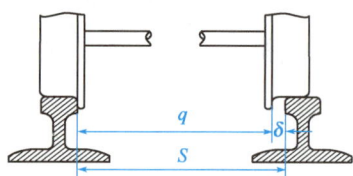

图 1.3.1　游间示意图

为使机车车辆能在线路上两股钢轨间顺利通过,机车车辆的轮对宽度应小于轨距。当轮对的一个车轮轮缘紧贴一股钢轨的作用边时,另一个车轮轮缘与另一股钢轨作用边之间便形成一定的间隙,这个间隙称为游间。游间示意图如图 1.3.1 所示。

游间可由下式确定:

$$\delta = S - q \tag{1.3.1}$$

式中:δ——游间,mm;

　　　q——轮对宽度,mm;

　　　S——轨距,mm。

游间 δ 的大小对列车运行的平稳性和轨道的稳定性有重要的影响。如果游间太大,则列车运行的蛇形幅度增大,作用于钢轨上的横向力大,动能损失大,会加剧轮轨磨耗和轨道变形,严重时将引起列车脱轨,危及行车安全;如果游间太小,则增加行车阻力和轮轨磨耗,严重时还可能楔住轮对、挤翻钢轨或导致爬轨事故,危及行车安全。因此,必须对游间值进行限制。我国机车车轮轮轨游间最大值、正常值及最小值见表 1.3.2。

我国机车车轮轮轨游间值(单位:mm)　表 1.3.2

车轮名称	轮轨游间值 δ		
	最大值	正常值	最小值
机车轮	45	16	11
车辆轮	47	14	9

2. 曲线轨距

为使机车车辆顺利通过小半径曲线地段,需要加宽轨距。曲线轨距加宽的大小与曲线半径、机车车辆的固定轴距等有关。《技规》规定的曲线轨距加宽值是以固定轴距为 4m 的车辆顺利通过曲线为条件计算出来的,并以各类机车亦能顺利通过为条件加以检算。

曲线上的轨距为轮对宽度 q 与曲线矢距 f 之和,即 $s = q + f$,如图 1.3.2 所示。

为保证所有的车轮都能顺利通过曲线,计算曲线轨距时,q 值采用表 1.3.3 中的最大轮对宽度。

矢矩 f 则按几何原理(图 1.3.3),推导出的公式进行近似算出。

$$f = \frac{l^2}{2R} \times 1000 \ (\text{mm}) \tag{1.3.2}$$

式中:l——车辆固定轴距,我国采用 4m;

　　　R——曲线半径,m。

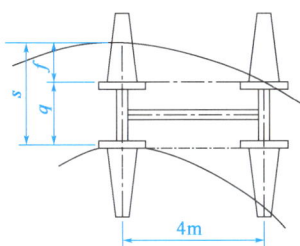

图 1.3.2 轨距与轮对和矢距的关系

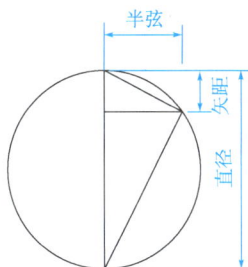

图 1.3.3 矢距计算原理

轮对主要尺寸（mm） 表 1.3.3

车轮名称	轮缘高度	轮缘厚度		轮对内侧距离			轮对宽		
		最大值（正常值）	最小值	最大值	正常值	最小值	最大值	正常值	最小值
机车轮	28	33	23	1356	1353	1350	1422	1419	1396
煤水车轮	25	34	22	1356	1353	1350	1424	1421	1394
车辆钢轮	25	34	22	1356	1353	1350	1424	1421	1394

根据上述条件，曲线上的最大轨距可按下式计算：

$$s_{max} = q_{max} + \frac{8000}{R} (mm) \qquad (1.3.3)$$

表 1.3.4 的数值是根据式（1.3.3）计算所得。而表 1.3.5 的曲线轨距加宽值是根据表 1.3.4 的规定而得来的。

不同半径曲线使车辆顺利通过所需轨距 表 1.3.4

曲线半径（m）	1000	800	650	600	550	500	450	400	350	300
矢距（mm）	8	10	12	13	15	16	18	20	23	27
最大轮对宽（mm）					1424					
需要轨距（mm）	1432	1434	1436	1437	1439	1440	1442	1444	1447	1451

曲线轨距加宽 表 1.3.5

曲线半径（m）	$R \geqslant 295$	$295 > R \geqslant 245$	$245 > R \geqslant 195$	$R < 195$
轨距（mm）	1435	1440	1440	1450
加宽值（mm）	0	5	10	15

曲线轨距加宽是把曲线的内轨向内侧移动；轨距加宽的递减，应在缓和曲线或直线（没有缓和曲线时）范围内进行，递减率不大于 1‰。

二、水平

水平是指线路左右两股钢轨顶面的相对高差。

1. 直线线路水平

为保持列车平稳运行，并使两股钢轨均匀受力，直线地段上两股钢轨顶面应保持水平。

水平可用道尺或轨检车进行测量。《技规》规定：两股钢轨顶面水平的容许偏差见表 1.3.1。两股钢轨顶面水平偏差沿轨道方向的变化率不可太大，要求在 1m 范围内，变化不大于 1mm，否则即使两股钢轨顶面的水平偏差在允许范围内，也将引起机车车辆的剧烈摇晃。实践中有

微课：水平、三角坑

两种性质不同的钢轨水平偏差,(一种称为水平差,另一种称为三角坑)对行车的危害程度也不相同。水平差是指在一段规定的距离内,一股钢轨的顶面始终比另一股钢轨的顶面高,高差值超过容许偏差值;三角坑是指在一段规定的距离内,先是左股钢轨高于右股,后是右股高于左股,高差值超过容许偏差值,而且两个最大水平误差点之间的距离不足18m,具体标准见表1.3.1。

2. 曲线外轨超高

列车在曲线上运行时,产生一个向外的离心力,这个力使外轨承受较大压力,钢轨磨耗加重,使旅客感到不舒适,严重时可使车轮脱轨、列车倾覆。因此,需要将外轨抬高(超高),使车体内倾来平衡这个离心力,使内外两股钢轨受力均匀和垂直磨耗均等,满足了旅客舒适感,提高了线路的稳定性和安全性。

由于列车实际速度常与计算超高时的平均速度不同,因此外轨超高不能与行车速度完全适应,必然产生未被平衡的离心力或向心倾覆力。为保证行车安全和旅客舒适,一般是把这些力换算成未被平衡的欠超高或者过超高度来加以限制。

高速铁路超高值设置与运行速度和曲线半径有关,各种条件下超高设置及线路允许速度一般建议值具体见表1.3.6~表1.3.8。普通有砟轨道铁路的超高值一般按下规定:双线地段不超过150mm;单线地段不超过125mm。

速度 300~350km/h 铁路客运专线超高设置建议值　　　　　表 1.3.6

曲线半径 (m)	建议超高 (mm)	$v_{min}=300km/h$ 过超高(mm)	$v=320km/h$ 过超高(mm)	$v_{max}=350km/h$ 欠超高(mm)
7000	175	23	3	31
8000	155	22	4	25
9000	140	22	6	20
10000	115	9	−6	30
11000	105	8	−5	26
12000	90	2	−11	30
14000	75	−1	−11	28

速度 250km/h 初期兼顾货运的客运专线超高设置建议值　　　　　表 1.3.7

曲线半径 (m)	建议超高 (mm)	$v_客=250km/h$ 欠超高(mm)	$v_货=120km/h$ 过超高(mm)	$v_货=80km/h$ 检算过超高(mm)
4500	105	58.9	67.2	88.2
5000	100	47.5	66.0	84.9
5500	95	39.1	64.1	81.3
5800	90	37.2	60.7	77.0
6000	85	37.9	56.7	72.4
7000	75	30.4	50.7	64.2
8000	65	27.2	43.8	55.6
9000	55	26.9	36.1	46.6

速度 200km/h 初期兼顾货运的客运专线超高设置建议值　　表 1.3.8

曲线半径 （m）	建议超高 （mm）	$v_客=200\text{km/h}$ 欠超高（mm）	$v_货=120\text{km/h}$ 过超高（mm）	$v_货=80\text{km/h}$ 检算过超高（mm）
2800	110	58.6	49.3	83.0
3500	85	49.9	36.5	63.4
4000	75	43.0	32.5	56.1
4500	65	39.9	27.2	48.2
5000	60	34.4	26.0	44.9
5500	55	30.8	24.1	41.3
6000	50	28.7	21.7	37.4
7000	45	22.4	20.7	34.2

3. 外轨超高设置办法

合理地设置外轨超高,可以减少曲线钢轨的磨损和压溃,延长钢轨使用年限。若外轨磨耗、内轨压溃、内轨切压枕木,说明超高值过大;若轨道外闯、外轨垂直磨耗过大而有压溃、内轨侧面磨耗,说明超高值过小。发现超高值不当时,可通过测速观察和计算,经过几次调整,找到合适的数值。

无砟轨道外轨超高设置是通过在缓和曲线段抬高底座外侧来完成的;有砟轨道外轨超高设置一般是以内轨为基准,提高外轨道砟的铺设厚度。超高值应在整个缓和曲线内递减顺坡,未设缓和曲线者,则以不大于1‰的递减率在直线段顺接。

三、轨底坡

因车轮踏面的主要部分为1:20的斜坡,所以在直线上,钢轨不应竖直铺设,而要适当地向内倾斜,因而我们定义轨底坡为钢轨底面对轨枕顶面的倾斜度(也叫内倾度)。钢轨设计轨底坡可使轮轨接触集中于轨顶中部,提高钢轨的横向稳定性,避免或减小钢轨偏载,减小轨腰的弯曲应力,减轻轨头不均匀磨耗,延长钢轨使用寿命。

微课:轨底坡

1965年以前,我国铁路的轨底坡定为1:20。但在机车车辆的动力作用下,轨道发生弹性挤开,轨枕产生挠曲和弹性压缩,加上垫板与轨枕不密贴、道钉的扣压力不足等因素,实际轨底坡与原设计轨底坡有较大的出入。另外,车轮踏面经过一段时间的磨耗后,原来1:20的斜面也接近1:40的坡度。1965年以后,我国铁路的轨底坡统一改为1:40。在曲线地段,由于超高的存在,内股钢轨的轨底坡要有适当的调整才能保证其不向轨道外方倾斜,调整范围见表1.3.9。当轨顶面由于不均匀磨耗形成横向坡度时,轨底坡应按轨顶磨耗情况予以调整。在任何情况下,轨底坡不应大于1:12或小于1:60。

内股钢轨轨底坡调整范围　　表 1.3.9

外轨超高 （mm）	轨枕面最大坡度	铁垫板或承轨槽面倾斜度		
		0	1/20	1/40
0~75	1:20	1:20	0	1:40
80~125	1:12	1:12	1:30	1:17

轨底坡设置正确与否,可根据钢轨顶面由车轮踏面碾磨形成的光带位置判断,如图1.3.4所示。一般情况下,要求光带宽度一致,并稍偏向轨头中心内侧。光带如偏向钢轨中心内侧较大,则说明轨底坡不足;光带如偏向外侧,说明轨底坡过大,所以在线路维修养护工作中,可根据轨顶面的光带判断轨底坡设置得正确与否。

四、轨向

微课:轨向

轨向是指轨道中心线在水平面上的平顺性。若直线不直,则必然引起列车的蛇行运动。快速列车行驶在线路上,线路方向对行车的平稳性具有特别重要的影响。

在无缝线路地段,若轨道方向不良,还可能在高温季节引发胀轨跑道事件(轨道发生明显的不规则横向位移),严重威胁行车安全。

《高速铁路线路修理规则》规定:直线方向必须目视平顺(图1.3.5),用10m弦测量,正线上正矢不得超过允许值。

图1.3.4 根据光带判定轨底坡

图1.3.5 目测轨向

五、前后高低

微课:高低

微课:轨道状态检查

轨道沿线路方向的竖向平顺性称为前后高低。新铺或经过大修后的线路,即使其轨面是平顺的,经过一段时间列车运行后,由于路基不均匀沉陷、道床捣固密实程度、扣件松紧、枕木腐朽和钢轨磨耗的不一致性,会产生不均匀下沉,造成轨面前后高低不平,即在有些地段(往往在钢轨接头附近)下沉较多,出现坑洼,这种不平顺,称为静态不平顺。线路轨道静态平顺度,见表1.3.1。

有些地段,从表面上看,轨面是平顺的,但实际上轨底与铁垫板或轨枕之间存在间隙(间隙超过2mm时称为吊板),或轨枕底与道砟之间存在空隙(空隙超过2mm时称为空板或暗坑),或轨道基础弹性的不均匀(路基填筑的不均匀、道床弹性的不均匀等),当列车通过时,这些地段的轨道下沉不一致,也会产生不平顺,这种不平顺称为动态不平顺。随着高速铁路的发展,动态不平顺已广泛受到关注。

技能训练
参考高速铁路轨道施工与维护实训手册的项目8 线路几何形位检查实训作业指导书。

68
高速铁路轨道施工与维护(第3版)

任务四　高速铁路轨道精测

一、高速铁路精测网简介及要求

高速铁路的平顺性要求非常高,要成功地建设无砟轨道,就必须有一套完整、高效且非常精确的高速铁路精密工程测量控制网(以下简称精测网,精测网体系包含平面控制网和高程控制网)。高速铁路精测网按施测阶段、施测目的及功能可分为勘测控制网、施工控制网、运营维护控制网。为了保证勘测、施工、运营维护各阶段平面测量成果的一致性,应该做到"三网合一"。精测网一般要满足以下要求:

(1)高速铁路应建立统一的精测网,作为勘察设计、工程施工和运营维护统一的测量基准。精测网分为平面控制网和高程控制网。

(2)应加强精测网控制点日常检查和维护工作,定期对精测网进行复测,为线路运营养护提供稳定可靠的控制基准。

(3)精测网各项技术要求应执行《高速铁路工程测量规范(2024 年局部修订)》(TB 10601—2009)有关技术标准。

视频:测试放样处理系统　视频:CPⅢ测量放样　微课:全站仪设站　微课:轨道不平顺分析

二、精测网构成及主要技术指标

1. 平面控制网

平面控制网在框架平面控制网(CP 0)的基础上分三级布设:第一级为基础平面控制网(CPⅠ),主要为勘测、施工和运营维护提供坐标基准;第二级为线路平面控制网(CPⅡ),主要为勘测和施工提供控制基准;第三级为轨道控制网(CPⅢ),主要为轨道铺设和运营维护提供控制基准。全线的平面坐标系应采用工程独立坐标系统,在对应的线路轨面设计高程面上坐标系统的投影变形值不宜大于 10mm/km。

(1)各级平面控制网的主要技术要求见表 1.4.1。

各级平面控制网的主要技术要求　　　　　表 1.4.1

控制网级别	测量方法	测量等级	点间距	相邻点相对中误差(mm)	备注
CP 0	GPS		50km	20	
CPⅠ	GPS	二等	≤4km 一对点	10	点间距≥800m
CPⅡ	GPS	三等	600～800m	8	
	导线	三等	400～800m	8	附合导线网
CPⅢ	自由设站边角交会		50～70m 一对点	1	

注:CPⅡ采用 GPS 测量时,CPⅠ可按4km 一个点布设。

69

项目一　轨道结构及轨道精测

（2）CPⅠ、CPⅡ及水准基点埋深至最大冻土深度以下0.3m。标心钉采用不锈钢制作，标石表面均采用统一的模具、标志、点号等信息，并统一制作混凝土护井和护盖对标志进行保护。

（3）CPⅢ点应沿线路埋设在路基两侧接触网杆或其基础、桥梁防护墙、隧道边墙上；CPⅢ元器件由预埋件、棱镜连接件、水准测量杆等三部分组成（图1.4.1）；CPⅢ标志为数控机床精加工的强制对中标志，全线应采用统一的CPⅢ标志和棱镜组件。

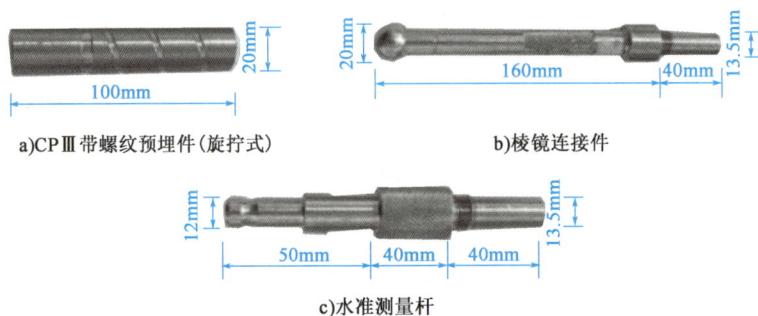

a) CPⅢ带螺纹预埋件（旋拧式）　　b) 棱镜连接件

c) 水准测量杆

图1.4.1　CPⅢ元器件

（4）CP0、CPⅠ、CPⅡ、控制网GPS测量精度指标见表1.4.2。

CP0、CPⅠ、CPⅡ控制网GPS测量精度指标　　表1.4.2

控制网级别	基线边方向中误差	最弱边相对中误差
CP 0	—	1/2000000
CP Ⅰ	≤1.3″	1/180000
CP Ⅱ	≤1.7″	1/100000

（5）CPⅡ控制网导线测量精度指标见表1.4.3。

CPⅡ控制网导线测量精度指标　　表1.4.3

控制网	附合长度（km）	边长（m）	测距中误差（mm）	测角中误差（″）	相邻点相对中误差（mm）	导线全长相对闭合差限值	方位角闭合差限值（″）	导线等级
CP Ⅱ		400~800	5	1.8	8	1/55000	$\pm 3.6\sqrt{n}$	三等

（6）CPⅢ平面控制网主要技术要求见表1.4.4。

CPⅢ平面控制网主要技术要求　　表1.4.4

控制网名称	测量方法	方向观测中误差（″）	距离测量中误差（mm）	相邻点相对中误差（mm）
CPⅢ平面控制网	自由测站边角交会	1.8	1.0	1.0

2. 高程控制网

高程控制网分两级布设：第一级为线路水准基点控制网（基岩点、深埋水准点和普通水准点）；第二级为轨道控制网（CPⅢ）。全线高程基准应采用1985国家高程基准。

（1）高程控制网测量等级及布点要求，见表1.4.5。

高速铁路轨道施工与维护（第3版）

高程控制网测量等级及布点要求　　　　　　　　　　表 1.4.5

控制网级别	测量方法	测量等级	点间距
基岩点	水准	一等、二等	50km
深埋点	水准	二等	10km
普通水准点	水准	二等	2km
CPⅢ	水准	精密水准	50～70m

（2）高程控制网测量精度指标见表 1.4.6。

高程控制网的测量精度指标　　　　　　　　　　表 1.4.6

水准测量等级	每千米高差偶然中误差 M（mm）	每千米高差全中误差 M_w（mm）	限差			
			检测已测测段高差之差	往返测高差不符值	附合路线或环线闭合差	左右路线高差不符值
二等水准	≤1.0	≤2.0	$\pm6\sqrt{L}$	$\pm4\sqrt{L}$	$\pm4\sqrt{L}$	—
精密水准	≤2.0	≤4.0	$\pm8\sqrt{L}$	$\pm8\sqrt{L}$	$\pm8\sqrt{L}$	$\pm6\sqrt{L}$

注：L 为水准路线长度或检测的测段长度。

技能训练

　　参考高速铁路轨道施工与维护实训手册的项目 9　CPⅢ高程及沉降观测实训作业指导书。

三、高速铁路无轨道控制网测设标准

　　轨道控制网（CPⅢ）为沿线路两侧布设的三维控制网，控制点埋设为强制归心标志，沿线路纵向 60m 左右布设一对，平面控制起闭于基础平面控制网（CPⅠ）或线路控制网（CPⅡ），高程控制起闭于沿线路布设的二等水准网，一般在线下工程施工完成后施测，为轨道铺设和运营维护的几何基准。建立高精度的轨道控制网（CPⅢ），是轨道铺设施工精度控制的关键。CPⅢ控制网由施工单位建网测量，工程竣工后移交给运营单位用于运营维护期间的轨道测量，具有精度高、点位密集、测量工作大、使用周期长的特点。

　　1. 测量原理

　　轨道控制网（CPⅢ）控制点埋设为强制归心标志，沿线路纵向 60m 左右布设一对，起闭于基础平面控制网（CPⅠ）或线路平面控制网（CPⅠ）及线路水准基点，是沿线路布设的平面、高程三维控制网，在线下工程竣工并通过沉降变形评估合格后进行施测，是轨道铺设和运营维护的基准。平面控制网应采用自由测站边角后方交会导线测量原理施测，高程控制网采用精密水准测量原理施测。

　　2. 测量要求

　　（1）高速铁路轨道控制网 CP 0、CPⅠ、CPⅡ、CPⅢ和水准基点测设标准应符合《高速铁路工程测量规范（2024 局部修订）》（TB 10601—2009）。工程验交时，设计、施测单位必须提交完整的测量数据档案。

　　（2）同一控制点（CP 0、CPⅠ、CPⅡ和水准基点）在测量资料移交时应有不少于 3 次且测量时间间隔大于 3 个月的观测成果数据，以确定控制点的稳定性及维护标准。

　　（3）为及时、准确地获得无砟轨道各个时间段内线路整体及各段（区间）的本次和累计沉降变形数据,正线上的路基、桥、涵、隧等建筑物上应设置稳固的监测桩标,监测桩标按无砟轨道沉降监测有关规定设置。

(4)无砟轨道线路按一般 50～70m 间隔设立维护基点,均匀分布在 CPⅢ 点对中间,如图 1.4.2 所示。

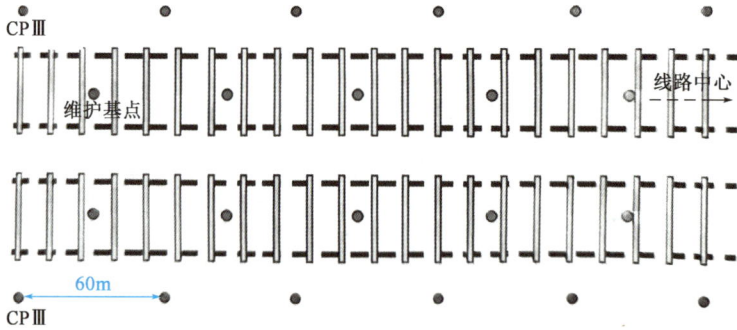

图 1.4.2　线路维护基点位置关系

(5)线路维护基点三维坐标测量应依据 CPⅢ 控制点,采用全站仪自由设站极坐标法进行测量。使用的全站仪精度不应低于 1″,1mm＋2ppm 。

(6)自设站观测的 CPⅢ 控制点不应少于 4 对,相邻基点的观测重叠的 CPⅢ 控制点不应少于 2 对,如图 1.4.3 所示。

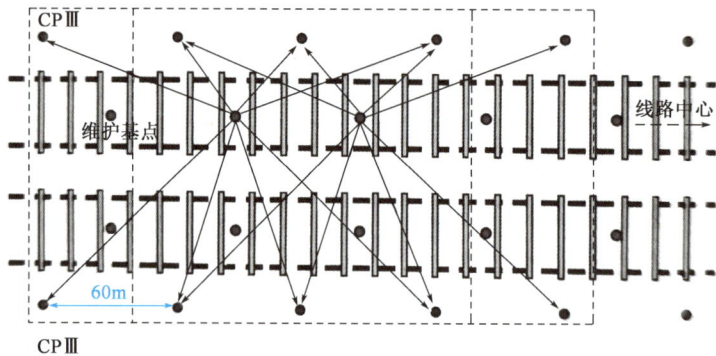

图 1.4.3　自由设站观测的 CPⅢ 控制点布置

(7)完成自由设站后,自由设站点精度应符合表 1.4.7 的要求,CPⅢ 控制点的坐标不符值限差应满足表 1.4.8 的要求。当 CPⅢ 点坐标不符值 x、y、h 大于表 1.4.8 的规定时,该 CPⅢ 点不应参与平差计算。每一测站参与平差计算的 CPⅢ 控制点不应少于 6 个。

自由设站点精度要求 表 1.4.7

项目	误差	项目	误差
x	≤0.7mm	h	≤0.7mm
y	≤0.7mm	定向精度	≤2″

CPⅢ控制点坐标不符值限差要求 表 1.4.8

项目	控制点余差	项目	控制点余差
x	≤2.0mm	h	≤2.0mm
y	≤2.0mm		

(8)线路维护基点必须统一编号,使用反光标志牌清晰标记(图1.4.4)。上行为按每千米偶数顺序编号,下行为按每千米奇数顺序编号,见表1.4.9。

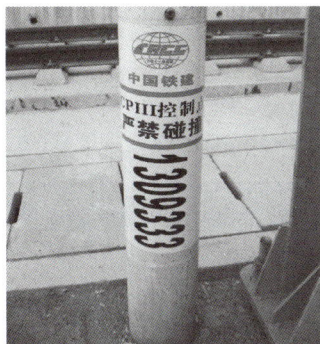

图1.4.4 CPⅢ控制桩

CPⅢ控制点编号原则　　　　　　　　表1.4.9

点编号	含义	数字代码	在里程内点的位置
0356301	表示线路里程 DK356 范围内线路里程增大方向左侧的 CPⅢ第 1 号点,"3"代表"CPⅢ"	0356301	(轨道左侧)奇数 1、3、5、7、9、11 等
0356302	表示线路里程 DK356 范围内线路里程增大方向右侧的 CPⅢ第 2 号点,"3"代表"CPⅡ"	0356302	(轨道右侧)偶数 2、4、6、8、10、12 等

(9)高速铁路竣工验收前应进行竣工测量。无砟轨道线路交验的控制网竣工资料主要包括以下内容:

①控制网联测的国家平面及高程控制点成果表及点之记。

②CP 0、CPⅠ、CPⅡ控制桩原测、复测成果(含设计、复测及评估报告)及点之记。

③水准点原测、复测成果(含设计、复测及评估报告)及点之记。

④CP 0、CPⅠ、CPⅡ、CPⅢ及水准基点平面示意图、控制点成果表。

⑤CPⅢ、轨道基准点(GRP)各种测量原始记录(包括磁卡、电脑记录)、计算成果和图表。

⑥大跨度桥梁和长连续梁桥上 CPⅢ测点温度变化坐标改正表。

⑦评审合格的完整沉降观测数据及分析报告。

⑧无砟轨道维护基点成果表。

技能训练

　　参考高速铁路轨道施工与维护实训手册的项目10　全站仪后方交会法设站实训作业指导书。

四、精测网维护和应用

(1)应利用精测网做好轨道几何状态检测、基础沉降和构筑物变形监测等工作。

(2)承担精测网复测的单位应具备相应的工程测量资质,使用的仪器设备应符合《高速铁路工程测量规范》(2024 年局部修订)(TB 10601—2009)相关要求。

(3)精测网日常检查和维护由使用单位负责,并设专人建立管理台账。桩点缺失或桩位变化不能满足测量精度需要时,应结合复测进行补桩和测设。

(4)精测网复测周期。

为保证精测网稳定和精度,应对精测网进行复测。精测网复测周期应符合下列规定:

①CP 0、CPⅠ、CPⅡ、CPⅢ平面控制网复测周期不宜超过 3 年,沉降区段的平面控制网复测周期应适当缩短。

②高程控制网复测周期:在地质条件较好、建设期沉降不大的地段,与平面控制网相同;在区域地面沉降地段、软土路基等特殊地段,不宜超过 1 年;在差异沉降较大的地段,复测周期应

适当缩短。

（5）精测网复测要求：

①精测网复测宜在原网基础上进行。精测网复测精度等级应与原网相同,复测方法及技术要求应与原测保持一致。

②平面复测后应按表1.4.10要求对成果进行评定,水准点间复测高差与原测高差之差按要求进行评定。

平面控制网复测限差要求
表1.4.10

控制点	同精度复测坐标较差限差(mm)	相邻点间坐标差之差的相对精度限差
CP 0	20	—
CP Ⅰ	20	1/130000
CP Ⅱ	15	1/80000
CP Ⅲ	3	—

复习思考题

1. 轨距、水平、轨底坡、轨向、高低、三角坑的定义是什么？如何测定？

2. 标准轨距是多少？曲线轨距有何规定？

3. 曲线轨距加宽和外轨超高的设置方法是什么？超高值有何规定？

4. 钢轨的标准长度及标准缩短轨有哪几种？允许铺设的短轨长度是多少？

5. 轨道附属设备有哪些？什么叫轨道爬行？信号标志及线路标志的作用及设置位置如何？

6. 轨缝及钢轨接头位置有何要求？构造轨缝为多大？

7. 有砟轨道轨枕铺设有何要求？

8. 连接零件有哪几种？它们的作用分别是什么？

9. 绘图说明有砟轨道道床的尺寸三要素。

10. 绘出普通单开道岔示意图,并标注以下部位及尺寸:①岔头;②岔尾;③导曲线 R 头及 R 尾;④基本轨伸出长度;⑤开通方向;⑥辙叉理论尖端;⑦辙叉实际尖端;⑧道岔咽喉及有害空间;⑨辙叉角;⑩叉心;⑪道岔前长及后长;⑫道岔全长 $L_\text{全}$。

11. 道岔号数理论及现场如何确定？道岔号数与侧向过车速度有何关系？

12. 警冲标的作用是什么？如何设置？

13. CRTS 型双块式无砟轨道施工的工艺特点是什么？

14. 弹性支承块式无砟轨道施工的工艺特点是什么？

15. CRTS Ⅰ 型板式无砟轨道无砟轨道施工的工艺特点是什么？

16. CRTS Ⅱ 型板式无砟轨道无砟轨道施工的工艺特点是什么？

17. CRTS Ⅲ 型板式无砟轨道无砟轨道施工的工艺特点是什么？

18. 高速铁路为什么要建立统一的精测网？

19. 高程控制网分几级布设？各起什么作用？

20. 自由设站点精度应符合的精度要求是什么？

21. 无砟轨道线路交验的控制网竣工资料主要包括哪些内容？

22. 精测网复测周期有何规定？

23. 客运专线道岔尖轨跟端传力结构有什么特点？

24. 客运专线道岔滑床台减摩方式有哪几种？

25. 客运专线道岔轨向调整是通过什么实现的？

板式无砟轨道施工

学习目标

知识目标：

1. 了解CRTS I型板式无砟轨道的基本结构组成。
2. 了解桥梁段、路基隧道段及过渡段CRTS II型板式无砟轨道的结构特点。
3. 掌握CRTS III型板式无砟轨道的创新结构及特点。
4. 掌握CRTS III型轨道板精调工艺的基本原理和技术指标。
5. 简述CRTS III型板式无砟轨道施工的基本步骤和流程。
6. 掌握CRTS III型板式轨道板预制、存放、运输及安装过程中的质量控制要点。
7. 掌握混凝土底座施工的关键环节及质量控制标准。
8. 掌握CRTS III型板式无砟轨道轨道板精调作业的技术要求和操作方法。
9. 正确描述自流平混凝土施工的技术要点和质量控制措施。
10. 掌握板式无砟轨道扣件安装及检查的标准和流程。

能力目标：

1. 能识读CRTS III型轨道板结构图，理解其设计理念和构造细节。
2. 能指导CRTS III型底座的测量放样工作，确保施工精度。
3. 能指导模板安装作业，保证模板的稳固性和尺寸准确性。
4. 能指导钢筋布设工作，遵循施工图纸和规范要求。
5. 能指导混凝土浇筑作业，掌握浇筑顺序、速度及振捣技巧。
6. 能指导CRTS III型轨道板预制施工作业，确保预制质量。
7. 能指导轨道板的存放及运输作业，避免损坏和变形。
8. 能指导CRTS III型轨道板粗铺作业，初步定位轨道板。
9. 能指导轨道板精调作业，达到设计要求的精度。
10. 能指导自流平混凝土施工作业，确保填充层质量。
11. 能指导CRTS I、CRTS II、CRTS III型板式无砟轨道扣件安装及检查作业，保证扣件紧固且符合要求。
12. 能用扭力扳手进行底座板和轨道板纵联作业，确保连接可靠。

素质目标：

　　CRTS III型板式无砟轨道是我国自主研发的结构，其生产线也是国内创新全自动生产线，通过对该部分内容的学习，学生能够深刻理解中国制造、智慧高铁的含义；通过精调施工核心训练，强化学生标准化作业的职业素养；通过实践操作和案例分析，学生切身体会到铁路人精益求精的工匠精神；通过对高速铁路新技术的学习，督促学生不断提升自己的专业技能和创新能力。

板式无砟轨道结构在我国京沪高铁、京广高铁、郑徐高铁等项目上均有施工,本项目主要了解 CRTS Ⅰ型、CRTS Ⅱ型施工工艺,掌握 CRTS Ⅲ型板式无砟轨道施工工艺和质量控制标准。

任务一　CRTS Ⅰ型板式无砟轨道施工

一、作业流程

CRTS Ⅰ型板式无砟轨道施工作业流程图如图 2.1.1 所示。

高速铁路轨道施工与维护（第 3 版）

视频：Ⅰ型板式无砟轨道施工设备

```
        ┌──────────────────┐
        │   下部基础竣工验收   │
        └────────┬─────────┘
                 │ 合格
        ┌────────▼─────────┐                ┌──────┐
        │      测设基标      │                │ 轨道 │
        └────────┬─────────┘                │ 板   │
       桥、隧道 │  路基                      │ 预   │
        ┌────────▼─────────┐                │ 制   │
        │    混凝土支承层     │                └──┬───┘
        └────────┬─────────┘                    │
        ┌────────▼─────────┐                    │
        │    基础表面处理     │                    │
        └────────┬─────────┘                    │
        ┌────────▼─────────┐                    │
        │ 绑扎底座及凸形挡台钢筋网 │                 │
        └────────┬─────────┘                    │
        ┌────────▼─────────┐                    │
        │ 底座及凸形挡台混凝土浇筑 │                 │
        └────────┬─────────┘                    │
        ┌────────▼─────────┐                    │
        │  凸形挡台上测设基准器 │                    │
        └────────┬─────────┘                    │
        ┌────────▼─────────┐                    │
        │   复测底座顶面高程   │                    │
        └────────┬─────────┘                    │
        ┌────────▼─────────┐                    │
        │  轨道板铺设及调整就位 │◄───────────────┘
        └────────┬─────────┘
        ┌────────▼─────────┐
        │   CA砂浆支模及浇筑   │
        └────────┬─────────┘
        ┌────────▼─────────┐
        │  凸形挡台周围填充树脂 │
        └────────┬─────────┘
        ┌────────▼─────────┐
        │  防水层、水沟、电缆槽 │
        └────────┬─────────┘
        ┌────────▼──────────────┐
        │ 长钢轨铺设、焊接、应力放散及锁定 │
        └────────┬──────────────┘
        ┌────────▼──────────────┐
        │ 轨道调整、充填式垫板调整高度  │
        └───────────────────────┘
```

图 2.1.1　CRTS Ⅰ型板式无砟轨道施工作业流程图

二、混凝土底座施工

混凝土底座施工流程图如图 2.1.2 所示。

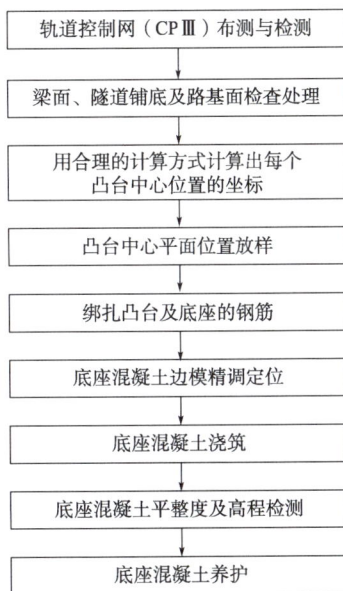

图 2.1.2　混凝土底座施工流程图

1. 底座施工前基础表面处理

（1）路基上混凝土底座直接构筑在路基基床表面上，基床表面应清洁、无杂物。

（2）桥梁在梁场预制时轨道中心线 2.6m 范围内应进行拉毛处理，梁体预埋套筒植筋与底座钢筋连接。预埋套筒及钢筋材质、位置应符合设计要求。

（3）在 Ⅲ、Ⅳ 级围岩有仰拱的隧道内，底座宽度范围内的仰拱回填层表面应进行拉毛或凿毛处理。

（4）在 Ⅰ、Ⅱ 级围岩无仰拱的隧道内，底座与隧道钢筋混凝土底板合并设置，并连续铺设施工。

2. 凸台放样

凸台中心点平面位置坐标可由计算得到，中心点放样平面偏差不应大于 ±5mm。凸台中心平面位置示意图如图 2.1.3 所示。

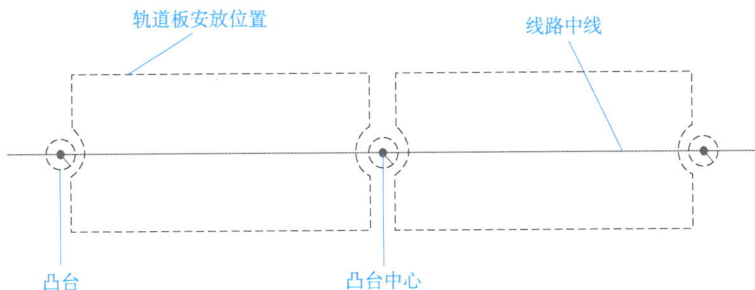

图 2.1.3　凸台中心平面位置示意图

3. 钢筋加工

钢筋应在加工场集中加工，底座钢筋网根据现场情况可采用现场绑扎成型的方案，也可采用在加工场分段绑扎钢筋网片，运输到工地现场组装连接成整体的方案。

（1）钢筋网片分段绑扎、运输、现场组装成型,钢筋网片预绑扎宜采用专用编制架或胎具进行绑扎,保证钢筋安装精度。

（2）预埋植筋:安装底座钢筋网前,在梁体预埋套筒植入连接钢筋。连接钢筋与梁内预埋套筒接头的拧紧力矩应符合《钢筋机械连接用套筒》（JG/T 163—2013）的要求,拧入长度为套筒长度的1/2。

（3）底座钢筋网现场绑扎,底座钢筋的规格及型号应符合设计要求,半成品加工好后分类存放,挂牌标识。底座钢筋绑扎如图2.1.4所示。

4.模板施工

底座应采用钢模施工,模板的材质和结构设计等应符合相关规范的要求。模板必须稳固牢靠,接缝应严密不漏浆。模板安装时,应按设计要求埋设好过轨管线等预埋件;预埋件位置、尺寸应符合设计要求,按设计要求设置伸缩缝。模板与混凝土接触面应涂刷脱模剂。

1）方法一

底座混凝土边模精确定位,利用CPⅢ控制点、底座混凝土钢模板适配器和棱镜进行立模放样,其作业流程图如图2.1.5所示。

图2.1.4 底座钢筋绑扎

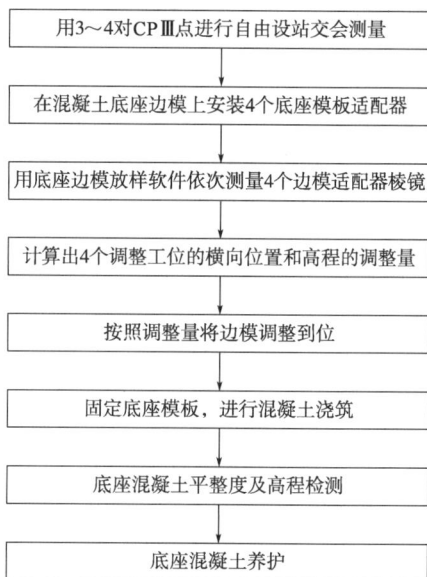

用3~4对CPⅢ点进行自由设站交会测量
↓
在混凝土底座边模上安装4个底座模板适配器
↓
用底座边模放样软件依次测量4个边模适配器棱镜
↓
计算出4个调整工位的横向位置和高程的调整量
↓
按照调整量将边模调整到位
↓
固定底座模板,进行混凝土浇筑
↓
底座混凝土平整度及高程检测
↓
底座混凝土养护

图2.1.5 采用底座混凝土钢模板适配器和棱镜进行立模放样的作业流程图

（1）根据线路设计参数自动计算出底座钢模上4个固定位置的空间坐标。

（2）通过后方交会获得全站仪设站精确坐标方位。

（3）对底座钢模上4个固定位置上的棱镜进行测量（图2.1.6）,计算出相应调整量,从而精确地确定钢模的空间位置,使轨道板底座的位置达到设计要求。

2）方法二

（1）利用CPⅢ控制点进行立模放样,采用平面坐标法和水准高程法进行测量,其作业流程图如图2.1.7所示。

（2）钢模板适配器法立模放样的主要设备表见表2.1.1。

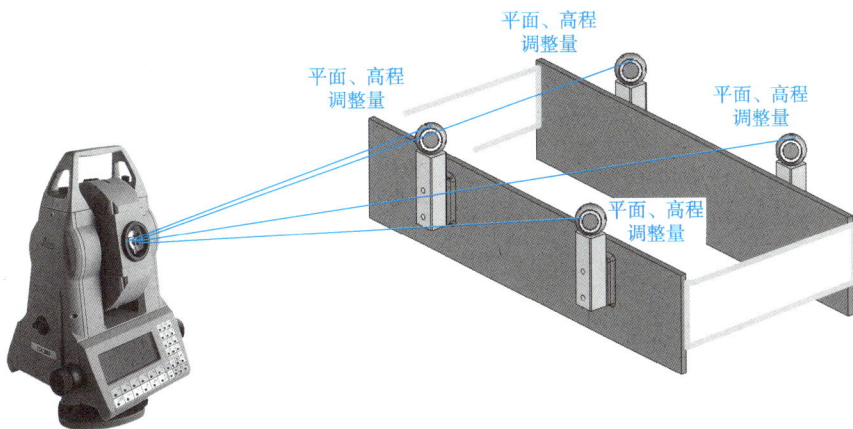

图 2.1.6　对底座钢模上 4 个固定位置上的棱镜进行测量

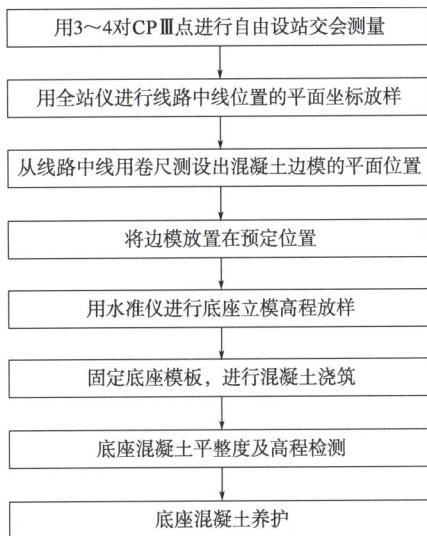

图 2.1.7　采用平面坐标和水准高程立模放样的作业流程图

钢模板适配器法立模放样的主要设备表　　　　表 2.1.1

序号	设备	数量	单位	用途
1	边模适配器	4	个	与边模定位板相互连接,放置底座边模放样的棱镜
2	球棱镜	4	只	置于边模板适配器上,用于放样点坐标测设
3	全站仪	1	台	用于测量边模板的横向位置和高程
4	无线信息显示器	4	台	显示各个调整工位的横向位置和高程调整量
5	气象传感器	1	只	用于测距气象改正
6	CPⅢ目标棱镜	8	个	全站仪自由设站边角交会的目标
7	底座混凝土找平尺	1	把	用于浇筑后底座混凝土断面的检测
8	混凝土底座边模精调软件	1	套	能够实时计算出混凝土底座边模的横向位置和高程的调整量

(3)平面坐标和水准高程法立模放样的主要设备表见表 2.1.2。

平面坐标和水准高程法立模放样的主要设备表　　　　　　　　表 2.1.2

序号	设备	数量	单位	用途
1	棱镜三脚座	1	个	用于放样中线点坐标测设棱镜
2	全站仪	1	台	测设线路中桩点平面坐标
3	电子水准仪和条码因瓦水准尺	1	套	测量边模高程
4	CPⅢ目标棱镜	8	个	全站仪自由设站边角交会的目标
5	底座混凝土找平尺	1	把	用于浇筑后底座混凝土断面的检测

5. 底座混凝土施工

（1）底座混凝土浇筑前再次检查确认模板、钢筋状态，符合要求后方可进行混凝土施工。

（2）彻底清理模板范围内的杂物。混凝土入模前应对基床面喷水雾湿润。

（3）混凝土宜采用插入式振动棒振捣，应注意避免漏捣、过振。在振捣过程中，应加强检查模板支撑的稳定性和接缝的密合情况，防止漏浆。混凝土浇筑完成后，将混凝土暴露面压实、抹平，抹面时严禁洒水；混凝土终凝前，按设计要求对表面进行拉毛。

（4）底座及凸形挡台钢筋安装允许偏差应符合表 2.1.3 规定。

底座及凸形挡台钢筋安装允许偏差　　　　　　　　表 2.1.3

序号	检验项目	允许偏差（mm）
1	钢筋间距	±20
2	保护层厚度	+10 −5

（5）底座混凝土边模精确定位的允许偏差应符合表 2.1.4 规定。

底座混凝土边模精确定位的允许偏差　　　　　　　　表 2.1.4

项次	项目	允许偏差（mm）	检验数量
1	顶面高程	0 −3	每 5m 检查 1 处
2	宽度	±3	每 5m 检查 3 处
3	中线位置	±2	每 5m 检查 3 处
4	伸缩缝位置	5	每条伸缩缝检查一次

（6）混凝土原材料、配合比设计、施工应符合相关规定。混凝土强度等级应符合设计要求。

（7）底座混凝土外形尺寸检测应符合表 2.1.5 的规定。

底座混凝土外形尺寸允许偏差　　　　　　　　表 2.1.5

项次	项目	允许偏差（mm）	检验数量
1	顶面高程	0 −5	每 5m 检查 1 处
2	宽度	±5	
3	中线位置	3	
4	平整度	10/3m	

三、凸形挡台施工

凸形挡台施工流程图如图 2.1.8 所示。

1. 底座处理

底座混凝土拆模 24h 后,方可施工凸形挡台。施工前,应对底座表面凸台范围内混凝土进行凿毛处理。

2. 绑扎凸台钢筋

对凸台与底座的连接钢筋进行修正,绑扎凸台钢筋。凸台钢筋的加工和绑扎可按底座钢筋的相关条款执行。

3. 凸形挡台钢模精确定位

1) 凸台钢模精确定位流程

凸台钢模精确定位流程图如图 2.1.9 所示。

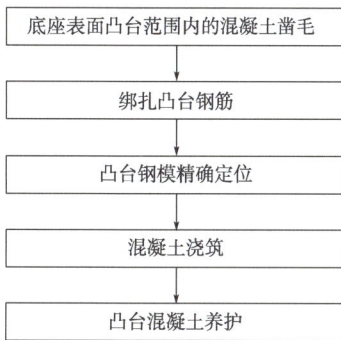

图 2.1.8　凸形挡台施工流程图　　图 2.1.9　凸台钢模模精确定位流程图

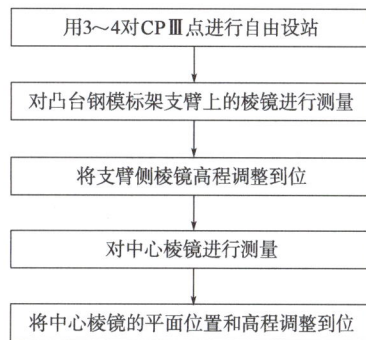

2) 凸形挡台钢模板精确定位主要设备

凸形挡台钢模板精确定位的主要设备见表 2.1.6。

凸形挡台钢模板精确定位的主要设备　　表 2.1.6

序号	设备	数量	单位	用途
1	凸形挡台钢模标架	1	个	与凸台钢模适配的测量标架
2	球棱镜	2	只	放置在凸台钢模标架上,测量凸台中心和边缘位置
3	全站仪	1	台	用于凸台平面位置、高程和水平(超高)坐标测设
4	CPⅢ目标棱镜	8	个	全站仪自由设站边角交会的目标
5	凸台钢模精调软件	1	套	进行凸台平面位置、高程和水平(超高)放样

3) 凸形挡台钢模板精确定位步骤

(1) 全站仪在线路一侧设站,安放凸形挡台钢模标架和球棱镜。

(2) 测量钢模标架支臂上的棱镜获取凸台超高调整量,调整凸台钢模超高。

(3) 测量钢模标架中心棱镜获取凸台中心的平面位置和高程调整量,调整凸台钢模。

(4) 重复(2)(3)步骤直至凸台钢模允许偏差符合设计要求(图 2.1.10)。

图 2.1.10　凸台钢模板精确定位

4) 凸形挡台钢模板精确定位

凸形挡台钢模板精确定位应符合的规定

(1) 全站仪测站宜设在线路中线附近、2 对 CPⅢ控制点之间。

(2) 每一测站观测的 CPⅢ 点数为 3~4 对。

(3) 设站点的三维坐标分量偏差不应大于 0.5mm。

(4) CPⅢ观测时应避免在气温变化剧烈、阳光直射、大风或能见度低下等恶劣气候条件下进行,宜选择在阴天无风或日落 2h 后、日出前、气象条件稳定的时段进行。

(5) 每次设站放样距离应不大于 60m。

5) 挡台安装轨道板防上浮侧移装置

(1) 用全站仪测设贯穿孔方向的 2 个标志点,并标注在底座上。

(2) 沿标志点的方向在钢模上安装一根硬塑料管,在凸形挡台浇筑完成后,形成一个横向贯穿孔。

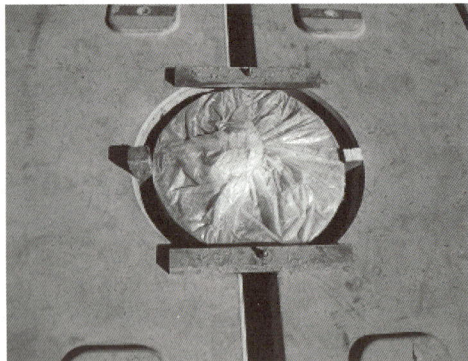

图 2.1.11　轨道板防上浮专用机具

(3) 轨道板砂浆灌筑前,在轨道板表面用防上浮专用机具钩住贯穿孔内钢筋的两端,将防上浮专用机具上的螺母拧紧,将轨道板均匀地向下拉紧,防止砂浆灌筑时轨道板上浮。

(4) 砂浆凝固后,拆除轨道板防上浮专用机具(图 2.1.11)。

6) 凸形挡台钢模精确放样

凸形挡台钢模精确放样的允许限差应符合表 2.1.7 的规定。

凸形挡台钢模精确放样的允许限差　　　　　表 2.1.7

序号	检验项目	允许偏差(mm)
1	中线位置	2
2	中心间距	±2
3	顶面高程	+2 0

四、轨道板铺设

CRTS I 型轨道板铺设作业流程图如图 2.1.12 所示。

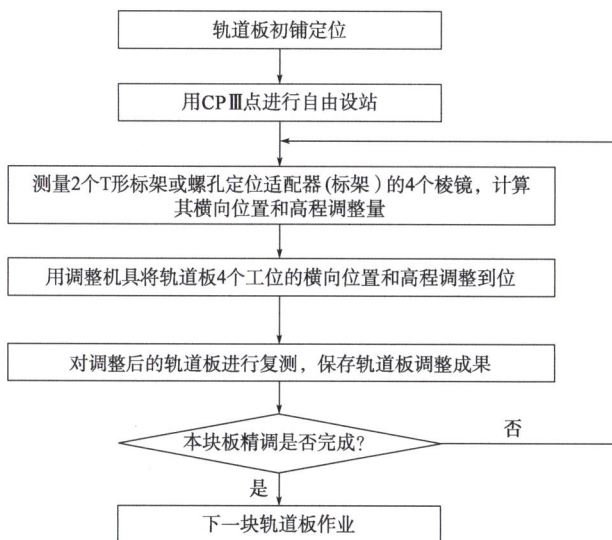

```
┌─────────────────────────┐
│      轨道板初铺定位        │
└─────────────────────────┘
            │
┌─────────────────────────┐
│    用CPⅢ点进行自由设站     │
└─────────────────────────┘
            │
┌──────────────────────────────────────┐
│ 测量2个T形标架或螺孔定位适配器(标架)的4个棱镜,计算 │
│        其横向位置和高程调整量           │
└──────────────────────────────────────┘
            │
┌──────────────────────────────────────┐
│ 用调整机具将轨道板4个工位的横向位置和高程调整到位  │
└──────────────────────────────────────┘
            │
┌──────────────────────────────────────┐
│ 对调整后的轨道板进行复测,保存轨道板调整成果    │
└──────────────────────────────────────┘
            │
        ◇─────────◇
       本块板精调是否完成?  ──否──┐
        ◇─────────◇        │
            │是              │
┌─────────────────────────┐     │
│      下一块轨道板作业       │     │
└─────────────────────────┘     │
```

动画:轨道板铺设施工

图 2.1.12　CRTS I 型轨道板铺设作业流程图

1.轨道板施工准备

(1)轨道板铺设前,应将底座表面清理干净,保证无残渣、积水等。

(2)宜采用跨双线门式起重机进行轨道板吊装,也可选择汽车吊进行轨道板吊装。

(3)吊装前仔细检查轨道板及起吊设备的状态,合格后方可进行吊装。

(4)吊装时将门式起重机移至相应工位段,通过专用吊具将线间临时存放点或轨道板运输车上的轨道板吊起。

(5)轨道板起吊并移至铺板位置后,施工人员扶稳轨道板,缓慢地将轨道板落在预先放置的支撑垫木上。落板时,应防止轨道板撞击凸形挡台。

2.轨道板初铺

1)轨道板初铺主要设备

轨道板初铺定位的主要设备见表 2.1.8。

轨道板初铺定位的主要设备　　　　　　　　　　　　　　　表 2.1.8

序号	设备	数量	单位	用途
1	轨道板铺设门吊	1	台	吊装轨道板
2	轨道板初铺定位架	2	副	保护凸形挡台,保证轨道板与凸形挡台之间的安放间距
3	支承垫木	4	块	尺寸宜为 50mm×50mm×300mm,置于混凝土底座上,轨道板初铺时,将支承垫木支撑在轨道板下,便于安装轨道板调整机具

2)轨道板初铺作业应符合的规定

(1)在两挡台上放置轨道板初铺定位架,保证轨道板与两凸形挡台之间的间距相同。轨道板与凸形挡台的间隙不得小于 30mm。

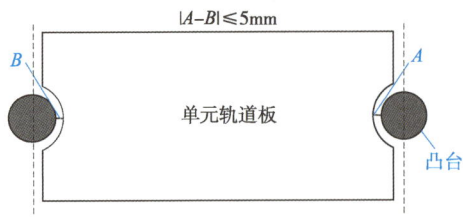

图 2.1.13　轨道板与凸形挡台位置关系

（2）轨道板吊放作业时,轨道板与凸形挡台前后的调整间距应满足 $|A-B|\leqslant 5\mathrm{mm}$,如图 2.1.13 所示。

3. 轨道板精调

1）轨道板精调作业方法

轨道板精调作业方法主要有以下两种：

（1）自定心螺栓孔适配器测量法。自定心螺栓孔适配器能够在一定范围内自动适应不同型号轨道板上不同孔径的螺栓孔,并保持球棱镜中心与螺栓孔中心一致,球棱镜中心至轨道板承轨面的高度固定,如图 2.1.14 所示。自定心螺栓孔适配器在轨道板精调作业时安放位置示意图如图 2.1.15 所示。

图 2.1.14　自定心螺栓孔适配器

图 2.1.15　自定心螺栓孔适配器在轨道板上精调作业时安放位置示意图

（2）T 形测量标架测量法。T 形测量标架放置在轨道板的固定位置,其上安置棱镜,用于测量轨道板空间位置和姿态的测量装置,如图 2.1.16 所示;用 T 形测量标架精调的轨道板,应预先在轨道板上制作 V 形槽标记,如图 2.1.17 所示;T 形测量标架在轨道板上的安放位置如图 2.1.18、图 2.1.19 所示。

图 2.1.16　T 形测量标架

2）轨道板精调作业的主要设备

轨道板精调作业的主要设备见表 2.1.9。

轨道板精调作业的主要设备　　　　　　　　　　　　　　　表 2.1.9

序号	设备	数量	单位	用途
1	自定心螺栓孔适配器	4	只	放置位置能够代表整个轨道板的空间状态,并可安放反射棱镜,用作全站仪的测量目标。
	T 形测量标架	2	副	
	螺栓孔速测标架	2	副	前述 3 种机械测量装置可任选其一
2	棱镜	4	只	安放在测量机械装置上,用于全站仪测量
3	无线信息显示器	4	个	显示 4 个调整工位的横向位置和高程调整量
4	测控计算机设备	1	台	运行轨道板精调作业软件的计算机设备,操控并完成轨道板测量
5	气象传感器	1	只	用于测距气象改正
6	全站仪	1	台	用于 4 个棱镜的坐标测量
7	CPⅢ目标棱镜	8	个	全站仪自由设站边角交会的目标
8	轨道板调整机具	4	套	用于轨道板横向位置和高程调整的机械装置

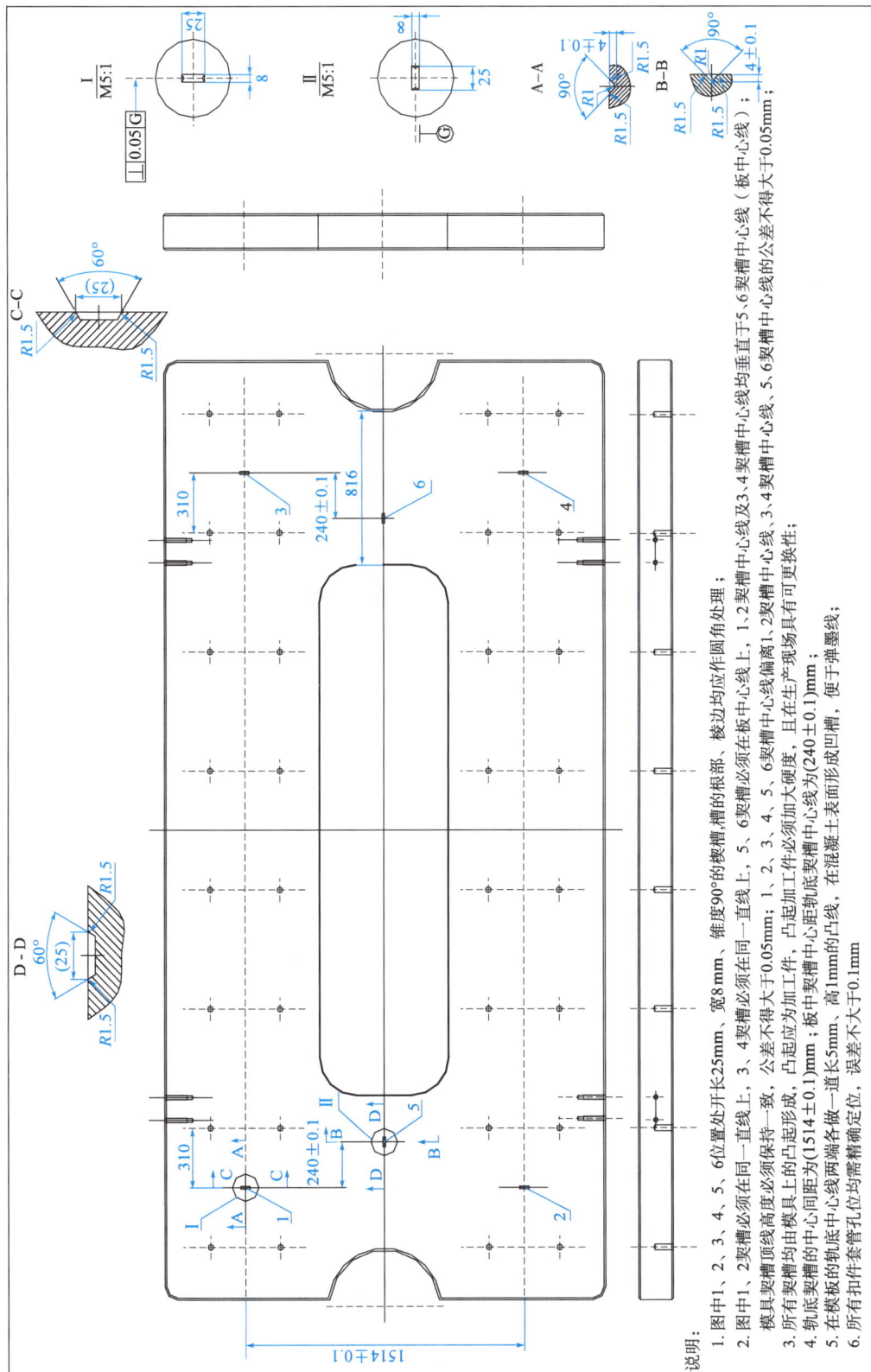

图2.1.17 CRTS I 型轨道板上V形槽标志(尺寸单位：mm)

说明：
1. 图中1、2、3、4、5、6位置处开长25mm，宽8mm，锥度90°的楔槽,槽的根部，板边均应作圆角处理；
2. 图中1、2楔槽必须在同一直线上，5、6楔槽必须在同一直线上，1、2楔槽中心线及3、4楔槽中心线均垂直于5、6楔槽中心线（板中心线）；
   模具楔槽顶线高度必须保持一致，公差不得大于0.05mm；1、2、3、4、5、6楔槽中心线偏离1、2楔槽中心线，3、4楔槽中心线，5、6楔槽中心线的公差不得大于0.05mm；
3. 所有楔槽均由模具上的凸起成形成，凸起应为加工件，且在生产现场具有可更换性；
4. 轨底应楔槽的中心间距为(1514±0.1)mm；板中楔槽中心距为(240±0.1)mm；
5. 在模板的轨底中心线两端各做一道，在混凝土表面现形成凹槽，便于弹墨线；高1mm的凸线，在混凝土表面现形成凹槽，便于弹墨线；
6. 所有扣件套管孔位均需精确定位，误差不大于0.1mm

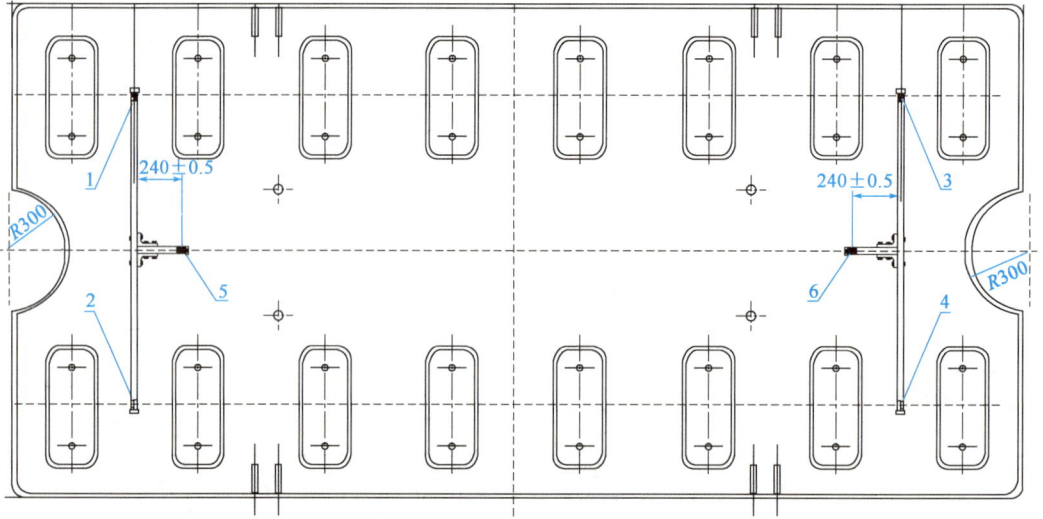

图 2.1.18 T形测量标架在实心轨道板上的安放位置示意图(尺寸单位:mm)

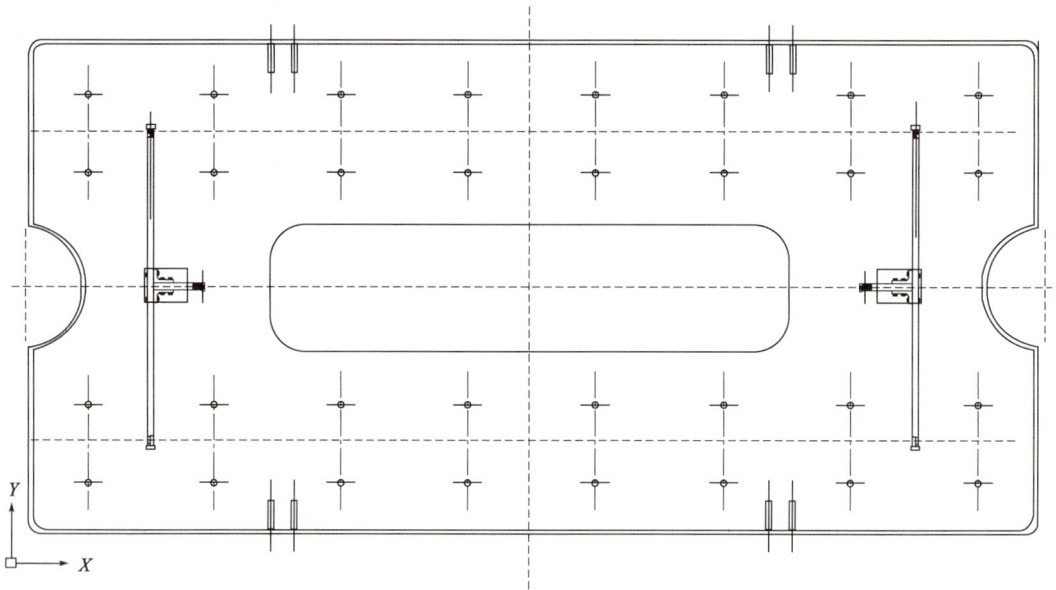

图 2.1.19 T形测量标架在框架轨道板上的安放位置示意图

3)轨道板精调作业步骤

(1)将表 2.1.9 中第一项的测量装置放置于轨道板的固定位置上。

(2)用已设程序控制的全站仪放置在适配器或标架上的 4 个棱镜获取 4 个调整工位的横向位置和高程调整量。

(3)按照 4 个显示器上的调整量用轨道板调整机具做相应调整。

(4)重复精调作业步骤(2)和(3),直至满足轨道板铺设允许偏差的要求。

4)精调作业要求

(1)全站仪测站宜设在线路中线附近、2 对 CPⅢ控制点之间。

(2)每一测站观测的 CPⅢ点数为 3~4 对。

（3）设站点的三维坐标分量偏差不应大于0.5mm。

（4）CPⅢ观测时应避免在气温变化剧烈、阳光直射、大风或能见度低下等恶劣气候条件下进行，宜选择在阴天无风或日落2h后、日出前、气象条件稳定的时段进行。

（5）轨道板专用调整机具应具有横向和高低的精确调整功能。

（6）轨道板精确定位的测量方向为单向后退测量，一个测站内的全站仪与轨道板之间的测量距离宜为5～30m。

（7）砂浆灌注时应安装和使用轨道板防上浮和侧移专用机具。

（8）轨道板精调后应采取防护措施，严禁踩踏和撞击轨道板，并尽早灌注砂浆；如果轨道板放置时间过长，或环境温度变化超过10℃，或受到其他使轨道板位置发生变化的外部条件影响，必须进行复测，方能灌注砂浆。

5）轨道板铺设精度

（1）轨道板的平面位置检测应采用CPⅢ自由设站坐标测量，高程宜采用精密水准测量。

（2）轨道板铺设精度检测的主要设备见表2.1.10。

轨道板铺设精度检测的主要设备表　　　　　　表2.1.10

序号	设备	数量	单位	用途
1	T形测量标架	2	副	测量板两端实际板中心与设计中线的偏差
	自定心螺栓孔适配器	4	只	
	螺栓孔速调标架	2	副	
2	全站仪	1	台	测量检测点的平面坐标
3	电子水准仪和条码因瓦水准尺	1	套	测量检测点的高程
4	专用轨道板水准尺垫	1	个	放置水准尺检测高程
5	CPⅢ目标棱镜	8	个	全站仪自由设站边角交会的目标

（3）轨道板平面的检测位置为4个调整工位的螺栓孔或中线上的V形槽，用全站仪测量棱镜的坐标，计算板中心与设计中线的平面横向位置偏差。

（4）轨道板高程的检测位置为4个调整工位的螺栓孔或V形槽所在的承轨面，用水准仪测量承轨面的高程，计算设计高程与实际高程的高差。

6）轨道板铺设检查

（1）轨道板铺设的允许偏差应符合表2.1.11的规定。

轨道板铺设的允许偏差　　　　　　表2.1.11

序号	项目	允许偏差（mm）	检验数量
1	中线位置	2	每板检查2处（两端）
2	支撑点处承轨面高程	±1	全部检查
3	两端凸形挡台间隙之差	±5	全部检查
4	相邻轨道板接缝处承轨台相对横向偏差	±2	5块板检查1处
5	相邻轨道板接缝处承轨台相对高差	±2	5块板检查1处

（2）轨道板精调作业完成后，应提供下列数据文件：

①单元轨道板测量点最后测量坐标文件。

②单元轨道板测量点最后横向位置、高程偏差文件。

③单元轨道板调整后中线横向位置、高程偏差精度评估文件。

1. 砂浆现场拌制

（1）水泥沥青砂浆宜采移动搅拌灌注法施工，特殊情况下可根据现场情况和施工方案选择固定搅拌站法或压送法。

（2）检查砂浆搅拌作业车计量、投料、搅拌、电器等系统工况，进行砂浆搅拌作业准备。施工中应每周对计量器具进行校核。

（3）确定各项原材料经进场检验合格，满足相关要求。

（4）称量最大允许偏差（按质量计算）：乳化沥青、聚合物乳液 ±1%，水泥、细集料、膨胀剂或干料 ±1%，引气剂 ±0.5%，拌和用水 ±1%，消泡剂为 ±0.5%。

（5）水泥沥青砂浆搅拌时，材料的投入顺序、搅拌时间及搅拌速度等指标应根据工业化放大试验所确定的参数进行设定。

（6）现场检验砂浆的温度、流动度、含气量等指标，合格后转入成品中转仓或直接进行砂浆灌注。

2. 砂浆灌注

（1）灌注水泥沥青砂浆前，应针对现场实际预先设计初步灌注方案，在现场进行实尺寸灌注试验，然后进行揭板检查，以此确定水泥沥青砂浆灌注工艺。CA 砂浆灌注施工如图 2.1.20 所示。

a)CA砂浆拌和

b)CA砂浆土工袋灌注

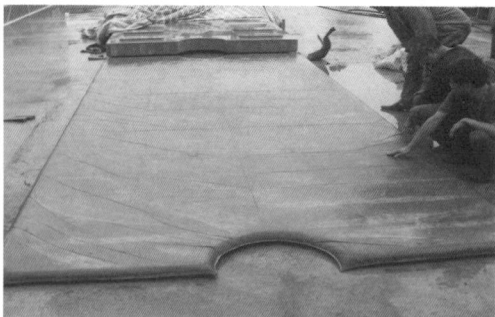

c)CA砂浆灌注完揭板检测

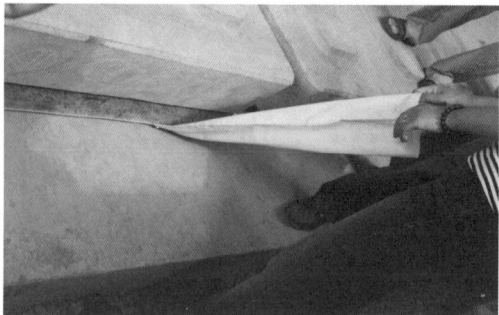

d)成型后的CA砂浆层

图 2.1.20　CA 砂浆灌注施工

（2）轨道板状态调整好后，需及时灌注水泥乳化沥青砂浆。砂浆灌注采用砂浆搅拌车直接灌注或采用小型运输车配合中转进行灌注。

（3）施工中按《客运专线铁路 CRTS Ⅰ型板式无砟轨道水泥乳化沥青砂浆暂行技术条件》（科技基〔2008〕74 号）规定检验项目、频次和方法进行砂浆性能指标检验。

（4）灌注前，再次确认轨道板状态是否符合要求，检查灌注袋的位置，并在轨道板表面铺设塑料薄膜，防止轨道板受到污染。

（5）采用灌注漏斗与搅拌机连接，将搅拌好的水泥沥青砂浆经过灌注软管等流进灌注漏斗内，采用带阀门的软管将灌注漏斗与灌注袋连接，打开阀门，使水泥沥青砂浆流入灌注袋内。

（6）每块轨道板下面的砂浆应一次灌注完成，曲线地段，砂浆由低向高的方向进行灌注。

（7）砂浆宜匀速、连续注入，防止产生气泡；当板边砂浆灌注厚度达到施工控制值且完全覆盖轨道板底面后，结束灌注；水泥沥青砂浆的灌注应充分饱满。

（8）如果曲线地段超高过大时，应采取压板措施后灌注砂浆，防止轨道板受浮力发生漂移。

（9）在灌注过程中，严禁踩踏轨道板，并由专人在轨道板四角进行监控，防止轨道板受力偏斜，并监测轨道板顶面高程。

（10）施工环境温度应在 5~35℃ 范围内。当天最低气温低于 -5℃ 时，全天不得进行砂浆灌注。

（11）尽可能避免在雨天灌注，施工过程中若遇降雨，应采取遮雨措施。暂停灌注时，应及时清洗搅拌机。

（12）灌注完成后，绑扎砂浆袋口，并将袋口抬高，保持袋中压力。

3. 砂浆养护

（1）水泥沥青砂浆灌注完成后，一般采用自然养护。当气温低于 5℃ 或高于 30℃ 时，或雨雪天气情况下，应使用篷布或彩条布遮盖防护，必要时采取加温和降温措施。

（2）灌注结束 24h，并且强度达到 0.1MPa 以上时，及时拆除轨道板支撑螺栓，切除灌注口，并进行必要的遮盖防护。

（3）砂浆灌注完成后 7d 以上或抗压强度达到 0.7MPa 以上后，轨道板上方可承重。

4. 砂浆灌注注意事项

（1）施工过程中产生的污水及废料应集中妥善处理，不得随意排放或丢弃。

（2）水泥沥青砂浆灌注后应与轨道板密贴，不应有空隙。普通轨道板下砂浆厚度应不小于 40mm，减振型轨道板下砂浆厚度应不小于 35mm，轨道板边角悬空应小于 30mm。

开动脑筋

CA 砂浆由哪些材料配制而成？它需要具备什么样的特性？它有何作用？

六、凸形挡台树脂灌注

（1）灌注树脂应在轨道板下水泥沥青砂浆灌注 24h 并清洁、整理完毕后进行。

（2）树脂材料灌注前，将凸形挡台周围高出轨道板底面的 CA 砂浆凿除，并将凸形挡台周边填充间隙的垃圾、尘土、浮浆等异物处理干净，同时清除水、油类物质，保证施工面干燥、清洁。

（3）灌注前应在凸形挡台及其周围铺设塑料防护垫，防止轨道板和凸形挡台受到污染。

（4）在凸形挡台周围安放树脂灌注袋，并采用专用胶黏结剂固定，以确保树脂灌注后的位置正确。

（5）采用专用搅拌设备在料桶内一次性连续完成两种组分的搅拌,搅拌后的树脂材料必须在有效工作时间内注入树脂袋。

（6）一个凸形挡台周围填充树脂必须一次性灌注完成;在曲线地段,每一凸台内侧支模,也必须一次性灌注完成,24h 后进行凸台树脂斜面修整。

（7）树脂应缓慢连续注入,尽量保持低位进行灌注作业、防止带入空气,保证灌注密实。

（8）灌注后,凸形挡台填充树脂宜低于轨道板顶面 5～10mm。

任务二　CRTSⅡ型板式无砟轨道施工

一、施工工艺流程

本任务主要介绍桥梁段 CRTSⅡ型板式无砟轨道施工工。路基上 CRTSⅡ型板式无砟轨道施工流程图如图2.2.1 所示,桥梁段 CRTSⅡ型轨道板施工流程图如图 2.2.2 所示。

高速铁路轨道施工与维护（第3版）

视频:Ⅱ型板的制造(1)

视频:Ⅱ型板式无砟轨道施工(2)

视频:Ⅱ型板式无砟轨道施工(3)

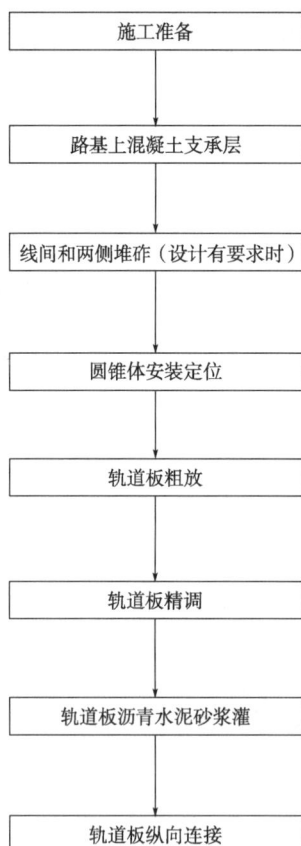

```
施工准备
   │
路基上混凝土支承层
   │
线间和两侧堆砟（设计有要求时）
   │
圆锥体安装定位
   │
轨道板粗放
   │
轨道板精调
   │
轨道板沥青水泥砂浆灌
   │
轨道板纵向连接
```

图 2.2.1　路基上 CRTSⅡ型板式无砟轨道施工流程图

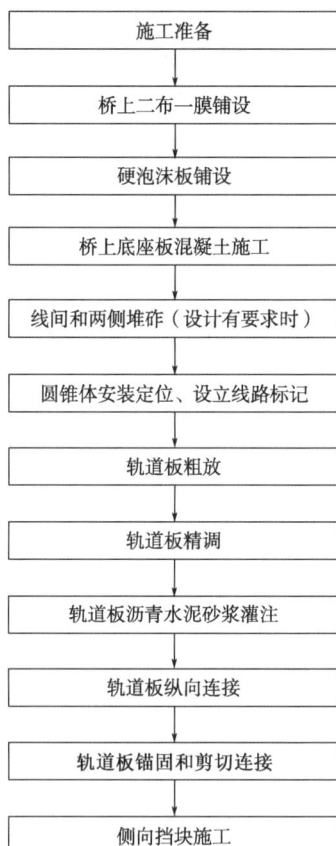

```
施工准备
   │
桥上二布一膜铺设
   │
硬泡沫板铺设
   │
桥上底座板混凝土施工
   │
线间和两侧堆砟（设计有要求时）
   │
圆锥体安装定位、设立线路标记
   │
轨道板粗放
   │
轨道板精调
   │
轨道板沥青水泥砂浆灌注
   │
轨道板纵向连接
   │
轨道板锚固和剪切连接
   │
侧向挡块施工
```

图 2.2.2　桥梁段 CRTSⅡ型轨道板施工流程图

二、物流组织

1. 底座板混凝土、沥青水泥砂浆的生产及运输

混凝土采用集中搅拌站生产,采用混凝土罐车运送。由混凝土输送泵车直接泵入桥面底

板座模型中。桥梁两头或中段部位可搭建临时上下坡道,这样混凝土车辆可直接上桥进行作业。

沥青水泥砂浆生产是通过干料搅拌站给砂浆搅拌车进行供料,由沥青水泥砂浆车在施工现场进行拌和,搅拌车运输到桥下,用设在桥上的移动式起吊桅杆垂直起吊,转到灌注的作业面上。

2．轨道板存放及运输

轨道板存放在线路与便道之间,可用悬臂门式起重机垂直提升。集中存放可通过临时上下车道进行桥上运板。

三、二布一膜及硬泡沫板铺设

1．二布一膜铺设

(1)在清洗过的桥梁上铺设无纺布。从桥梁支座活动端开始,到固定支座上部结构梁端连接的锚固螺栓为止。

(2)铺设第一层无纺布时,采用胶粘剂将其粘贴在桥梁防水层上(必须保证胶粘剂与无纺布材料之间的相容性)。胶粘剂的层厚必须合理选择,使无纺布将其完全吸收。第一层无纺布可以连续整块铺设,也可以将无纺布对接。

(3)在已铺好的第一层无纺布上铺设聚乙烯薄膜。

注意:薄膜不得起皱,在接缝处必须将聚乙烯薄膜熔接。

(4)在聚乙烯薄膜上再铺设第二层无纺布。第二层无纺布必须连续整块铺设,不得对接,如图2.2.3所示。

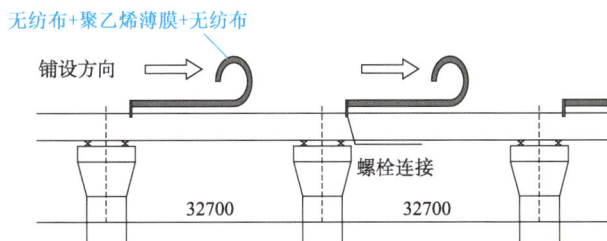

图2.2.3 两布一膜铺设(尺寸单位:mm)

(5)铺设时,用水湿润无纺布,以利于将无纺布吸附在聚乙烯薄膜上。**注意**:二布一膜任何一层都不能出现破损,一旦出现破损必须更换。

(6)铺设后的无纺布和聚乙烯薄膜上不得行车。安装钢筋笼时,必须注意的是,要选择合适的垫块大小、间距,以免钢筋笼将无纺布刺穿。一旦出现破损,必须更换无纺布或聚乙烯薄膜。

(7)底座板混凝土浇筑完毕后,必须将无纺布和聚乙烯薄膜的外露部分紧贴底座板混凝土剪去。

(8)检验。

①无纺布和聚乙烯薄膜应无破损。

②梁面防水层平整度应符合设计要求,防水层表面不得残留可能破坏滑动层的颗粒。

③滑动层(二布一膜)的规格、材质、性能指标必须符合设计要求及相关技术规定。

④滑动层(二布一膜)铺设必须平整密贴,第一层土工布与下部结构粘接牢固;无纺布铺设第一层可以对接,第二层必须整块铺设,不得对接;聚乙烯薄膜不得起皱,接缝处理必须符合设计要求。

2．硬泡沫板铺设

(1)硬泡沫塑料板放在梁缝处。

(2)桥梁固定端硬泡沫塑料板采用胶粘剂将其粘贴在桥梁上部结构上(必须保证所用的胶粘剂与硬泡沫塑料板之间的相容性)。

(3)桥梁活动端硬泡沫塑料板放置在滑动层上(不用胶粘剂粘贴)。

(4)硬泡沫塑料板可以榫接或阶梯接合,边部多余部分切直。

(5)硬泡沫塑料板的接缝应严密,不得有通缝。为避免混凝土的渗入,在硬泡沫塑料板上覆盖一层薄膜(图2.2.4)。

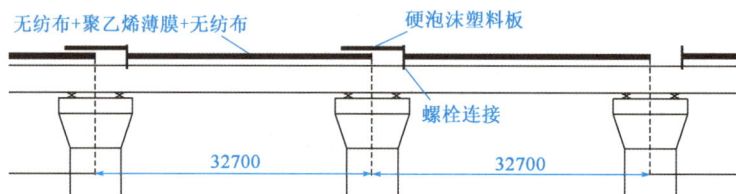

图2.2.4　硬泡沫板铺设(尺寸单位:mm)

(6)铺设的硬泡沫塑料板不能破损,安装钢筋笼时要选择合适的垫块大小、间距,以免钢筋将硬泡沫塑料板刺穿。一旦出现破损,必须更换硬泡沫塑料板。

(7)检验。

①硬泡沫塑料板的规格、材质、性能指标必须符合设计要求及相关技术条件规定。

②硬泡沫塑料板拼接接缝应为榫形或阶梯形,接缝应交错布置,不得出现通缝,硬泡沫塑料板粘贴应牢固,顶部覆盖应符合设计要求。

四、底座板施工

1．模板安装

根据设计要求制作模板。模板安装时,测量控制站点由轨道定线标志点(GVP)任意导出,以平面位置10mm和高程2mm的精度进行放样。模板安设要平顺,相邻模板错台不超过1mm,确保接缝严密、模板稳固(图2.2.5)。模板安装完成后,在浇筑混凝土前以及浇筑过程中,应设专人对模板加以观察、检查,并做记录。

2．底座钢筋制作

1)钢筋的制作及运输

钢筋骨架在钢筋加工场完成。钢筋弯曲时的最低温度不得低于0℃;钢筋在运输、储存过程中,应防止锈蚀、污染和避免压弯变形;钢筋应分类做好标志。

2)钢筋安装

钢筋安装时,钢筋的位置和混凝土保护层的

图2.2.5　底座模板安装

厚度应符合设计要求;钢筋骨架应按照混凝土保护层和设计图进行施工。

钢筋安装时,应确保垫块的间距和稳定。垫块的强度不得低于本体混凝土的设计强度;安装垫块及钢筋绑扎时要防止刺穿土工布。垫块使用大支撑面的垫块。

为了满足火车定位系统的要求,在铺设底板座钢筋时须考虑到必要的电气绝缘。同时在每个底板座浇筑段安装温差电偶,用于结构的温度测量。钢筋绝缘都应满足轨道电路绝缘电阻 1010 ~ 1012Ω 的要求。

钢筋绝缘采用硬质绝缘有机合成材料制成的绝缘卡,分为同向和异向两种形式。绝缘夹设圆形卡口,弹性较小,硬度较大,将钢筋压入卡口内,能将钢筋牢靠固定,起到隔离作用。

在纵横向钢筋交叉点处安装异向绝缘夹,绝缘夹上下两个方向的卡口(互相垂直)分别卡住纵、横向钢筋;通长钢筋则采用同向绝缘夹,两个卡口分别卡住主筋和连接筋。上下两层钢筋网之间的构造钢筋,则采取涂层钢筋,以保证两层钢筋网之间不形成导电回路。钢筋交叉点采用强度高、耐久性好的有机合成材料绑扎,严禁铁丝绑扎或焊接。

3)连接器的安装

底板座后浇带的钢筋连接器在钢筋铺设前布置。连接器是一块钢板,钢板的一边用防松螺母与精轧螺纹钢筋焊接,另一边的精轧螺纹钢筋通过钢板的预留洞穿过钢板,用分置于钢板两边的螺母与钢板连接。在其施工完后铺设底板座钢筋,两块混凝土浇筑段间的连接区域(混凝土后浇带)如图 2.2.6 所示。

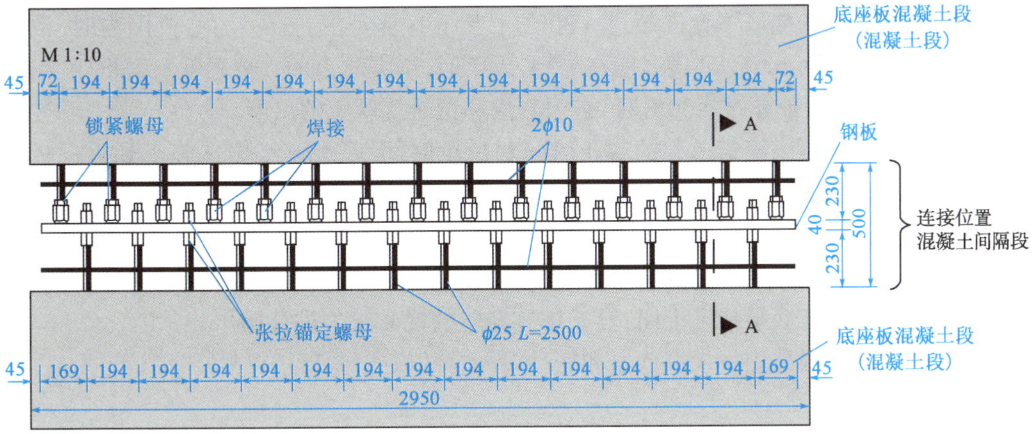

图 2.2.6　两块混凝土浇筑段间的连接区域(混凝土后浇带)(尺寸单位:mm)

为了避免底板座混凝土因温度变化和收缩引起变形而产生的强制力传入下部结构,特别是传入桥梁支座和桥墩,在底板座浇筑混凝土前,人工拧紧底板座后浇带中与精轧螺纹钢筋连接的螺母,同时用钢楔在桥梁之间将梁相互固定(图 2.2.7),在后浇带接缝处用不导电的金属网格遮挡。

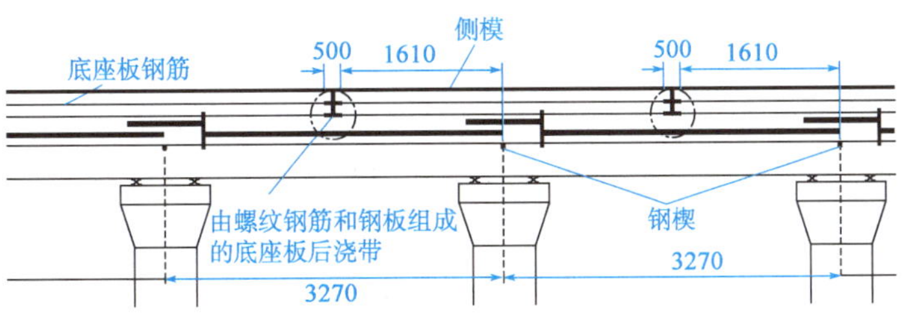

图 2.2.7　钢楔布置示意图(尺寸单位:cm)

混凝土浇筑完后开始硬化,待到浇筑后的48~72h范围内(以底板座温度重新达到当天气温时的时间为基准),初步硬化的混凝土已经在其表面产生了微小的裂缝,此时松开后浇带中连接器螺母并拆掉桥梁间的钢楔,混凝土的硬化过程中和温度变化产生的应力就不会继续下传。

等到全桥底板施工完成后,在24h内将所有的后浇带螺母再次拧紧,同时浇筑后浇带混凝土。

4)检验

①钢筋的验收是在设计图的基础上进行的,应检查布置好的钢筋是否与设计图相一致。

②应按设计要求对钢筋连接做绝缘处理。

③钢筋应无锈及其他附属物,如冰、油脂、油和污垢。

④钢筋是否完全固定并在灌注混凝土时保证不会移动。

3. 底座板浇筑

1)混凝土浇筑过程的要求

(1)混凝土在集中搅拌站生产,采用混凝土罐车运送,由混凝土输送泵车直接泵入桥面底板座模型中。混凝土的坍落度控制在12~14cm范围内,方能确保混凝土在模型中定型。

(2)从混凝土装车运输到结束浇筑,一般不超过90min,运输和浇筑时应防止混凝土发生离析。混凝土灌注应选用合适的设备,如混凝土输送泵或门式起重机(悬臂)加吊斗。为避免混凝土发生离析,混凝土的自由倾落高度不大于1m。

(3)新拌混凝土的温度不允许超过+30℃。当环境温度在+5~-3℃范围内时,混凝土的入模温度不得低于+5℃。环境温度在-3℃以下时,当混凝土的入模温度不得低于+10℃。当环境温度低于+5℃或超过+30℃时,必须测量和记录混凝土的温度。

(4)记录各次混凝土浇筑过程的起止时间和持续时间、每个施工段从施工到拆模板期间的环境温度和气候情况。

2)混凝土振捣

(1)混凝土灌注和振捣时,应派专人检查模板的稳定性和模板的接缝有无变化。

(2)混凝土的施工必须持证上岗,应安排有经验的混凝土工进行操作。

(3)混凝土的振捣采用平板振动器和振动梁配合的方式进行。

3)表面处理

浇筑混凝土时必须较设计高程稍微突出一点,之后用落在模板上的滚杆整平混凝土表面,再用平板抹平器抹平混凝土,待混凝土稍硬后用拉毛器进行拉毛。

4. 混凝土底座板钢筋的切断、连接及混凝土填筑

在底座板浇筑混凝土前,须人工拧紧底座板后浇带中与精轧螺纹钢筋连接的螺母,同时用钢楔在桥梁之间将梁相互固定,根据设计按跨进行分段浇筑,浇筑段可以是任意长度,因为通过这样的方案以及在梁端缝隙中按设计要求插入钢楔块,纵向力不会传给支座。

底座板混凝土硬化后(初期裂缝形成后),混凝土接缝处的贯通钢筋必须断开或放松连接器,梁端缝隙中的楔块必须立即去掉,以阻断因温度变化和底座板混凝土的收缩而对板下结构,尤其是对支座和桥墩所作用的强制力,并使钢筋中的拉应力将得以释放。

钢筋断开、连接应符合下列要求:

(1)各混凝土浇筑段的纵向钢筋断开,将在混凝土灌注后48~72h范围内进行。

(2)全桥各分段底座板混凝土浇筑完毕后,所有混凝土后浇带处的纵向钢筋将通过连接

器重新连接,必须在24h内完成各分段后浇带的钢筋连接。

(3)在混凝土后浇带处浇筑混凝土(图2.2.8),当底座板中温差很小时,后浇带混凝土的浇筑可以超过24h,但最长不得超过48h。

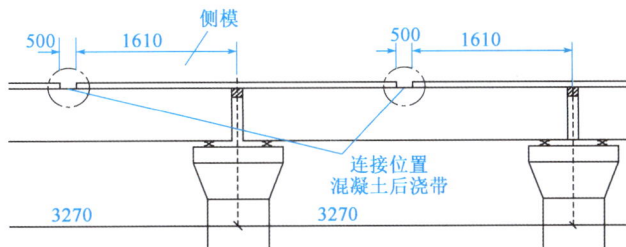

图2.2.8 后浇带处浇筑混凝土(尺寸单位:cm)

开动脑筋

为什么要设置后浇带?是否只有桥梁段才会设置后浇带?

5.底座板混凝土养护

将薄膜直接铺在混凝土表面或在混凝土表面和薄膜之间留出空隙,时间至少7d。养护期间薄膜必须严密包住混凝土表面,防止混凝土中的水分蒸发。

养护期间混凝土表面温度不允许在0℃以下。但前3d混凝土温度不低于+10℃或混凝土的抗压强度已经达到5MPa时,混凝土表面允许结冰。

当有以下情况之一时,应延长养护持续时间:

(1)混凝土表面温度在0℃以下时。

(2)加入缓凝剂的混凝土应延长养护时间。

(3)掺有粉煤灰的混凝土,又减少了水泥最低用量或提高了水灰比最大值时,根据检验通知书应延长2d。

6.底座板混凝土验收

(1)混凝土底座产生裂缝的宽度不得大于0.3mm。

(2)混凝土底座外形尺寸允许偏差及检验方法应符合表2.2.1的规定。

混凝土底座外形尺寸允许偏差及检验方法　　　　　　　　　　　表2.2.1

序号	检查项目	允许偏差(mm)	检验数量及方法
1	中线位置	10	全站仪:1处/40m
2	宽度	+15 0	尺测:1处/20m
3	顶面高程	±5	水准仪:1处/20m
4	平整度	10	3m直尺:1处/20m

五、轨道板铺设

底座板施工完毕后可进行轨道板铺设工作,轨道板铺设主要完成以下工作:圆锥体安装定位、轨道板粗放、轨道板精调、轨道板沥青水泥砂浆浇筑、轨道板纵向连接。

1. 圆锥体安装定位

1) 圆锥体的定位

圆锥体定位前首先测出 GRP 和安装位置，GRP 和安装点位于 CRTS Ⅱ 型板横接缝的中央，且

接近轴线，圆锥体的轴线与安置点重合，如图 2.2.9 所示。

2) 圆锥体的安装

首先应按下列要求钻锚杆孔，然后用合成树脂胶泥或类似的胶泥来胶粘锚杆。

锚杆的胶粘应符合质量要求：用一台钻孔机钻孔，孔径为 20mm。

钻孔深度：直线上 15cm，有超高的线路上 20cm。

图 2.2.9　圆锥体的安装定位

3) 圆锥体的锚固及拆除

填充砂浆（合成树脂胶泥）1~2h 后达到合适强度，锚杆就牢固地胶结在混凝土承载层内，同时将圆锥体套上锚杆并用翼形螺帽固定。

轨道板垫层灌浆后，拆除压紧装置的同时将锚杆拆除。

4) 检验

轨道板粗铺时圆锥体平面定位精度为偏差不大于 10mm。

2. 轨道板粗放

1) 铺设前轨道板检查

轨道板必须有编号标志。轨道板进场时应对外观进行验收，四周和边角无破损和掉块，板体及承轨台无裂纹，承轨台完整，精调装置的预埋件应与板边缘齐平，螺纹钢筋无弯曲。轨道板外观质量允许偏差应符合表 2.2.2 的规定。

轨道板外观质量允许偏差　　　　　　　　　　　　　　　　　　　　表 2.2.2

损坏或缺陷名称及部位	允许偏差
表面边缘损坏，混凝土掉块	深度 <5mm，面积 <50cm²
底面边缘损坏，混凝土掉块	宽度、深度 <15mm，长度 <100mm

轨道板铺设必须按布板图给定的编号、位置对号入座进行铺设。

2) 轨道板安装

轨道板初铺如图 2.2.10 所示。

a)　　　　　　　　　　　　　　　　　　　　b)

图　2.2.10

c)　　　　　　　　　　　　　　d)

图 2.2.10　轨道板粗铺

轨道板安装前要在精调装置的安设部位先放上发泡材料制成的模制件,用硅胶固定。垫层灌浆时作密封用,以防垫层砂浆溢出。

在混凝土支承层上放置 2.8cm 厚的垫木,垫木紧靠吊具夹爪突出点并放在混凝土承载层上。在精确装置螺杆抬高时,再撤出垫木并运到下一个铺设地点。

起吊横梁上装有距离定位器,直接对准轨道板。接下来用液压锁闭起吊横梁,锁闭时侧面的抓钩依垂直方向旋入。锁闭机构由门架式或悬臂式起重机驾驶员操作。用肉眼检查锁闭机构的 4 个抓夹点的锁栓是否都已完全锁闭。下一步用一个附加的绞盘在起吊横梁上调整横向倾斜度,以便能以相应的超高将轨道板放置在混凝土承载层上,从而避免轨道板受到损坏。

轨道板按规定挂上吊钩以后,由门架式起重机司机操作起吊,转到要铺设地点的正上方并降下放在已安放好的木条上。接近混凝土承载层时必须缓慢下降,以免放置时损伤轨道板。在放下时将轨道板准确定位(准确度约为 10mm)。此时应特别注意侧向位置、与上次铺设的轨道板的相对位置以及空端的位置。事先安装在混凝土承载层上的塑料圆锥体用于准确定位。轨道板端面上的 2 个圆柱形凹槽直接定位在圆锥体上方,接着放下轨道板。

开 动 脑 筋

轨道板粗铺中如何进行定位?

3. 轨道板精调

(1)轨道板精调前,要旋开中部轴杆,使之大约有 10mm 的余量。

(2)使用专用三脚架将速测仪安置在 GRP 点上(对中精度 0.5mm)。

(3)开启无线电装置,建立设备间的通信。将带有棱镜的测量滑架架设在所需精调轨道板的第一、最后和中间支点以及已精调好的轨道板的最后支点上。滑架卡尺架在支点(打磨了的混凝土面)上,并通过固紧调节装置单面与支点面相触。由此建立起与支点间的几何关系。在轨道板过渡处,为快速精调轨道板,还额外装配有一个光学或机械的精调辅助装置(图 2.2.11)。

在已知的 GRP 点上对速测仪进行程控设站,并通过已精调好轨道板上的卡尺进行定向,再使用其他已知 GRP 点进行定向检查。当出现较大偏差时(如高程差了 0.5mm 或平面位置差了 1mm),则应对轨道基准网以及前一块铺好的轨道板的精度进行进一步检查。

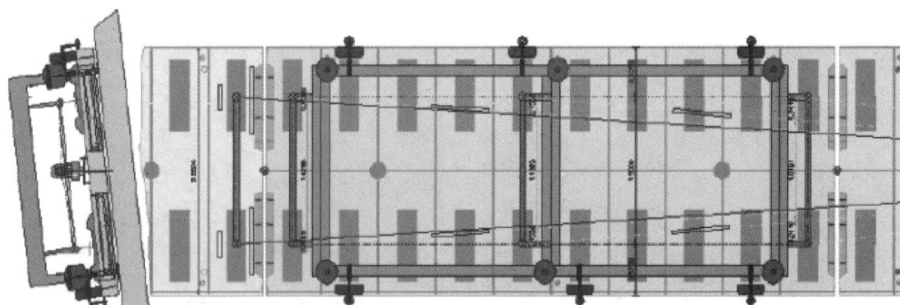

a)精调工作精调标架安放位置

b)精调标架一端搁置位置

c)精调标架和中间扣件的位置

图2.2.11　轨道板粗调

（1）通过已精调好的轨道板尾端处的滑架卡尺对速测仪进行定向。

（2）速测仪电控自动行至新需精调板上的6个调控点，设置卡尺并量测。

（3）程控计算轨道板的实际位置，并通过速测仪测站和调控点进行理论位置比较。此处，软件不仅考虑了现有支点的水平和垂直位置，还考虑了支点的超高。

（4）程控显示精调值，并由测量工程师通过精调器发出自动调整位置指令。借助精调器上的螺丝调节装置，便可对轨道板进行水平和垂直方向上的精调（图2.2.12）。

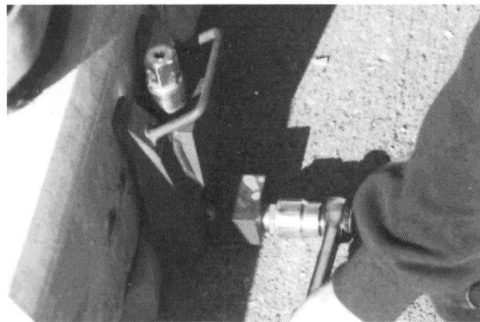

图2.2.12　精调螺栓对轨道板位置调整

（5）重复步骤（3），直到平面精度达到0.5mm为止。

（6）检测需对所有棱镜进行观测和记录。

根据测量结果，需将轨道板进行纵向和横向移动。为此必须根据测量员的口令同步操作所有4个位置的调节装置，然后根据测量人员的要求调整高度，同时需同步调整有关的定位装置。当经过多次调整后各角点均达到最终位置后，就需要对轨道板中间的高度进行补调。

轨道板铺设高程及中线偏差不得超过以下指标：

高程±0.5mm，中线0.5mm。

4.轨道板沥青水泥砂浆灌注

1）轨道板边缝密封

在轨道板精调工作完成并满足精度要求以后，轨道板和混凝土承载层之间有一条2~4cm厚的缝隙，要用垫层砂浆逐块填充。每一个轨道板的侧面都必须密封，而且每次只进行一块轨道板的底层灌浆;侧缝采用一种特殊的、稳固的水泥砂浆。为了防止在垫层灌浆时砂浆不从轨道板侧面溢出,必须将混凝土承载层和轨道板之间的缝隙进行密封。

在密封工作开始时,混凝土底座板的表面及轨道板以外的部分应清扫干净。此外,在气候很干燥时还必须浇湿这一范围。

轨道板的定位完成以后,就需在定位装置的外缘放置支承板的模板。在这一工作过程中不允许触动定位装置以及铺设的轨道板,否则就会再次破坏已调好的精确度。在模板安置好后,必须对调节装置四周做封闭处理,以便使这些装置在浇注垫层砂浆时保持清洁。

轨道板的边缝密封必须考虑其耐久性及与混凝土的黏结性。

(1)轨道板的纵向密封(图2.2.13)。轨道板纵向密封通过涂抹密封砂浆来完成。密封砂浆使用商业上通用的改进型的耐候性室外用灰浆,按照生产厂的说明配制成稠度较大的砂浆。密封砂浆使用商业上通用的灰浆搅拌机在施工现场配制。搅拌机和材料储存罐安装在载重货车上,将密封砂浆的干组分和所需的水量一起放入搅拌机充分搅拌。砂浆要求的稠度可以通过调节进水阀调到最佳状态。密封砂浆配制以后经过灰浆搅拌机的螺旋输送器和相应的软管输送到施工地点。在软管的末端有一个带拖板的楔形铺设装置,以此在纵向形成一条沿着混凝土底座板和轨道板之间的缝隙的楔形密封。拖板用来防止密封砂浆进入轨道板下面。

a)轨道板灌浆密封前纵向检查　　　　　　　　b)轨道板灌浆密封后排气孔检查

图2.2.13　轨道板灌浆前纵向密封

在校正装置(精调爪)范围内,轨道板下面应放置梯形不吸水的乙醚泡沫材料的模制件,以防止在垫层灌浆时砂浆溢出和污染精调爪。轨道板下面的模制件可以保留,下次修理时可以再装上校正装置使用。

为了使轨道板下面全部面积上都能填满垫层砂浆,必须在密封层中设置相应的排气孔。这些排气孔布置在边角附近或轨道板中间紧靠轨道板的下面,且在密封砂浆没有硬化前设置。向正在硬化中的砂浆简单地插入一个圆管形的样板即形成排气孔。

垫层灌浆时垫层砂浆一旦从各排气孔溢出,则用专用的塑料盖或软木塞将排气孔封闭。排气孔同时用作灌浆的检查孔。

(2)轨道板横向接缝的密封(图2.2.14)。轨道板对接处横向接缝的密封使用可刮抹的稠度较大的垫层砂浆。用垫层砂浆来密封可以排除以后垫层灌注后产生应力不平衡。垫层砂浆的注入量应超出轨道板底边至少2cm。

首先在横向接缝中装入一纵向形漏斗,砂浆经过漏斗灌入横缝中。所用砂浆取自搅拌车。

灌浆时各标志点不要被垫层砂浆掩盖,为此可使用一段短管。用手工操作灌入垫层砂浆,砂浆至少高出稠度较大的垫层后进行压实并抹平。

a)   b)

图 2.2.14　轨道板横向密封

2）轨道板固定

为了保证在垫层灌浆时轨道板不浮起,需要安装压紧装置。压紧钢构件的具体摆放位置如下:①在轨道板的中间两侧设固定装置;②两块板的接缝处中间部位设置固定装置;③利用预埋在混凝土底座板中的锚杆向下压住,或利用在轨道板粗放时固定圆锥体的锚杆,两种情况下都要用翼形螺母拧紧,以防轨道板移动。轨道板垫层灌浆和垫层砂浆硬化后再拆除锚杆。轨道板纵横向固定如图 2.2.15 所示。

a)   b)

图 2.2.15　轨道板纵横向固定

3）轨道板垫层灌浆

（1）垫层灌浆期间轨道板的位置固定。在垫层灌浆时,为了保证轨道板位置不变,原则上要在轨道板上安装压紧装置。

（2）灌浆时,混凝土承载层和轨道板底面必须是潮湿的,为此在灌注垫层砂浆前应先将两者预先浇湿。足够湿润的标志是表面稍微潮湿,可根据不同的气候条件来变更预先浇湿时间,具体如下:

①天气越热越干燥预浇湿时间越晚(必要时可多次预浇湿)。

②天气越潮湿越冷预浇湿时间越早,或完全放弃预浇湿。

准确的时间取决于表面的吸水性,并由垫层灌浆人员决定。当空气温度大于 20℃ 时,从预浇湿到垫层砂浆灌注之前所有的灌浆孔都要盖上(轨道板灌浆孔用塑料盖或类似物件盖上),这样可以将喷雾造成的潮湿空气封闭在轨道板下面。一般用专用的旋转喷嘴来预浇湿,喷嘴用一条软管装在移动式搅拌设备的高压清洗设备上,用手枪式手柄控制输送时间或输送量。

（3）垫层砂浆的拌制。用移动式搅拌设备在灌浆地点生产垫层砂浆，以分批方式，最大批量为300L。垫层砂浆从搅拌设备注入中间储存罐，中间储存罐的容积最大为650L。在灌浆罐中每次注入浇注1块轨道板所需的量，即约600L。这样做是为了避免在中间储存罐中有太多的剩余量。这些剩余砂浆若与下一次灌浆的新材料混合在一起，会影响砂浆质量。

（4）轨道板垫层灌浆（图2.2.16）。轨道板垫层灌浆时，已装满料的中间储存罐从搅拌设备下方向后面旋转伸出，垫层砂浆经过一条软管注入轨道板的灌浆孔。软管的两端各装有截断装置。一般情况下灌浆是通过3个灌浆孔的中间孔进行。灌浆孔中有聚氯乙烯管，垫层砂浆从管中注入，通过其他两个灌浆孔和排气孔观察灌浆过程。只要所有的排气孔处冒出垫层砂浆，则用木塞塞住排气孔，待灌浆孔内垫层砂浆表面高度至少应达到轨道板的底边，而不能回落到底边以下，灌浆过程即告结束。储存罐可重新转回到搅拌设备下面并转移到下一块轨道板。

a)

b)

c)

d)

图2.2.16　轨道板垫层灌浆

中间储存罐中有搅拌器，使垫层砂浆保持在搅动状态。不断测量搅拌器的传动电动机的耗用电流并显示。砂浆的稠度越大，电机耗用电流也越大。当耗用电流超出某一固定值时，中间储存罐内的砂浆必须倒入配备的废物容器中。接着用新材料继续灌浆。

（5）插入铁条。为保证与垫层砂浆的胶结，在垫层砂浆轻度凝固时将一根铁条从灌浆孔插入新灌注的垫层砂浆中（图2.2.17）。

（6）储存罐加料和搅拌机清洗（图2.2.18）。一台搅拌车（移动式搅拌设备）的储备量可浇筑

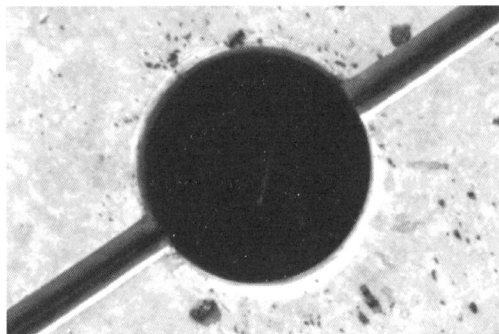

图2.2.17　轨道板灌浆孔插入铁条

8～10块轨道板,约用1.5h。储备用完以后搅拌车驶向工地装料以及清洗垫层砂浆中间储存罐和搅拌机。随后车又驶向灌浆工地。因此,连续灌浆至少需要两台移动式搅拌设备。如因为气候条件而缩短清洗周期,就需要缩短搅拌车在灌浆工地的停留时间。

a)   b)

图2.2.18 储存罐加料和搅拌机清洗

(7)其他施工过程的限制条件。

①砂浆的最小抗压强度证实达到1MPa以后才能拆除轨道板下面的精调校正装置。

②轨道板板上的调节轴要同时松开,以便对混凝土的徐变产生反作用。随后就可以卸下调节轴和调节装置并对之进行清理。

③调节轴的螺纹套管要用PE泡沫管充填,并用合适的塞子进行水密封闭。

④砂浆的最小抗压强度证实达到3MPa后才允许在轨道板上行车。

4)轨道板垫层灌浆检验

水泥沥青砂浆原材料的配合比应在室内试验的基础上,根据现场施工时的具体条件,对其配合比做相应调整。水泥沥青砂浆的性能指标要求应符合表2.2.3规定。

水泥沥青砂浆的性能指标要求   表2.2.3

项目	指标	项目	指标
水灰比(W/C)	<0.58	新拌砂浆密度	>1.80g/m³
水泥含量	≥400kg/m³	膨胀量	<2%
沥青水泥比例	≥0.35	抗折强度	1d之后:≥1.0MPa; 7d之后:≥2.0MPa; 28d之后:≥3.0MPa
流动性	流体静压力下坡高25cm,流动3.5cm	抗压强度	1d之后:≥2.0MPa; 7d之后:≥10.0MPa; 28d之后:≥15.0MPa
温度	5～35℃	弹性模量	7000～10000MPa
扩散量	a_5≥300mm 和t_{300}≤18s, a_{30}≥280mm 和t_{300}≤22s, 且无沉淀现象	抗冻性	经过56次冻融循环之后,只允许出现极微小内部损伤,质量损失量应该低于2000g/m³
含气率	<10%		

注:a_5为砂浆出机扩展度,a_{30}为砂浆出现30min时的扩展度,t_{300}为砂浆扩展度达到300mm所需的时间。

（1）每工作班灌注水泥沥青砂浆前,必须进行水泥沥青砂浆流动性、扩散度、含气量的测定。

（2）水泥沥青砂浆灌注施工前,应对轨道板安置情况进行复查,相邻轨道板接缝处承轨台顶面相对高差不大于1mm。

（3）水泥沥青砂浆灌注时表面高度至少应达到轨道板的底边,不得回落到底边以下。

（4）水泥沥青砂浆的厚度不得小于2cm,最大不宜超过4cm。

（5）横向密封水泥沥青砂浆应超出轨道板底边至少2cm并压实、均匀抹平。

5.轨道板纵向连接

1）填充窄接缝

（1）垫层砂浆灌注后填充窄接缝(图2.2.19):灌注窄接缝首先需要安装模板。模板在轨道板的外侧固定在窄接缝的侧面,用螺杆张紧。此模板也用于宽接缝的填充,从内侧将模板张紧。然后,向窄接缝灌注砂浆(最大颗粒规定为0～10mm),高度到轨道板上缘以下约6cm。窄接缝填充时的环境温度不允许高于25℃。

a)　　　　　　　　　　　　　　　b)

图2.2.19　轨道板窄接缝填充

（2）张拉装置的安装和预应力筋张拉(图2.2.20):垫层砂浆的强度达到9MPa和灌注窄接缝砂浆强度达到20MPa时可以对轨道板预应力筋实施张拉。强度达到以后再将内模板拆除。

a)　　　　　　　　　　　　　　　b)

图2.2.20　轨道板张拉纵联

2）填充宽接缝

填充宽接缝时的环境温度不允许高于25℃。

（1）轨道板宽接缝安装钢筋（图2.2.21）：根据配筋图配置钢筋。每个宽接缝安放2个钢筋骨架并附加1根φ8长2.45m的钢筋，装在横向接缝的上方。配筋用钢丝绑扎防止移位。以上钢筋需要绝缘处理。

a)   b)

图2.2.21　轨道板宽接缝安装钢筋

（2）轨道板宽接缝灌注（图2.2.22）：规定使用加抑制剂和膨胀剂的砂浆材料。该材料28d以后达到的抗压强度至小为45MPa。集料最大颗粒规定为0~10mm。

填充时应砂浆的稠度较大，以避免有超高的区域内出现"自动找平"现象。灌入的材料用插入式振动器捣实，表面应抹到与轨道板表面找平。

（3）灌浆孔填充（图2.2.23）：宽接缝填充时也要将灌浆孔填充封闭。灌浆孔的填充与连接接缝填充使用同样的混凝土和同样的操作方法。

图2.2.22　轨道板宽接缝灌注　　　　图2.2.23　轨道板宽接缝和灌浆孔填充

六、轨道板锚固和剪切连接

1. 轨道板锚固

（1）螺杆的预施应力：锚固前螺栓表面稍加润滑油，然后按照施工图安装锚定板、盘形弹簧和螺母（图2.2.24），用扭矩扳手以60N·m扭矩施加预应力（拧紧螺母）。在轨道板的钻孔中应考虑容许的螺栓偏心度。

（2）防腐蚀：首先用防腐蚀材料涂在露天放置的钢部件表面上，接着安放橡胶密封垫并进行防腐处理（图2.2.25），然后安装保护盖罩并用螺栓拧紧，最后清除多余的防腐蚀材料。

2. 轨道板剪切连接

（1）按照规定的深度钻剪切连接孔。

（2）清洁钻孔。

（3）清除钻屑（如吹气）。

（4）填充钻孔和放入暗销。

（5）达到所要求的强度后，用扭力扳手以规定扭矩将锚栓拧紧。

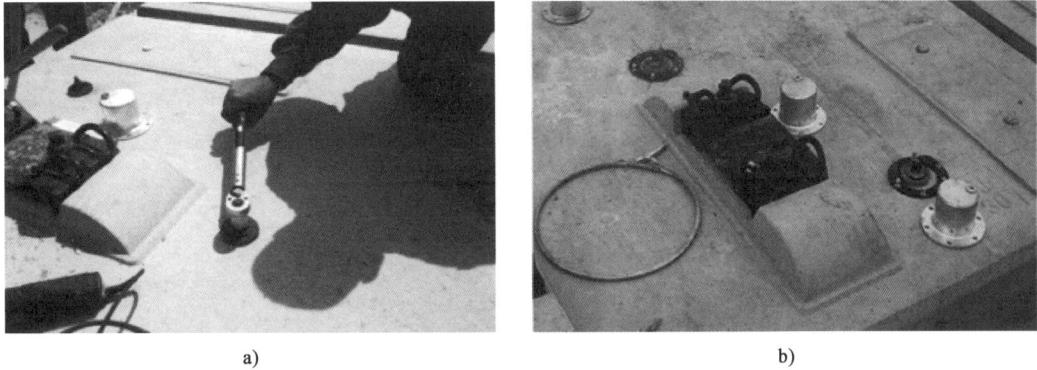

图 2.2.24　锚固螺栓安装

图 2.2.25　锚固螺栓防腐

七、侧向挡块施工

1）侧向挡块的功能

侧向挡块的两个主要功能是混凝土底座板的侧向固定和确保混凝土底座板的抗压曲性能。侧向挡块的尺寸基本不变。不过它的高度要依据坡度的走向和它在各种不同情况下所应具备的功能而定。

2）侧向挡块的材料

①混凝土：C30/37。

②钢筋：BSt 500 S。

③钢筋混凝土保护层（上表面和侧面）：4.5～4.0cm。

3）侧向挡块的浇筑施工

在灌浆层浇筑完毕之后，再制作侧向挡块。连接埋入预制梁里的钢筋套筒，按传统施工方法给侧向挡块设置模板、配筋和浇筑混凝土。同时，依据侧向挡块的类型嵌入相应的橡胶支座。

侧向挡块允许偏差及检验方法应符合表2.2.4的规定。

表 2.2.4

序号	检查项目	允许偏差（mm）	检验方法
1	位置	±10	尺量
2	截面尺寸	+15 0	尺量

任务三　CRTSⅢ型板式无砟轨道施工

一、施工准备

1. 施工区段

无砟轨道施工遵循"试验先行，样板引路"的原则，首先进行线下工艺性试验，通过模拟现场工况进行试验对工艺方案不断改进完善，确保自密性混凝土各项检测指标满足规范要求，检验工装的使用效果，同时使操作人员及技术人员能够熟练掌握施工工艺。通过揭板试验总结出灌注过程中以下参数：①施工配合比；②适合的坍落扩展度；③扩展时间；④含气量；⑤压紧力矩；⑥灌注时间；⑦合适的底座板、灌板工装。

视频：CRTSⅢ型板式无砟轨道施工技术　动画：CRTSⅢ型板施工工艺

试验段结束后，进行合同段内先导段施工，继续完善工艺方案，根据总体施工组织要求，安排 3 个施工作业面同步进行 24h 连续施工，每个施工作业面投入一套测量、精调、施工设备。每个施工单元按平均每天完成单线约 130m 的进度指标，将作业区划分为 12 个施工区段（图 2.3.1）：底座基面处理、剪力筋安装、钢筋安装、模板安装、混凝土浇筑、混凝土养护、嵌缝施工、隔离层及弹性垫层施工、轨道板粗铺、轨道板精调、自密实混凝土灌注及自密实混凝土养护，现场设置分区牌进行区段标识。各施工工序进行流水作业，始终保证底座板超前自密实混凝土层至少 400m 的施工长度，以保证自密实混凝土层施工作业面。

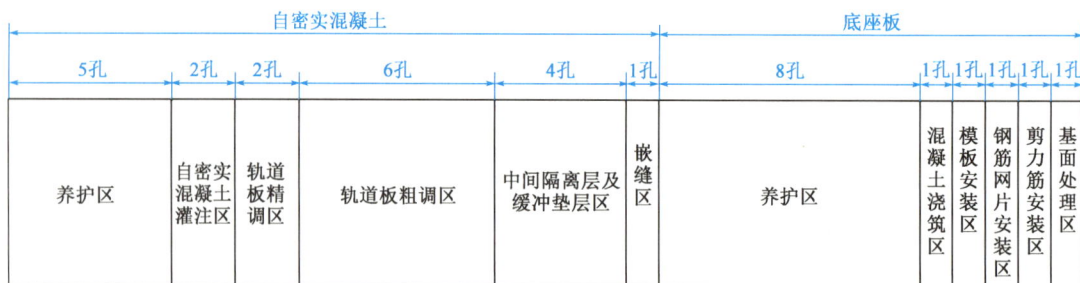

图 2.3.1　"十二"施工区段示意图

2. 施工工艺

根据 CRTSⅢ型板式无砟轨道施工工艺，总体施工顺序为：施工准备→沉降评估及 CPⅢ建网→桥面凿毛及剪力筋安装→安放底座钢筋网→支立底座模板→浇筑底座混凝土及限位凹槽→伸缩缝填缝→隔离层与弹性垫层施工→轨道板吊装→自密实混凝土结构层配筋安装→轨道板铺设与精调→轨道板固定及模板安装→自密实混凝土结构层灌注→拆除模板。CRTSⅢ

型无砟轨道施工工艺流程图如图2.3.2所示。各工序施工完成后,采取"自检、互检、交接检"的三检制度,确保各工序质量符合要求后,报现场监理工程师检查验收,监理工程师验收合格后,方可进入下道工序施工。

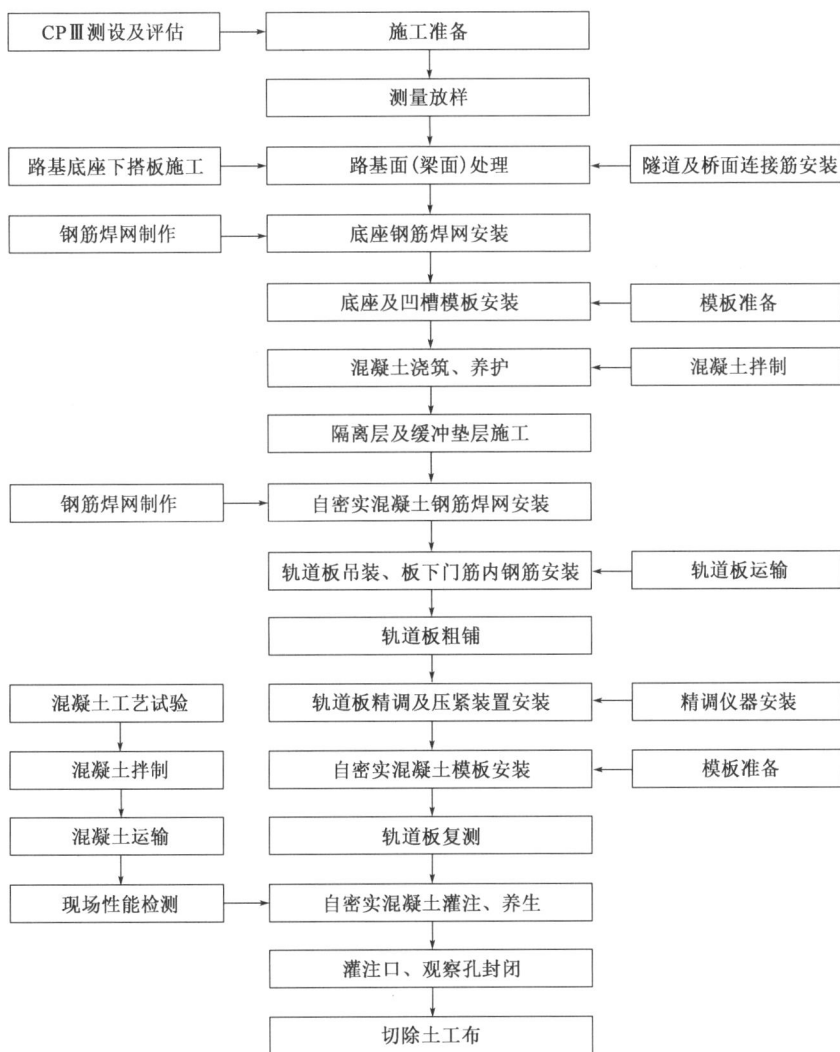

```
┌──────────────┐      ┌──────────────┐
│ CPⅢ测设及评估 │─────→│   施工准备    │
└──────────────┘      └──────┬───────┘
                             ↓
                      ┌──────────────┐
                      │   测量放样    │
                      └──────┬───────┘
┌──────────────┐      ┌──────┴───────┐      ┌──────────────────┐
│ 路基底座下搭板施工 │─────→│ 路基面(梁面)处理 │←─────│ 隧道及桥面连接筋安装 │
└──────────────┘      └──────┬───────┘      └──────────────────┘
┌──────────────┐      ┌──────┴───────┐
│  钢筋焊网制作  │─────→│ 底座钢筋焊网安装 │
└──────────────┘      └──────┬───────┘
                      ┌──────┴───────┐      ┌──────────┐
                      │ 底座及凹槽模板安装 │←─────│  模板准备  │
                      └──────┬───────┘      └──────────┘
                      ┌──────┴───────┐      ┌──────────┐
                      │ 混凝土浇筑、养护 │←─────│ 混凝土拌制 │
                      └──────┬───────┘      └──────────┘
                      ┌──────┴───────┐
                      │ 隔离层及缓冲垫层施工 │
                      └──────┬───────┘
┌──────────────┐      ┌──────┴───────┐
│  钢筋焊网制作  │─────→│ 自密实混凝土钢筋焊网安装 │
└──────────────┘      └──────┬───────┘
                      ┌──────┴──────────┐      ┌──────────┐
                      │ 轨道板吊装、板下门筋内钢筋安装 │←─────│ 轨道板运输 │
                      └──────┬──────────┘      └──────────┘
                      ┌──────┴───────┐
                      │   轨道板粗铺   │
                      └──────┬───────┘
┌──────────────┐      ┌──────┴──────────┐      ┌──────────┐
│  混凝土工艺试验 │─────→│ 轨道板精调及压紧装置安装 │←─────│ 精调仪器安装 │
└──────────────┘      └──────┬──────────┘      └──────────┘
┌──────────────┐      ┌──────┴───────┐      ┌──────────┐
│   混凝土拌制   │─────→│ 自密实混凝土模板安装 │←─────│  模板准备  │
└──────────────┘      └──────┬───────┘      └──────────┘
┌──────────────┐      ┌──────┴───────┐
│   混凝土运输   │─────→│   轨道板复测   │
└──────────────┘      └──────┬───────┘
┌──────────────┐      ┌──────┴───────┐
│   现场性能检测  │─────→│ 自密实混凝土灌注、养生 │
└──────────────┘      └──────┬───────┘
                      ┌──────┴───────┐
                      │ 灌注口、观察孔封闭 │
                      └──────┬───────┘
                      ┌──────┴───────┐
                      │   切除土工布   │
                      └──────────────┘
```

图2.3.2 CRTSⅢ型无砟轨道施工工艺流程图

3. 工装准备

1)无砟轨道底座施工准备

总体要求:无砟轨道底座施工宜采用"高模低筑法"施工,模板高于底座高度不宜小于4cm;模板应能够满足不同超高地段施工要求,须采用可调式模板;模板间用螺栓连接,接缝严密,不得漏浆;必须提前打磨干净、平整,并宜涂刷隔离剂(图2.3.3)。

无砟轨道底座施工准备如下:

(1)纵向模板:底座侧模数量及组合应结合路、桥分布综合确定,最小长度应满足对应的一块

图2.3.3 底座板工装图

轨道板长度;模板应采用 Q235 及以上材质的钢板,厚度不应小于 4mm。

（2）端头模板:底座伸缩缝间模板根据具体施工要求制作,但应保证模板的强度、刚度、稳定性及平直性要求;桥面伸缩缝之间横向模板应有锁定装置,以避免浇筑时变形。

（3）限位凹槽模板:宜与侧模定位连接固定,同时具备高程及曲线地段角度调整固定功能;模板应采用 Q235 及以上材质的钢板,厚度不应小于 4mm;限位凹槽模板应按设计要求设置倒角,强度、刚度满足要求,且确保安装牢固。

（4）模板支撑:路桥段落模板支撑宜采用可调三角支撑。

2）自密实混凝土施工准备

总体要求:自密实混凝土施工工艺应采用"四角排气"方式,重点考虑精调器部位,并在施工中优化模板设计。

自密实混凝土施工准备如下:

（1）自密实混凝土模板:面板应采用 140mm×6mm 厚 Q235 钢板,筋板采用 8mm 厚的扁钢;每块轨道板对应的自密实混凝土灌筑模板,侧模 2 块、端模 2 块、四角模板 4 块,不同型号轨道板侧模可调;模板四角部位应设有导流槽装置,导流槽（图 2.3.4）应高于自密实混凝土模板 5cm;四角插条处模板应确保插拔自如、密贴合缝,插板下方应设"门槛",并应加固,确保反复使用不变形。

（2）压紧及防侧移装置:压紧装置的横梁宜采用 14 号 a 槽钢制作,轨道板应至少设 5 道压紧装置,路基、桥地段应采用底座板侧面紧固方式,宜预埋紧固套管;曲线段每块轨道板至少设置 3 道防侧移装置（图 2.3.5）。

图 2.3.4　导流槽装置

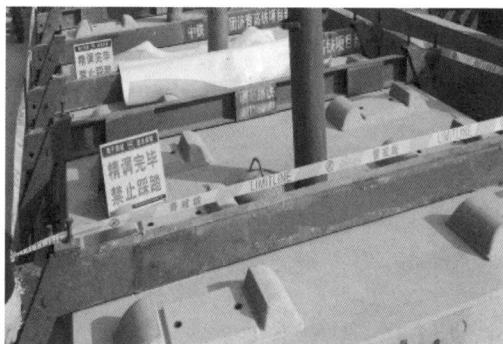

图 2.3.5　压紧及防侧移装置

（3）精调器:应采用三维精调器（图 2.3.6）,具备垂直水平、横向、纵向三向调整的功能,全面用于直线段、曲线段、路桥段轨道板施工的定位调整;精调器应具备调整功能,以适应底座板排水坡要求;轨道板精调器的最大调整量不应小于 35mm。

（4）灌注工装:灌浆车可以在中间通道移动进行双侧轨道板混凝土灌浆,一般用在桥梁地段;或采用骑跨轨道板移动进行前后轨道板灌浆的工装（图 2.3.7）,一般用在站场、路基地段。

微课:CRTS Ⅲ 型板式轨道底座放样计算

微课:CRTS Ⅲ 板式无砟轨道底座板施工

微课:隔离层施工

二、混凝土底座施工

1. 底座基面凿毛

采用人工手扶凿毛机沿线路方向来回依序进行,凿毛范围为桥梁地段轨道中心线 2.7m 范围内。

图2.3.6 三维精调器　　　　　　　　图2.3.7 自密实混凝土灌注工装

质量控制要点:大面平整,无浮砟,凿毛深度1.8～2.2mm,纹路清晰、均匀、整齐,凿毛范围见新面面积控制为90%以上。凿毛后,应采用高压水枪和钢丝刷将混凝土碎片、浮砟、尘土等冲洗干净。

2. 剪力筋安装

剪力筋由HRB400钢筋制作而成,分为上下两部分,下部在线下结构施工过程中进行预埋,上部采用自行改装的快速扳手和加工的扭紧套筒将其旋入基面预埋套筒,通过扭矩扳手检测扭紧状态(图2.3.8)。

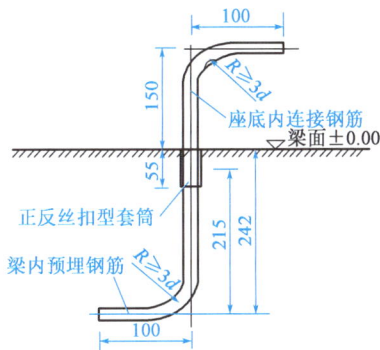

a)　　　　　　　　　　　b)

图2.3.8 L形剪力筋安装(尺寸单位:mm)

质量控制要点:L形剪力筋加工采用砂轮切割,安装时确保与基面呈垂直状态;L形剪力筋拧入预埋套筒内的长度均不小于$1.5d$(24mm)。

对于失效套筒,按设计要求进行L形筋植筋,植筋区域选定附近基面无筋位置,采用电钻成孔,带细管空压气泵清孔,具体植筋根据设计要求进行施工。

质量控制要点:钻孔深度及植筋长度满足要求,植入筋与基面呈垂直状态,注入胶液略高于孔口。

3. 底座钢筋焊网安装

底座钢筋网为冷轧带肋钢筋焊网,由专业厂家生产,存放使用前下垫上盖,防止生锈。钢筋网片由上下两层组成。施工时,一般地段根据35mm钢筋保护层厚度放置混凝土垫块,按照底层焊网、上层焊网、U形架立筋的顺序依次安装。钢筋安装前,在底部放置同等级的混凝土垫块,垫块以梅花状布置,每平方米垫块数量不少于4个,并保证底座混凝土保护层厚度为

图 2.3.9 底座钢筋网片安装

35mm（图 2.3.9）。对于曲线超高地段，超高采用外轨抬高方式，U 形筋及架立筋高度在缓和曲线区段按线性变化完成衔接过渡。凹槽结构钢筋及四角处上下两层 CRB550 防裂钢筋，由现场钢筋加工场制作，与焊网相连接固定。钢筋网片安装好后，禁止在上面行走。

质量控制要点：基面高程误差较大时，U 形架立筋高度需要调整，满足顶层钢筋保护层厚度要求，防止保护层过大造成混凝土开裂。现场垫块布置充足，钢筋骨架绑扎牢固、规整，绑扎时扎丝头向内侧倾斜。钢筋施工钢筋网片安装好后，禁止在上面行走。底座板钢筋允许偏差见表 2.3.1。

底座板钢筋允许偏差   表 2.3.1

序号	项目	允许偏差
1	质量	±4.5% 理论质量
2	开焊点数量	1%，并且任意 1 根钢筋上开焊点不得超过该支钢筋上交叉点总数的 50%，最外边钢筋上的交叉点无开焊
3	长度和宽度	±25mm
4	钢筋间距	±10mm
5	伸出长度	不小于 25mm
6	对角线差	±1%

4. 底座和限位凹槽模板安装

采用高模低筑法施工。底座单元由 4 块模板拼接，模板打磨清理干净后涂刷脱模剂，根据底座平面测量位置弹线支立模板（图 2.3.10），测量底座高程，在侧、端模板内面按照 50cm 间距张贴双面胶标记，控制底座面高程和平整度符合要求，见表 2.3.2。

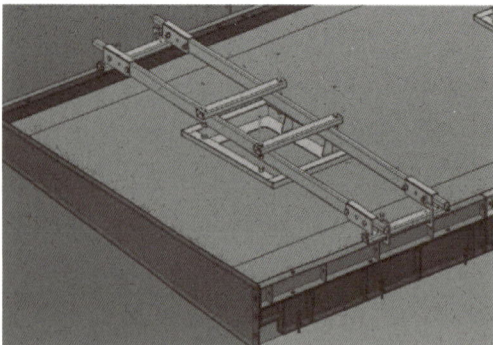

图 2.3.10 底座模板安装图

底座模板安装允许偏差   表 2.3.2

序号	项目	允许偏差（单位：mm）	检验数量
1	顶面高程	−5 ~ 0	每 5m 检查 1 处
2	宽度	±5	每 5m 检查 3 处

序号	项目	允许偏差(单位:mm)	检验数量
3	中线位置	2	每5m检查3处
4	伸缩缝位置	5	每条伸缩缝检查1处
5	凹槽(凸台)位置及长、宽、高程	±3	水准仪测量

每块轨道板对应的底座板范围内设置2个限位凹槽,尺寸为1000mm×700mm×110mm,并保证顶面和限位凹槽应非常平整,其平整度要求为10mm/3m,高程允许施工偏差为-10～0mm,底座宽度允许偏差为±10mm,限位凹槽相对底座顶面允许偏差为±10mm,限位凹槽宽度允许偏差为±5mm。

质量控制要点:模板定位准确,安装牢固、平顺,接缝严密,做到不跑模、不漏浆。

5. 混凝土浇筑

底座混凝土浇筑前,基面洒水预湿。混凝土由搅拌站集中拌制供应,混凝土输送车运输至泵车泵送入仓。混凝土浇筑从一侧开始顺序进行,浇筑至底座板伸缩缝位置时,采取两侧对称浇筑方法(图2.3.11)。混凝土随浇随振,振捣采用φ50插入式振捣棒振捣,梅花状依次进行,混凝土振捣密实的标志是混凝土表面泛浆、没有明显下沉、无气泡。混凝土浇筑过程中应避免对模板、钢筋直接撞击,同时注意限位凹槽处不得漏振、过振。

底座板两侧25cm横向排水坡处采取压光处理,采用自制模具收面,专用抹刀压光。底座顶面先采用2.7m长度刮尺进行第一、二次收面,在混凝土初凝前进行第三次收面压平。

质量控制要点:浇筑前基面进行洒水预湿;排水坡面压光遍数不少于4遍,底座顶面收平遍数不少于3遍。

图2.3.11 底座板浇筑

模板拆除:限位凹槽模板在混凝土初凝后拆除。凹槽模板拆除后,人工抹面,将限位凹槽顶面进行压光。侧模在混凝土强度达到2.5MPa及以上,其表面及棱角不因拆模而受损时,进行模板拆除。

质量控制要点:凹槽模板拆除时,清理凹槽模板边沿的余灰,然后由两人分握凹槽两角,同步垂直上提。底座外形尺寸允许偏差见表2.3.3。

底座外形尺寸允许偏差   表2.3.3

序号	项目		允许偏差(单位:mm)
1	底座	顶面高程	-10～0
		宽度	±10
		中线位置	3
		平整度	10mm/0.2m
2	凹槽	中线位置	3
		相邻凹槽(凸台)中心间距	±10
		横向宽度	±5
		纵向宽度	±5

6.混凝土收面、养护

振动完成后,人工使用铝合金(钢)刮尺紧贴方钢顶面从起始浇筑的一侧向着浇筑工作面方向刮平,混凝土表面刮平并在第一次收光后,当混凝土有一定强度且能基本保持形状时,拆除 G 形卡和方钢,铲除多余混凝土,收面形成 4% 的向外排水坡,外侧坡面底部与方钢底面平齐,排水坡收面采用专用抹刀(长度为 25cm)精抹抹平,底座板收面遍数不少于 5 遍,排水坡压光遍数不少于 6 遍。

图 2.3.12 底座板混凝土养护

施工要点:底座表面上先覆盖一层土工布,现场设置水箱,专人负责洒水养护(图 2.3.12),养护时间不小于 14d。混凝土达到设计强度 75% 之前,严禁各种车辆在底座上通行。现场制作同养试件,进行混凝土抗压强度检测。

7.模板拆除

(1)当底座板混凝土达到设计强度的 75% 后,开始拆除纵、横向模板。模板拆卸日期应按结构特点和混凝土达到的强度来确定。

(2)模板应按照配板设计的规定,遵循先支后拆、后支先拆、先非承重部位和后承重部位以及自上而下的原则拆除。

(3)拆模时,严禁用大锤和撬棍硬砸硬撬。不得损伤混凝土,并减少模板破损。当模板与混凝土脱离后,方可拆卸、吊运模板。

(4)拆除的模板等配件,严禁抛扔,要有人接应传递,按指定地点堆放。做到及时清理、维修和涂刷好隔离剂,以备待用。

(5)应采取逐段拆模、边拆边盖边养护的拆模工艺。

(6)拆模后的混凝土结构应在混凝土达到设计强度的 100% 后,方可承受全部设计荷载。

(7)拆除的模板必须随时进行清理,以免钉子扎脚,阻碍通行。

(8)拆除的模板向下运送传递时,一定要上下呼应。

(9)用起重机吊运拆除模板时,模板堆码整齐并捆牢后,才能进行吊装。

(10)对于成形的混凝土结构,严禁撞击、锤砸、车碰,拆模过程中尽量避免影响构件表面,其他各工种作业过程中严禁乱扔物品,防止砸坏混凝土表面。

8.底座伸缩缝施工

采用专用切割机将底座间聚乙烯泡沫板顶部和侧面切出 2~3cm 深的缝(图 2.3.13),并使用风机吹干净缝里的杂物。在嵌缝的顶面、侧面人工均匀涂刷界面剂,持胶枪连续注入嵌缝材料,并采用刮刀刮平。嵌缝前,在缝两侧张贴黄胶带,其作用如下:①防止嵌缝料污染底座面,②保持嵌缝胶面线形顺直(图 2.3.14)。

质量控制要点:嵌缝胶注入时须连续进行。嵌缝胶粘结牢固、密实、饱满,表面无气泡,直线设置。

技能训练

参考高速铁路轨道施工与维护实训手册的项目 11 CRTSⅢ型板式无砟轨道施工实训作业指导书。

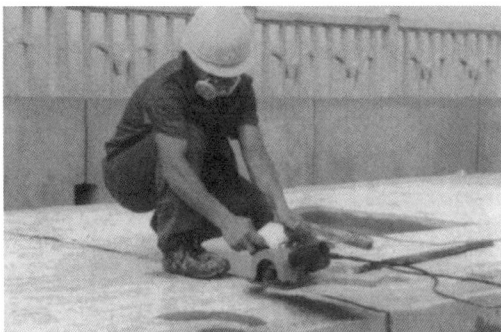

图 2.3.13　伸缩缝切割机施工

图 2.3.14　嵌缝胶刮平

三、隔离层、弹性垫层施工

1. 隔离层施工

底座混凝土强度达到设计强度的 75% 后,方可施工隔离层和弹性缓冲垫层。隔离层土工布定制幅宽为 2600mm,允许偏差为 −0.5%;厚度为 4mm,允许偏差为 ±0.5mm;单位面积质量为 $700g/m^2$,土工布单位面积质量允许偏差为 −6%。

首先将整张土工布铺在底座表面,然后在限位凹槽的位置用刀割出方孔。割下的部分刚好补在凹槽结构的底面,对土工布边缘及伸缩缝处进行胶粘处理,并用宽胶带将土工布与弹性垫层进行连接密贴,使自密实混凝土与底座板隔离(图 2.3.15)。

质量控制要点:每一段内的土工布连续铺设,一块轨道板下隔离层土工布不允许搭接、缝接。铺设时采取方管压住土工布四边,铺平无褶皱、无破损、边沿无翘起、空鼓。

图 2.3.15　土工布隔离层

2. 弹性垫层施工

1)限位凹槽清理

清理限位凹槽,凹槽四周线条规则、顺直,表面无凸起、结块和磨损性颗粒物。必要时,采用高压风或洁净的高压水进行清理。

2)弹性垫板准备

弹性垫层、聚乙烯泡沫板按设计尺寸加工并进料。整备好的弹性垫板需妥善保存备用。

3)弹性垫板铺设

在底座板强度达到设计强度的 75% 后,方可进行弹性垫板铺设。

图 2.3.16　弹性缓冲垫层施工

弹性垫板设置在限位凹槽四周。粘贴时,确保平整、密贴。铺设后的聚乙烯塑料泡沫板顶面应低于底座顶面 20～30mm。泡沫板与底座的接缝用丁基胶带密封。弹性垫层需平整且封口严密,垫层无翘起、无空鼓、无褶皱现象。

4)隔离层与弹性垫板接口密封

用黄胶带密封隔离层与弹性垫层接口及弹性垫层接缝(图 2.3.16),密封后隔离层与弹性垫层平整且封口严密、无翘起、无空鼓、无褶皱现象。

质量控制要点:弹性垫层厚度应均匀一致,铺设后与限位凹槽四周侧面粘贴牢固,顶面与底座表面平齐,周边无翘起、空鼓、封口不严等缺陷。

四、轨道板铺设

1. 自密实钢筋网片安装

自密实混凝土纵横向钢筋采用 CRB600H 级冷轧带肋钢筋网片,工厂化生产;凹槽中采用 CRB600H 级冷轧带肋钢筋,可以现场绑扎或预先制作钢筋笼现场安装,轨道板铺设前通过绝缘塑料卡将 2 根 CRB600H 级冷轧带肋钢筋固定在门型筋内侧,钢筋焊网铺设前清除土工布表面灰尘及杂物。

微课:轨道板粗铺   微课:精调爪安装   微课:CRTSⅢ型板精调-掌上电脑使用   动画:CRTSⅢ型轨道板精调

钢筋网片就位时依据所放样的轨道板边线控制其纵向和横向边沿,不得出现偏斜,同时根据设计图将凹槽内的钢筋与自密实混凝土钢筋网片通过绑扎形成整体,凹槽内钢筋要注意纵向钢筋在横向钢筋下面。

在已铺设好的隔离层上安放混凝土保护层垫块,垫块按每平方米不少于 4 个、呈梅花形布置,必要时在钢筋网片上面固定一定数量的垫块,以保证灌注混凝土时钢筋网片不上浮、不下沉,以满足混凝土保护层厚度要求。

钢筋焊网安装完毕后严禁踩踏,钢筋安装绑扎过程中不得损坏土工布。

2. 轨道板粗调

1)轨道板吊装就位

(1)轨道板粗铺前,依据施工图中桥梁等的配板设计,调配所需型号的轨道板。调配到位后应安排专人进行核对。

(2)轨道板铺板时依据现场实际情况,集中存板时用运板车倒运至铺板工地;存放于桥面安全支墩上,利用桥上门式起重机将轨道板吊放至铺设位置。

(3)在跨越公路、桥梁、河流地段,不能用运板车将轨道板直接运至作业点时,可采用桥下运输的方式送达铺设点附近,使用起重机将轨道板吊至桥上转运平台,然后利用运板小车再运到工作面上。

(4)轨道板装卸时利用专门的起吊装置水平起吊,四角均匀受力;把吊耳安装在轨道板上的螺栓孔上时,注意充分紧固螺栓。

(5)轨道板吊装就位时放置在安全支墩上,如图 2.3.17 所示,检查轨道板预制时其底面预留的门形钢筋,其位置应垂直于板底面,若出现扭曲、倒伏等问题应立即整改;纵向穿入门形钢筋的 N3 水平筋后,用绝缘卡固定,如图 2.3.18 所示。

(6)装卸轨道板时,严禁撞、摔、碰,尤其要注意轨道板上已做好的承轨台。

2)轨道板粗铺

(1)在轨道板粗铺之前,准备好固定轨道板所用的支垫块、精调器等工具。

图 2.3.17　轨道板粗铺安全支墩

图 2.3.18　轨道板下纵向钢筋

（2）铺板采用专用的轮式铺板机实施。每次起吊之前机器操作司机都要检查机器的稳固性。

（3）轨道板铺设时根据设计文件选择对应的轨道板型号。在底座板上放线，确定轨道板位置，在靠近 4 个吊装孔位置放置 Ⅰ10 工字钢（10cm 厚度方木）垫块（图 2.3.19），工字钢垫块上安装土工布垫防止损伤轨道板，垫块的高度要小于精调器竖向的最大调程。当轨道板通过精调器竖向调整时抬高轨道板并撤出垫块（图 2.3.20）。

图 2.3.19　轨道板粗铺

图 2.3.20　轨道板精调器安装

（4）使用铺板机将轨道板转移至铺设工作面，再由铺板机的液压对位吊架将轨道板准确就位。接近混凝土底座时降低下降速度，防止损伤轨道板。

（5）轨道板就位时，应以底座上放样的轨道板位置轮廓线为控制线，保证粗铺时轨道板横向不大于精调支架的横向调程的 1/2，纵向偏差不大于 10mm。纵向位置采用与设计板缝相同尺寸的方木条控制（7cm），轨道板就位时采用人工控制以保证紧贴木条下落。

（6）轨道板粗铺注意轨道板放置方向，确保轨道板铺设后接地端与线路综合接地贯通地线在同一侧。

（7）曲线地段要调整好每块轨道板的偏角。铺设原则为将轨道板端部第二对承轨台中线与轨道板中心线的交点布设在轨道中心线上；施工控制方法为铺设时以轨道板四角均在放样边线以内；轨道板高低的调整应满足设计超高要求。

3）轨道板粗调

（1）精调作业前对轨道板进行粗调。首先在轨道板左、右两侧的预埋套管上安装精调支座（精调爪），每块板 4 个支座。安放支座前目视轨道板两侧与放样边线的偏差情况，若两侧偏差不大，则将支座横向（水平）调节螺杆的初始位置设置在中间点位，以留出调整余地。安装支座时,同一支座的两根固定螺杆应使用相同的扭紧力矩,扭紧力矩在200～300N·m范围,保证支座侧面与轨道板侧面平行密贴,受力均匀。

(2)支座安装完成之后,4个支座同步转动竖向调节螺杆,使轨道板慢慢升起,取出粗铺轨道板时安放的钢垫或木块并确认轨道板下无其他废弃物。

(3)先调整轨道板水平位置,再调整轨道板高程。要求横向位置不超过精调器调程的1/2,纵向偏差不超过10mm。当超出偏差时,应重新使用门式起重机调整轨道板至正确位置。高程以直线无纵坡地段相邻两块轨道板顶面相对高差不超过2mm进行控制,按设计自密实混凝土垫层厚度+10mm进行校核,操作时以1m水平尺搭接到上一块已精调或粗调到位的轨道板的已调整端头,然后检查待调整板端的高低,遵循"高降低升"原则调整控制高差,要求偏差在2mm以内。

(4)粗调到位后应及时实施精调,以提高精调支座利用率,提高轨道板精调作业效率。

3.轨道板精调

1)测量系统的布置与安放

(1)先在测段线路前后两端各2对共8个CPⅢ点套管上插入配套的观测棱镜,再将全站仪架设在测量前进方向的轨道板上,其中心尽量靠近轨道板中心线,使全站仪分别照准至少6个CPⅢ棱镜进行设站,建站精度为0.7mm。

(2)精调前利用标准标架对另外3个标架(精调标架数量与所采用产品及软件有关)进行检校,满足1mm精度要求。

(3)精调标架采用扣件的预埋套管定位结构形式并采用与之配套的精调处理软件。精调前,将1号和6号标架与2号和5号标架插脚放置到待调轨道板板端向内数第2个承轨台的扣件预埋套管内,将3号和4号标架放置在前一块已调整到位的轨道板向内数第2个承轨台上。

(4)测量过程中,全站仪的位置与1号标架间距控制在6～40m范围内,超过此范围时宜重新设站。全站仪一侧为精调工作方向。全站仪与精调标架布置位置示意图如图2.3.21所示。

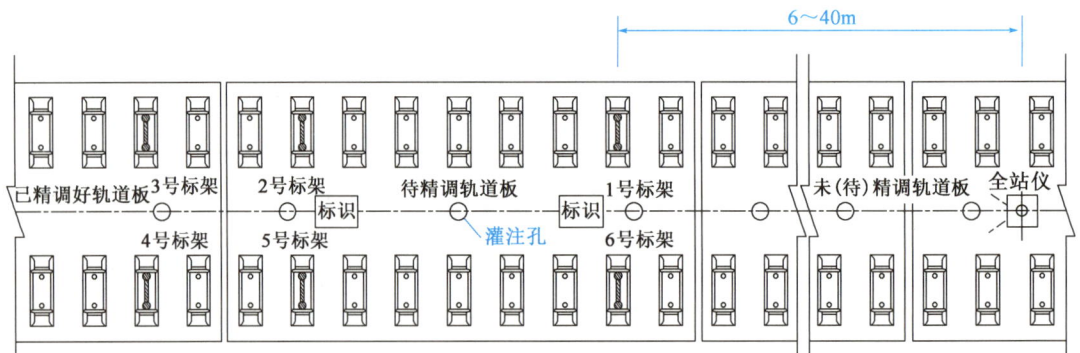

图2.3.21 全站仪与精调标架布设位置示意图

2)测量与精调调整

设站完成后先调整高程,后调整横向位置。4个精调支座各配置1名操作人员。作业时,按照手簿显示数据或精调技术员发出的指令等方式进行轨道板调整;调整高程时,注意避免单个支座受力,调整水平时必须两侧作业人员同向调整。正常情况下调整2~3次即可到位,如图2.3.22所示。若延续已精调的轨道板连续作业,必须对上一块轨道板进行搭接复核测量;当相邻轨道板接缝处承轨台顶面相对高差不大于0.5mm时,再精调下一块轨道板。

精调时轨道板高程偏差严格控制在±0.5mm以内,轨道板铺设精调定位允许偏差见表2.3.4。

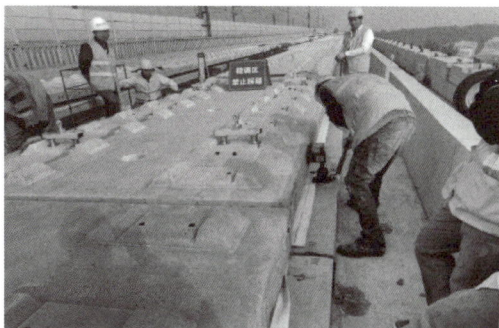

图2.3.22 精轨道板精调施工

轨道板铺设精调定位允许偏差 表2.3.4

序号	检查项目		允许偏差(单位:mm)
1	高程		±0.5
2	中线		0.5
3	相邻轨道板接缝处承轨台顶面相对高差		0.5
4	相邻轨道板接缝处承轨台顶面平面位置		0.5
5	轨道板纵向位置	曲线地段	2
		直线地段	5

两个测量段落相向合拢时,最后约100m范围内应兼顾搭接控制,确保线性平顺,轨道板调整完毕,确定误差满足要求后,及时储存测量数据。

精调后,在轨道板上放置"禁止踩踏"等警示标志牌,在轨道板上安装跨线栈桥,以避免踩踏、碰撞对精调结果产生影响。

3)轨道板定位、锁定

(1)压紧装置安装。每块板精调完成后,采用压紧锁定装置进行锁定,按照两端各设一根,中间间距相等的布设条件进行下压,每块轨道板不少于5道,曲线段防侧移装置不少于3道,压紧装置固定在混凝土底座侧面的位置上(图2.3.23)。

在底座侧面垂直压杠向下的位置钻孔,在钻孔(预留孔洞)内安装锚固钢筋,并通过螺栓杆将钢筋和压杠相连拧紧,防止轨道板浇筑时上浮。

预埋钢筋直径为20mm,预留孔径为22mm,深度为150mm,孔洞口从板中心向外侧稍微倾斜(外倾坡度大约10%),方便螺栓杆挂扣。当采取预埋管道成孔时,应在底座板施工时提前考

图2.3.23 轨道板压紧固定

虑,预埋管道内径为22mm,采用PVC材质或钢管,自密实混凝土灌筑完成后用普通混凝土或微膨胀混凝土封闭。

压紧装置紧固螺栓扭力根据试验确定,现场采用扭力扳手作业。压紧完成后再进行一次精调测量,若偏差满足限差要求可保存数据,本块板精调结束;若出现超限,应松开下压装置调整超限点,直至下压装置压紧后完测合格才可保存数据后搬站。

（2）封边与轨道板固定。为保持精调成果，提高轨道板的精调质量和作业效率，宜在轨道板精调后24h内完成板下自密实混凝土灌注。为此，可在精调一个段落（如40块轨道板或单线200m）后及时进行轨道板下自密实混凝土立模封边和轨道板固定作业，宜在精调班组未离开前进行轨道板复测。

4）轨道板位置精度复测

轨道板精调后，若没有及时灌注自密实混凝土（如时间超过24h或温差超过15℃），以及受到外力扰动（如封边压板、灌注自密实混凝土等），可能对精调成果产生影响，在上述3种情况下应检查轨道板的位置精度。CRTSⅢ型轨道板铺设精度复测可利用CPⅢ自由测站方法进行。

（1）全站仪CPⅢ网内进行自由设站，观测点不少于8个，测站精度一般控制在0.7mm。

（2）使用1个标准标架对轨道板上的4个支撑点进行数据采集，具体采集方法为一站测量6~7块板（40m左右为宜），每一测站的板看作一个整体，用标准标架由远及近或者由近及远的顺序进行测量，路线为U字形。

（3）在换站测量时要搭接上一测站的1~2块板，以减少测站间的误差（在换站时最好将测量搭接区轨道板坐标和上一站所测坐标进行比较，如相差较大则检查测站精度，进行重新设站）。

（4）对导出数据予以分析，必要时解除压板装置重新调整。

轨道板自密实灌注后，对灌注后的轨道板进行复测，复测如发现轨道板高程、平面位置超出轨道扣件调整范围，立即安排揭板，重新进行轨道板铺设、自密实灌注施工。

5）数据采集处理

CRTSⅢ型轨道板铺设精度测量数据的采集处理采用专用软件进行。一个工作日或一个测量段落完工后，现场测量人员须向内业数据处理技术人员提交现场测量数据，内业组人员应及时检查测量数据并及时上传到信息化系统，现场测量数据由内业数据处理技术人员集中归档保存。

技能训练

参考高速铁路轨道施工与维护实训手册的项目12　CRTSⅢ型板式无砟轨道精调实训作业指导书。

微课：CRTSⅢ型
自密实混凝土施工

五、自密实混凝土施工

1. 配合比要求

（1）自密实混凝土配合比设计宜采用绝对体积法进行设计或计算。

（2）选定自密实混凝土的配合比参数应符合以下规定：

①胶凝材料用量不宜大于 $580kg/m^3$。

②用水量不宜大于 $180kg/m^3$。

③单位体积浆体总量不宜大于 $0.40m^3$。

（3）自密实混凝土中宜适量掺加优质的粉煤灰、细磨矿渣粉等矿物掺和料。不同矿物掺和料的掺量应根据自密实据混凝土的性能通过试验确定。

（4）自密实混凝土中宜掺加减水剂、引气剂、膨胀剂、黏度改性材料等外加剂。所掺外加剂对硬化自密实混凝土的性能无副作用，具体参量应通过实验确定。

2. 初步配合比选定

自密实混凝土初步配合比见表2.3.5。

自密实混凝土初步配合比(单位:kg/m³)　　　　　　表 2.3.5

材料	水泥	矿粉	膨胀剂	黏度改性材料	沙子	碎石5~10	碎石10~16	减水剂	引气剂	水
理论配合比	265	98	47	28	842	311	467	6.44	0.15	177

3. 自密实混凝土模板

轨道板与土工布隔离层间为自密实混凝土,自密实混凝土模板每套由转角模板 4 块、端头模板 2 块、中间模板 2 块、挡浆插板 4 块组成,共计 12 件。自密实混凝土灌浆模板图如图 2.3.24 所示。

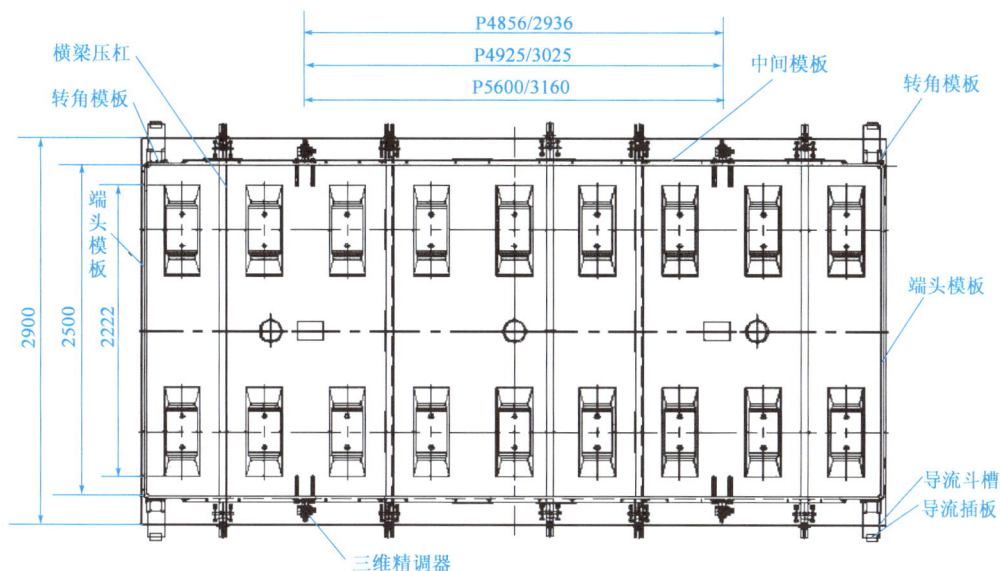

图 2.3.24　自密实混凝土灌浆模板图(尺寸单位:mm)

模板使用 14cm 高槽钢制作成,面板使用 140mm×6mm 厚 Q235 钢板,端模采用与轨道板相同弧形角结构。为改善封边模板的透气性,模板内侧粘贴透气模板布(图 2.3.25)以利于自密实混凝土的排气和拆模后混凝土表面平整。模板按照顺序依次安装到位,顶部紧贴轨道板混凝土面,底部和中间隔离层压贴密实,用压紧装置处的螺栓顶紧模板。模板拼装接缝处采用子母板(可配合螺栓)连接,端头模板采用 X 形加固件及木楔固定,确保模板接缝≤1mm,平面度≤1mm。

在轨道板四角设置排气孔,排气孔上边缘高于轨道板板底(图 2.3.26),并在排气孔附件采取土工布覆盖的措施,以防冒出的自密实混凝土污染现场,孔位要避开精调装置周围的泡沫材料。

图 2.3.25　模板粘贴模板布

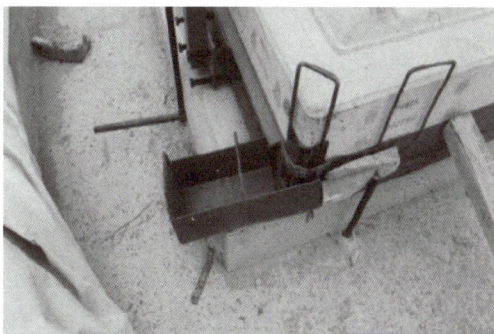

图 2.3.26　模板固定螺栓及排气孔

模板安装前检查轨道板是否精调到位,模板预埋件是否安装齐备,预埋螺栓是否松动。模板安装完成后应注意检查模板接缝是否严密。顶紧螺栓是否顶紧模板,扣压是否满足要求,检查完成后方可进行下一步工序施工。

4. 轨道板预湿

轨道板预湿采用旋转喷头施工。在灌板前 1h 分别从 3 个板孔伸入轨道板内进行雾状喷射,足够湿润的标志是表面潮湿而不积水。每个孔中的喷雾时间控制在 5~8s。要求板腔内及隔离层表面无明水、无积水。

灌注混凝土前 10min 再检查一次轨道板下方的混凝土底座表面状况,查看其表面是否有积水和雾化不彻底等现象,预湿干燥后要求补充预湿。

5. 自密实混凝土灌注

1)拌制

自密实混凝土搅拌时,宜先向搅拌机投入粗集料、细集料、水泥、矿物掺和料和其他材料,干粉搅拌 1min,再加入所需用水量和外加剂,并继续搅拌 2min。其中上述每个节段不宜少于 30s,总搅拌时间不宜少于 3min。自密实混凝土扩展度控制在不大于 680mm,拌制的混凝土方量要以现场实际需要的方量为依据,同时考虑罐车运输混凝土的往返时间。

自密实混凝土入模前必须检测自密实混凝土拌合物的温度、坍落扩展度、扩展时间 T50、含气量和泌水情况等拌合物性能,满足要求时方可灌注。

2)运输

自密实混凝土运输便道平坦畅通,以确保混凝土在运输过程中的均匀性,使其在运到浇筑地点时不发生分层、离析和泌浆等现象,并具有相应的自密实性和含气量等工作性能。在灌注现场应确保不要出现有罐车等待灌注的现象,应保证灌注等待运输,确保每罐混凝土均在 2h 灌注完成,不得采用机动翻斗车、手推车等工具长距离运输混凝土。为了减少自密实混凝土的损耗,运输时间在 30min 以内的,每车混凝土数量按照 4 块板拌和($6.5m^3$)。

3)灌注

(1)自密实混凝土灌注前,应完成以下工作:

①确定灌注口位置为轨道板中心孔,其余 2 个作为观察、排气孔。灌注料仓和灌注漏斗在灌注孔上方就位,在观察孔垂直插入长度约 40cm 的防溢出 PVC 管(曲线超高端应适当加长),并做好 PVC 管与观察孔间的密封。

②仔细检查钢筋网片的位置、与轨道板下门形钢筋间的贯穿钢筋位置、保护层垫块数量及其紧固程度。

③检查轨道板四周模板的密封情况、轨道板之间横向边缝的密封情况,不得漏浆,不得污染基础工程。

④检查轨道板的支撑和限位装置。

⑤检查百分表是否全部归零、预留排气孔是否打开,以及灌注所需设备是否正常,机具是否齐全且状态良好。

(2)灌注时应注意以下事项:

①自密实混凝土入模前,应检测混凝土拌合物的温度、坍落扩展度、扩展时间 T500、含气量及泌水率等拌合物性能,并填写试验记录。在炎热季节灌注自密实混凝土时,入模前的混凝土温度应控制在 5~30℃,应避免模板和混凝土直接受阳光照射,保证混凝土入模不高于 30℃。

②采用中转料仓和灌注料仓进行灌注。当混凝土输送车到达灌注现场时,应使罐车高速

旋转 20~30s 再卸料至中转料仓中。中转料仓由汽车起重机提升至灌注料仓上方卸料。转运大料斗操控人员注意控制混凝土出料速度,小料斗有专人观察混凝土面高度,当发现大料斗下料速度过快或过慢时,应及时通知大料斗操控人员调整下料速度。应有专人控制蝶阀流速,防止局部混凝土溢出。

③自密实混凝土采用中转漏斗中间孔单点灌注,其余 2 个作为观察孔、排气孔(图 2.3.27),溜槽宽度宜大于 40cm,溜槽长度宜大于 1.5m,自密实混凝土垂直下落高度宜控制在 1.8~2m,通过引流槽导入小料斗进行灌注。灌注时直线段轨道板上设置的下料管露出轨道板上表面的高度不宜小于 0.6m,曲线地段轨道板上设置的下料管露出轨道板上表面的高度不宜小于 0.7m;应保证下料的连续性和混凝土拌合物在轨道板下的连续流动,待四角排气孔内自密实混凝土浆面全部超出轨道板时,关闭灌料斗阀门,停止灌注;灌注完毕,及时移除灌注漏斗并清除灌注进料孔上方多余混凝土。要求一块板的灌注过程一次完成,不得二次灌注,灌注时间控制在 8~12min(图 2.3.28)。

图 2.3.27 自密实混凝土灌注示意图

图 2.3.28 自密实混凝土灌注

④自密实混凝土灌注过程中,及时观察并记录 6 块百分表的读数,以便确定轨道板的上浮值。

⑤施工中应安排专人观测轨道板状态,不得出现拱起、上浮现象,严禁踩踏轨道板。当混凝土灌注至 2/3 左右时,应降低灌注速度,以便空气排出,直至完全充满轨道板下空隙,轨道板底面气泡基本排除后,停止灌注。

⑥操控人员应注意控制灌注料仓出料速度,灌注料仓设置有专人管理,灌注期间对灌注料仓内的混凝土进行适度搅拌,若发现混凝土存量不足时,应及时通知中转供料人员及时添加。

⑦一块轨道板灌注结束后,推移小料斗进行下一块轨道板自密实混凝土灌注。自密实混凝土从开始灌注到灌注结束的持续时间不宜超过 12min,自密实混凝土从拌和到灌注结束不宜超过 2h。

⑧自密实混凝土灌注完成后 3h 内不得拔除防溢管及中间灌注管。

⑨在低温条件下(昼夜平均气温低于 5℃或最低气温低于 -3℃)灌注自密实混凝土时,入模温度不得低于 5℃,并应采取适当的保温防冻措施。

⑩在相对湿度较小、风速较大的环境下灌注自密实混凝土时,应采取适当的挡风措施,防止混凝土失水过快。

⑪在自密实混凝土灌注过程中,应按要求取样制作混凝土强度和耐久性试件,试件制作数量应符合相关规定。

⑫一块轨道板灌注结束后,推移料斗进行下一块轨道板灌注。当浇注时间间隔大于 2h 时,应及时清洗料仓及送料管道。

4）观察孔、灌注孔封堵

自密实混凝土灌注结束后,及时在灌注孔和观察孔内放入 S 型筋 N4(图 2.3.29),再灌注 C40 自密实混凝土进行封堵,封堵顶面应高出轨道板面 10～15mm,防止混凝土收缩呈凹面。

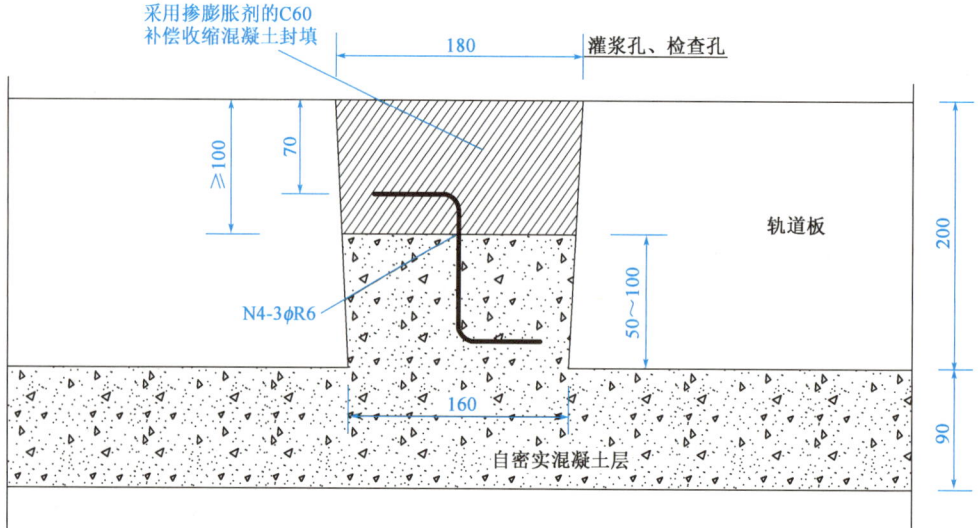

图 2.3.29　S 型筋 N4 示意图(尺寸单位:mm)

5）自密实混凝土拆模养护

(1)在混凝土膨胀达到最大体积后方能拆除压紧装置,夏季一般为 8～10h;气温较低时宜适当延长,以 20h 左右为宜。混凝土拆模前强度不小于 10MPa,且带模养护不少于 3d。

(2)自密实混凝土拆模后应及时对混凝土表面喷涂养护液,采用塑料薄膜对四周混凝土表面进行封闭养护,自密实混凝土养护时间不得少于 14d。

(3)精调支座在自密实混凝土初凝(灌注后 3～4h)后予以松动,扣压装置在混凝土灌注 24h 后完全松开。在自密实混凝土强度达到 10.0MPa,其表面及棱角不因拆模而受损时,方可拆除轨道板精调压紧装置及四周模板。

(4)养护用水温度与混凝土表面温度之差不得大于 15℃。冬期施工时,应对混凝土做好保温养护措施,保证抗压强度在达到设计强度的 70% 之前不得受冻。

(5)拆模后,在自密实混凝土达到 100% 的设计强度后,轨道板方可承受全部设计荷载。

(6)拆模后,若天气产生骤然变化时,应采取适当的保温隔热措施,防止自密实混凝土开裂。

(7)自密实混凝土拆模后,用壁纸刀在自密实混凝土层底部切割轨道板四周宽出的土工布隔离层,严禁使用角磨机等机具切割。切割时避免在底座表面留下切割痕迹或凹槽,避免底座伸缩缝的聚氨酯密封胶被刀割裂。

(8)轨道板复测:当自密实混凝土灌注完成拆模后,及时对轨道板进行复测,复测数据按照设计公司要求,及时上传信息化平台。如发现超出规范允许偏差范围,立即进行揭板处理,重新进行隔离层、轨道板铺设、自密实混凝土灌注施工。

质量控制要点:拆模后,在自密实混凝土四周涂刷养护液+粘贴胶带,灌注孔、观察孔部位涂刷养护液+覆盖塑料薄膜(图 2.3.30)。

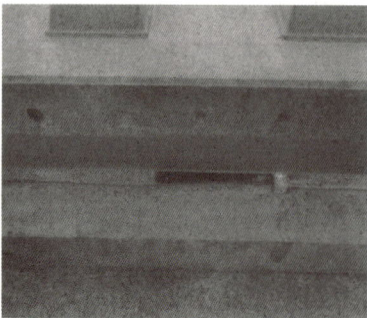

图 2.3.30　涂刷养护液养护粘贴胶带养护

六、CRTSⅢ型轨道板预制

视频:CRTSⅢ型轨道板生产

微课:CRTSⅢ型轨道板生产工艺

1. 施工工序及工艺流程

轨道板预制采用标准工厂化流水施工作业。

预制施工工序:钢模板合格检测→喷涂脱模剂→安装预埋套管和螺旋筋→钢筋加工→钢筋笼制作→钢筋笼和端模组装→安装张拉杆和起吊螺栓、螺旋筋→端模和底模对位锁紧→门型钢筋定位→张拉杆连接→张拉、预紧→钢筋骨架绝缘电阻测试→终张拉→混凝土搅拌、灌注、振动、拉毛盖蓬→轨道板养护→放散应力、拆连接器→脱模、拆张拉杆→翻转、外形、外观检查→封锚→入池水养→产品存放。

CRTSⅢ型轨道板先张法预制施工工艺流程图如图2.3.31所示。

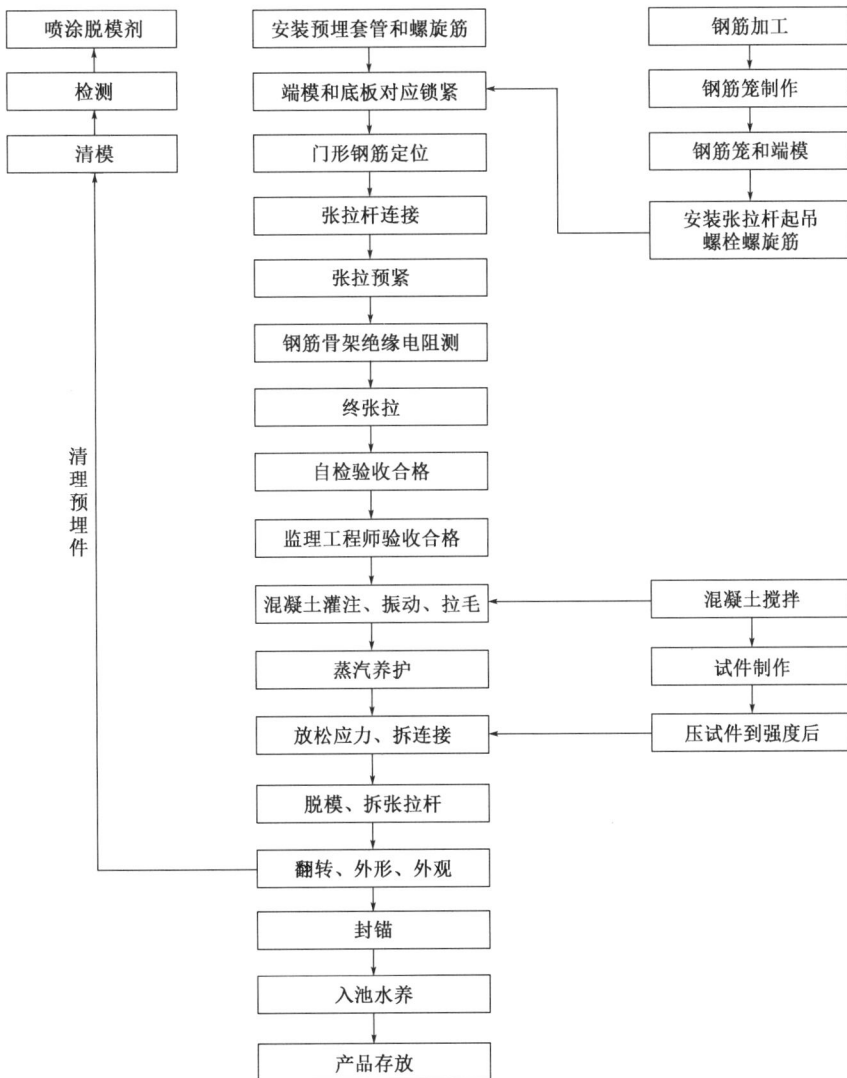

图2.3.31 CRTSⅢ型轨道板预制工艺流程图

2. 轨道板预制

1) 模具安装及调整

将清理好的模具在厂房内进行工装配件的安装(图2.3.32),安装完毕后将模具吊入张拉台座内安装(图2.3.33)。

图 2.3.32　模板清理

图 2.3.33　模具安装

(1)模具在张拉台座内的安装及调整。于张拉台座的首尾部牵引一钢丝(直径约3mm),使其平行于混凝土布料机行走轨道,以此钢丝作为初步安置模具的基准。所有模具初步安装完毕后,于两个张拉横梁最外侧且同侧的两个钢丝钳口中间位置张拉两根钢丝,对模具进行安置和检查,控制所有模具横向安装位置精度为±1mm。

(2)单个模具的竖向位置调整与检查。模具吊运至张拉台座内前,将8个支撑台调整到设计好的高度位置。模具安装高度的调整依靠8个支撑台的调整。测量时要针对承轨台的外边缘部位,控制所有模具的高度误差在±0.3mm的范围内。在模具高度调整完毕后,对模具进行一次完整的高程控制测量,确保所有模具之间的高度偏差不超过1mm。

2) 钢筋的制作、绝缘

(1)预应力筋制作。

预应力钢筋采用工厂化定尺制作,根据轨道板型号及数量,提供纵、横向预应力钢筋的长度及数量,并在预应力钢筋两端加工长度为46mm的螺纹,最后配套相应锚固板,锚固板采用45号优质碳素钢。

(2)热缩管安装。

Ⅲ型轨道板横向连接钢筋采用定尺钢筋,其热缩套管在特制的胎具上加工。首先将切割好的钢筋抬放到加工胎具上。将热缩套管套在螺纹钢筋上,并调整到设计位置。比照标准件,精确调整热缩管的位置。完成一组(30根)后,即可开始热缩加工。用燃气喷火枪,沿要热缩的套管上(下)反复、快速移动,直至热缩管处能看到钢筋螺纹,热缩工序即告完成。热缩工序完成后,人工将钢筋放入钢筋托盘中,直接运至安装工位处。

(3)钢筋下料。

普通结构钢筋采用场内定尺加工方法,用数控切割机先切除钢筋两端马蹄筋,然后按设计定尺长度切割下料。下料时,应去掉钢材外观有缺陷的地方。钢筋下料长度误差为纵向钢筋±10mm,横向钢筋±10mm。

(4)钢筋笼制作。

钢筋笼制作在专用的台架上进行,具体安装工艺如下:

①普通钢筋笼的制作。根据设计图纸要求,正确安装普通钢筋,首先绑扎底层钢筋,然后

安装架立钢筋,最后绑扎顶层钢筋和侧面钢筋(图2.3.34)。注意钢筋绑扎时钢筋交叉处绝缘以及避让扣件预埋位置。

②预应力钢筋安装。通过在侧向模板上预留的预应力钢筋孔,将预应力钢筋穿入钢筋笼内,并安装好锚固板。普通钢筋与预应力钢筋冲突时,适当移动普通钢筋位置。

③加工接地装置。

接地装置在钢筋笼绑扎完成后进行焊接作业,具体要求如下:

a. 接地端子应设置在线路外侧。

图2.3.34 钢筋笼制作

b. 轨道板两端接地端子及上层横向钢筋在设计位置与纵向接地钢筋焊接。

c. 钢筋焊接采用搭接焊工艺,钢筋间十字交叉时应采用L形钢筋焊接,焊缝长度为单面焊接不小于100mm,双面焊接不小于55mm。

(5)检测绝缘电阻。

钢筋笼组装完成后,应及时检测其绝缘性能。用起重机将钢筋笼吊起,并在加工胎具与钢筋笼之间放置绝缘方木后,落下钢筋笼。接线卡卡在纵向钢筋一端,并串联在一起。用兆欧表逐根检测横向钢筋与纵向钢筋之间的阻值,读数在2MΩ以上,即钢筋网的绝缘性能合格。如果绝缘阻值读数小于2MΩ,应逐个对绝缘交叉进行检测,找出不合格点后,重新绑扎。

3)钢筋入模及预应力钢筋张拉

(1)钢筋入模。

利用专用吊具,将检查完毕的钢筋笼放入已组装好的侧模内进行定位安装(图2.3.35),完成后开始安装预应力钢筋和张拉杆,预应力组装完成后连同侧模一并吊到与之配套的台座模板底模上。核对无误后固定好侧模与底模的连接螺栓,并检查模板之间的密贴性,保证避免出现漏浆缺陷。

(2)预应力钢筋张拉施工。

检查锚固螺母是否到位,安装好张拉连接器即可进行张拉作业(图2.3.36),张拉时注意以下要求:

图2.3.35 钢筋入模

图2.3.36 张拉连接器安装

①张拉杆和连接器组装前,应进行检查和清理,确认后方可使用。

②施加预应力采用自动张拉设备,张拉记录应由系统自动生成。进行张拉控制的测力传感器示值误差不得大于±0.5%FS,位移传感器示值误差不得大于±0.1mm;传感器自校有效

期不得超过 1 个月。

③张拉设备应整体标定,有效期不应超过 1 年,其中单根预应力筋的张拉力检测周期不应超过 3 个月。

④轨道板纵、横向预应力筋单根张拉控制值为 80KN。

⑤预应力筋采用整体张拉方式,张拉分两个阶段:

a. 初张拉:在固定端单根张拉预应力筋至张拉控制值的 30%,并锁紧螺母。

b. 终张拉:采用张拉横梁张拉预应力筋至张拉控制值,并保持张拉力稳定,严禁超张拉。

⑥预施应力值应采用双控,以张拉力读数为主,预应力筋伸长值作校核。实测总张拉力与设计值偏差不应大于 3.0%,实测单根预应力筋的张拉力与设计值偏差不应大于 10.0%,实测伸长量与设计值偏差不应大于 10%;轨道板正式生产前,应根据张拉控制值测试确定每个台座的伸长量。

⑦预应力施加应均匀,采用横梁整体张拉时单根预应力筋加载速率不应大于 4kN/s,达到设计张拉力时应持荷 1min。

⑧张拉过程中,应保持同一张拉横梁两千斤顶活塞伸长值之间偏差不大于 2mm。

(3)预应力钢筋张拉后防松弛措施。

张拉油缸设置自动锁紧装置,预应力筋张拉力达到设计值时自动锁定。同时人工配合,采用扳手拧紧油缸螺栓使之紧贴张拉台座,保证张拉梁稳固。

4)混凝土浇筑

(1)模具预热。

为了保证灌注时混凝土的入模温度,确保水泥水化反应正常快速进行,当模具温度低于 5℃时,在灌注混凝土前,启动模具底部加热装置,将模具预热到 10~35℃,严禁过热。

(2)混凝土生产。

平板运输车在搅拌站和生产厂房之间来回运输混凝土料罐,厂房内一台桥式双梁起重机在运输平车和混凝土布料机之间来回运输混凝土的料罐,确保每个模具内混凝土供应的连续性,直至混凝土灌注完成。在运输混凝土过程中,要保持平稳,使混凝土运到灌注地点时不分层、不离析,并具有要求的坍落度、含气量、温度等工作性能,严禁向混凝土内加水。混凝土浇筑过程中,以每个台座为一批,每批在最后一块轨道板浇注成型过程中,在现场取样制作 3 组混凝土抗压强度试件,2 组用于预应力放张抗压强度强度的检测(1 组备用),1 组用于 28d 抗压强度的检测。每隔 7d 取样制作 2 组混凝土弹性模量试件,一组用于预应力筋放张混凝土弹性模量的检测,另一组用于 28d 混凝土弹性模量的检测。试件应与轨道板相同条件下振动成型和养护,28d 试件应在脱模后进行标准养护,试件制作、养护应符合现行《混凝土物理力学性能试验方法标准》(GB/T 50081)的规定。

(3)混凝土运输。

平板运输车在搅拌站和生产厂房之间来回运输混凝土料罐,厂房内一台桥式双梁起重机在运输平车和混凝土布料机之间来回运输混凝土的料罐,确保每个模具内混凝土供应的连续,直至混凝土灌注完成。在运输混凝土过程中,要保持平稳,使混凝土运到灌注地点时不分层、不离析,并具有要求的坍落度、含气量、温度等工作性能,严禁向混凝土内加水。

(4)混凝土灌注成型。

混凝土布料机从台座的第 1 套模具到第 8 套模具,依次、连续、均匀地将混凝土灌注入模,混凝土灌注方向垂直于布料机的行驶方向,同时以每块模具为独立单元启动振动装置,将混凝土密实成型。每个台座详细工作流程如下：

①将混凝土布料机开到要灌注混凝土模具正上方。

②把混凝土料罐内混凝土倒入布料机的储料斗中（图2.3.37）。

③启动布料机上布料系统，双叶瓣式门打开，同时齿滚转动，布料机上从模具一端匀速运行到另一端进行第一次布料，将储料斗内部分混凝土均匀灌注入模具内，第一次布料完成后，启动安装在每套模具下部的振动器振动密实混凝土(每块模具下部安装有8个1.5kW振捣器，通过数码变频器操纵振动器，在其频率范围内可以无级调整频率。)直到混凝土表面泛浆和只有零星气泡出现为止，振动时间一般不超过2min；在振捣混凝土过程中，加强检查模具支撑的稳定性

图2.3.37　混凝土布料

和接缝的密封情况，以防漏浆。布料机在返回的过程中进行第二次布料，使混凝土填充满模具。

④混凝土密实成型后，布料机开到下一个模具的位置，人工找平，多余的混凝土由人工配合移至下一个空模具中。找平后再次启动模具下的振动器，振动约30s。

（5）确保成型前和易性。

在每个台座混凝土灌注成型过程中，施工班组的操作人员与搅拌机司机要保持紧密联系，并根据现场施工情况及时调整混凝土拌和物工作性能，确保混凝土拌和物满足施工要求。每块板浇筑时间不宜超过5min，确保混凝土拌和物成型前有良好的和易性。

（6）混凝土表面刷毛。

从台座的第1～第8套模具，依次、连续、均匀地将混凝土表面刷毛，深度为2～4mm。

（7）温度传感器安装。

在最后一块轨道板刷毛完成后，在板内预埋一个温度传感器，作为下道工序——混凝土养护控制的温度采集点。

5）混凝土养护

轨道板采用蒸汽养护（图2.3.38），分为静置、升温、恒温、降温四个阶段。混凝土浇筑后

图2.3.38　轨道板覆盖蒸汽养护

在5～30℃的环境中静置3h以上方可升温，升温速度不应大于15℃/h，恒温时蒸汽温度不宜超过45℃，板内芯部混凝土温度不应超过55℃，降温速度不应超过10℃/h；预应力放张时，轨道板表面与环境温差不应大于15℃。

在每个台座内轨道板浇筑完成后，在最后一块轨道板中插入温度传感器，测试板芯温度，而试块则在养护水箱中进行加热养护，通过轨道板跟踪养护系统进行控制。跟踪养护系统自动记录轨道板混凝土芯部温度变化数据并可以图表

形式显示和打印出来。试件抗压强度达到48MPa时，操作人员关闭跟踪养护系统，相应台座混凝土养护过程结束，即可进行脱模。

6）轨道板脱模、吊运及检查

轨道板脱模、吊运、存放采取桥式双梁起重机配合吊具和轨道运输车的方法，具体如下：

（1）吊具准备。启动桥式起重机至吊具放置地点，将吊钩与吊具挂好后，移动起重机至脱模地点。

（2）吊具就位。用桥式起重机将吊具下放至脱模轨道板上与起吊螺栓进行可靠连接（图2.3.39），然后将轨道板连同侧模一起吊装脱离底模。

（3）移板作业。桥式起重机将轨道板提升至一定高度后，用人工辅助的方法将轨道板放到台座旁临时存放台上方（图2.3.40）。

图2.3.39　吊具就位

图2.3.40　移板作业

（4）落板。运行桥式起重机，调整轨道板位置，在人工辅助下，将轨道板放置到临时存放台上。

（5）脱侧模及轨道板检查。利用轨道运输车将轨道板运至侧模拆装区拆除侧模，并对轨道板进行检查，合格后再运送至封锚区。

7）封锚及养护

（1）砂浆拌制。

采用强制式搅拌机拌制；搅拌时间不应少于3min；搅拌方式宜为加水低速慢搅60s，再高速快搅120s。搅拌时应注意干料与水之间的充分搅拌均匀，可以二次搅拌，但严禁二次加水。

（2）封锚施工。

①清孔：采用高压风清孔，应保证锚穴内无油污、浮浆、杂物和积水等，以免影响锚块与锚穴的黏结。

②喷涂界面剂：填料封锚前，应向锚穴内均匀喷涂可提高砂浆黏结强度的界面剂，并用棉纱或海绵等吸水材料吸取锚穴凹陷处的多余界面剂。同时应保证在填料前，锚穴内喷涂的界面剂仍为湿润状态，未挥发、干燥。

图2.3.41　锚穴封锚

③装料：采用塑料硬质加料器，盛装适量砂浆，将加料器前端下边缘紧贴轨道板锚穴下口边缘，然后用空气锤将料顶入锚穴内。

④压实成型：封锚砂浆应分层填压（图2.3.41）。采用空气锤对砂浆进行振捣，频率不小于1000Hz，振捣力不小于30N，振捣次数不少于2次，每次不少于10s。

封锚砂浆填压时的环境温度宜为5～35℃。

不应在阳光直射、雨、雪和大风环境下进行封锚作业。

⑤外观检查:封锚砂浆填压完毕后,应在砂浆表面喷涂养护剂;封锚成形表面凹入轨道板锚穴表面深度宜不大于4mm。

⑥养护:锚穴封锚完成后,在表面及时喷涂养护剂;封锚完成后至轨道板水养(图2.3.42)时间间隔应根据材料进行工艺性试验,一般不宜小于2h。

⑦质量检验:封锚砂浆应饱满密实,与基层混凝土黏结牢固,砂浆表面应平整,不得有疏松、裂纹、脱层和起壳等缺陷。

8)轨道板存放

(1)轨道板的制造进度根据施工情况而定,配合铺设计划进行。轨道板成品应按型号和批次分别存放(图2.3.43),不合格的轨道板应单独存放。

图2.3.42　轨道板水养

图2.3.43　轨道板存放

(2)轨道板垂直立放,支点为轨道板起吊套管位置,并采用型钢三脚架支撑防倾倒,相邻轨道板间放置木块进行隔离。

(3)轨道板存放基座要坚固、平整,在存放期间,存板区基础均已夯实,经测算满足轨道板承载力要求,存板区种植草籽进行绿化,保证基础土体稳定,同时在条形基础上埋设固定水准点,定期检测基座的下沉情况。

复习思考题

1. 简述CRTS Ⅰ型轨道板系统组成。

2. 简述CRTS Ⅱ型板式无砟轨道系统组成。

3. 简述CRTS Ⅲ型板式无砟轨道系统组成。

4. CRTS Ⅲ板式无砟轨道底座凹槽施工有哪些要求?

5. 简述CRTS Ⅲ板式无砟轨道底座采用立模浇注工艺时的施工工序。

6. 简述CRTS Ⅲ型板式轨道轨道板铺设时精调标架安装操作要点。

7. 简述桥上CRTS Ⅲ板式无砟轨道施工工艺。

8. 简述路基段CRTS Ⅲ板式无砟轨道施工工艺。

9. CRTS Ⅲ板式无砟轨道施工主要设备有哪些?

10. CRTS Ⅲ型板式无砟轨道施工中,如何保证自密实混凝土的施工质量?

11. CRTS Ⅲ型轨道板预制过程中,需要重点关注哪些质量控制点?

12. CRTSⅢ型板式无砟轨道的扣件系统有哪些特点?

13. 简述 CRTSⅢ型轨道板存放及运输过程中的注意事项。

14. CRTSⅢ型板式无砟轨道施工过程中,如何进行质量检查和验收?

15. 简述 CRTSⅢ型板式轨道板粗铺作业标准和方法。

16. 简述 CRTSⅢ型板式轨道板精调需要的设备、作业程序以及作业标准。

项目三

双块式无砟轨道施工

学习目标

知识目标：

1. 了解 CRTS 双块式无砟轨道结构组成。

2. 了解 CRTS 双块式无砟轨道精调的工作内容和基本工序。

3. 了解 CRTS 双块式无砟轨道施工用的主要机械设备。

4. 掌握双块式轨枕的预制工序及质量控制要求。

5. 掌握 CRTS 双块式无砟轨道在道床板施工中的主要区别。

6. 掌握弹性支承块式无砟轨道施工工艺和质量检测方法。

7. 掌握弹性支承块的预制工序和各工序质量要求。

3. 能指导 CRTS 双块式无砟轨道完成精调螺栓的布设。

4. 能指导 CRTS 双块式无砟轨道粗调作业。

5. 能指导 CRTS 双块式无砟轨道轨排的精调作业。

6. 能指导双块式轨枕的预制作业。

7. 能指导双块式轨枕的存放及运输作业。

8. 能指导 CRTS 双块式无砟轨道铺设施工。

9. 能指导 CRTS 双块式无砟轨道精确作业。

10. 能正确选用双块式无砟轨道施工的配套机械。

11. 能指导弹性支承块式无砟轨道铺设施工。

12. 能指导弹性支承块式无砟轨道精调作业。

能力目标：

1. 能识读 CRTS 双块式无砟轨道结构图，能确定其路基段、桥梁段结构的区别。

2. 能用测量仪器、扳手对底座板施工模板进行放样并完成安装。

素质目标：

通过双块式无砟轨道结构的学习，深刻理解个人与团队的关系、局部与整体的关系，根植传统文化，培养勇于担当、热爱祖国的家国情怀；通过实训作业，逐步养成精细、整洁、有序、认真负责的职业精神。

CRTS双块无砟轨道结构在我国京沪高铁、京广高铁、郑西高铁上均有采用;弹性支承块式无砟轨道在蒙华铁路、中南通道等长大隧道均有采用。本项目主要学习CRTS双块式及弹性支承块式无砟轨道施工工艺和质量控制标准。

任务一 CRTS双块式无砟轨道施工

一、施工准备

1. 施工准备

1)轨枕

CRTS双块无砟轨道施工用轨枕可依据工程实际情况,采取采购的方式或者建立轨枕预制厂预制。

2)物流方案

物流方案主要有以下三种:

(1)轨枕、钢筋运输方案。

在无砟轨道施工前,根据轨枕分布、数量将轨枕提前全部运输到线路两侧,并统一存放及堆码。轨枕堆码按照要求以5m×5m为一单元,每隔16.25m放置一堆,所有捆绑措施在施工前不得解除。在轨枕运输完后,立即进行道床板用钢筋运输,按照每一段设计用量将加工好的纵横向钢筋打包捆绑,沿线路走向堆放于两个轨枕垛之间。

(2)道床板混凝土运输方案。

在保证施工前轨枕、道床板钢筋运输到位后,路基及桥梁上可采用施工便道及支承层作运输通道,在隧道内施工Ⅰ线时,可以用Ⅱ线作为运输通道;但施工Ⅱ线时,没有足够空间使混凝土罐车掉头,因此每一工程队在工作面前设置一个罐车掉头转盘(图3.1.1),形成循环运输通道。

图3.1.1　混凝土罐车掉头转盘

(3)底座施工方案。

路基上支承层采用摊铺机施工,混凝土运输可直接用另一条线路作为通道。

桥梁上底座采用模注法施工,混凝土运输可直接用另一条线路作为通道,但运输时必须注意保护已施工好的凸台或凹槽。

由于隧道里底座在隧道仰拱填充上部,不需要立模,隧道施工完成后即可测量放线按设计要求直接浇筑底座混凝土。在一个区段无砟轨道施工前必须将该区段左右线底座全部施工完。

2. CRTS双块式无砟轨道施工方法

1)路基段施工方法

路基段CRTS双块式无砟轨道施工工艺:路基沉降评估→摊铺机支承层施工→双块式轨枕、道床板钢筋进场→清理道床工作面、施工放线→布设底层钢筋→布设轨枕→工具轨、模板、螺杆调节器运输→铺工具轨、组装轨排、安装螺杆调节器钢轨托盘→轨道粗调、安装调节器螺杆→绑扎钢筋、焊接接地→拆卸及倒运模板、工具轨→安装横向、纵向模板→轨道精调→混凝土浇筑→混凝土养护→拆除纵向、横向模板→拆除螺杆调节器→拆工具轨→封堵螺杆孔、修整混凝土。

2）桥梁段施工方法

桥梁段CRTS双块式无砟轨道施工工艺：评估桥梁沉降→施工保护层、抗剪凸台（凹槽）→双块式轨枕、道床板钢筋进场→清理道床工作面、施工放线→布设底层钢筋→布设轨枕→工具轨、模板、螺杆调节器运输→铺工具轨、组装轨排、安装螺杆调节器钢轨托盘→轨道粗调、安装调节器螺杆→绑扎钢筋、焊接接地→拆卸及倒运模板、工具轨→安装横向、纵向模板→轨道精调→混凝土浇筑→混凝土养护→拆除纵向、横向模板→拆除螺杆调节器→拆工具轨→封堵螺杆孔、修整混凝土。

3）隧道段施工方法

隧道段CRTS双块式无砟轨道施工工艺：评估隧道沉降→施工底座→双块式轨枕、道床板钢筋进场→清理道床工作面、施工放线→布设底层钢筋→布设轨枕→工具轨、模板、螺杆调节器运输→铺工具轨、组装轨排、安装螺杆调节器钢轨托盘→轨道粗调、安装调节器螺杆→绑扎钢筋、焊接接地→拆卸及倒运模板、工具轨→安装横向、纵向模板→轨道精调→混凝土浇筑→混凝土养护→拆除纵向、横向模板→拆除螺杆调节器→拆工具轨→封堵螺杆孔、修整混凝土。

4）过渡段施工方法

（1）有砟至无砟过渡段。

为加强无砟轨道道床板与水硬性支承层的连接，在道床板与支承层间设置抗剪装置。在无砟轨道末端15m范围内，按65cm间距预埋道床板与水硬性材料支承层的连接钢筋。同时在无砟轨道轨道板的末端设置一道高120cm、宽80cm的横梁。横梁底铺设硬塑料垫块。为确保过渡段轨道刚度的平稳过渡，自有砟和无砟分界点向有砟轨道40m范围内道床底增设5cm厚道砟垫，并增设30cm厚水硬性支承层及30cm厚防冻层；将无砟轨道5m范围内的水硬性支承层厚度增至500mm。过渡段范围内的道砟喷洒黏结剂。过渡段范围内两股基本轨之间设置两根长度为25m的标准轨作为辅助轨，辅助轨在无砟轨道部分长为5m，无砟侧轨枕间距650mm；有砟部分为20m，采用长度为2.6m的过渡段专用轨枕，轨枕间距600mm。过渡段上辅助轨使用肋形垫板定位，辅助轨道扣件基本无弹性。

此过渡段的施工方法同路基段CRTS双块式无砟轨道施工。

（2）路桥过渡段。

在桥上无砟轨道末端道床板底设置长3000mm、宽250mm、高68mm的纵向凸台，凸台与无砟轨道底座连为一体。自路桥交界处向桥梁侧1.5m范围内的道床板与凸台及底座间铺以8mm厚橡胶板。

此过渡段的施工方法同路基段和桥梁段CRTS双块式无砟轨道施工。

（3）路隧过渡段。

自过渡点向路基侧15m范围内，采用加有水硬性黏合剂的路基层代替防冻层。为保证路基刚度的平稳过渡，路基层厚度自路基侧向隧道侧逐渐增大，在路基侧厚100mm，在隧道侧基床表层底部与隧道仰拱底平齐。路基防冻层的厚度则从路基与过渡段交界处开始，在过渡段5根轨枕范围内，由300mm减至100mm。道床板宽度也自隧道洞口开始，在15m范围内逐渐由路基段的3.2m变为隧道内的2.8m。同时，为加强道床板与基础连接，过渡点两侧各1.25m处分别布设两排长340mm、直径25mm的钢销钉。钢销钉每排布设4根，埋入基础内深度为

240mm,两排钢销钉在路基侧的纵向间距为1.2m,在隧道侧为1.85m,横向间距均为0.8m。

此过渡段的施工方法同路基段和隧道段CRTS双块式无砟轨道施工。

二、混凝土底座施工

1.路基段水硬性材料支承层施工

路基段支承层施工工艺流程图如图3.1.2所示。

路基段支承层施工前,应安排落实好施工人员,明确职责,并进行技术交底。落实设备的到位情况,检查材料的储备情况,确认搅拌站和摊铺机的工作状态是否正常。

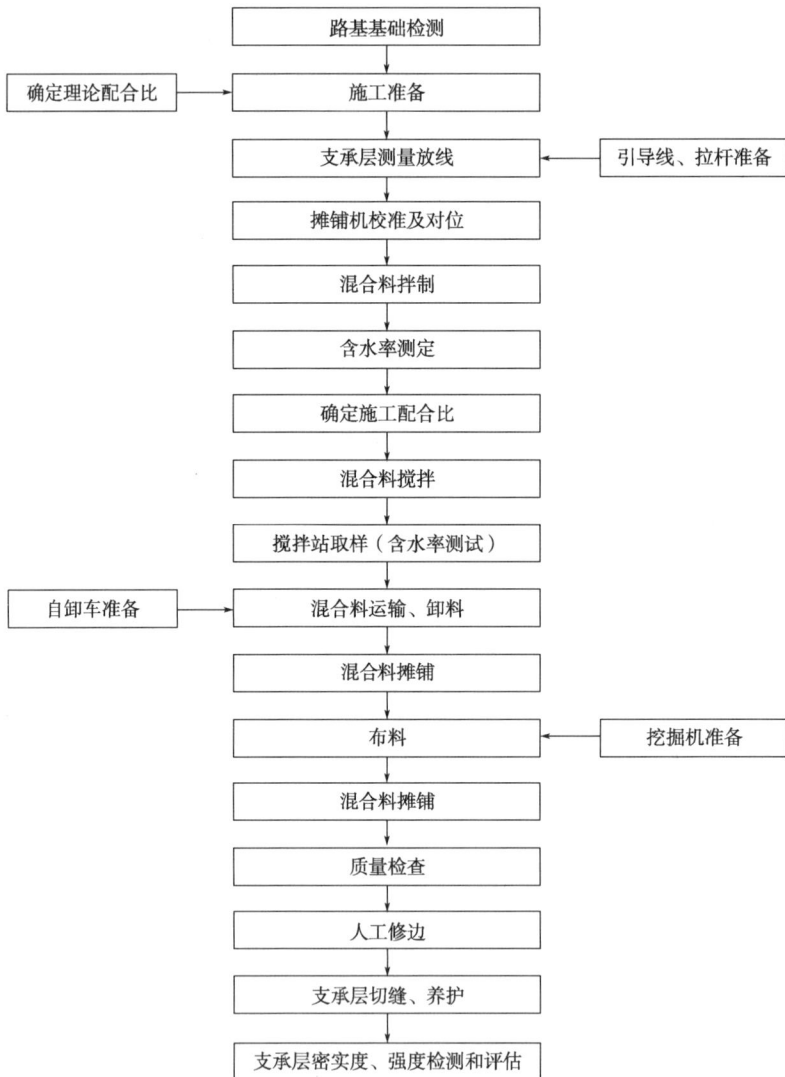

视频:双块式无砟
轨道施工工艺1

微课:双块式路基
支承层施工

图3.1.2 路基段支承层施工工艺流程图

1)测量放线

通过CPⅢ控制网测设支承层两侧引导线的位置(位于摊铺机两侧),如图3.1.3所示。引导线到线路中线的距离为2.9m,高度距设计路基面50cm。引导线拉杆纵向间距为10m,曲线地段为5m。引导线两端用紧线器张紧固定,每侧施加不小于1000N的拉力。引导线先张紧,再扣进夹线臂槽口。引导线的最大长度不宜大于500m,以利于质量控制及方便卸料。

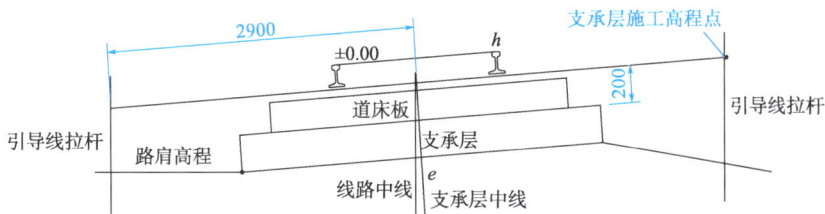

图3.1.3 曲线段引导(尺寸单位:mm)

从图3.1.3可以看出,在曲线地段线路中线与支承层中线存在一个偏移值e,先计算出支承层中线位置的偏移值,确定支承层的中线位置,再计算出在距离路基设计高程50cm位置处引导线拉杆距离支承层中线的距离和引导线的高程。引导线基准线布设如图3.1.4所示。

2)摊铺机校正就位

首次摊铺前,采用钉桩或引导线法校准滑模摊铺机挤压底板4角点高程和侧模前进方向。4个水平传感器控制挤压底板4角高程;2个方向传感器进行导向控制。将6个传感器全挂上两侧引导线,开动摊铺机进入设好的线位,调整水平传感器立柱高度,使摊铺机挤压板恰好落在精确测量设置好的基准线上,同时调整好摊铺机机架前后左右的水平度(图3.1.5)。令摊铺机自动行走,再返回校核1~2遍,正确无误后,方可摊铺。

图3.1.4 引导线基准线布设

图3.1.5 摊铺机校正

3)混合料拌制

在现场料堆取样,进行集料筛分试验,检查集料级配情况。在搅拌站对砂、石料含水率进行测定。根据含水率修正理论配合比,确定施工配合比。拌和料拌制完成后,取样测定含水率。原材料按质量计的允许偏差,应符合下列规定:水泥、矿物掺和料:1%;粗、细集料:2%;拌和水:1%。

支承层混合料应充分搅拌,应使各种材料混合均匀,颜色一致。

投料顺序:原材料计量后,先向搅拌机投入细集料、水泥和粉煤灰,搅拌均匀后加水,再向搅拌机投入粗集料,充分搅拌至均匀为止。支承层混合料搅拌流程如下:

$$\left.\begin{array}{c}\text{砂}\\\text{水泥}\\\text{粉煤灰}\end{array}\right\}+\text{拌和水}\xrightarrow[30s]{\text{搅拌}}\text{加碎石}\xrightarrow[60s]{\text{搅拌}}\text{卸料}$$

4）混合料运输、卸料

（1）混合料运输。采用自卸式汽车运输支承层混合料。运输前将自卸车箱清洗干净。混合料运输过程中用帆布覆盖，防止水分蒸发。混合料运输到施工现场前对路基面进行洒水湿润。

（2）混合料卸料。自卸车沿设置引导线的中部倒退至摊铺机进料端前，开始卸料（图3.1.6），卸料长度不宜超过10m，以免混合料水分损失，影响摊铺。

5）摊铺

（1）布料（图3.1.7）。挖掘机在自卸车卸料前先停放在摊铺机进料端位置处，待卸料完毕，自卸车退出后，启动挖掘机开始布料作业。

图3.1.6　卸料

图3.1.7　布料

在摊铺宽度范围内要布料均匀，最高料位不得高于摊铺机前松方控制板顶面的正常高度，应在螺旋布料器叶片最高点以下；同时不得缺料。机前缺料或料位过高时，采用挖掘机适当送料或布料。布料应与摊铺速度相协调。

（2）摊铺（图3.1.8）。纵向布料长度超过5m后，启动摊铺机开始摊铺。起初摊铺，要求摊铺走行速度控制在1m/min内，振捣棒振动频率启用最大11000Hz，在5～10m的摊铺距离内完成最佳振捣频率、最佳摊铺走行速度及振捣棒最佳插入深度等参数的确定。

6）人工修边

路基支承层为干硬性混凝土，摊铺过后需要表面有一定的粗糙度，以便能和道床板很好地连接。但两侧边缘35cm部分将暴露在外界，如果孔洞过多，雨天会吸收水分，冬季时可能会受霜冻破坏，故要求安排人工将边缘35cm位置进行收面抹光（图3.1.9）。

图3.1.8　摊铺

图3.1.9　人工修边

7）质量检查

摊铺完成后,对支承层的质量进行检查(图3.1.10)。质量检查的主要内容包括:观察支承层是否发生离析,如果有马上进行修补处理;同时检查支承层表面高程,可在两基准线间拉弦线,用钢尺量测弦线到支承层表面的距离来测定。如果高程超过误差允许要求,必须立刻处理。

8）支承层切缝、养护

支承层摊铺完成12h内,按纵向5m间距切割出一道横向缝,缝深为支承层混凝土厚度的1/3。在切缝工作完成后,在支承层表面洒水并覆盖塑料薄膜养护5d(图3.1.11)。

图3.1.10　质量检查

图3.1.11　养护

9）检测、评估

（1）施工完成后,每隔500m用灌砂法测定支承层混合料的密实度。

（2）每隔250m钻芯取样(芯样直径150mm),进行抗压强度测试,确定28d的支承层混合料的强度。

（3）检测资料完成后,对支承层施工质量进行评估(图3.1.12)。

a)密实度检测

b)钻芯取样

图3.1.12　支承层检测

开动脑筋

请结合上述知识点说明,CRTS双块式无砟轨道底座施工与CRTS II型板式无砟轨道底座施工有何区别?

技能训练

参考高速铁路轨道施工与维护实训手册的项目13　双块式无砟轨道施工实训作业指导书。

2.桥梁段底座混凝土施工

桥梁段底座(保护层)施工工艺流程图如图3.1.13所示。

```
线下基础沉降评估
    ↓
伸缩缝安装
    ↓
桥面保护层钢筋加工、运输和存放
    ↓
保护层与防撞墙的连接
    ↓
桥面保护层钢筋绑扎
    ↓
抗剪凸台钢筋绑扎
    ↓
桥面保护层高程控制点的设置
    ↓
防水层的损伤检测及必要修复
    ↓
桥面保护层混凝土浇筑
    ↓
桥面保护层养护和形成中间接缝
    ↓
抗剪凸台(凹槽)施工
```

图3.1.13 桥梁段底座(保护层)施工工艺流程图

1)线下基础评估检测

桥梁基础评估检测工作主要包括两部分:

(1)桥梁基础的沉降评估,只有在沉降评估合格后才能开始无砟轨道的施工。

(2)桥梁面的竣工测量,比较点位实测值与设计值的偏差(允许偏差±10mm)。竣工测量的点位布置如图3.1.14所示。

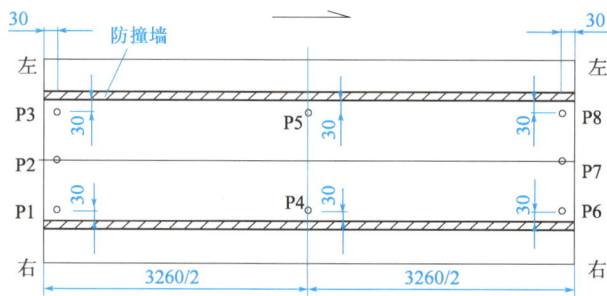

图3.1.14 竣工测量的点位布置(尺寸单位:cm)

2)安装桥梁伸缩缝

(1)在桥面保护层钢筋绑扎完成后,安装桥梁伸缩缝(图3.1.15)。伸缩缝由耐候钢型材、橡胶密封带、锚固钢筋等组成。

(2)将锚固钢筋与混凝土保护层内的钢筋网焊接;将异型钢与锚固钢筋焊接;将伸缩缝顶面调整为距梁顶100mm的位置定位;在两孔梁端桥面间隙嵌入泡沫板;浇筑保护层混凝土,锚

图3.1.15 伸缩缝安装

固伸缩装置;待混凝土强度达到设计强度的 80% 及以上时嵌装密封橡胶带。

（3）安装耐候钢型材齐梁缝。

3）桥面保护层施工

（1）钢筋在施工现场加工制作,人工搬运到铺设位置。在运输过程中,钢筋要保持平直,不允许扭曲或扭弯。人工将钢筋从货车上卸下,并放置于桥上走道两边。所有的钢筋运输时应没有严重的锈蚀和油污及其他杂质的污染。

（2）焊连保护层钢筋与防撞墙预留的搭接筋。

（3）先按设计图纸要求在桥面保护层上设定高程控制点,如图 3.1.16 所示。画线定位纵横向钢筋位置,然后将钢筋铺放在画线位置处。钢筋绑扎完成后,在钢筋网下垫放混凝土垫块,垫块有两种规格:①一种尺寸为 30mm×40mm×50mm,用于保证混凝土保护层厚度;②一种尺寸为 50mm×80mm×100mm,用于控制保护层厚度。钢筋的铺设顺序:先铺设纵向钢筋,再将横向钢筋从板端向板中部铺设。

（4）铺设抗剪凸台钢筋并绑扎到桥面保护层的主钢筋网上。抗剪凸台钢筋绑扎前,应先将凸台中心位置点放样到桥面防水层上,绑扎人员根据凸台中心点位置进行凸台钢筋绑扎,如图 3.1.17 所示。

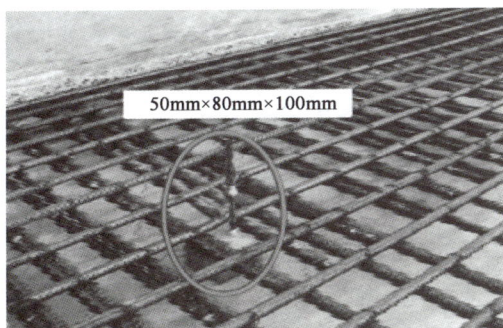

图 3.1.16　高程控制点

图 3.1.17　底座及凸钢筋绑扎

（5）设置桥面保护层高度控制点,在防撞墙上挂标记线定出保护层高程,加工制作出尺寸为 50mm×80mm×80mm 的混凝土垫块,在垫块中部预留 $\phi 12mm$ 的圆孔,垫块纵向间距为 5m,横向间距如图 3.1.18 所示,然后在垫块圆孔中插入 $\phi 10mm$ 的钢筋,钢筋长度为 200mm。根据设计图纸要求,测出摆放垫块位置处保护层的高度,并用胶带在钢筋上做出标记,通过在防撞墙标记线和钢筋标记点上挂线来控制保护层的高程。

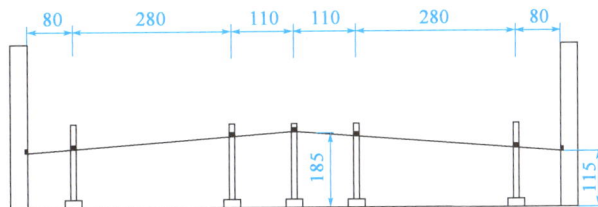

图 3.1.18　桥面保护层高程(尺寸单位:cm)

（6）在钢筋的铺设和绑扎过程中,应避免防水层受损。

（7）所有钢筋固定、抗剪凸台定位复核及混凝土厚度控制标记施工完成后,应把即将浇筑桥面保护层的区域清理干净。在浇筑桥面保护层之前,应采用木板(泡沫聚苯乙烯材料)

图 3.1.19　抗剪凸台模板隔离

将抗剪凸台的侧面覆盖,使其与桥面保护层分隔开来(图3.1.19)。安装端模板。沿桥面保护层中心安装纵向特制钢片,以便混凝土浇筑完成后,在平行于轨道轴线方向形成一条深度不小于桥面保护层混凝土厚度1/3的缝隙,缝隙中间嵌填密封条。

(8)在桥梁端部和伸缩缝位置处安装模板,桥梁泄水孔上接PVC管(图3.1.20),泵送混凝土浇筑(图3.1.21),用振捣棒捣实。混凝土浇筑完毕后,用铁抹子将保护层抹平压光(图3.1.22)。

(9)桥面保护层可采用覆盖麻布、海绵和洒水进行养护,并保持其湿润3d以上(图3.1.23)。

图 3.1.20　泄水孔接长

图 3.1.21　混凝土浇筑

图 3.1.22　混凝土抹平

图 3.1.23　混凝土养护

4)抗剪凸台浇筑

(1)测量放线:在桥面保护层上放出桥面保护层中心线、凸台两边缘线和模板安装线,如图3.1.24所示。

(2)为保证抗剪凸台与桥面保护层混凝土之间的良好黏结,在桥面保护层初凝后,将抗剪凸台区域内已产生强度的桥面保护层表面凿毛形成施工缝(图3.1.25)。凿毛要求:桥面保护层外露深度6mm以上,且在浇筑抗剪凸台混凝土整个区域的外露深度平均3mm以上。

(3)安装抗剪凸台模板:抗剪凸台模型用4个槽钢焊接而成,槽钢高度145mm。凸台模板对准模板安装线进行安装,如图3.1.26所示。在模板上表面安装木条。木条用铁丝绑扎固定在凸台钢筋上,防止模型在混凝土浇筑过程中移动。通过安装3~5mm厚的软泡沫聚苯乙烯片使钢模底部与保护层密贴。

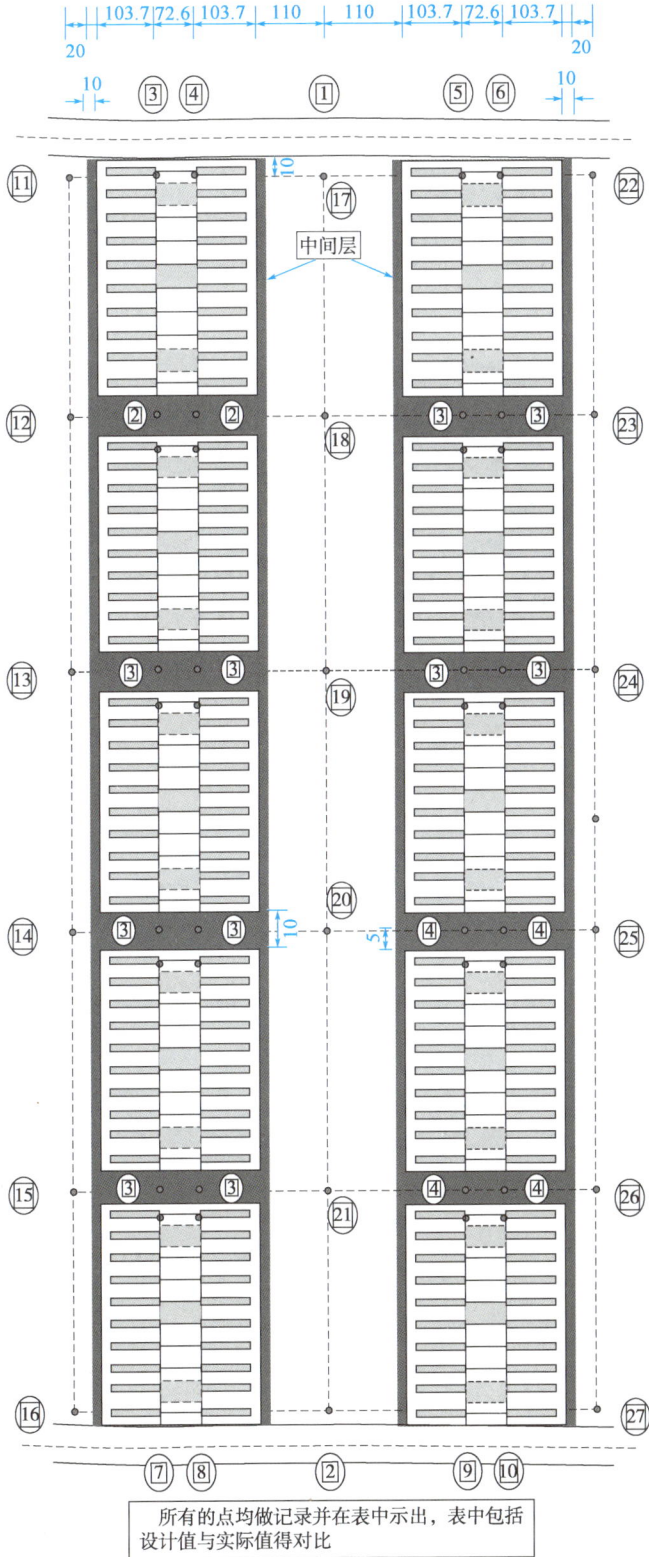

图 3.1.24 凸台、中间层和道床板施工放样(尺寸单位:cm)

所有的点均做记录并在表中示出,表中包括
设计值与实际值得对比

图 3.1.25 凸台区域凿毛

图 3.1.26 安装凸台模板

图 3.1.27 凸台混凝土浇筑

（4）在浇筑混凝土前,应保证模板中心的松散部件及碎片都已清除,并提前24h湿润施工缝区域。混凝土浇筑后(图3.1.27),采用插入式振动棒进行捣实。为使抗剪凸台的侧壁光滑,可以采用橡胶锤在不扰动模板的情况下轻轻敲击侧模。最后人工用铁抹子将混凝土表面抹平压光。混凝土采用洒水覆盖养护。

5）保护层竣工测量

桥面保护层竣工测量点布置在线路中线两侧1.4m的位置处,抗剪凸台测量点位布置在凸台的4个角点上。

开动脑筋

请说明 CRTS 双块式无砟路基段水硬性支承层(底座)与桥梁段底座结构有何区别？

技能训练

参考高速铁路轨道施工与维护实训手册的项目14 双块式无砟轨道底座放样实训作业指导书。

3.隧道底座混凝土施工

隧道底座混凝土的施工工艺相对简单,同常规混凝土浇筑相似。在隧道填充层上凿毛处理,然后再浇筑混凝土。

注意:底座混凝土浇筑应振捣密实,表面应抹平,并严格控制顶面高程。施工完进行洒水养护,湿润养护不得低于7d。

动画:无砟轨道
排框架法施工

动画:双块式无砟
轨道轨排法施工

三、轨排组装与定位

1.双块式轨枕、道床板钢筋进场

1）提出轨枕、钢筋用料计划

（1）根据设计及施工进度情况,计算确定每周所需的轨枕及钢筋数量。

（2）所需轨枕、钢筋应在施工两周前运抵工地，可将双线所需轨枕、钢筋一次运输、放置到位。

2）轨枕的运送

轨枕层间用 10cm×10cm 方木支撑，枕木垛应绑扎牢固。可使用货车运送轨枕（图 3.1.28），使用汽车吊或门式起重机等卸载轨枕。路基曲线段轨道线路间空间可用碎石填充，供车辆同通行。

图 3.1.28　双块式轨枕运输

3）轨枕的接收

（1）在轨枕卸车前，质检人员应检验轨枕运输中有无损坏、裂缝、钢筋变形及伸出的钢筋长度。

（2）轨枕的质量指标见表 3.1.1。

轨枕外观质量检查表　　　　　　表 3.1.1

序号	检查项目	检验标准及允许偏差
1	预埋套管内	不允许堵塞
2	承轨台表面	不允许有长度 >10mm、深度 >2mm 的气孔、粘皮、麻面等缺陷
3	挡肩宽度范围内的表面	不允许有长度 >10mm、深度 >2mm 缺陷
4	其他部位表面	不允许有长度 >50mm、深度 >5mm 的气孔、粘皮、麻面等缺陷
5	表面裂纹	不得有肉眼可见裂纹
6	周边棱角破损长度	≤50mm

（3）如果轨枕垛中有若干轨枕不合格，将该垛轨枕拒收并退还。

4）轨枕的现场堆放

验收合格后方可卸载轨枕垛。轨枕垛应按相应标记卸车垛放，并应确保道路畅通。

2.道床工作面清理、施工放线

1）工作面清理

清除道床板范围内的下部结构表面浮砟、灰尘及杂物。

2）施工放线

（1）路基每隔 13m 测设并标记一个轨道中线控制点，并用明显颜色标记，以此为参照放样出轨枕两侧边缘线并用彩笔标出，为散枕机散枕提供参考。

（2）桥梁上测设出每片梁单元缝中线点，以此标出中间层土工布、轨枕边缘线。

（3）以中线为基准弹出道床板的纵向模板内侧边线和横向模板固定钢条位置。

（4）标记轨枕控制边线及每隔 20 根（约 13m）标定一次轨枕里程控制点的具体位置（图 3.1.29）。

3.底层钢筋布设

底层钢筋布设应符合下列规定：

（1）在路基和隧道地段按测量放样位置和轨枕下纵向钢筋设计数量，将纵向钢筋依次散铺到线路上。

（2）桥梁地段将凸台间的纵向底层钢筋摆放到位后，将其余钢筋摆放在桥梁防撞墙一侧待用。

（3）在线路设计的位置安装横向模板基座条。

（4）采用门式起重机工具轨法施工时，绑扎底层钢筋，做好绝缘处理。

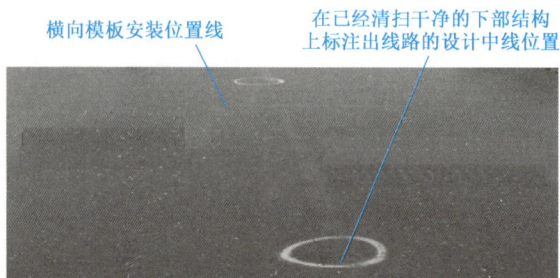

图3.1.29　施工放线示意图

4.轨枕布设

1）铺设轨枕

铺设轨枕的方法有以下三种：

方法一：利用散枕装置沿着轨道铺设轨枕。散枕装置从轨枕垛一次抓取一组轨枕，调整到设计轨枕间距。比照标定的道床板设计边线，将轨枕均匀散布到设计位置（图3.1.30），控制相邻两组轨枕的间距。

a)　　　　　　　　　　　　　　　　b)

图3.1.30　桥梁、路基轨枕布设

方法二：人工布枕。经过调整后上工具轨固定。

方法三：使用轨道框架法布枕，即在轨排组装平台上利用精确加工的轨道框架组装轨排，然后运至铺设地点就位。

桥梁地段间隔设计有凸台的，在每个凸台左、右两侧各预置1块不低于凸台设计高度（约15cm×15cm）的纵向方垫木，保证双块式轨枕两端均匀受力，桁架钢筋不弯曲变形；设计有凹槽的，直接布置底层钢筋后铺设轨枕，如图3.1.31所示。

2）核对轨枕间距

每散布4组轨枕，与现场标示的里程控制点核对一次，控制散布轨枕的累计纵向误差，做出相应的调整。轨枕布设质量检查表见表3.1.2。

图 3.1.31 桥梁凸台处轨枕布设

轨枕布设质量检查
表 3.1.2

序号	检查项目	检验标准	检测方法
1	同组轨枕间距	≤ ±5mm	检查尺
2	两组轨枕间距	≤ ±10mm	检查尺
3	两组轨枕左右偏差	≤ ±10mm	检查尺
4	轨枕线形	平顺,与轨道中线基本垂直	目检
5	桥梁地段轨枕布设	中间层	无褶皱及其他损坏,宽度≥3200mm
		垫木	支撑在扣件系统下方

5. 工具轨、模板、螺杆调节器运输

(1)检查工具轨、模板及螺杆调节器。工具轨在进场后用蓝色油漆进行编号,对每根钢轨质量进行描述并归档。若检测合格,则在钢轨两端贴上合格标志待用;否则不得使用,记录钢轨编号并将钢轨送工作台校正,直到到达到合格标准。模板及螺杆调节器按设计要求进行抽检。

(2)运输(装卸)工具轨、钢模板和螺杆调节器。工具轨对控制施工精度具有重要影响,应精心保护。工具轨采用平板拖车运至现场,分层码放整齐。工具轨施工倒运采用起重运输车(又称随车吊)或门式起重机。吊装应采用专用吊具作业。运输中工具轨堆码不得超过 3 层,层与层之间用方木垫平。工具轨装卸与运输如图 3.1.32 所示。

图 3.1.32 工具轨装卸与运输

模板和螺杆调节器运输到现场集中堆放,使用时由起重运输车倒运。螺杆调节器也可由轨行式物流平车进行运输。

图 3.1.33　铺设工具轨

6. 铺工具轨、组装轨排、安装螺杆调节器钢轨托盘

1) 抽检工具轨

保证工具轨平直性、无弯翘及扭曲,轨头无硬弯,就位前检查轨底及轨面是否干净。

2) 铺设工具轨

(1) 利用起重运输车或门式起重机,通过专用吊架将工具轨吊放到轨枕上(图3.1.33)。在钢轨放到轨枕上之前,轨枕支撑表面要干净。

(2) 对面钢轨的安装与第一根钢轨的程序一样。

注意: 两根钢轨的端部接缝必须在同一位置。

(3) 两工具轨之间轨缝应控制在15~300mm。

148

高速铁路轨道施工与维护(第3版)

开动脑筋

工具轨有何作用,铺设在什么位置?

3) 组装轨排

(1) 检查轨枕与工具轨的垂直度,需要时进行调整。

(2) 使用扭矩扳手将扣件定位,并按规定扭矩拧紧螺栓,使钢轨与垫板贴合;弹条两端下缘必须压在轨脚上。

(3) 检查扣件的完好性,若有损坏应及时更换。

(4) 检查并记录轨距,不合格时应予以处理。

4) 安装螺杆调节器钢轨托盘

(1) 螺杆调节器钢轨托盘应装在轨底,在每个轨排端的第一、二、四根轨枕前(后)需要配一对螺杆调节器(图3.1.34),之后,直线和超高小于50mm的地段每隔3根、超高大于50mm但小于120mm地段的每隔2根、超高大于120mm的地段每隔1根轨枕安装一对螺杆调节器。

a)

b)

图 3.1.34　安装螺杆调节器托盘

(2) 螺杆调节器中的平移板应安装在中间位置,以保证可向两侧移动。最大平移范围约50mm,每一边的中心偏移量为25mm。

(3) 在桥梁地段安装横向模板位置,螺杆调节器错开安装。

7. 轨道粗调、安装调节器螺杆

（1）粗调机就位（图3.1.35）。安装好工具轨和螺杆调节器托轨板后，粗调机沿工具轨自行驶入，粗调单元均匀分布在工具轨上。

（2）准备粗调。放下两侧辅助支撑边轮，支撑在底部结构物顶面上，放下夹轨器，夹紧钢轨。

（3）全站仪设站。全站仪采用自由设站法，测量测站附近6个CPⅢ基准控制点棱镜，通过配套软件，自动平差计算，确定全站仪的x、y、z坐标。

图3.1.35 粗调机就位

改变全站仪测站时，必须至少观测后方3个交叉控制点，同时对已完成调整的最后一组轨排进行复测。当偏差大于2mm时，应重新设站。为了加快粗调速度，压缩测量仪器定位时间，每套粗调机宜配备2台全站仪。

（4）测量与轨道调整。依次遥控打开每个粗调单元顶部的棱镜，全站仪自动搜索、测量、计算得出棱镜x、y、z数据和各单元倾角仪测得的倾角数据，全部无线传输到电脑上。通过计算软件，计算出每个调节单元与设计位置的偏差（调整数据），并由无线信号发送至各个调节单元，进行水平、垂直、超高位置的自动调节。调整按照先调整中间两台、后调整端部两台的顺序进行。一般情况下，调整后的高度应低于设计高程2~5mm。

（5）确认粗调结果。重复测量，确认轨排定位。必要时再次进行调整，一般需重复调整2~3次。轨排粗调符合表3.1.3要求。

轨排组装粗调检查表　　　　　　　　　　　　　　　表3.1.3

序号	检查项目	检验标准	检测方法
1	轨缝	15~300mm	尺量
2	螺栓拧紧扭矩	扣件安装技术条件	扭矩扳手
3	轨距	±1mm	轨检尺

（6）安装螺杆。完成轨道粗调后，安装调节器螺杆。根据超高的不同，选择螺杆调节器托盘的倾斜插孔（用于调节与底座面的角度，确保垂直大地，受力良好），旋入螺杆，安装波纹管或其他隔离套。采用电动扳手拧紧调节螺杆或徒手拧至螺杆接触地面。超高段需要使用扳手旋转90°消除空隙，使螺杆底部略微受力。直线段用手拧紧即可。

在桥梁超高地段，应根据超高量选用不同高度的螺杆。在路基段上，无论超高与否，均使用短螺杆。

> **开动脑筋**
>
> 请说明CRTS双块式无砟轨道螺杆调节器安装位置和数量要求。

8. 钢筋绑扎、接地焊接

1）钢筋绑扎

（1）按设计要求进行钢筋绑扎。对纵向钢筋与横向钢筋和轨枕桁架上层钢筋交叉处以及上层纵向钢筋搭接范围的搭接点按设计要求设置绝缘卡，用尼龙自锁带绑扎[图3.1.36a)]。

图 3.1.36　钢筋绑扎与焊接

（2）绑扎过程中不得扰动粗调过的轨排。

（3）路基上，纵向钢筋的搭接不得小于 700mm，采用绝缘卡固定。

2）接地焊接

纵横向接地钢筋采用 L 形焊接，单面焊接长度不小于 200mm。在路基较短、没有设置接触网基础的情况下，路基段接地端子设置在靠近桥台处，通过接地钢缆与桥台处的接地端子连接，并入桥梁接地系统，但并入后形成的接地单元同样要求满足不大于 100m 的要求［图 3.1.36b)］。

接地端子的焊接应在轨道精调完成后进行，端子表面应加保护膜，焊接时应保证其与模板密贴。

3）钢筋绝缘检测

道床板钢筋绑扎并焊接完成后，应进行绝缘性能测试。检测采用的欧姆表如图 3.1.37 所示。非接地钢筋中，任意两根钢筋的电阻值不小于 $2M\Omega$。

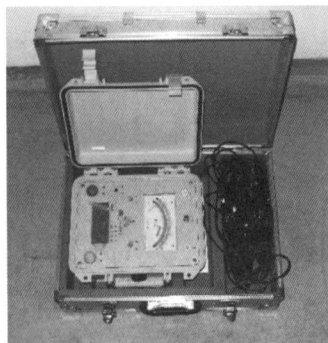

图 3.1.37　欧姆表

9. 安装横向、纵向模板

1）模板抽检

模板安装前应先进行以下工作：检查模板平整度；复核基座条位置；检查基座条与下部结构连接固定情况；检查模板清洗情况；检查脱模剂涂刷情况；更换损坏或弯折的模板。

2）模板安装

（1）横向模板安装（图 3.1.38）。单元缝位置必须准确放样、画线标注。横向模板由 3 块拼接组成，与螺杆调节器共用 1 台小型轨道平板运输吊车安装：先安装中间块，后安装两边块。使固定钢条嵌入模板底面凹槽，相邻模板间部分销接、拼接严密，顶部设钢盖板。

图 3.1.38　横向模板安装

（2）纵向模板安装（图3.1.39）。当采用与安装机配套的长模板时，操作顺序如下：

①将存放在线路中部的一组纵向模板吊装至安装机储存架上。

②按照每间隔5～10m放样标示的道床板两侧尺寸控制点铺设橡胶垫。

③吊运模板就位，固定上、下部钢条。

④个别非标跨度桥梁，设短调整节。

⑤间隔布置三角形模板垫块，保持底面支撑牢固、水平；沿轨道线路一次行走至下一对模板安装位置。

⑥依次安装完所有模板，模板内侧应标示道床板顶面。

⑦当纵向模板采用小型组合式模板时，可由门式起重机吊装运输，人工安装。

a)

b)

图3.1.39　纵向模板安装

纵横向模板安装完毕，需要满足表3.1.4的要求。

道床板模板安装检查表　　　　　　　　　　表3.1.4

序号	项目	允许偏差（mm）	备注
1	顶面高程	±5	均为模板内侧面的允许偏差
2	宽度	±5	
3	中线位置	2	

10. 轨道精调

1）轨枕编号

精调工作进行前首先对轨枕进行编号。编号采用红色油漆喷于轨枕上，如图3.1.40所示。

图3.1.40　轨枕编号

视频：双块式无砟轨道施工工艺3

动画：双块式无砟轨道精调

微课：双块式无砟轨道精调原理

2）全站仪设站

全站仪观测4对连续的CPⅢ点，自动平差、计算确定设站位置。如果偏差大于0.7mm，应重新设站。改变测站位置后，必须至少交叉观测后方利用过的4个控制点，并复测至少已完成精调的一组轨排。如果偏差大于2mm，应重新设站。为加快进度，每工作面宜配备2台具有自动搜索、跟踪、计算、传输数据功能的全站仪（图3.1.41）。

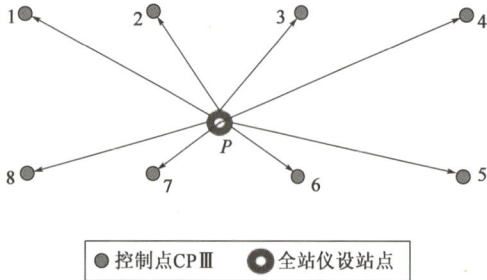

图3.1.41 全站仪设站示意图

3）测量轨道数据

轨检小车放置于轨道上，安装棱镜，使用全站仪测量轨检小车棱镜，小车自动测量轨距、超高、水平位置，接收观测数据，通过配套软件，计算轨道平面位置、水平、超高、轨距等数据，将误差值迅速反馈到轨检小车的电脑显示屏幕上，指导轨道调整（图3.1.42）。

4）调整中线

采用双头调节扳手，调整轨道中线（图3.1.43）。双头调节扳手联组工作，一般为2～5根。

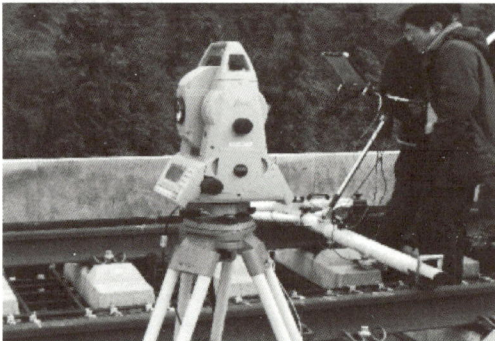

图3.1.42 测量轨道数据图

图3.1.43 轨道高程、中线调整

5）调整高程

用普通六角螺帽扳手旋转竖向螺杆，调整轨道水平、超高。粗调后轨道顶面高程应略低于设计顶面高程。调整螺杆时要缓慢进行，旋转90°高程变化1mm，调整后用手检查螺杆是否受力，如未受力则拧紧调整附近的螺杆。

6）工序质量标准及验收检验方法

精调后轨道几何形位允许偏差应符合下列规定：

（1）轨顶高程与设计高程允许偏差为±2mm；紧靠站台为0～2mm。

（2）轨道中线与设计中线允许偏差为2mm。

（3）无砟轨道静态平顺度标准应符合表3.1.5规定。

无砟轨道静态平顺度检查表　　　　　　　　　　　　表3.1.5

项目幅值（mm）设计速度	高低	轨向	水平	扭曲（基长6.25m）	轨距
350km/h≥V>200km/h	2	2	1	2	±1
弦长（m）	10	10	—	—	—

注：轨距变化率不得大于1‰，同时为减少无砟轨道后期的调整量，在施工过程中，该标准往往要按提高一个等级进行过程控制。

7)注意事项:

(1)所有测量仪器必须按相关标准实行定期标定。

(2)测量区域尽量减少其他施工作业。

(3)极端天气条件下不得进行精调作业。

(4)轨排精调后应采取防护措施,严禁踩踏和撞击。

(5)轨排精调后应尽早浇筑混凝土,如果轨排受到外部扰动,或放置时间过长,或环境温度变化超过15℃,必须重新检查确认仍合格后,方能浇筑混凝土。

技能训练

参考高速铁路轨道施工与维护实训手册的项目15   CRTS双块式无砟轨道精调实训作业指导书。

四、道床板混凝土铺筑施工

1.混凝土浇筑

1)准备工作

清理浇筑面上的杂物,洒水湿润浇筑机螺旋输送槽、储料斗及轨道板底座。洒水润湿后的水硬性支承层上不得有积水,桥梁段中间层表面不宜过多洒水。为确保轨枕与新浇混凝土结合良好,需在浇筑前6h内在轨枕表面洒水3~4次,用防护罩覆盖轨枕、扣件,检查螺杆调节器螺杆是否出现悬空,隔离套是否装好。

微课:双块式道床板施工   微课:轨检小车组装(南方高铁)

2)检查和确认轨排复测结果

浇筑混凝土前,如果轨道放置时间过长(超过12h),或环境温度变化超过15℃(钢轨长度为15m),或受到外部条件影响,必须重新检查或调整轨排。

3)混凝土输送

利用混凝土运输车将混凝土运至施工现场后,应检测每车混凝土的坍落度、含气量及温度等指标,合格后再根据不同的浇筑方案选择卸料方式。浇筑机施工时,利用可旋转的侧向受料螺旋输送装置上料。

4)混凝土浇筑

(1)当轨道板混凝土采用浇筑机施工时,利用储料斗内置螺旋布料装置布料,通过调整储料斗左右倾斜角度,控制布料及4个出料槽流量,前面储漏斗处4个插入式捣固器将混凝土捣固密实,后面有2个辅助振捣器用于人工局部补捣(图3.1.44)。

注意:振捣过程中,应避免碰撞钢筋网。若混凝土浇筑间隔时间过长,应按施工接头处理。

(2)当混凝土采用吊斗浇筑时,用吊斗将混凝土吊至待浇筑的轨排上方(下料口离轨顶不可过高),开启阀门下料;下料应均匀缓慢,不得冲击轨排,下料过程中需注意及时振捣和防止污染。

(3)当混凝土采用泵送时,橡胶泵管口应在轨排上方且下料方向基本垂直轨排。通过移动下料管控制混凝土高程。

5)移位

混凝土需1个轨枕接1个轨枕单向连续浇筑,让混凝土从轨枕块下漫流至前一格,不致在轨枕下形成空洞。当混凝土量略高于设计高程后,前移到下一格进行浇筑。

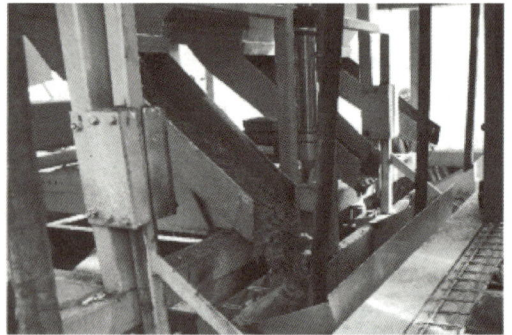

a)   b)

图 3.1.44　浇注机浇筑混凝土

6）抹面及清洗

表层混凝土振捣完成后,及时修整、抹平混凝土裸露面(图 3.1.45)。混凝土入模后 0.5h

图 3.1.45　混凝土抹面

内用木抹完成粗平,1h 后再用钢抹抹平。为防止混凝土表面失水产生细小裂纹,混凝土入模 3~4h 后进行二次抹面。抹面时,严禁洒水润面,并防止过度操作影响表层混凝土的质量。

注意:在抹面过程中,应加强对托盘下方、轨枕四周等部位的施工。抹面完成后,及时清刷钢轨、轨枕和扣件,防止污染。

7）施工缝处理

如因机械故障等原因浇筑过程中断,应根据设计要求,在最后的 2 根轨枕中间设置施工缝。施工缝的设置金属网,以使施工缝表面粗糙,确保新老混凝土之间有足够的黏结力。接缝处的横向钢筋位置挪向浇筑混凝土侧。如果中断时间超过 72h(时间不到 72h,但温度变化较大),应另外增设 4 排共 16 根销钉和 U 形加强钢筋。

8）工序质量标准及验收检验方法

(1)按要求进行混凝土坍落度、含气量等指标的检查。

(2)记录混凝土入模温度(5~30℃)。

(3)道床板混凝土振捣密实后,表面应按设计设置横向排水坡,人工整平、抹光,其尺寸允许偏差应符合表 3.1.6 的要求。

混凝土道床板外形尺寸检查表　　　　　　表 3.1.6

序号	检查项目	检验标准	序号	检查项目	检验标准
1	顶面宽度	±10mm	3	伸缩缝宽度	±5mm
2	道床板顶面与承轨台面相对高差	±5mm	4	中线位置	2mm
			5	平整度	2mm/1m

(4)如果两次浇筑间隔时间过长,应按施工接头处理。

(5)下料时,应及时振捣,防止集料过多导致轨排上浮,避免振捣器碰撞螺杆调节器、轨枕和钢筋等。

(6)混凝土浇筑量、振捣时间、浇注机行走速度应合理匹配,确保枕底浇筑密实。

(7)底座、支承层预湿润时不得有积水。

（8）及时抹面，清洁轨枕、扣件、钢轨。

2．混凝土养护

（1）喷涂养护液养护或喷雾、覆盖和洒水养护。

（2）混凝土浇筑后0.5～1h（若混凝土掺加缓凝剂，螺杆松动时间延长至2～3h），螺杆放松1/2圈，螺杆调节器的放松须始终沿逆时针。

（3）混凝土浇筑后2～4h，提松横向模板和施工缝模板，松开全部扣件，释放轨道在施工过程中由温度和徐变引起的变形。

注意：操作时不要扰动轨排。

（4）工序质量标准及验收检验方法

①道床板混凝土初凝前后应采取喷雾保湿养护措施，并及时覆盖和洒水养护，洒水次数应能保持混凝土处于润湿状态；当环境温度低于5℃时，禁止洒水养护，可在混凝土表面喷涂养护液养护，并采取适当保温措施。不同混凝土湿养护的最低期限见表3.1.7。

不同混凝土湿养护的最低期限   表3.1.7

混凝土类型	水胶比	湿度≥50%，无风，无阳光直射		湿度<50%，有风，阳光直射	
		日平均气温 t（℃）	潮湿养护期限（d）	日平均气温 t（℃）	潮湿养护期限（d）
胶凝材料中掺有矿物掺和料	≥0.45	5≤t<10	21	5≤t<10	28
		10≤t<20	14	10≤t<20	21
		20≤t	10	20≤t	14
	<0.45	5≤t<10	14	5≤t<10	21
		10≤t<20	10	10≤t<20	14
		20≤t	7	20≤t	10
胶凝材料中未掺矿物掺和料	≥0.45	5≤t<10	14	5≤t<10	21
		10≤t<20	10	10≤t<20	14
		20≤t	7	20≤t	10
	<0.45	5≤t<10	10	5≤t<10	14
		10≤t<20	7	10≤t<20	10
		20≤t	7	20≤t	7

②混凝土道床板裂缝宽度大于规定时，应按有关规定进行处理。

③混凝土终凝前，应避免与流动水相接触。

3．拆除纵向、横向模板

1）拆、洗模板

利用模板拆洗机先拆纵向模板，再拆横向模板，依次推进，逐块拆除、清洗，给模板涂油，将各型模板、楔块、钢垫块、固定钢条等分别归类、集中，分批储存在模板存放筐中。如果轨道板混凝土模板采用小型组合式模板，也可采用人工拆除及清洗（图3.1.46）。

2）倒运模板

利用模板拆洗机拆除纵向模板后，用小型轨

图3.1.46　拆洗模板

道平板运输吊车拆除、收集横向模板。纵、横向模板由起重运输车利用混凝土浇筑间隔,从后方倒运至前方。

3)储运

(1)拆洗机本身可存放纵向模板,一并放在存放框架内,便于模板放满之后装卸运输。

(2)拆下来的横向模板放在收集筐中。

(3)在浇筑混凝土间隙,利用起重运输车,将纵、横向模板从后方倒运至前方。

4)工序质量标准及验收检验方法

(1)道床混凝土抗压强度≥5MPa,方可拆除纵、横向模板。

(2)所有拆下的模板及附件,应集中存放于两线路中部。

4. 拆除螺杆调节器

1)工作内容

先旋转取出螺杆,再将调节器钢轨托盘与工具轨分离,逐一清洗、涂油保养后,集中储存在集装筐中,用起重运输车运走。

2)工序质量标准及验收检验方法

(1)必须逆时针旋转调节器螺杆,放松螺杆时禁止顺时针旋转螺杆。

(2)拆卸出的螺杆和调节器钢轨托盘应逐一清洗、涂油保养后,集中装入集装筐。

(3)螺杆轻拿轻放,严禁乱扔,及时修复损伤的螺杆。

5. 拆除工具轨

1)工作内容

(1)解开全部工具轨扣件,清洗扣件,根据现场情况决定是否拆除扣件。

(2)用起重运输车吊装收集工具轨。

2)工序质量标准及验收检验方法

工具轨拆除后,应及时检查钢轨的平直度,清除轨底及轨面上附着的混凝土或其他污染物。

6. 封堵螺杆孔、修整混凝土

1)工作内容

遗留的螺杆孔采用高强度无收缩砂浆封堵。

2)工序质量标准及验收检验方法

(1)砂浆应符合设计要求。

(2)螺杆孔清理干净,不得有积水。

(3)砂浆封堵后,捣固密实。

7. 轨道整理

无砟道床施工完毕并铺设长钢轨和安装扣件后,轨道几何尺寸可通过扣件来调整。

1)确定调整范围

用轨道精调小车检查轨道几何形位,若轨道几何形位超出允许范围,应对该地段的轨道名称、里程、轨枕号、调整的要求做详细标示。

2)拆除弹条

当需要调整的轨道区段确定以后,应先拆除弹条。如果要释放无缝线路轨道应力,则必须拆除整根钢轨的弹条。若不允许释放无缝线路轨道应力与轨道调整工作同时进行,则只能拆除需要调整区段 20m 范围内的弹条。

3）抬升钢轨

弹条拆除后，将钢轨抬升，准备安装调整部件。

4）安装调整部件

将轨枕螺栓由套管旋出，根据调整需要更换轨距挡板、轨下垫片和弹性垫板，并将弹条放置于轨距挡板的凹槽上。

5）钢轨定位及安装弹条

将抬升的钢轨放置于轨枕上，按规定扭矩拧紧弹条扣件。

6）调整后测量

轨道几何形位调整后应重新测量并提交测量报告。

7）工序质量标准及验收检验方法

（1）安装轨枕螺栓时，必须用适当的套筒扳手插入螺栓后先逆时针轻转 2 圈后，再按顺时针方向转紧。严禁将螺栓击入预埋在轨枕中的套管中。预组装时，轨枕螺栓最大扭矩为 50N·m。

（2）最好将轨道调整工作与应力释放工作同时进行。若调整工作在应力释放后进行，调整后所有扣件扭矩应符合规范要求。

（3）精调后的无砟轨道静态平顺度应满足表 3.1.8 的规定。

无砟轨道静态平顺度检查　　　　　　　　　　　　　　　　　表 3.1.8

设计速度 （350km/h≥V>200km/h）	高低	轨向	水平	扭曲 （基长 6.25m）	轨距
项目幅值（mm）	2	2	1	2	±1
弦长（m）	10	10	—	—	—

注：轨距变化率不得大于 1‰。

开动脑筋

请说明 CRTS 双块式无砟轨道施工完要达到什么标准。

五、双块式轨枕预制

1.轨枕预制工艺流程

借鉴德国的成熟技术和质量管理方案，采用专用预制模具，工厂化、流水线生产优质双块式轨枕（包括岔枕）。轨枕尺寸示意图如图 3.1.47 所示。

微课：双块式
轨枕预制

视频：CRTS I 型
双块式轨枕制造

钢筋加工、轨枕预制均在厂房内完成。根据不同的枕型、数量，设置台位，配置模板。

钢筋加工厂内配置钢筋加工机械，钢筋在专用台架上进行绑扎。钢筋骨架入模、拆模等工作均由厂内桁吊完成。

厂内设搅拌站，按轨枕混凝土要求，采用独立的供料、搅拌系统。混凝土采用侧向高频振动的振捣工艺。

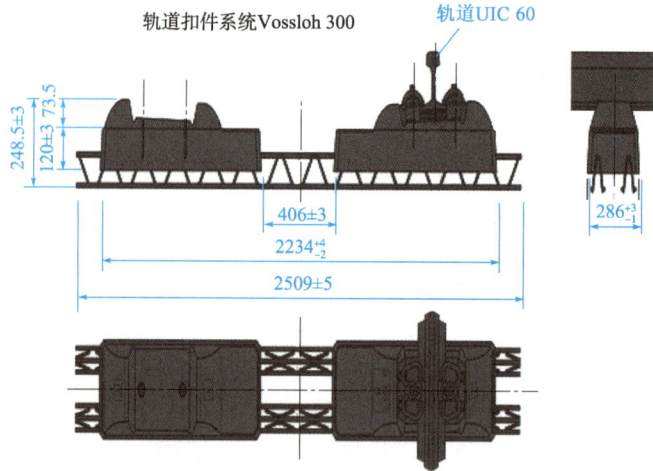

图 3.1.47　轨枕尺寸示意图(尺寸单位:mm)

养护工作分两步进行:第一步,预制完成后的原台位自动温控蒸汽养护;第二步,拆模后的垛放洒水养护。

厂内储存区的轨枕吊装、运输采用吊机配合载重汽车进行。

轨枕预制施工工艺流程图如图 3.1.48 所示。

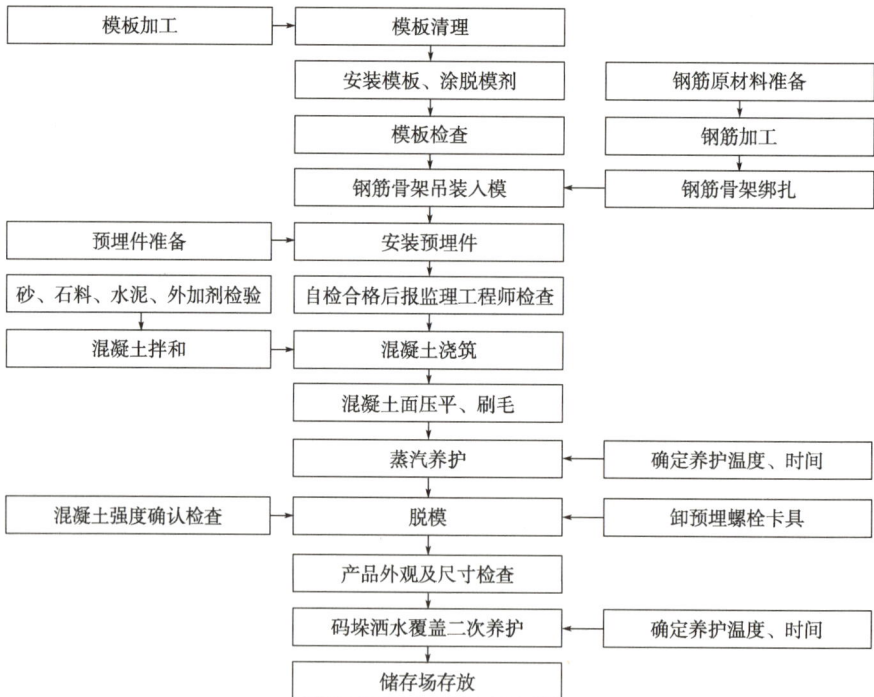

图 3.1.48　轨枕预制施工工艺流程图

2. 轨枕预制厂建设

1)轨枕预制厂的规划

轨枕预制厂分为生产区、办公区、成品储存区。其中,生产区设置钢筋加工和轨枕预制生产线,布置在钢结构厂房内。钢筋加工厂房内和轨枕预制厂房内设置桁吊,厂内道路与厂外道路连通,厂内分别设置办公区和休息区。

(1)生产区。

①轨枕预制区:内设枕体预制生产线、成品质量检测区和轨枕水池养护区,在生产车间内形成流水作业。

②钢筋加工生产线:设钢筋保管、加工、绑扎区和成品骨架存储区。

③搅拌站:设在厂内,配置 $1.5m^3$ 搅拌设备、水泥罐、集料存放库、材料库。集料通过传送带送入搅拌机。该搅拌站专供轨枕混凝土。

(2)办公区。办公区内布置办公室、休息用房、材料仓库及试验室,与厂房建设同步进行。地面采用 C15 混凝土硬化处理。办公室、休息用房为标准的双层板房,材料仓库及试验室为单层的活动板房。

(3)成品储存区。成品储存区与进出场道路相连,便于轨枕吊装和搬运。

(4)混凝土、水、电供应。预制厂施工、生活用水均接驳当地自来水管网。轨枕混凝土由设在预制厂内的搅拌站供应。电由一级配电房集中供应。轨枕厂内设置二级配电房,生活、生产区单独配线供应。

(5)其他临时设施。厂内设油罐、排水处理场和锅炉房等,地面采用 C15 混凝土硬化处理。

2)轨枕预制质量管理

为确保轨枕的质量,在制作过程中实施相应质量管理工作。原材料、混凝土及施工质量管理方案见轨道板预制质量管理。

3)主要生产工装设备

轨枕预制生产工装设备见表 3.1.9。

轨枕预制生产工装设备　　　　　　　　　　表 3.1.9

序号	设备名称		规格	数量	备注
1	搅拌站	散装水泥罐			设于轨枕预制厂,独立使用
		集料堆放场			
		计量搅拌装置	$1.0m^3$,强制		
		混凝土运输车	$6.0m^3$		
2	钢筋加工设备	钢筋切断机			设在钢筋生产线车间内
		钢筋弯曲机			
		半自动焊接机			
3	装卸设备	桁吊	5t/3.0t		
		轮胎式起重机	16t		
		大型货车			
4	混凝土浇筑设备	轨枕模板设备			
		混凝土料斗	$1.5m^3$		
		高频转换器			
		高频振捣器			
		压缩机			

序号	设备名称		规格	数量	备注
5	养护设备	锅炉	1.5t/h		小型直管式
		自动温度控制装置			
		养护水槽			
6	试验设备	集料试验器具			附带恒温水循环装置
		混凝土抗压强度试验机	100t		
		养护水槽			
		预埋螺栓抗拔试验装置			
		模板检查器具			
		产品检查器具			

开 动 脑 筋

请说明CRTS双块式轨枕预制时钢筋型号有哪几种。

3. 轨枕预制施工

1）模板安装

按设计要求提供、制作标准配套模具和专用检测工具，并进行模板安装、日常维护等质量管理工作。模板安装符合下列规定：

（1）模板采用螺栓固定在底部承受台上，测量确认模板与承受台的接触程度。

（2）模板使用前需进行清扫，在侧模、底模、拐角部分采用喷气方式清除垃圾、混凝土屑。

（3）在模板表面用棉纱均匀涂刷隔离剂。模板表面不允许漏涂，也不允许涂刷过多；表面不能有明显的油渍，否则影响外观；隔离剂不能涂刷在预埋件表面。

（4）模板必须实行日常检查和每月1次的定期检查，如有不符必须调换。检查结果记录在模型板检查表中。模板及预埋件安装允许偏差见表3.1.10。

模板及预埋件安装允许偏差　　　　　　　　　表3.1.10

序号	项目	允许偏差（mm）	序号	项目	允许偏差（mm）
1	长度	±1	4	翘曲	±1
2	宽度	±1	5	预埋绝缘套管位置	±0.5
3	高度	0 ~ +1			

2）钢筋加工及制作

（1）使用前先目视检查钢筋表面洁净、损伤、油渍、锈蚀等状态，并检查钢筋原材料产品质量证明书。

（2）钢筋在常温下加工，根据设计图纸制作与实物相同比例的样品，然后进行加工，并随机取样和对比，避免已经弯曲过的钢筋再度加工。钢筋加工允许偏差见表3.1.11。

钢筋加工允许偏差　　　　　　　　表 3.1.11

序号	检查项目	允许偏差（mm）
1	受力钢筋顺长度方向全长	±5
2	箍筋内边距离	±3
3	钢筋弯钩长度	0 ~ +10
4	其他钢筋尺寸偏差	±5

（3）按设计图把钢筋组装在正确的位置上，在钢筋交叉点采用电焊机点焊。

（4）加工好的钢筋骨架分层存放在加工厂房内，最多 8 层；每层间用方木支垫。搬运钢筋骨架时，采用吊具小心搬运。

（5）为确保混凝土保护层厚度，使用高强塑料垫块支垫，并用镀锌铁线绑紧。每平方米垫块数量为 2 ~ 4 块，梅花形布置，并对保护层厚度进行记录。

（6）预埋件加工必须满足设计要求，外购件必须全部检验，合格后方可投入使用。

3）模板、钢筋及预埋件位置检查

模板尺寸、预埋件位置检查采用专用检查工具；模板及预埋件安装位置允许偏差、钢筋安装位置及保护层厚度必须满足要求；自检确认合格后报请监理工程师检查。

4）混凝土浇筑与养护

（1）混凝土浇筑前，应在标准配合比的基础上进行试验，测定其坍落度、含气量，以取得便于施工、满足设计条件的施工配合比。

（2）混凝土由设在预制厂内的搅拌站供应，混凝土运输车配送至预制生产线内，再转卸至 1.5m³ 料斗内，用 5t 桁吊吊运料斗至浇筑区卸料。

（3）采用侧向高频振捣工艺。混凝土浇筑结束后，覆盖养护薄膜进行蒸汽养护。

（4）蒸汽养护采用自动控温装置，并自动记录温度。蒸汽养护分为静停、升温、恒温、降温四个阶段。浇筑完混凝土静停 3h 后才能升温，升温、降温速度不超过 15℃/h，恒温控制在 40 ~ 55℃，最高温度低于 60℃，持续时间在 6h 以内。蒸汽养护完成后，混凝土表面温度和环境温度差小于 15℃后脱模起吊轨枕。

（5）蒸汽养护时的最高温度尽量设低些，并尽可能减少持续时间。当温度下降时，采用自然降温方式并保温至除去保护膜为止。蒸汽的出口安装在不直接接触到模板和混凝土的位置处。

5）脱模、二次养护

轨枕脱模后经检查合格的产品，用 5t 桁吊移至洒水养护处，喷水湿润养护不少于 3d。洒水养护的水温应满足养生条件的相关要求。轨枕的脱模要在确认随轨枕进行同条件养护的试件的混凝土抗压强度达到 30MPa 后方可进行，以防止轨枕发生变形和产生裂缝。

6）轨枕的储存、堆放和运输

为防止轨枕变形和减少占地，轨枕的储存、堆放采用"垛"放的形式（图 3.1.49）。轨枕在临时放置地每 5 根并排存放，每垛最多不超过 6 层，层与层之间用 2 根方木支垫。方木放在承轨槽中。

载重汽车运输时，6 层平放。装车前先画出车辆底板纵横中心线，以横向中心线为界对称装载，每排轨枕纵向中心线要重合，纵向中心线投影与车底板纵向中心线重合，偏差控制在 ±20mm 以内，并采用适当的加固材料进行加固，限制运输过程中轨枕纵向和横向位移。轨枕的运输如图 3.1.50 所示。

图 3.1.49 轨枕的储存、堆放

图 3.1.50 轨枕的运输

任务二　弹性支承块式无砟轨道施工

一、施工准备

1. 内业技术准备

(1)分项分部工程验收,准备好隧道试验段相关的检验批文、施工日志、质量日志、三检记录表和缺陷整治相关记录及报告。

(2)编制试验段施工方案和首段工艺性试验实施细则。

(3)人员培训分两级进行培训:首先由项目部组织对本级和工区管理人员进行培训,然后由各工区对本级管理人员及施工作业人员进行系统培训。培训内容包括轨排框架法无砟轨道施工内容、工艺流程、施工方法、物流组织、工序质量控制标准及验收检验方法、注意事项等。

(4)制定施工安全、质量保证措施,提出大型设备失稳、安全用电、高空坠落等应急预案。

(5)做好无砟轨道试验段施工前的现场调查,制订科学、合理、详尽的施工组织方案,尤其是物流组织管理方案。

(6)混凝土配合比设计。按照设计要求,道床板采用C40混凝土现场浇筑,所处环境类别为碳化环境,作用等级为T2。

2. 外业技术准备

(1)分项分部工程验收。无砟轨道试验段施工前由项目部向监理单位和指挥部申请进行分项分部工程验收,主要内容包括:隧道净空、仰拱二次衬砌缺陷及处理(根据指挥部缺陷处理指导意见进行处理)、混凝土强度、仰拱填充面高程及宽度、附属工程验收(水沟电缆槽、预埋接地、附属洞室)等。

(2)CPⅡ、CPⅢ布设及测量。水沟电缆槽完成后进行 CPⅡ、CPⅢ点的布设及测量,测量成果报监理审批并报指挥部备案。

(3)现场调研。做好无砟轨道施工前的现场调查,切实做好无砟轨道施工便道、预制件、原材料、加工料的生产、存放与运输、气候条件的现场调研。

(4)预埋件检查。在铺设整体道床前,对所有预埋件(主要是"四电")进行一次彻底检查及验收,检查有无差错、遗漏,确保预埋件数量、位置准确无误后方可施工整体道床。

3. 工装准备

(1)轨排框架。轨排框架是隧道内弹性支承块无砟轨道施工核心工装,主要包括工具轨、横梁及超高调整系统、竖向支撑及中线水平调整系统、纵向模板系统四大部分,单组长度为6.6m。由2根6.6m工具轨、6块2.2m长模板、4组横梁及支撑系统组成,一次组装11×2块弹性支承块式轨枕。轨排框架平面图和断面图如图3.2.1、图3.2.2所示。

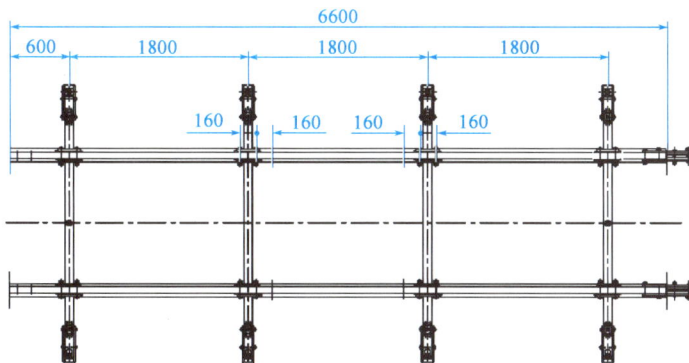

图3.2.1 轨排框架平面图(尺寸单位:mm)

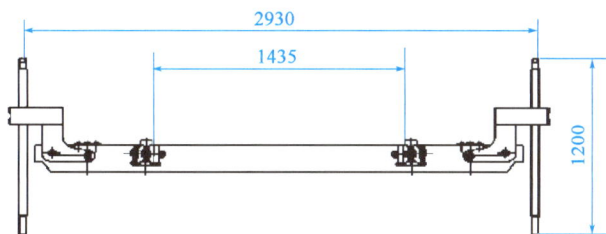

图3.2.2 轨排框架断面图(尺寸单位:mm)

轨排框架预先设定轨距和轨底坡两大几何参数,悬挂轨枕后形成框架轨枕组,螺柱支腿进行轨排框架的高低、水平的调整;轨向锁定器进行轨排框架的横向调整和固定。使用时只安装、拆卸扣件系统,实现轨排框架的整体调装,最大限度地保证安装精度。轨排框架进场技术标准见表3.2.1。

轨排框架技术标准 表3.2.1

机具设备名称	检查项目	验收标准
轨道排架	轨距	(1435 ± 0.5)mm
	轨底坡	$1 : (40 \pm 2)$
	排架长度	$L \pm 1$mm
	方正度	<3mm
	轨枕定位间距	± 5mm
	钢轨直线度及平面度	<0.5mm/m
	钢轨高度偏差	<0.3mm
	接头钢轨错牙	$\leqslant 0.5$mm

(2)专用门式起重机。门式起重机轨道布设在水沟电缆槽盖板上,行走机构采用变频技术实现快速行走、慢速安装排架。选用MD双速钢丝绳电动葫芦,实现快速起吊、慢速

定位。

（3）简易组装平台。功能是完成轨枕定位和轨排组装。

（4）吊具。起吊轨排的专用吊具具有保持轨排几何结构不变形和灵活就位的功能，由钢桁架、钢轨夹紧机构等组成；装卸轨枕的专用吊具具有避免轨枕变形的功能，每次可起吊4根轨枕。

（5）模具。根据隧道无砟轨道试验段的施工作业环境，专门设计适应施工现场轨排框架的模板，进行现场试拼，确定满足现场施工需要，再进行集中加工。

4. 施工工序与工艺流程

1）施工工序

施工准备→底板处理→底层钢筋安装→轨排组装和吊装→轨排粗调→上层钢筋安装→综合接地→模板安装→轨排精调→混凝土浇筑→拆除轨排框架和模板→混凝土养护及成品保护。

2）工艺流程

弹性支承块式无砟轨道施工工艺流程图如图3.2.3所示。

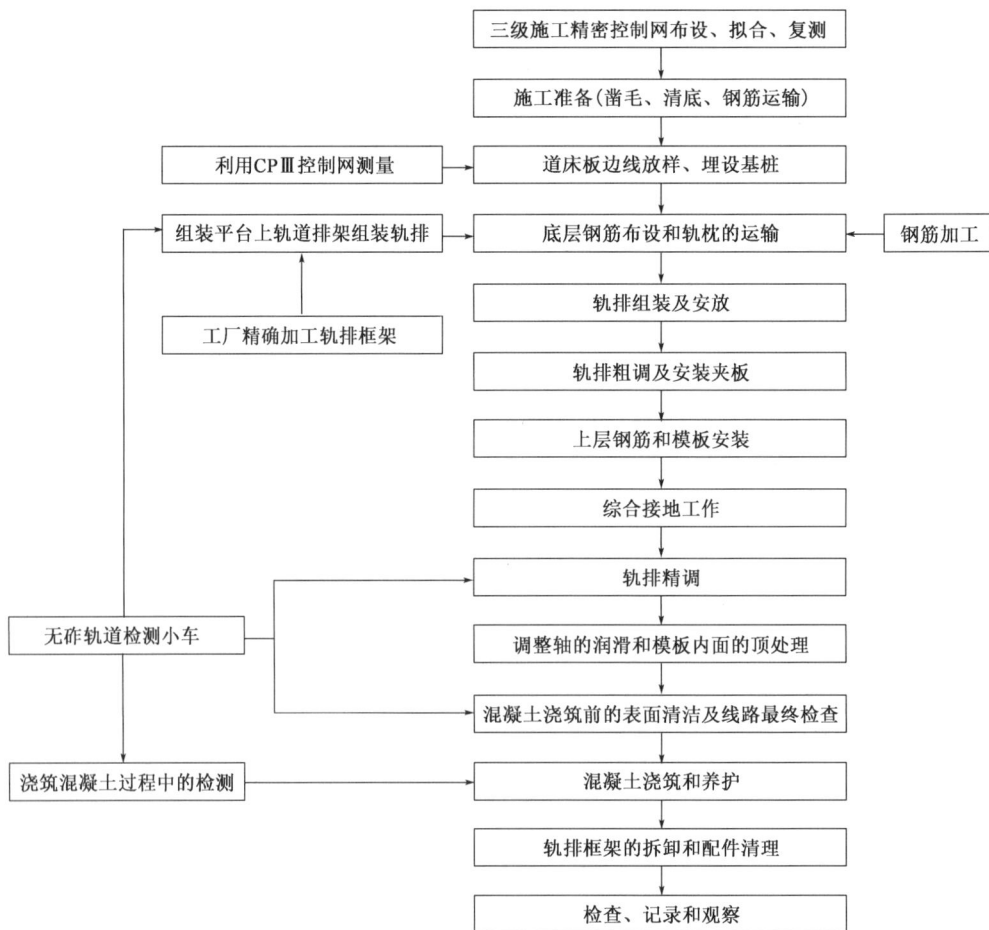

图3.2.3　弹性支承块式无砟轨道施工工艺流程图

二、无砟轨道施工

1. 底板处理

（1）在无砟轨道施工前，首先对仰拱填充面或底板顶面进行检查，检查是否存在裂缝和渗水的情况，如果存在裂缝或渗水则需要进行处理（图3.2.4）。

a)

b)

图3.2.4 环氧树脂处理仰拱裂纹

（2）对线路中心线2.8m范围内的隧道仰拱（底板）混凝土结构采用铣刨机对仰拱填充层或底板顶面进行凿毛处理（图3.2.5），凿毛标准为40mm×20mm（水平×深度），并及时清理干净。

a)

b)

图3.2.5 铣刨机凿毛作业

（3）在进行道床板施工前，按照《客运专线铁路无砟轨道工程施工质量验收标准》（TB 10754—2010）规定的项目，全面检查验收底板，确保满足无砟轨道施工的要求。

2. 底层钢筋安装

1）框架放线

采用全站仪每6.6m设一个放样中线点。中线点采用水泥钢钉，边框线可用石笔或粉笔画出。根据设计图纸，用钢卷尺量出底层钢筋间距，并用粉笔标记。

2）布置纵向钢筋

按照设计图纸布置纵向钢筋，钢筋采用ϕ16mm螺纹钢，间距如图3.2.6所示，共16根。布置完毕后安装16×16绝缘卡，要求每一个与横向钢筋连接处都有绝缘卡。

3）布置横向钢筋

按照设计图纸布置横向钢筋，钢筋采用ϕ16mm螺纹钢，间距为20cm，共33根。要求横向钢筋与绝缘卡连接,全部安装完毕后,绝缘处上塑料扎丝。底层钢筋布置示意图如图 3.2.6 所示。

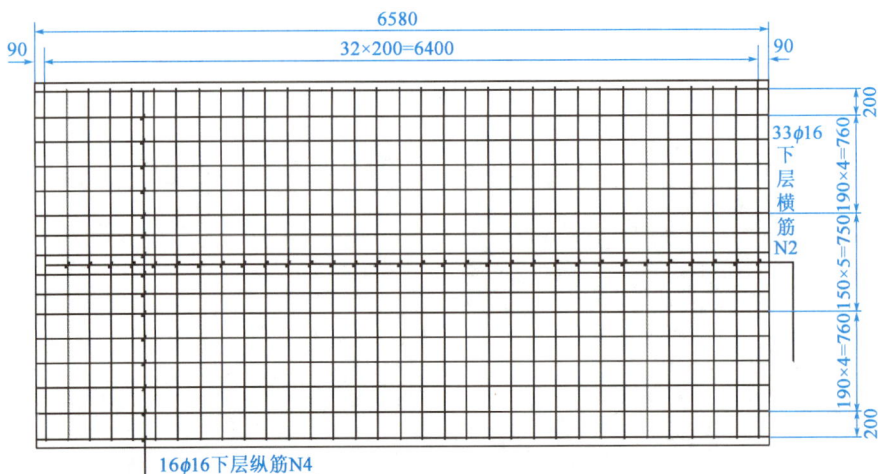

图 3.2.6 底层钢筋布置示意图(尺寸单位:mm)

底层钢筋绑扎完毕后,每隔一根轨枕或支承块植一排钢筋,每排 3 根(图 3.2.7)。植筋采用 HRB400 螺纹钢筋,钢筋直径为 16mm,钢筋长度为 480mm,其中采用植筋胶植入隧道仰拱回填层或底板内的长度为 200mm,此后按梅花形布置预制好的混凝土垫块,每平方米不少于 4 块。

a)

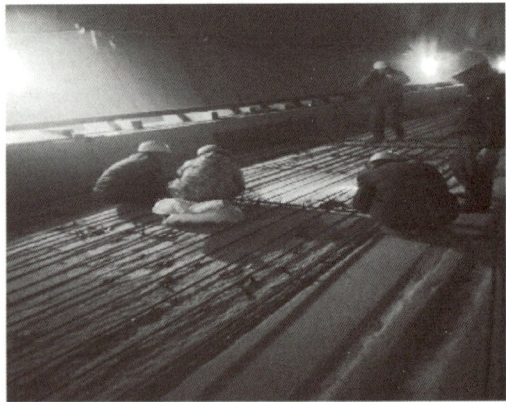

b)

图 3.2.7 底层钢筋绑扎

3.轨排组装

轨排框架进场后需要进行检测验收。轨排组装场设置在隧道内,在该施工作业区设置 1 个移动轨排组装平台,使用 6.6m 轨排架组装轨排。待轨排组装完成后,利用门式起重机按照轨枕位置安装轨排。

1)轨排组装

轨枕在轨排组装平台上完成组装,人工配合机械通过台架定位座、钢轨对位钢板可以精确调整、固定轨排几何结构尺寸(图 3.2.8)。

a)
b)

图 3.2.8　轨排组装与吊装

轨排组装的具体方法：

（1）将堆放在隧道内的待用轨枕使用专门吊具（每次起吊 6 组轨枕）吊放在轨排组装平台上定位架内。

（2）人工按照组装平台上轨枕块的定位线匀枕。

（3）由熟练技术工安装扣配件。

（4）人工配合门式起重机上轨（两股钢轨的一端顶靠在端头对位钢板挡头上）。

（5）检查轨枕间距。

（6）安装绝缘块，安装Ⅶ型弹条、平垫圈和螺母，用扳手拧螺母扣紧钢轨。

（7）再次复查轨枕间距（若间距偏差超过 5mm 必须立即调整至合格）。

2）轨排运输

根据该试验段为双线的特点，采用门式起重机运输组装好的轨排。

3）轨排粗调

轨排粗调预先在轨排框架上设定轨距和轨底坡两大几何参数。轨排粗调可利用轨排框架的丝杠支腿（调整高程和水平）和轨向锁定器（调整轨道中心）进行，调整的原则为先中线后水平循环进行（图3.2.9）。粗调后顶面高程应略低于设计顶面高程，顶面高程允许偏差为 0 ~ +10mm，中线位置允许偏差为 +10mm。

a)
b)

图 3.2.9　轨排粗调

4．上层钢筋安装

在每一组6.6m轨排安装到位后，立即安装支承块箍筋、架立筋、纵横向钢筋及接地端子，安装完毕后进行下一组轨排的安装。上层钢筋布置示意图如图3.2.10所示。

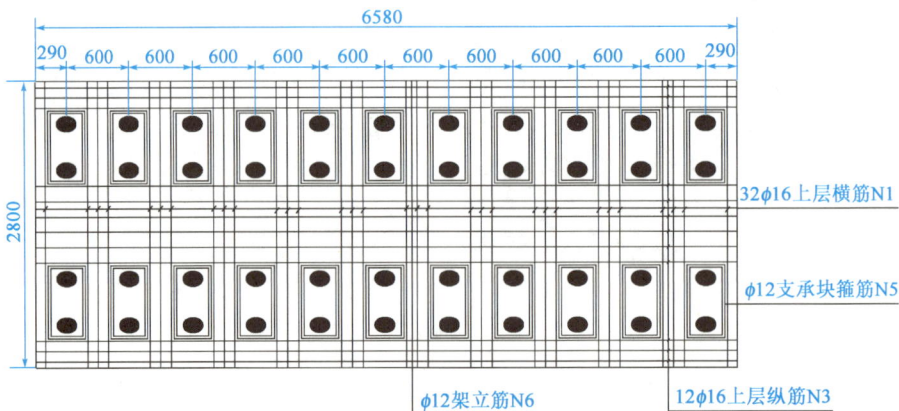

图3.2.10　上层钢筋布置示意图(尺寸单位:mm)

1）箍筋

箍筋采用 ϕ12mm 螺纹钢，每个支承块设置3根，每块道床板共66根。箍筋应采用绝缘卡可靠绝缘，并与其他道床板钢筋绝缘。

2）架立筋

架立筋采用 ϕ12mm 螺纹钢，每组支承块设置5×2根，每块道床板共110根。架立筋仅与纵向钢筋绑扎，且与纵、横向钢筋之间可靠绝缘。

3）纵、横向钢筋

横向钢筋32根(包括1根接地钢筋)，纵向钢筋12根(包括接地钢筋3根)。结构钢筋之间采用绝缘卡绝缘，并绑扎绝缘扎丝。接地钢筋之间采用L形钢筋焊接，单面焊接长度不得小于10cm。上层钢筋绑扎施工如图3.2.11所示。

a)　　　　　　　　　　　　　　　　b)

图3.2.11　上层钢筋绑扎施工

4）钢筋验收

钢筋安装及钢筋保护层厚度允许偏差和检验方法见表3.2.2。

高速铁路轨道施工与维护（第3版）

序号	项目		允许偏差（mm）	检验方法
1	受力钢筋排距		±5	尺量两端、中间各一处
2	同一排中受力钢筋间距	基础、板、墙	±20	
		柱、梁	±10	
3	分布钢筋间距		±20	尺量连续3处
4	箍筋间距		±10	
5	弯起点位置（加工偏差20mm包括在内）		30	尺量
6	钢筋保护层厚度 c	$c \geqslant 30mm$	±10	尺量两端、中间各2处
		$c < 30mm$	0～+5	

注：表中钢筋保护层厚度的实测偏差不得超出允许偏差范围。

5. 综合接地

1）接地钢筋连接

每一块道床板上层钢筋用3根纵向上层钢筋（中间1根和最外侧2根）与1根横向钢筋（道床板上层中间部位1根横向结构钢筋）进行焊接。接地钢筋采用L形钢筋焊接，单面焊接长度不得小于10cm，焊缝高度不小于4mm（图3.2.12、图3.2.13）。

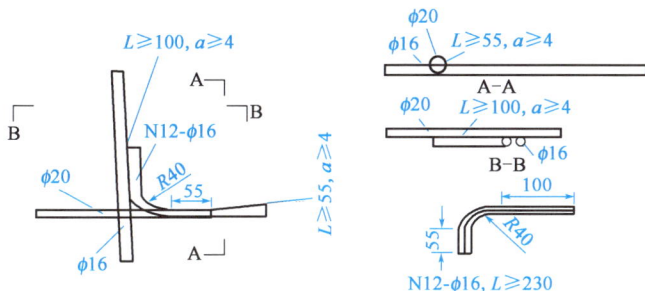

图3.2.12 纵、横向接地钢筋焊接接头示意图（尺寸单位：mm）

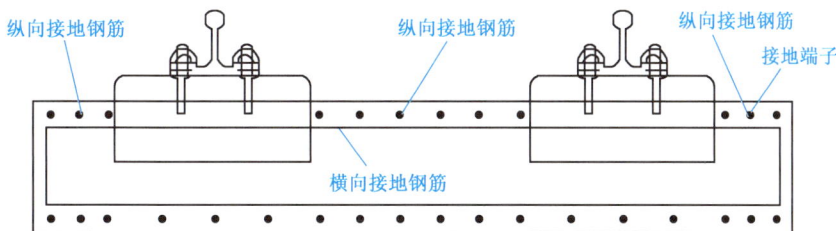

图3.2.13 纵、横向接地钢筋布置示意图

2）接地端子安装

每块道床板两端各设1个接地端子，端子离板端距离宜为100～150mm。接地端子采用焊接方式固定在道床两侧接地钢筋上，接地端子端头采用塑料模包裹，两块道床板上端子间距不得大于40cm。先用长度为0.4m的不锈钢钢缆将道床板纵向上连接形成长度不大于100m的接地单元，再以长度约3.5m的不锈钢钢缆将接地单元与预埋贯通地线的接地端子进行单点T形连接接地。

3)绝缘电阻测试

首先通过目测检查,确认钢筋没有直接搭接接触情况,绝缘卡安装良好,没有脱落现象;然后用手摇的 ZC25B4 型兆欧表进一步检查钢筋间的绝缘情况。兆欧表操作步骤如下:

(1)使用兆欧表应远离磁场安放水平位置。

(2)依顺时针方向转动摇手柄,使速度逐渐增至 120r/min 左右,在调速器发生滑动后,即可得到稳定的电阻读数。

(3)将测定对象的两端分别连于"线路"及"接地"两接线柱上进行绝缘测定。

(4)在测定特高电阻时,保护环应接于测定对象两端之间最内的绝缘层上以消除由漏电引起的度数误差。

上下层钢筋每个交接处均采用绝缘卡子绝缘(图 3.2.14),满足 CPW2000 轨道电路系统要求,相互绝缘的钢筋之间电阻不小于 2MΩ,验收合格后方可进行下道工序。

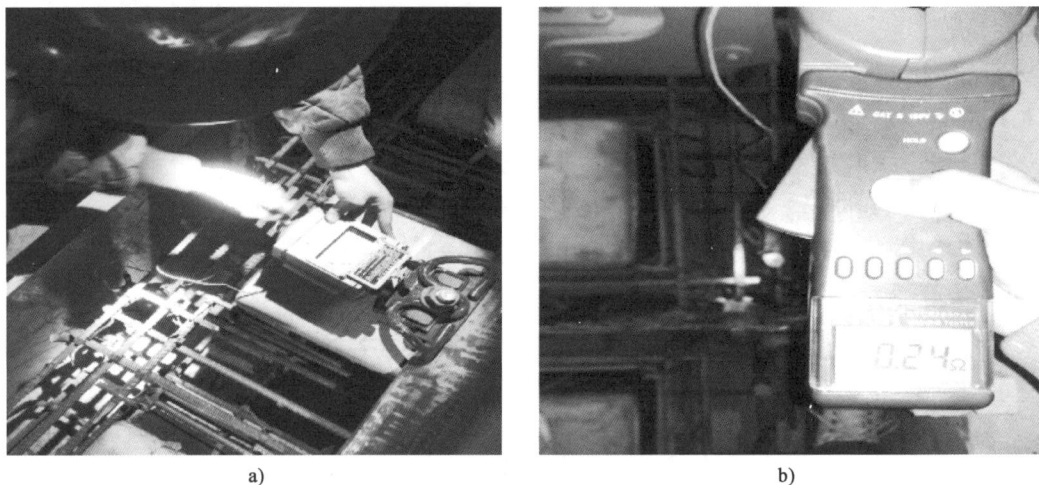

a)   b)

图 3.2.14 检查钢筋之间电阻

6. 模板安装

1)纵向模板安装

模板采用与轨排框架配套的定制钢模板,长度为 2200mm,每榀轨排单侧设置 3 块,共 2 种结构形式,中间模板背楞开 2 处豁口,用于安装轨排支腿并预留调整量(图 3.2.15);两端模板各开 1 处豁口,对称布置(图 3.2.16)。

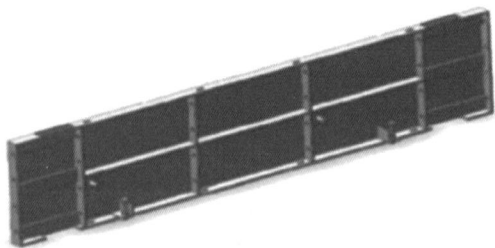

图 3.2.15 中间模板   图 3.2.16 两端模板

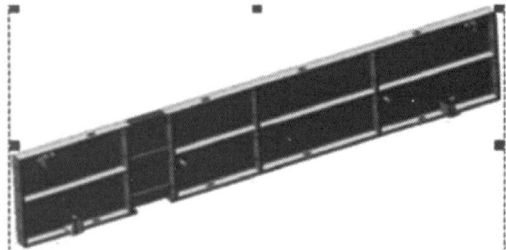

由于整体道床与水沟电缆槽间间距只有 10cm,道床的架设采用设置在模板面板内部增加钢钎固定,模板背楞支撑螺栓支撑,或在模板背楞上插竖向钢筋,以便用螺旋扣辅助拉紧固定。

模板表面在浇筑混凝土前应涂刷脱模剂。道床模板安装架设示意图如图 3.2.17 所示,道床模板安装施工图如图 3.2.18 所示。

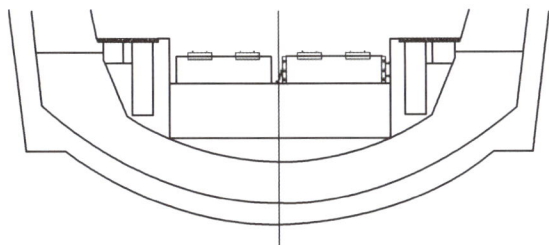

图 3.2.17　道床板模板架设示意图

图 3.2.18　道床板模板安装施工图

模板安装完成后进行检查验收。模板安装允许偏差见表 3.2.3。

模板安装允许偏差　　　　　　　　　　　　　　　表 3.2.3

序号	项目	允许误差(mm)
1	轴线偏位	5
2	表面平整度	5
3	高程	±5
4	两模板内侧宽度	+10、−5
5	相邻两模板表面高低差	2

2)安放伸缩缝

伸缩缝设在前后两块道床板之间并贯通整个道床横断面,每隔 6.6m(11 对轨枕)设 1 条伸缩缝,宽度为 2cm。伸缩缝内填泡沫,顶面和侧边用聚氨酯密封胶封闭。

伸缩缝内泡沫板(采用两块 1cm 厚的泡沫板,中间夹 5mm 钢板,待混凝土浇筑完成后,去掉中间钢板)直接安放在伸缩缝位置,两端固定在侧模上(图 3.2.19)。道床板间伸缩缝宽度允许偏差为 ±5mm。

图 3.2.19　道床板伸缩缝安装

7. 轨排精调

为了得到较为准确的测量数据,使用轨道检测车进行测量时,需要遵循“定点定位,顺序进行,两点一线”的原则进行,距离测站 20~80m 的长度范围内数据具有较高的准确度,搭接测量段和顺接段长度宜在 6.6~20m 范围内(通常取 10m),具体长度根据测量距离和两次测量数据比较确定。测量时,测站位置、数据记录和数据的分析判断很重要,必须综合考虑。

1)精调步骤

(1)确定全站仪坐标。全站仪采用自由设站法定位,通过观测附近 8 个固定在隧道边墙上的控制点棱镜,自动平差、计算确定位置。改变测站位置,必须至少交叉观测后方利用过的 6 个控制点。每个工作面配备 1 台具有自动搜索、跟踪、计算、传输数据功能的全站仪。

（2）测量轨道数据。全站仪测量轨道精测小车顶端棱镜,小车自动测量轨距、超高。

（3）反馈信息。接收观测数据,通过配套软件,计算轨道平面位置、水平、超高、轨距等数据,将误差值迅速反馈到精测小车的电脑显示屏幕上,指导轨道调整。

（4）调整超高。用普通六角螺母扳手,旋转竖向螺杆,调整轨道水平、超高。高度尽量往上调整,不下调。

（5）调整中线:采用双头调节扳手,调整轨道中线。

（6）精调好轨道后,应尽早浇筑混凝土;浇筑混凝土前,如果轨道放置时间过长,或环境温度变化超过15℃,或受到外部条件影响,则必须重新检查或调整。

2）精测小车的应用

（1）将精测小车放置在轨排架上,在轨排架支撑柱处停放小车,拧紧刹车;用全站仪精确照准轨道检测车上的棱镜,使用全站仪精测模式测量出轨道检测车的几何定位情况,通过轨道检测车内的传感器计算出轨道定位的几何偏差,使用调整螺杆对轨排架进行调整。

（2）精调的顺序安排

①对某两个特定轨排架而言,精调顺序为 1→3→1→2→3→2→3→4→5→3→4→6→4→5→6→5→6,如图 3.2.20 所示。

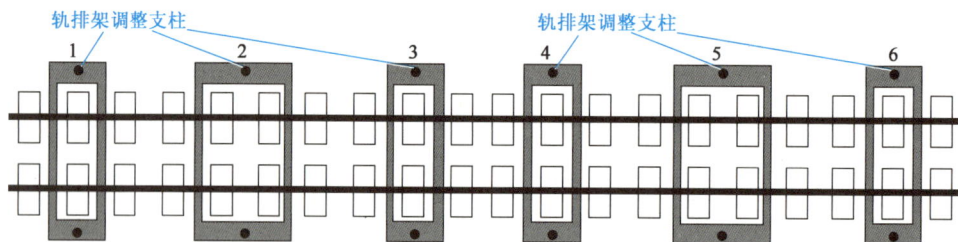

图 3.2.20　轨排精调顺序

轨排精调的基本原则:

a.确保两轨排架线邻近的 2 个支撑柱处连续进行过 2 次或以上的精调。

b.确保在单个轨排架上的 3 个支撑柱处连续进行过精调。

c.确保每 2 个支撑柱处都连续进行过精调。

②对 2 个设站区间而言,2 个设站点之间间隔为 60m,精调区间为 10～80m,每 2 个设站点之间留有 10m 的顺接段。设站测量平面示意图如图 3.2.21 所示。

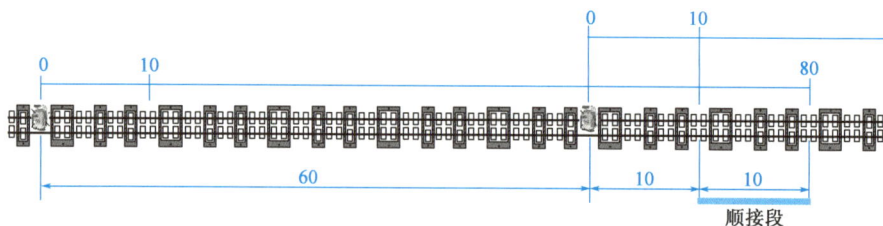

图 3.2.21　设站测量平面示意图(尺寸单位:m)

顺接段顺接过渡方法:

a.因为使用了不同的 CPⅢ 控制点,全站仪设站测量平差的精度也有所不同,所以对过渡段的 3 个点使用不同的设站进行测量时,所得到的轨道偏差数据也有所不同,如图 3.2.22 所示。

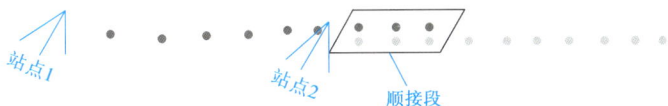

图 3.2.22　不同 CPⅢ 控制点测设示意图

b.因为同点位,不同设站点测量得到的数据不同,所以要对顺接段后的测点进行顺接过渡处理。

c.顺接过渡段的设置长度同 2 个设站点测量同一测点的绝对偏差值的大小有关,根据测量偏差值的大小来确定顺接过渡段的长度,测量偏差量越大,顺接过渡段的设置长度越长(一般来讲,在 CPⅢ 点精度、设站精度、全站仪精度轨道检测车精度符合规范要求的情况下,2 个设站点测量同测点的绝对偏差值不会大于 2mm)。

8.道床板混凝土浇筑

1)浇筑方法

自动计量搅拌站集中拌制混凝土,混凝土搅拌运输车将混凝土运输至施工现场,通过门式起重机和吊斗直接将混凝土浇筑入模,采用插入式振捣器振捣(图 3.2.23)。

a)

b)

图 3.2.23　道床板混凝土浇筑

2)施工技术要点

(1)为了达到较好的结合效果,填充面必须在浇筑之前 2h 用水湿润。

(2)道床板混凝土浇筑前,要检测工装设备是否加固,确保道床板混凝土浇筑过程中工装设备固定、不发生位移和偏差,确保施工过程中轨道结构的零位移。在道床板混凝土浇筑前,使用防护罩保护钢轨及轨枕不被混凝土污染。

(3)保证混凝土的品质必须在整个浇筑过程中始终恒定,每车运送的混凝土坍落度应该满足设计要求。

注意:混凝土的入模温度,混凝土入模温度应处于 5～30℃。

(4)混凝土浇筑宜从一侧向另一侧连续进行,当混凝土从轨枕下自动漫流至前一根轨枕后,方可前移至下一根轨枕继续往前浇筑。混凝土浇筑时,应降低储料斗高度避免对轨排造成冲击,混凝土自由倾落高度不宜大于 2m,当大于 2m 时,采用溜槽辅助下落,同时出料口距混凝土浇筑面的高度不宜超过 1m,以保证混凝土不出现离析现象。

(5)施工时严格要求在第一个轨枕下混凝土未密实之前,不要将浇筑口移至下一个浇筑口。

(6)在灌注过程中采用振动棒进行振捣,应加强轨枕底部位置混凝土振捣,确保混凝土密实,避免漏振和欠振。

（7）道床板混凝土灌注密实后，表面需要抹面平整，抹面应形成设计的横向排水坡，在抹面的同时清理钢轨、轨枕、扣件和支撑架等表面的灰浆。收光抹面分 3 次进行，浇筑过程中采用木抹刀抹平，钢抹刀收浆，初凝后采用钢抹刀收光。

（8）浇筑过程采取措施加强高程控制及排水坡的设置控制。混凝土浇筑过后，应及时清理钢轨、扣件、支撑装置、轨枕上残留的混凝土，保证轨道的清洁。

3）拆除轨排框架及模板

混凝土初凝后及时松开螺杆调节器和扣件，释放钢轨温度应力，避免钢轨热胀冷缩引起混凝土开裂，道床板混凝土强度达到 5MPa 以上时，方可拆除轨排框架。道床板混凝土强度未达设计强度的 75% 前，严禁各种车辆在道床板上通行，或碰撞支承块。先拆掉扣件螺栓，然后采用门式起重机拆除排架（图 3.2.24）。拆除中注意保护成品混凝土。

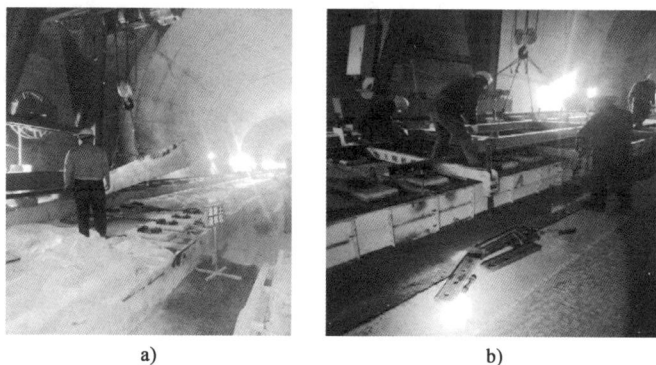

图 3.2.24　道床板混凝土模板拆除

4）混凝土养护

初期养护采用喷雾器进行雾化的方式养护；后期养护（拆除轨排框架后）采用土工布覆盖喷水保湿方式（图 3.2.25）；养护时间一般不少于 7d，具体实际时间可以根据温度情况确定。

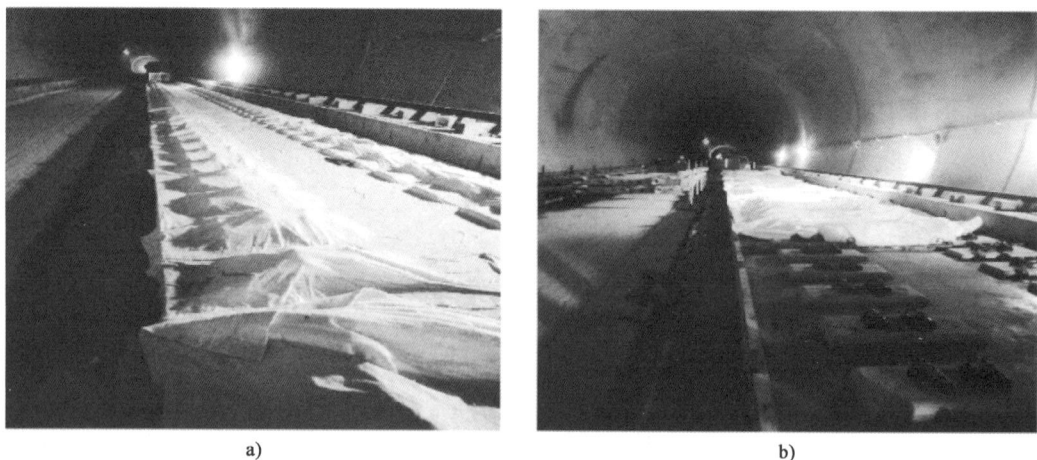

图 3.2.25　道床板混凝土养护

道床板混凝土浇筑完毕后，必须保证混凝土成品不被破坏，道床板外形尺寸允许偏差应满足规范要求，见表 3.2.4。

混凝土道床板外形尺寸允许偏差　　　　　表 3.2.4

序号	检查项目	允许偏差
1	顶面宽度	±10mm
2	中线位置	2mm
3	道床板顶面与承轨台面相对高差	5mm
4	平整度	3mm/1m

三、弹性支承块预制

(一)支承块生产工艺流程

支承块预制生产工艺流程:模具检修清理→喷涂脱模剂→安装铁座→安装钢筋笼→混凝土浇筑→蒸汽养护→翻转脱模→吊运→套靴安装存储等程序。支承块生产工艺流程图如图 3.2.26 所示。

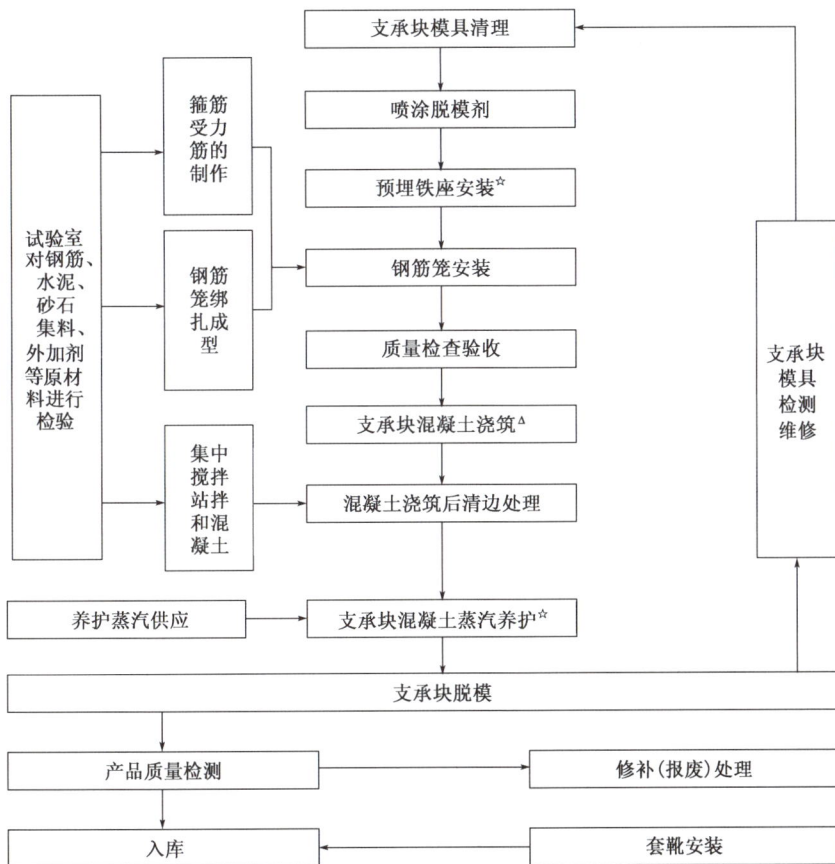

图 3.2.26　支承块生产工艺流程图
注:图中标☆的为支承块预制中的关键工序,标Δ的为支承块预制中的特殊过程。

(二)生产工艺

1.模具清理

支承块模具清理是对合格模具上线后或者预制支承块已脱模的模具进行的卫生清理,模具分为上、下两部分。

1)清理工具

清理台位的工具包括电动钢丝刷、空气压力喷枪、各式规格扳手以及工具限位台。工具应保证处于可使用状态并有储备。在各班次的交接班中应将工具移交清楚,以免耽误生产。

2)清理方法

(1)将水平正常状态的可倾斜辊道台调整到倾斜状态。

(2)用铁钎松动模具内各空格部位的残留混凝土。

(3)下模具承轨槽内的部位使用电动钢丝刷进行打磨清扫(图3.2.27)。

(4)用空气压力喷枪对上模具进行吹洗清理(图3.2.28)。清理时还应清除残留在铁座定位棒(固定预埋铁座用)上的凝固水泥浆,以保证模具壳体内没有任何混凝土残留物。

图3.2.27 下模具清理

图3.2.28 上模具清理

3)模具技术标准及质量要求

(1)模具应采用具有足够强度、刚度和稳定性的钢模,应能保证支承块各部形状、尺寸及预埋件的准确位置。

(2)模具的制造极限偏差应为支承块成品极限偏差的1/2。

(3)对模具应进行日常检查和定期检查,日常检查应在每天作业前进行,内容包括外观和平整度,检查结果记录在模具记录检查表中;定期检查每月进行一次,内容包括长度、宽度、厚度、承轨部位尺寸及模具间的高度偏差等,检查结果记录在模具定期检查记录表中。

(4)模具检验合格后,方可进行下一道工序。

2.喷涂脱模剂

模具内脱模剂喷涂是关系到支承块能否顺利脱模和支承块外观质量的重要工序。

图3.2.29 模具喷涂脱模剂

1)喷涂工具

喷涂工具包括压力喷涂枪、相应盛放脱模剂桶、抹布等。

2)喷涂方法

(1)先用压力喷涂枪对准模具空格内进行均匀喷涂,方便清理浇筑时从钢筋笼的模具插口部位溢流出的水泥浆残渣。

(2)对承轨槽内喷涂脱模剂,呈雾化状态的脱模剂喷涂在钢模具表面形成一层隔离油剂,如有喷涂不均匀或有积液,再用洁净的抹布擦拭(图3.2.29)。

3) 操作注意事项

(1) 在喷涂过程中,操作人员必须佩戴口罩和防护手套等劳保用品。

(2) 脱模剂等易燃材料应注意严格保管,并配备足够的灭火器材,防止发生火灾等危险事故。

3. 预埋铁座安装

1) 安装方法

(1) 预埋铁座安装前,先应将铁座整齐码放在设置的工具台上做好安装准备工作,将预埋铁座使用定位螺杆安装在模具固定位置上。

(2) 使用气动扳手拧紧螺母,并保持位置准确、垂直、安装稳固,如果定位螺杆磨损严重影响质量应及时更换(图 3.2.30)。

2) 注意事项

(1) 该工序操作虽然简单,但是对于后续支承块铁座的安装影响很大。因此进行预埋铁座安装时,应先仔细检查铁座定位螺杆的状态是否正确,确保没有断裂、歪斜、松动的情况。

图 3.2.30 预埋铁座安装

(2) 铁座定位螺杆应满足一定的周转使用次数。在每次的周转过程中,应注意铁座能否正常拧紧到其根部,避免因铁座安装歪斜或者沉陷进而影响支承块质量及后续使用性能。

4. 钢筋笼的安装

1) 支承块箍筋的制作

支承块箍筋由自动弯箍机进行成形批量生产,机械化程度高,生产稳定,每分钟可制造出 20～24 件成品。

2) 受力筋的制作

箍筋制作由自动机械加工完成。受力筋可采用钢筋切断机按照图纸尺寸下料,然后运送至钢筋弯曲机制作完成。

3) 支承块钢筋笼安装

支承块钢筋笼安装时,应先在钢筋笼(图 3.2.31)与模板各接触面绑扎混凝土垫块,然后再进行钢筋笼安装(图 3.2.32)。

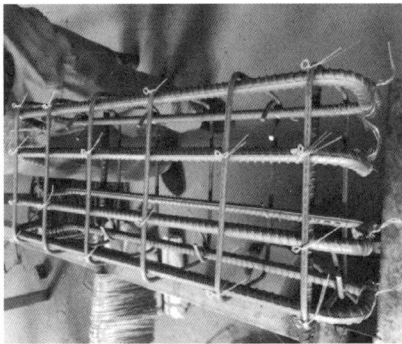

图 3.2.31 支承块钢筋笼

图 3.2.32 支承块钢筋笼安装

4）注意事项

（1）钢筋笼在堆码、储存、搬运过程中应轻拿轻放，避免加工好的钢筋构件产生变形，使其难以满足支承块产品质量标准要求。

（2）钢筋笼与预埋铁座安装应准确，避免铁座与受力筋位置相冲突。预埋铁座安装过程中，应注意钢筋笼与铁座的间隙，避免接触联电。

5. 浇筑支承块混凝土

1）配合比

混凝土配合比的选定是保证支承块质量的关键。混凝土配合比应根据原材料品质、混凝土设计强度等级、混凝土耐久性以及施工工艺对工作性的要求，结合使用环境的变化，通过计算、试配、调整等步骤选定，本支承块场所采用的高性能混凝土各项指标已通过铁道部质检中心检验合格。

（1）混凝土稠度采用跳桌增实仪测定，密实度为 1.20 ± 0.05。

（2）C50 支承块混凝土理论配合比：水泥：粉煤灰：砂：碎石：水：外加剂 = 380：88：677：346（807）：146：5.148

配料前由试验室根据砂石的含水率提供施工配合比。

2）混凝土原材料的储存与管理

各种原材料料仓配备情况：现场设 1 台 HZS60Q 搅拌站，均采用电子计量，所有计量设备均经计量监督局检定合格后使用。

（1）搅拌站共配备 4 个罐仓，其中 3 个水泥罐仓、1 个粉煤灰罐仓；配备 1 个外加剂储存罐；设 1 个蓄水池；1 个三级沉淀池。

（2）砂、石料采用装载机上料，设 2 个碎石料仓（1 个为 10 ~ 20mm 料仓，1 个为 5 ~ 10mm 料仓）、1 个砂仓，料仓应标识出合格区和待检区，装载机只能从合格区上料。

（3）搅拌站系统实现混凝土配料、卸料、搅拌、出料全过程的自动控制和动态模拟显示。

3）混凝土拌制

（1）搅拌混凝土前要严格测定粗、细集料的含水率，准确测定因天气变化而引起的粗细集料含水率的变化，以便及时调整施工配合比。含水率每班检测 1 次，雨天应随时抽测，并按测定结果及时调整混凝土施工配合比。

（2）采用卧轴搅拌机搅拌混凝土，采用电子计量系统计量原材料。混凝土原材料严格按照施工配合比进行准确计量，称量最大允许偏差应符合下列规定（按质量计）：胶凝材料（水泥、掺和料）±1%；外加剂 ±1%；集料 ±2%；拌和水 ±1%。采用砂浆包裹法，搅拌时，先向搅拌机投入细集料、粗集料、减水剂、水、水泥、掺合料，搅拌时间为 120s，混凝土拌和前必须有试验室出具的配合比通知单。

（3）混凝土入模含气量控制在不大于 3%。在混凝土拌和过程中，及时进行混凝土有关性能的试验与观察，在混凝土拌制第四盘进行混凝土密实度和含气量检测，每班对密实度和含气量检测不少于 3 次。

（4）混凝土入模温度控制在 5 ~ 30℃。

（5）混凝土拌制速度要和浇筑速度紧密配合，拌制服从浇筑。

（6）搅拌机拌和的混凝土要严格按施工配合比配料，在下盘材料装入前，搅拌机内的拌和料要全部卸清。

（7）批量生产中，预制支承块每 20000m³ 混凝土应对混凝土电通量、抗冻性进行试验。

4）混凝土灌注

（1）工具配置。

混凝土灌注区域还需要配备铁锹、手推车、钢抹刀、钢丝刷、胶皮灰桶和清洗桶等以及相应设备检修工器具。

（2）施工方法。

①支承块混凝土灌注前首先应将接料斗车回放到搅拌站下料口，待混凝土接完后开至布料机接灰处，将混凝土放至布料机内。

②布料机接料后支承块灌注生产线上应已排放好待浇混凝土支承块模具。灌注前两边作业人员应该将该台位的相应限位卡放于模具两端，以避免灌注振动过程中模具前后移动产生故障而损坏设备机器，影响正常生产。

③混凝土布料（图3.2.33）时应按分层、两次布料原则进行灌注。

④混凝土开始灌注时，应开动相应位置的振动台，边布料边振动（图3.2.34）。为使灌注的混凝土获得良好的密实效果，当混凝土第一层布料完毕后，边振动边布料30s；接着第二次布料完毕后，边振动边布料60s，停止振动后钢模气动升降辊道升起，转动模具移动到合模放置台，由自动码垛机吊装至养护坑池。

图3.2.33　混凝土布料

图3.2.34　混凝土振捣

⑤混凝土在进行布料时，支承块模具两侧配置的作业人员应该注意布料量的多少并防止布料位置的差错。灌注振动过程中，用深度尺检查密实后混凝土面和支承块铁座与钢筋之间的距离，要求各处混凝土浇筑后的位置为模具壳体的上部边缘处，以保证支承块各断面厚度满足公差要求。

⑥试验室必须按照规定的频次、要求进行混凝土拌合物质量检查和试件的制作，每组试件上应注明班次、日期和时间。每班制作5组用于28d抗压强度试件；每隔15d制作1组28d混凝土弹性模量试件。脱模试块应每生产30模支承块制作1次（少于30模时按30模记），每次2组；28d试块应最大限度地分散制作。

⑦当布料完成后，将模具送至合模放置台，将模具周边的混凝土残渣用专用工具清理干净。

⑧混凝土灌注时，模具温度宜在5～35℃。

⑨混凝土拌合物入模温度应控制在5～30℃。昼夜平均气温低于5℃或最低气温低于－3℃时，应采取集料保温、预热钢模等措施，并按冬期施工处理；夏期混凝土灌注时，集料使用前应采取降温措施。

6. 混凝土养护

1）养护系统

蒸汽养护系统主要由供热系统、养护系统和自动控制系统三部分组成。

（1）供热系统由锅炉、蒸养管道和电磁阀门等组成。

（2）养护池系统设有 8 个养护坑池。

（3）控制系统由工控机、PLC、温度传感器、控制软件等组成。

2）施工工艺流程

将灌注完毕的模具吊到养护坑池→设置养护参数→开启锅炉蒸汽阀→启动控制系统→进入自动养护阶段。

混凝土蒸汽养护如图 3.2.35 所示。蒸汽养护分静停、升温、恒温、降温四个阶段。

（1）静停阶段：混凝土在 5 ~ 30℃的环境温度下静停时间不小于 3h。

（2）升温阶段：根据环境温度与恒温温度的温差设定升温区域温度，升温速度不大于 15℃/h，升温时间 2h。

（3）恒温阶段：恒温时支承块芯温度不大于 55℃，恒温区域温度设置为 45℃ ±2℃，恒温时间 6h，每月进行 1 次芯部温度与环境温度的比对试验。

图 3.2.35　混凝土蒸汽养护

（4）降温阶段：降温速度控制在 15℃/h，降温时间 2h。

7. 支承块模具吊运

1）养护前模具吊装

自动码垛机运行至对应的养护坑池上方，下降吊钩用吊具的 4 个钩扣在养护坑盖的 4 个吊装横杆上，起吊至前一坑盖上下落，再进行模具吊装，吊钩下落至模具的 4 个吊装横杆上，起吊前要进行检查，确保全部正确就位后才能收钩起吊；模具起吊开始和落钩就位时应该注意慢挡操作，避免摆动过大或者下降速度过高而扰动、冲击破坏存放台，降低设备的使用寿命。

已灌注混凝土支承块的模具在吊运过程中要尽量避免过大的震动，每个养护坑池的每个存放台，模具堆放规格为 4 层 5 排；每层模具应该重叠堆放，确保上下左右对齐，否则当小车进入养护坑池时，会碰撞通道内的设施和周围的围护结构，进而影响设施的使用。

2）养护完成后模具吊装

养护完成后的吊装是在接到试验室出具的脱模通知单后对相应数量支承块模具进行的吊装。

8. 支承块脱模和质量检查

1）支承块脱模

支承块脱模时将水平运送到位的模具提升到一定高度进行翻转和气囊举升振动脱模，脱模前将模具上固定预埋铁座螺母松开（图 3.2.36）。

（1）脱模台位按动模具前进按钮，模具朝前运动，到达升降车所处的限位装置后模具停止前进，升降车液压缸千斤顶装置自动升起并托住支承块模具往脱模机方向运行，到相应限位后（机械设计的脱模位）停止并下降顶缸，模具留于脱模台上。

（2）上下脱模台的套住支承块模具上相应的 4 个小横杆，举升气囊到达最高位置振动脱模，机器自动开始提升将上下模分离（图 3.2.37）。然后将下模及产品运送至分离脱模台，到相应限位后（机械设计的脱模位）停止并下降顶缸，模具留于脱模台上。

图 3.2.36　拆卸模具螺栓

图 3.2.37　上下模分离

（3）上下脱模台的套住支承块模具上相应的 4 个小横杆，到达设计限位后脱模机转盘部分开始翻转模具 180℃；将成品车移动至产品下，到相应限位后，下降液压缸至脱模台举升气囊到达最高位置振动脱模，将产品分离；将下模运送至上下模合模处，到相应限位后（机械设计的合模位）停止并下降顶缸，模具留于合模台上；将产品运送至成品码垛处（同时吊装至检查喷号位置，并对支承块产品外形外观质量进行检查）。

（4）升降车回到接受支承块模具处，开始下一模具的上述重复工作。

2）支承块外观质量检查

脱模后的支承块应首先用压力风枪吹扫支承块外表面，然后再吹扫铁座孔内，并观察支承块产品上是否有细小裂缝，最后再按照相应技术标准对支承块进行外观质量检查（图 3.2.38）、预埋铁座抗拔试验（图 3.2.39）、支承块静载试验等检测（图 3.2.40），判断出合格产品、废品以及次品，做好相应问题支承块的标记、登记和分类存放，每块支承块需要在其一端盖上该支承块的生产日期，以便于生产追溯、识别。

图 3.2.38　支承块外观质量检查

图 3.2.39　支承块预埋铁座抗拔试验

图 3.2.40　支承块静载试验

3）支承块的出垛码放

支承块经技术质量部检查合格后在旁边进行码垛，支承块在生产车间出成品口的码放按照 6 层一垛、每层 12 块的方式由该处的行车分层码放整齐，按照每层码放支承块 12 块，码放不得超过 6 层的标准进行码放（图 3.2.41）。码放时最底层的支承块用 2 根 100mm × 100mm 的方木垫好，每两层之间承轨槽中心部位放置 2 根 50mm × 50mm 的方木将各层之间的支承块相互隔开，以保证各层间的支承块有足够垂直间隙，方木上下支承位置一致。所有方木的长度应不小于整个多排支承块的总宽度，并保证和使用

图 3.2.41　支承块存放

的吊具在长度上一致,码垛完成后用叉车装车运至指定存放地点。

9. 支承块、橡胶套靴和微孔橡胶垫板组装

1)组装顺序

弹性支承块式无砟轨道用橡胶套靴和微孔橡胶垫板出厂检验合格后,应包装、运输至套靴安装车间进行组装,橡胶套靴和微孔橡胶垫板的包装和储运应符合相应技术条件要求。

橡胶套靴和微孔橡胶垫板在组装前应检查外形尺寸和外观质量,不合格品不得进行组装。

支承块、橡胶套靴及微孔橡胶垫板的组装应在室内常温下进行,组装前橡胶套靴和微孔橡胶垫板应在同条件下至少静置24h。

支承块、橡胶套靴和微孔橡胶垫板组装前,表面应保持干净。

支承块、橡胶套靴和微孔橡胶垫板的组装顺序:先组装橡胶套靴和微孔橡胶垫板,再与支承块组装。

2)组装方法

(1)先将橡胶套靴和微孔橡胶垫板的灰尘清除干净,然后在橡胶套靴及微孔橡胶垫板上分别涂刷3道4cm宽粘结剂(位置对应),晾置5~15min(图3.2.42),在粘结剂既有黏性又不拉丝的状态下将橡胶套靴和块下垫板先粘在一起,并用机械加压方式或人工用橡皮锤敲打方式进行排气,使粘结面不留空隙(图3.2.43)。

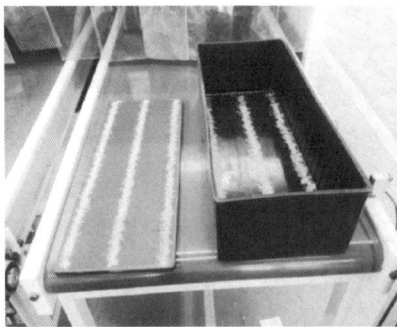

图3.2.42 套靴、胶垫喷胶 　　　图3.2.43 套靴、胶垫安装后碾压排气

(2)将支承块底面朝上倒置,先将底部打磨平整,用水平尺和塞尺检测。清理底面灰尘后,涂刷3道4cm宽的粘结剂,在已黏结的橡胶套靴里的微孔橡胶垫板表面也涂刷3道4cm宽的粘结剂,位置与支承块底面的粘结剂对应;在支承块的侧面上口处(帽檐下)涂刷一圈4cm宽的粘结剂,在对应橡胶套靴上口处也涂刷一圈4cm宽的粘结剂。

涂刷粘结剂后,需晾置60~90s,具体时间视粘结剂的品质而定,在粘结剂既有黏性又不拉丝的状态下将支承块与橡胶套靴和微孔橡胶垫板粘在一起,并用机械加压方式或人工用橡皮锤敲打方式进行排气,确保支承块底面与橡胶套靴和微孔橡胶垫板密贴,不留空隙。

(3)组装完成后,在橡胶套靴与支承块帽檐交界处采用透明胶带绕圈封口(图3.2.44),封口后应可清晰地辨认橡胶套靴与支承块帽檐位置,同时采用有一定弹性的打包带在承轨台两外侧绕支承块各绑扎一道(图3.2.45)。绑扎完成后,用机械手取下传送带进行堆码,应静置60~90min,使粘结剂粘结力达到最大。组装完成后,应检查支承块与橡胶套靴与微孔橡胶垫板是否密贴,不密贴时应重新组装。

3)储运要求

组装合格的弹性支承块应成踩码放(图3.2.46),中间隔2根木条,码垛层数不超过3层。

図 3.2.44 橡胶套靴与支承块帽檐胶带封口

图 3.2.45 支承块与套靴整体打包

图 3.2.46 弹性支承块成品存放

组装合格的弹性支承块的储运过程中,应有防水、防油、防晒设施,在储运过程中水和灰尘不应进入套靴内。

组装合格的弹性支承块在储运过程中,不得碰、撞、摔。

复习思考题

1. CRTS 双块式轨枕混凝土蒸汽养护对温度有什么要求?

2. 简述 CRTS 双块式轨枕型式检验项目。

3. CRTS 双块式轨枕制造厂应对每批轨枕附有产品合格证明书,产品合格证明书包括哪些内容?

4. 简述 CRTS 双块式轨枕生产工序。

5. 简述 CRTS 双块式轨枕钢筋桁架加工工序。

6. 简述 CRTS 双块式无砟轨道底座混凝土浇筑过程。

7. CRTS 双块式无砟轨道底座混凝土浇筑过程中应注意什么?

8. CRTS 双块式无砟轨道道床板混凝土浇筑前模具做哪几项检查?

9. CRTS 双块式轨枕养护分哪几个阶段,各阶段时间约为多少?

10. CRTS 双块式无砟轨道主要由哪些部位组成?

11. CRTS 双块式无砟轨道支承层切缝的要求有哪些?

12. CRTS 双块式轨枕预制的工艺方法是什么?

13. 道床板混凝土铺筑工艺方法要点是什么？

14. 简述 CRTS 双块式无砟轨道粗调设备及技术要求。

15. 简述 CRTS 双块式无砟轨道精调设备及技术要求。

16. 简述弹性支承块式无砟轨道结构组成。

17. 简述弹性支承块式无砟轨道主要施工工艺。

項目四

无砟轨道道岔施工

学习目标

知识目标:

1. 了解长枕埋入式道岔、板式道岔的结构特点。
2. 掌握长枕埋入式道岔的施工工艺及质量控制要点。
3. 掌握板式道岔的施工工艺及质量控制要点。
4. 掌握道岔施工中需用的机械设备。
5. 掌握道岔质量检查的要点部位及其指标。

能力目标:

1. 能正确识读道岔结构图,并能确定需要的主要材料类型及数量。
2. 能指导道岔组装施工、现场铺设施工。
3. 能合理安排道岔所需器械的摆放位置。
4. 能正确使用道尺进行道岔状态检查。

5. 能正确使用支距尺量测道岔的支距并勾画超限部位。
6. 能正确量测道岔查照间隔、护背距离。
7. 能正确量测道岔轮缘槽等结构尺寸。
8. 能正确检查道岔转辙器部位和辙叉部位的结构密贴及结构的完整性。
9. 能正确检查岔后曲线的圆顺度和警冲标等结构部位的铺设位置。

素质目标:

高速道岔结构是高速铁路保持高速、平稳运行的核心部位,从初期进口到现在完全自主量化生产,且享有若干结构优化专利。学生通过学习,深刻理解大国工匠的意义,培养科学、严谨、勤奋、踏实的作风,培育筑梦新时代、民族复兴的精神。

无砟轨道道岔在我国京沪、京广、郑西等高铁线上均有使用。本项目主要学习埋入式无砟轨道道岔(以下简称埋入式道岔)和板式无砟轨道道岔(以下简称板式道岔)的施工工艺及检测方法。

任务一 埋入式道岔施工

一、埋入式道岔施工工艺流程

埋入式道岔施工工艺流程图如图4.1.1所示。

动画:原位法无砟道岔施工与精调　动画:基地组拼道岔施工及精调　视频:长枕埋入式道岔施工　微课:长枕埋入式道岔施工

二、埋入式道岔施工工艺

1.CPⅢ点交接及复测

组织测量人员对CPⅢ点进行复核。当CPⅢ点复核测量结果与从线下接收的CPⅢ点测量成果满足技术条件的限差要求时,直接采用线下交接的测量成果;如不满足限差要求,则对CPⅢ点进行复测。

2.道岔控制桩测设

利用CPⅢ点测量成果,每组道岔在岔头、岔心、岔尾位置及道岔前后50~100m范围内设置控制桩。根据车站平面图,定出道岔中心桩;按道岔图测量基本股道起点的位置,量取从道岔中心到尖轨尖端的长度,定出岔头位置桩;再测量辙叉根的位置,定出岔尾桩(图4.1.2)。在岔头、岔心、岔尾控制桩位置,垂直直股线路在道岔两侧分别设置外移桩。道岔控制桩在支承层上施测。

3.道床板纵向钢筋布设

在设置道岔组装平台前,预先按照设计数量将纵向钢筋放置在支承层顶面上,纵向钢筋要避开组装平台位置。

4.道岔散轨件及小件吊卸

根据道岔控制桩位置,将导曲线段岔枕及辙叉后岔枕、转辙机、下拉装置等卸放在铺设位置一侧的水沟处,导曲线钢轨也卸放在铺设位置线路一侧(图4.1.3)。

5.转辙器段及辙叉段轨排平台安装

在转辙器段和辙叉段轨排位置的支承层顶面设置工字钢或槽钢,利用汽车起重机将轨排直接放置在工字钢或槽钢顶面。轨排吊卸时,在转辙器及辙叉位置设置导向装置,将轨排准确放置在铺设位置,精度控制至±5mm(图4.1.4)。

```
                    ┌─────────────────────┐
                    │     CPⅢ复测          │
                    └──────────┬──────────┘
                    ┌──────────┴──────────┐
                    │   道岔区控制桩测设      │
                    └──────────┬──────────┘
                    ┌──────────┴──────────┐
                    │ 道床板纵向钢筋放置在支承层顶面 │
                    └──────────┬──────────┘
                    ┌──────────┴──────────┐
                    │ 道岔转辙器段及辙叉段平台安装  │
                    └──────────┬──────────┘
  ┌──────────────┐  ┌──────────┴──────────┐
  │ 道岔散轨件及小件运输 │→│ 道岔散轨件及小件吊卸至岔位附近 │
  └──────────────┘  └──────────┬──────────┘
  ┌──────────────┐  ┌──────────┴──────────┐
  │  道岔轨排运输    │→│ 转辙器轨排、辙叉段轨排吊装就位 │
  └──────────────┘  └──────────┬──────────┘
                    ┌──────────┴──────────┐
                    │ 导曲线段及岔后过渡段平台安装  │
                    └──────────┬──────────┘
                    ┌──────────┴──────────┐
                    │   导曲线段岔枕吊装     │
                    └──────────┬──────────┘
                    ┌──────────┴──────────┐
                    │   导曲线散轨件安装     │
                    └──────────┬──────────┘
                    ┌──────────┴──────────┐
                    │ 螺杆支撑架安装及道岔高程调整  │
                    └──────────┬──────────┘
                    ┌──────────┴──────────┐
                    │     组装平台拆卸       │
                    └──────────┬──────────┘
                    ┌──────────┴──────────┐
                    │ 道床板钢筋绑扎及绝缘测试   │
                    └──────────┬──────────┘
                    ┌──────────┴──────────┐
                    │   模板安装及固定       │
                    └──────────┬──────────┘
                    ┌──────────┴──────────┐
                    │   侧向固定架安装       │
                    └──────────┬──────────┘
                    ┌──────────┴──────────┐
                    │   道岔位置一次精调      │←──────────┐
                    └──────────┬──────────┘             │
                       ◇──────┴──────◇      精度不达标  │
                       ◇ 全站仪和精密水准仪检测 ◇──────────┘
                       ◇──────┬──────◇
                          精度达标
                    ┌──────────┴──────────┐
                    │  道岔转换设备安装及调试   │
                    └──────────┬──────────┘
                    ┌──────────┴──────────┐
                    │   拆除道岔转换设备      │
                    └──────────┬──────────┘
                    ┌──────────┴──────────┐
                    │   道岔位置二次精调      │
                    └──────────┬──────────┘
                       ◇──────┴──────◇      精度不达标
                       ◇  轨检小车检测   ◇──────────
                       ◇──────┬──────◇
                          精度达标
  ┌──────────────┐  ┌──────────┴──────────┐
  │  道床板混凝土施工  │←──────│  混凝土拌制及运输    │
  └──────┬───────┘  └─────────────────────┘
  ┌──────┴───────────────┐
  │ 混凝土浇筑后0.5~1h放松螺杆1/3圈 │
  └──────┬───────────────┘
  ┌──────┴───────────────┐
  │ 混凝土浇筑后2~4h松开扣件螺栓    │
  └──────┬───────────────┘
  ┌──────┴───────────────────────┐
  │ 混凝土养护、支撑螺杆及侧向固定架拆卸、模板拆除 │
  └──────┬───────────────────────┘
  ┌──────┴───────────────┐
  │   道岔内部几何尺寸检查及调整     │
  └──────┬───────────────┘
  ┌──────┴───────────────┐
  │      道岔内铝热焊        │
  └──────────────────────┘
```

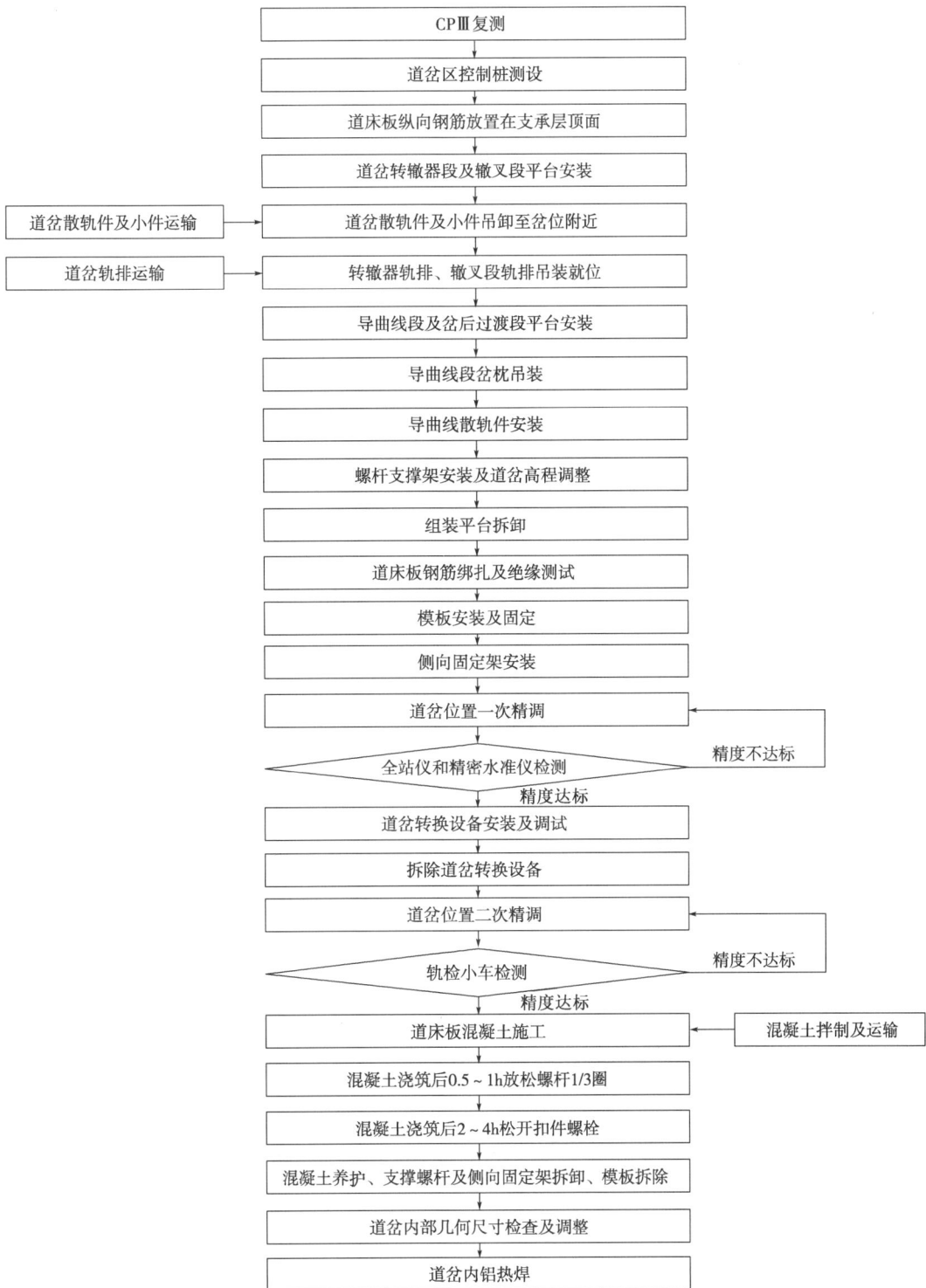

图 4.1.1　埋入式道岔施工工艺流程图

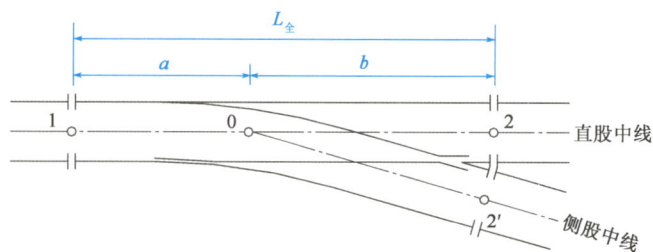

图 4.1.2　道岔位置桩

0-岔中心桩;1-岔头桩;2-岔尾桩(直股);2'-岔尾桩(侧股)

a)纵向钢筋布设

b)导曲线钢轨吊装

c)转辙机放置

d)道岔散轨件及小件吊卸

图 4.1.3　底座钢筋布设及道岔散轨件

a)平台安装

b)轨排精确放置

图 4.1.4　轨排安装

6.导曲线段轨排组装

在导曲线位置的支承层顶面设置轨排组装平台,将岔枕吊装到组装平台上,然后将线路一侧的导曲线钢轨吊装到岔枕上,组装导曲线段轨排。

7.螺杆支撑架安装及道岔轨排下平台拆除

安装螺杆支撑架,将道岔轨排顶起,拆除道岔轨排下平台(图4.1.5)。

a)起道机抬升轨排

b)拆除道岔轨排下平台

图4.1.5 轨排平台拆除

8.道岔标高调整

利用精密水准仪测设道岔轨顶高程(图4.1.6),将高程调整至设计高程以下5~8mm位置。

9.道床板钢筋绑扎、接地处理及绝缘测试

(1)按照设计要求绑扎道床板钢筋,并设置绝缘卡。

(2)根据设计要求焊接接地钢筋,设置接地端子。

图4.1.6 测设道岔轨顶高程

(3)钢筋绑扎及接地处理完成后,进行绝缘性能测试,确保绝缘效果(至少2MΩ以上)(图4.1.7)。

a)绑扎道床板钢筋

b)绝缘性能测试

图4.1.7 道床板钢筋绑扎、接地处理及绝缘

10.模板安装及固定

安装侧向模板。模板采用槽钢加工制造,并设置加固装置(图4.1.8)。

a)模板组拼

b)模板支撑固定

图 4.1.8　模板安装及固定

11. 侧向固定架安装

在支承层上钻眼,设置膨胀螺钉,将侧向三脚架固定在支承层上,侧向三脚架后部通过在支承层两侧级配碎石顶面设置钢钎加以固定,以提高侧向固定架的稳定性(图 4.1.9)。

a)直线地段固定架安装

b)道岔地段固定架安装

图 4.1.9　侧向固定架安装

在钢轨上设置卡轨块,卡轨块和三脚架间通过可调拉杆连接。调整可调拉杆长度,可实现轨排位置横向调整。

图 4.1.10　道岔一次精调

12. 道岔一次精调

(1)道岔一次精调(图 4.1.10)测量工作采用高精度水准仪、全站仪完成。根据道岔区测量控制基桩进行逐点测量调整。

(2)道岔水平调整,用高精度水准仪对道岔轨面逐点测量,确定道岔高程调整数值;调整支撑螺杆丝杆高度,精调起平道岔。

(3)道岔方向调整,先从线路中线控制桩引出,调整侧向支撑丝杆使道岔横移对中并固定,再从道岔两侧加密测量基标拉钢弦线复核轨道中线。

(4)轨距及支距调整,以直基本轨一侧为基准,按照先调支距再调轨距的步骤进行,使尖轨检测点支距和导曲线支距允许偏差符合设计要求。

（5）调整尖轨、心轨密贴和顶铁间隙，确保密贴良好。

（6）调整直线尖轨的直线度满足组装要求；曲线尖轨圆顺平滑无硬弯。

13. 转换设备安装与调试

（1）道岔转辙机安装前，对电气、机械性能进行测试，满足设备设计性能指标后才可进行安装。转辙机安装步骤如下：

①以垂直于道岔直股基本轨定位，在各牵引点分别安装转换装置和锁闭装置。

②以各牵引点动程来控制连接杆件定位。

③各部螺栓紧固，开口销齐全；各部绝缘安装正确，应无遗漏、破损。

④检测各牵引点动程和牵引力，检查转换机构工作状态，检查锁闭装置锁闭到位和表示状态，分别调试到位。

（2）转换设备安装调试完成后，由工务和电务技术人员相互配合按如下顺序进行调试：

①配合转换设备调试，进行道岔调整。局部细调轨距、支距及轨向，重点对尖轨和可动心轨密贴段检查调整，使允许偏差符合设计要求。

②密贴调整与转换设备调整同步进行，确保尖轨在切削范围内与基本轨密贴，可动心轨在轨头切削范围内分别与翼轨密贴，开通侧股时，又跟尖轨尖端在切削范围内与短心轨密贴。

③转换设备应保证可动机构在转动过程中动作平稳、灵活，无卡阻现象；锁闭装置正确锁闭、表示正确。

④道岔轨距、方向、密贴和间隔等检测项（点）达到设计要求。

⑤对转换装置、锁闭装置工作性能检测值和道岔轨距、方向、密贴和间隔等几何尺寸检测值进行详细记录。

⑥转换设备调试合格后，做出定位标记。

（3）道岔转换设备在调试结束后拆除。拆除后，再次检测道岔几何形位，复测线路高程、方向，对因拆除作业产生的偏移及时调整复位，精细调整道岔。

14. 道岔二次精调

（1）道岔二次精调，采用轨道检测车及其他检测工具检测道岔方向、高低、水平、轨距等几何形位指标（图4.1.11），根据轨道检测车检测数据（表4.1.1）确定精调数值。随轨道检测车移动，根据检测反馈数值逐点对道岔水平、方向进行微调定位。

a)顶铁间隙检查   b)轨检小车精调

图4.1.11　道岔二次精调

轨检小车生成数据的报表格式

表4.1.1

相对精度（同隔：标准距离。弦长：30m，每隔5m检核；弦长：330mm，每隔150m检核）

测量点(MP)	轨枕号	里程(m)	绝对精度 调整量(设计-实测) 竖曲线(最大10mm)(mm)	平曲线(最大10mm)(mm)	超高 设计值(mm)	超高 实测(mm)	超高 调整量(最大2mm)(mm)	轨距 设计值(mm)	轨距 实测(mm)	轨距 调整量(最大2mm)(mm)	竖曲线 不平顺值信息 检核点 测量点+5m	设计值(mm)	实测(mm)	调整量(最大2mm)(mm)	竖曲线 不平顺值信息 检核点 测量点+5m	设计值(mm)	实测(mm)	调整量(最大10mm)(mm)	平曲线 不平顺值信息 检核点 测量点+5m	设计值(mm)	实测(mm)	调整量(最大2mm)(mm)	平曲线 不平顺值信息 检核点 测量点+150m	设计值(mm)	实测(mm)	调整量(最大10mm)(mm)
47	12	1274.1+27.7	-0.2	-1.0	0.0	0.2	0.2	1449.8	1450.6	-0.8	55	0.0	-0.8	0.8	—	—	—	—	55	0.0	0.6	-0.6	—	—	—	—
48	13	1274.1+28.3	-0.8	-0.5	0.0	0.1	0.1	1449.8	1450.9	-1.1	56	0.0	-0.1	0.1	—	—	—	—	56	0.0	0.5	-0.5	—	—	—	—
49	14	1274.1+28.9	-0.7	-0.7	0.0	-0.6	-0.6	1149.2	1450.9	-1.7	57	0.0	-0.2	0.2	—	—	—	—	57	0.0	0.6	-0.6	—	—	—	—
50	15	1274.1+29.6	-0.3	-1.0	0.0	-1.2	-1.2	1448.6	1450.4	-1.8	58	0.0	-0.7	0.7	—	—	—	—	58	0.0	1.0	-1.0	—	—	—	—
51	16	1274.1+30.2	-0.6	-0.8	0.0	-1.0	-1.0	1448.1	1449.1	-1.0	59	0.0	-0.2	0.2	—	—	—	—	59	0.0	0.8	-0.8	—	—	—	—
52	17	1274.1+20.7	-1.0	-0.8	0.0	-1.2	-1.2	1447.4	1448.7	-1.3	60	0.0	0.3	-0.3	—	—	—	—	60	0.0	0.6	-0.6	—	—	—	—
53	18	1274.1+31.3	-0.7	-0.4	0.0	-0.8	-0.8	1446.9	1447.8	-0.9	61	0.0	0.1	-0.1	—	—	—	—	61	0.0	-0.2	-0.2	—	—	—	—
54	19	1274.1+31.9	-0.9	0.4	0.0	-0.8	-0.8	1446.3	1447.8	-1.4	62	0.0	0.3	-0.3	—	—	—	—	62	0.0	-1.1	1.1	—	—	—	—
55	20	1274.1+32.5	-0.9	-0.2	0.0	-0.7	-0.7	1445.7	1447.8	-2.0	63	0.0	0.1	-0.1	—	—	—	—	63	0.0	-0.2	0.2	—	—	—	—
56	21	1274.1+33.1	-0.8	0.2	0.0	-0.5	-0.5	1445.1	1447.0	-1.9	64	0.0	0.0	0.0	—	—	—	—	64	0.0	-0.6	0.6	—	—	—	—
57	22	1274.1+33.7	-0.7	0.0	0.0	-0.4	-0.4	1444.6	1446.5	-2.0	65	0.0	-0.1	0.1	—	—	—	—	65	0.0	-0.9	0.9	—	—	—	—
58	23	1274.1+34.3	-0.9	0.2	0.0	0.0	0.0	1444.0	1445.1	-1.1	66	0.0	0.4	-0.4	—	—	—	—	66	0.0	-1.5	1.4	—	—	—	—
59	24	1274.1+34.9	-0.7	0.1	0.0	0.2	0.2	1443.4	1444.1	-0.7	67	0.0	-0.2	0.3	—	—	—	—	67	0.0	-1.2	1.2	—	—	—	—
60	25	1274.1+35.5	-0.6	0.0	0.0	0.3	0.3	1443.0	1443.3	-0.2	68	0.0	-0.3	0.3	—	—	—	—	68	0.0	-1.0	1.0	—	—	—	—

测量点(MP)	轨枕号	里程(m)	绝对精度 调整量(设计-实测) 竖曲线(最大10mm)(mm)	平曲线(最大10mm)(mm)	超高 设计值(mm)	实测(mm)	调整量(最大2mm)(mm)	轨距 设计值(mm)	实测(mm)	调整量(最大2mm)(mm)	相对精度 竖曲线 不平顺值信息 检核点+5m测量点	设计值(mm)	实测(mm)	调整量(最大2mm)(mm)	不平顺值信息 检核点+5m测量点	设计值(mm)	实测(mm)	调整量(最大10mm)(mm)	平曲线 不平顺值信息 检核点+5m测量点	设计值(mm)	实测(mm)	调整量(最大2mm)(mm)	不平顺值信息 检核点+150m测量点	设计值(mm)	实测(mm)	调整量(最大10mm)(mm)
61	26	1274.1+36.1	-0.4	0.0	0.0	0.3	0.3	1442.2	1443.0	-0.8	69	0.0	-0.3	0.3	—	—	—	—	69	0.0	-0.6	0.6	—	—	—	—
62	27	1274.1+36.7	-0.5	0.0	0.0	0.1	0.1	1441.6	1442.5	-0.9	70	0.0	-0.4	0.4	—	—	—	—	70	0.0	-0.5	0.5	—	—	—	—
63	28	1274.1+37.3	-0.7	0.0	0.0	-0.3	-0.3	1441.0	1442.0	-1.0	71	0.0	0.0	0.0	—	—	—	—	71	0.0	-0.8	0.8	—	—	—	—
64	29	1274.1+37.9	-0.7	0.0	0.0	-0.7	-0.7	1440.4	1441.2	-0.7	72	0.0	0.4	-0.4	—	—	—	—	72	0.0	-0.8	0.8	—	—	—	—
65	30	1274.1+38.5	-0.8	0.0	0.0	-0.8	-0.8	1439.8	1440.4	-0.5	73	0.0	0.6	-0.6	—	—	—	—	73	0.0	-0.1	0.1	—	—	—	—
66	31	1274.1+39.1	-0.3	0.0	0.0	-0.8	-0.8	1439.3	1439.9	-0.6	74	0.0	0.3	-0.3	—	—	—	—	74	0.0	0.4	-0.4	—	—	—	—
67	32	1274.1+39.7	-0.9	0.0	0.0	-0.7	-0.7	1438.7	1439.5	-0.7	75	0.0	1.1	-1.1	—	—	—	—	75	0.0	0.4	-0.4	—	—	—	—
68	33	1274.1+40.3	-0.8	0.0	0.0	-1.0	-1.0	1438.1	1439.0	-0.9	76	0.0	1.6	-1.6	—	—	—	—	76	0.0	0.5	-0.5	—	—	—	—
69	34	1274.1+40.9	-0.6	0.0	0.0	-1.0	-1.0	1437.5	1438.2	-0.7	77	0.0	1.4	-1.4	—	—	—	—	77	0.0	0.6	-0.6	—	—	—	—
70	35	1274.1+41.5	-0.8	0.0	0.0	-1.0	-1.0	1436.9	1437.7	-0.8	78	0.0	1.0	-1.0	—	—	—	—	78	0.0	1.1	-1.1	—	—	—	—
71	36	1274.1+42.2	-0.6	0.0	0.0	-0.8	-0.8	1436.3	1436.8	-0.5	79	0.0	0.3	-0.3	—	—	—	—	79	0.0	1.3	-1.3	—	—	—	—
72	37	1274.1+42.7	-0.2	0.0	0.0	-0.5	-0.5	1435.7	1436.6	-0.9	80	0.0	0.1	-0.1	—	—	—	—	80	0.0	0.9	-0.9	—	—	—	—
73	38	1274.1+43.3	-0.1	0.0	0.0	-0.4	-0.4	1435.2	1436.4	-1.2	81	0.0	0.0	0.0	—	—	—	—	81	0.0	0.4	-0.4	—	—	—	—

相对精度（同隔:标准距离。弦长:30mm,每隔5m检核;弦长:330mm,每隔150m检核）

（2）调整支撑螺杆高度，精调起平道岔，道岔高低、水平位置不超过设计限值。滑床台板坐实坐平，垫板与台板的间隙不超标。

（3）调整侧向支撑丝杆，对道岔方向超限点进行局部精调，使直股工作边直线度符合规定指标、曲股工作边曲线段应圆顺无硬弯。

（4）调整轨距、支距，使尖轨检测点支距和导曲线支距允许偏差符合设计要求。

（5）调整尖轨、可动心轨密贴和顶铁间隙，保证密贴段密贴良好、间隙值不超限。

整组道岔调试完毕后，对弹条螺栓、岔枕螺栓副、限位器螺栓、翼轨间隔铁螺栓副、长短心轨间隔铁螺栓副进行复拧，复拧扭矩达到设计值。

调整后的道岔按照客运专线无砟道岔铺设技术条件中的检验验收项（点）逐项检测道岔。混凝土浇筑前的道岔必须完全满足道岔铺设验收标准要求。

15. 道床板混凝土浇筑及养护

（1）道岔二次精细调整到位并固定后，进行混凝土浇筑前准备。

（2）对道岔钢轨部件、垫板、滑床垫板、扣件等应加装临时防护膜，防止混凝土浇筑时的污染；混凝土基础层及岔枕应洒水湿润，以利于界面结合（图4.1.12）；检查模板加固状态和混凝土泵送、捣固设备工况，确保混凝土浇筑施工顺利进行；道床板混凝土浇筑时的道岔轨温应满足设计要求。

a)道岔钢轨部件覆盖保护   b)混凝土基础层及岔枕的洒水湿润

图4.1.12 道床板混凝土浇筑前临时防护

（3）混凝土浇筑。

①混凝土浇筑按照道床板分段顺序间隔进行，浇筑过程中，在保证振捣密实的同时，应有专人监测道岔轨排高度和方向，随时检查轨排固定装置，防止移位（图4.1.13）。

a)道床板混凝土浇筑   b)道床板顶面高程控制

图4.1.13 道床板混凝土浇筑

②混凝土入模后,立即插入振动棒振捣。对岔枕底部位置混凝土要加强振捣,确保混凝土的密实性,转辙机坑位置加强捣固。

③捣固时防止振动棒触碰钢筋网、支撑螺栓和侧向支撑装置。

④道床板混凝土表面用平板式振动器振平并以人工抹平,确保道床板的顶面高程、平整度和排水坡度符合设计标准。

⑤同一配合比每班次制作5组试件。

(4)道床板混凝土浇筑完成0.5~1h后,将竖向支撑螺杆放松1/3圈。待2~4h达到初凝状态后,松开扣件螺栓,拆除竖向支撑螺杆,遗留孔洞以同级砂浆填充密实。混凝土浇筑完毕,应及时覆盖保湿棉垫进行养护,保证混凝土表面湿润,且不受阳光直射和风吹。在道床板混凝土养护期间,施工区应严格封闭,严禁行人与车辆在道岔上通过。

(5)道床板混凝土养护结束后,进行后续清理工作。

①按设计采用锯缝机在基础层表面锯切伸缩缝,伸缩缝间距、深度及宽度符合设计要求,填充材料质量、密实度符合规范要求。

②拆除道岔钢轨部件、垫板、滑床垫板、扣件上的临时防护膜,清洗遗留水泥砂浆(图4.1.14)。

a)螺杆、扣件放松
b)清理后道岔

图4.1.14 道床板配件安装及清理

(6)道岔终调及验交前的整修。

无砟道岔道床板混凝土浇筑完成后,经自检、电务互检合格后,电务部门及时安装转辙机及锁闭装置。安装转辙机时,工务、电务部门应配合施工,并调试到最佳工作状态。道岔焊接不得影响转辙机拉杆与道岔钢轨的连接。

道岔焊接锁定后,对整组道岔包括前后过渡段进行最终的精细调整。调整后的道岔必须满足设计和列车高速运营要求,同时完全满足《客运专线无砟轨道道岔铺设技术条件》中道岔铺设验收基本项点各项要求。

道岔施工完成后,用勾锁器固定尖轨,直向限速通过,侧向使用道岔前需按相关程序协商,并征得施工单位同意,做好相关限速标志和防护工作;禁止工程列车在岔区起停。

设置专人看护,防止道岔部件、扣件、电务设备等丢失和破坏,按有关要求进行涂油和扣件复拧等工作。

技能训练

参考高速铁路轨道施工与维护实训手册的项目16 单开道岔检查实训作业指导书。

任务二　板式道岔施工

一、工艺流程

1. 板式道岔施工工艺流程

板式道岔施工工艺流程图如图 4.2.1 所示。

视频:板式道岔
施工

微课:普通单开
道岔检查

微课:板式道岔
施工

微课:高速道岔
检查

微课:高速道岔
工务精调工艺

施工准备

找平层混凝土浇筑

测量及放样

钢筋绑扎及支承垫块安装

道岔板吊装及就位

道岔板精调及固定

混凝土模板安装

道岔板边缝密封

底座混凝土浇筑

模板及精调器拆除

道岔横缝填筑及转辙机平台施工

道岔组件吊铺及组装

道岔轨道精细调整

道岔焊接与锁定

道岔线性最终调试

结束

电务设备安装及工电联调

图 4.2.1　板式道岔施工工艺流程图

2. 板式道岔主要施工装备

板式道岔主要施工设备有混凝土搅拌站、混凝土运输车、混凝土泵车、混凝土输送泵、钢筋加工设备、道岔板运输车、道岔板铺设门式起重机、道岔板定位精调装置等。

二、道岔施工

1. 找平层混凝土施工

(1)找平层混凝土应采用模筑法浇筑,厂拌混凝土泵送入模,插入式捣固棒捣固,表面刮尺找平,钢丝刷拉毛。

(2)待混凝土终凝后,拆除模板,切割伸缩缝,保水养护 7d。

（3）找平层混凝土施工完成后按相应要求验收。

2. 测量放样

（1）依据CPⅢ进行铺岔基标测设（图4.2.2），采用高精度全站仪自由设站法放样，利用电子水准仪完成高程复测。

（2）在找平层混凝土表面放样道岔板铺设位置、立模位置及支承垫块的安装位置，平面位置允许偏差为±5mm。

（3）支承垫块采用坐浆法安装（图4.2.3），确保其稳固，在上标注道岔板的边角位置。

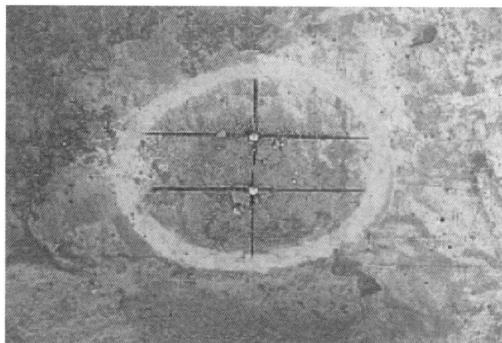

图4.2.2　铺岔基标测设

图4.2.3　支承垫块安装

（4）采用钻机钻孔、植筋胶结的方式安装铜质铺岔基标（图4.2.4），测设应符合相关测量规定。与正线和股道搭接时，至少应与正线3个轨道基准点进行重合测量（图4.2.5）。

图4.2.4　铜质铺岔基标

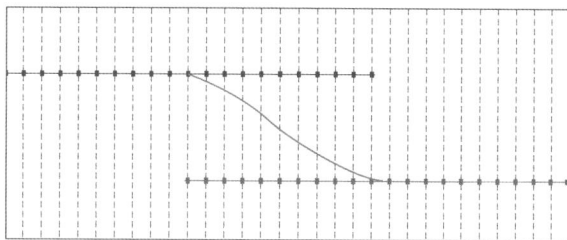

图4.2.5　道岔与轨道基准点重合测量

3. 绑扎钢筋

（1）绑扎道床混凝土钢筋网（图4.2.6），支垫厚50mm的砂浆保护层垫块。

（2）钢筋纵横交叉点处用绝缘卡进行隔离，加塑料扎带绑扎固定。钢筋绑扎完成后，按要求进行绝缘测试。

4. 道岔板运输、吊装就位

（1）道岔板运输及粗铺基本要求同轨道板运输及粗铺（图4.2.7）。

（2）道岔板运输时应按照设计要求层数装载，层间加设垫木，采取有效措施防止道岔板晃动、碰损。

（3）道岔板应采用专用吊具吊装就位。专用吊具一般由4根带连接螺栓的吊链组成。吊装时，将吊链上的连接螺栓与道岔板上预埋螺栓孔连接即可。

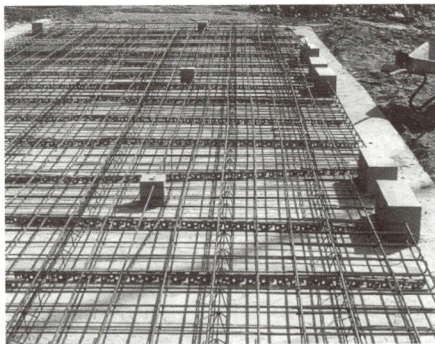

图 4.2.6　绑扎钢筋

图 4.2.7　道岔板运输及粗铺

（4）吊装将道岔板缓慢放置在支承垫块上，通过对照道岔板轨道中线标志和找平层上轨道中线使道岔板的初步就位偏差控制在 5mm 以内。

（5）粗铺到位后，按设计要求及时在道岔板两侧安装支撑牛腿和多向精调器（图 4.2.8）。

图 4.2.8　道岔板精调设备

5. 道岔板的精调与固定

（1）道岔板精调操作应符合下列规定。

①在每块道岔板的 4 个角点附近预设定位孔，计算其在局部网中的坐标位置。

②在靠近直向轨道的道岔板 4 个角点放置 4 个棱镜，道岔中部道岔板增设 2 个棱镜。全站仪架设在铺岔基标上，以上一块已经精调到位的轨道板直股上的一个棱镜点及对应的铺岔基标两点定向（图 4.2.9）。

a)全站仪架设

b)精调标架安放

图 4.2.9　道岔板精调

③测量道岔板上 4 个（6 个）棱镜的实际三维坐标，并与理论值比较。

④利用多向精调器对道岔板进行横向、竖向、纵向调整，直至达到精调要求。

（2）道岔板精调精度指标要求见表 4.2.1。

道岔板精调精度指标要求　　　　表 4.2.1

横向平面位置	纵向长度	高程
±0.3mm	±0.3mm	±0.3mm

（3）道岔板精调完成后,在道岔板两侧及两道岔板之间预定位置安装压紧装置(图4.2.10)。

a)平台安装   b)轨排精确放置

图4.2.10 道岔板精调压紧装置

6. 道床混凝土施工

（1）道床混凝土模板安装要求与支承层或底座混凝土模板安装相同。

（2）道床混凝土采用高流态混凝土重力式灌注施工,全断面一次浇筑完成。

（3）混凝土浇筑前应进行混凝土配合比及工艺试验。

（4）混凝土拌制和浇筑过程中,应按设计要求对混凝土拌合物的坍落度进行测定,同条件留置试件,混凝土入模温度应控制在 5~30℃之间。

（5）混凝土浇筑施工时宜将整个道岔区临时隔离为若干段,依次逐段浇筑。临时隔离高度高于道岔板底面5cm。

（6）混凝土浇筑应采用厂拌混凝土、罐车运输、混凝土汽车泵输送,专用料斗配合灌注,依靠自身流动性填充密实。

（7）当前方道岔板浇筑完毕,且相邻道岔板即将浇筑完成时,应及时拆除两道岔板之间的隔离模板,以使两块道岔板的混凝土良好结合。

（8）道岔板边部混凝土在初凝后人工压光抹平,终凝后及时覆盖,洒水保湿养护 7d 以上。

（9）道床板混凝土养护期间,用同强度等级混凝土灌注道岔板间接缝,用热沥青灌注伸缩缝。

（10）道床板混凝土外形允许偏差应符合表4.2.2规定。

道床板混凝土外形尺寸允许偏差   表4.2.2

序号	检查项目	允许偏差	序号	检查项目	允许偏差
1	顶面高程	±10mm	3	中线位置	3mm
2	宽度	±10mm	4	平整度	10mm/3m

7. 道岔组件吊装及精调

（1）道岔预组装完毕,质量检查、评测合格后,按道岔铺设图分解。

（2）道岔钢轨尽可能大组件发运,由专用运输车运输,专用吊具和大吨位汽车起重机吊装,人工组装道岔钢轨及扣件。

（3）组装过程应保证扣件安放准确,扭力符合要求,各部件间密贴,钢轨平顺(图4.2.11)。

a)道岔扣件系统安装

b)道岔钢轨组件吊铺

c)道岔组装

d)已施工完成的道岔

图4.2.11　道岔组拼铺设及精调

（4）对照铺设图及《客运专线铁路无砟轨道工程施工质量验收标准》（TB 10754—2010）的相关条款检查和调整道岔几何状态。

（5）道岔钢轨组件组装应按以下流程精细调整：

①轨道状态测量仪测量之前，清除粘附在道岔板上特别是承轨部位的尘土、污垢、油污；对照铺设图纸检查钢轨部件的完整性，更换缺损零件；检查并调整尖轨及心轨工装点平齐；检查螺栓扭矩。

②复测道岔及前后各300m的CPⅢ测量网，用轨道状态测量仪测量道岔及前后过渡段的轨道几何尺寸，测量结果至少反映里程、轨距、水平、绝对高程、高低、方向等指标，使用专用软件分析和计算轨道调整量。

③现场调整遵循"先方向，后水平；先直股，后曲股；先整体，后局部"的原则，对照调整量清单调整轨道。

④反复调整至轨道几何状态合格，最后检查和调整道岔尖轨与滑床板间的密贴状况。

⑤结合区间无砟轨道调整，完成道岔及前后线路的长波调整，对调整完成后的道岔，应用轨道状态测量仪测量并记录完工后的轨道线形，对照验收标准检查项点逐一检查并记录质量状态。

（6）用12.5m长的P60kg新轨工具轨组装道岔渡线及道岔前后各12.5m、25m的过渡段，道岔及过渡段钢轨之间用临时夹具连接，前后过渡段与道岔一起精调。

（7）道岔经精调后，轨面高程应达到设计要求，允许偏差0，-5mm，且与前后相连线路一致。道岔中线允许偏差2mm，静态平顺度允许偏差应符合相应要求。

①道岔转辙器及尖轨安装应符合：尖轨无损伤；尖轨实际尖端至第一牵引点处应与基本轨

密贴,缝隙不大于0.2mm;尖轨限位器两侧缝隙偏差不大于1.5mm;尖轨各牵引点处开口值应符合设计规定,其允许偏差为±2mm。

②辙叉安装应符合:辙叉心轨和翼轨无损伤,查照间隔不小于1391mm;心轨实际尖端至第一牵引点处应与翼轨密贴,缝隙不大于0.5mm。螺栓的扭力矩为1100~1300kN。

③基本轨上牵引杆安装孔的中心线与轨枕的相对位置(距后一根轨枕中心线300mm,距前一根轨枕中心线350mm)应正确,岔枕应正位并与直股轨道中心线垂直,岔枕间距允许偏差为±5mm。

④道岔铺设允许偏差见表4.2.3。

道岔铺设允许偏差   表4.2.3

顺序	项目		允许偏差(mm)
1	轨距	尖轨尖端轨距	±1
		直线尖轨轨头创切起点处轨距	±1
		其余部分	±2
2	曲股护轨轮缘槽宽		+1,-0.5
3	可动辙叉咽喉		+2,-1
4	导曲线支距		±2
5	轨面高程		0,-0.5

8. 应力放散与焊接

(1)道岔锁定焊接应在设计锁定轨温范围内焊接。

①道岔设计锁定轨温根据施工点年平均气温确定。

②道岔两端与无缝线路长轨条的焊接,应在设计锁定轨温范围内进行,并准确记录实际锁定轨温。

③无缝道岔与相邻轨条的锁定轨温度差不应大于5℃。

④无缝道岔侧线应按设计要求焊接和锁定。

⑤道岔内锁定焊接及道岔与两端无缝线路锁定焊接应于同日在设计锁定轨温范围内焊接和锁定。

⑥道岔与两端无缝线路钢轨焊接应在轨面高程、轨向和水平位置误差已达到设计标准时,方可施焊。

⑦道岔内钢轨接头采用铝热焊时,应先调整好道岔全长及各焊缝。

⑧焊接及锁定过程中应采取措施始终保持限位器子母块位置居中,尖轨方正。

(2)道岔内钢轨焊接顺序(图4.2.12):辙叉轨排与导轨连接部,先直股,后曲股;导轨与导轨之间,先直股,后曲股;导轨与尖轨跟部,先基本轨,后尖轨。

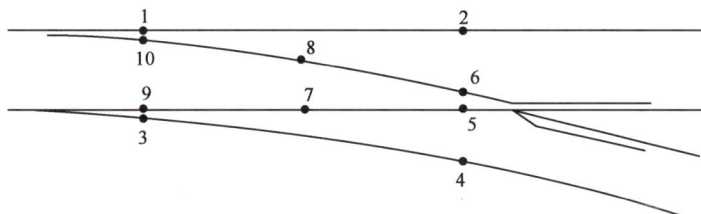

图4.2.12 道岔内钢轨焊接

（3）道岔前后钢轨焊接顺序：先岔前，再岔后；先直股，再曲股。

（4）道岔内钢轨锁定焊接前应进行应力放散，应力分布应均匀。应力放散与锁定以一组道岔为一个放散施工单元。

①道岔锁定与锁定焊接同步完成。将道岔前后6个接头和尖轨跟端2个接头最后进行锁定焊接。

②道岔内锁定焊接头安排在道岔内中直、中弯各一处，道岔内其他焊接接头均为单元焊，大部分焊接不受轨温限制；岔内分别以道岔转辙器和辙叉心为两个中心点向两侧放散锁定。转辙器和辙叉心放散应力时只需拆掉与岔枕固定的扣件，内部连接的螺栓不拆，并用聚四氟乙烯滑块代替滚轮。

③在规定的轨温条件下，松开道岔（道岔区本体不动）前后各200m线路并支垫滚轮，待轨温达到锁定轨温范围时，用橡胶锤来回敲击钢轨，使钢轨处于自由状态，复紧扣件锁定钢轨，焊接道岔前后的6个接头，尖轨跟端的2个接头最后焊接，焊接前对道岔工装点和限位器进行检查和调整。

④道岔锁定后同步设置位移观测标记。

⑤接头焊接施工应严格执行相关操作规程，保证焊接质量。

a. 钢轨铝热焊焊缝距离承轨台边缘不应小于100mm。

b. 打磨焊缝时，应在钢轨踏面上保留适量高出钢轨的焊头金属。

c. 在焊缝温度未降至350℃以下时，不得解除钢轨拉伸器和对正设备。

（5）拆除砂模后应进行轨头推凸，然后对铝热焊接头进行热打磨。热打磨只对轨头进行打磨，采用仿形打磨机进行。

（6）冷打磨在焊头温度降至50℃以下进行。

（7）精磨应在线路整道作业完成后采用仿形打磨机进行，轨温应处于常温状态。

（8）无缝道岔内焊接接头平直度和轨头轮廓应符合现行《钢轨焊接》（TB/T1632）的规定，见表4.2.4。

钢轨焊接接头平直度允许偏差　　　　　　表4.2.4

序号	部位	旅客列车设计行车速度 V	
		200km/h	200km/h < V≤250km/h 及 300km/h≤V≤350km/h
1	轨顶面（mm/1m）	+0.3 / 0	+0.2 / 0
2	轨头内侧工作面（mm/1m）	+0.3 / 0	+0.2 / 0
3	轨底（焊筋）（mm/1m）	+0.5 / 0	+0.5 / 0

注：1. 轨顶面中符号"＋"表示高出钢轨母材轨顶基准面。

　　2. 轨头内侧工作面中符号"＋"表示凹进。

　　3. 轨底（焊筋）中符号"＋"表示凸出。

（9）按现行《钢轨焊接》（TB/T1632）的要求对无缝道岔内焊接接头进行超声波探伤，并填写探伤记录。记录应包括仪器、探头、焊接接头编号、测试数据、探伤结果及处理意见。

（10）铝热焊接时，应对焊接影响范围内道岔零部件及道床板钢筋等材料（钢轨接头除外）加装防护，防止焊剂烧蚀。

（11）焊接施工结束，应再次检测道岔几何形位，复测线路高程、方向，对因钢轨焊接作业产生的偏移及时调整复位，再进行道岔精细调整。

复习思考题

1. 板式无砟轨道道岔铺设施工的基本工序是什么？埋入式无砟轨道道岔铺设施工的基本工序是什么？两种结构施工有何共同点？

2. 基地预拼道岔一般是将整个道岔组拼成几部分？运输及铺装时需要注意什么事项？

3. 现场铺装道岔时，钢轨的铺装顺序是什么？

4. 道岔铺设完成后，需要对道岔哪些部位进行检测？检测指标有哪些？

5. 埋入式道岔施工工艺流程涉及哪些关键施工步骤？

6. CPⅢ点复核测量结果如果不满足限差要求，应该如何处理？

7. 道岔控制桩在哪些位置设置？描述其设置方法。

8. 转辙器段及辙叉段轨排平台安装时，如何利用导向装置提高精度？

9. 道岔高程调整的目的是什么？调整至哪个位置？

10. 在埋入式道岔施工中，如何确保道岔与相邻轨道的平顺连接？

11. 简述板式无砟轨道道岔的主要施工步骤。

203

项目四 无砟轨道道岔施工

项目五

无缝线路施工

学习目标

知识目标:

1. 熟悉无缝线路的分类及其工作原理。
2. 掌握跨区间无缝线路施工工艺。
3. 熟悉跨区间无缝线路施工质量标准。
4. 熟悉无缝线路钢轨焊接的基本方法,掌握现场铝热焊的基本工序。
5. 掌握长钢轨铺设的工序。
6. 熟悉轨道精调的基本工序。
7. 熟悉跨区间无缝线路应力放散施工工艺。
8. 了解无缝线路施工的质量标准及其检测方法。

能力目标:

1. 能根据跨区间无缝线路锁定轨温,计算温度力。
2. 能指导长钢轨运输工作。
3. 能指导长钢轨现场焊接作业。

4. 能进行无缝线路铺设施工现场施工指挥,完成技术交底。
5. 能判定跨区间无缝线路温度应力放散的条件,指导无缝线路应力放散作业。
6. 能使用轨道检测车采集轨道状态数据,指导轨道精调方案的确定和现场扣件的更换。
7. 能识读轨检图并能判定病害位置,提出轨道调整的方案。
8. 能够通过分析实际案例,提升解决无缝线路施工中复杂问题的能力。

素质目标:

通过对无缝线路结构工作原理和施工技术的学习,感知施工技术发展,培养吃苦耐劳、坚韧不拔的品格,增强民族自豪感,培养创新精神和探索精神、解决实际问题的能力,进而在无缝线路领域进行深入研究。

本项目通过对无缝线路工作原理的介绍,学习无缝线路铺设施工的基本工序,对无缝线路轨道精调和轨道检测进行技能训练。

任务一　无缝线路设计

视频:无缝线路工作原理　　　微课:无缝线路工作原理　　　微课:无缝线路的结构

一、概念

1.无缝线路定义

无缝线路也叫长钢轨线路,是钢轨连续焊接或胶接超过两个伸缩区长度的轨道,即将100m定尺钢轨在焊轨基地焊接成200～500m的轨条,再运到现场就地焊接后铺设。与普通线路相比,无缝线路在其长钢轨段内消灭了轨缝,从而消除了车轮对钢轨接头的冲击,使得列车运行平稳,旅客舒适,延长了线路设备和机车车辆的使用寿命,减少了线路养护维修工作量,并能适应高速行车的要求,是轨道现代化的发展方向,是20世纪轨道结构最突出的改进与创新。现在世界各国无缝线路里程已超过20万km,约占世界铁路总长的20%。我国自1958年开始铺设无缝线路,经过几十年的运营实践,在设计、施工和养护维修方面积累了不少经验。在国内外新线铺设跨区间无缝线路,不仅高速铁路、重载铁路采用,甚至是一些普通铁路也在使用。

《中国节能技术政策大纲(2006年)》中指出,铁路线路要向重载和无缝线路发展,要积极创造条件,发展超长无缝线路,减少机车运行能耗。

高速客运专线对轨道的平顺性提出了新的要求,严格控制钢轨的平直性和焊头的平顺性是其关键之一。

轨道的高平顺性主要体现在以下几个方面:

(1)钢轨的原始平直度公差要小。

(2)焊缝的几何尺寸公差要小。

(3)道岔区不能有接头轨缝、有害空间等不平顺。

(4)高低、轨向、水平、扭曲和轨距偏差等局部存在的不平顺幅值要小。

(5)敏感波长和周期性不平顺的幅值要小。

(6)轨道不平顺各种波长的功率谱密度值都要小。

2.无缝线路分类

1)按钢轨内部温度应力的处理方式分类

(1)温度应力式(Temperature Stress Type):在运营过程中,随着轨温的变化,每段无缝线路除两端的伸缩区放散部分温度应力外,无缝线路中间部分的自由伸缩完全受到限制,通常不放散温度应力,它有固定的锁定轨温。

(2)定期放散应力式(Periodically Destressing Type):为减小无缝线路的最大温度应力值,

应定期进行应力放散,通常每年春、秋季各放散一次,它有两个锁定轨温。

(3)自动放散应力式(Automatic Destressing Type):在无缝线路的中部或端部锁定一定长度,其余部分采用特制扣件,允许轨条随着轨温变化而伸缩,从而放散温度应力,它无固定的锁定轨温。

定期放散应力式和自动放散应力式无缝线路曾在苏联和我国沈阳、哈尔滨铁路局试铺,但因定期放散应力式无缝线路需耗费大量人力,而自动放散应力式则因放散应力不均匀,且存在超伸超缩现象,两者均早已废弃不再使用。

目前,世界各国铁路广泛推广应用温度应力式无缝线路。温度应力式无缝式线路是把钢轨焊成长轨节铺在线路上,通过拧紧扣件锁定线路,通过各种线路阻力共同约束长轨节使其不能自由伸缩。一年四季,随着轨温变化,长轨节内承受着不断变化的温度拉力或压力。长轨节端部之间的连接大多采用接头夹板及螺栓,其特点是结构简单、铺设方便。

2)按钢轨长度分类

(1)普通无缝线路:普通无缝线路的长轨条长度一般为 1000~2000m,在两长轨条之间设置 2~4 根标准轨,用普通钢轨接头形式与长轨条连起来,形成缓冲区,它虽然减少了钢轨接头,但缓冲区内依然存在钢轨接头(图 5.1.1)。

图 5.1.1　普通无缝线路

固定区长度根据线路及施工条件确定,最短不得短于 50m;伸缩区长长度应根据年轨温差幅值、道床纵向阻力、钢轨接头阻力等参数计算确定,一般为 50~100m;缓冲区采用普通绝缘接头时为 4 根,采用胶结绝缘接头时可将胶接绝缘钢轨插在 2 节或 4 节标准轨中间,缓冲区钢轨接头必须使用 10.9 级螺栓,螺栓扭矩应保持在 700~1100N·m。

(2)区间无缝线路:长轨条长度贯通相邻两个车站的整个区间,且车站正线上采用有缝道岔的无缝线路。其取消区间内的缓冲区,只保留车站道岔前后缓冲区(图 5.1.2)。

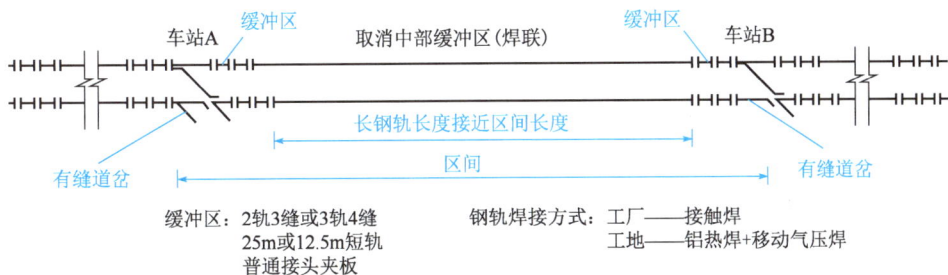

图 5.1.2　区间无缝线路结构图

(3)跨区间无缝线路:长轨道长度跨越两个或更多区间,且车站正线上采用无缝道岔的无缝线路(图 5.1.3)。

在我国无缝线路分类中,普通无缝线路与区间无缝线路的基本原理相同,而跨区间无缝线路结构与计算则比较复杂。跨区间无缝线路具有以下特点:

①线路两端的处理方式为锚固式、缓冲式、伸缩调节器式。

②绝缘接头采用胶接绝缘接头。

③道岔焊成无缝道岔。

④轨道采用重型轨道结构。

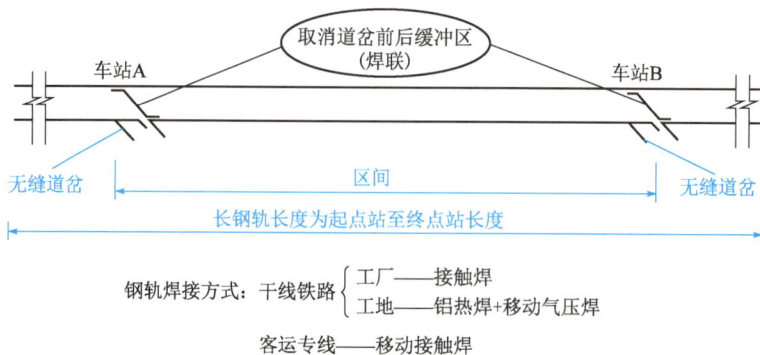

图5.1.3　跨区间无缝线路

3）其他分类

另外,无缝线路按铺设位置、设计要求的不同,可分为路基无缝线路(有砟或无砟轨道)、桥上无缝线路、岔区无缝线路等;根据无缝线路轨条长度是否跨越车站,可分为普通无缝线路和跨区间无缝线路;根据长钢轨接头的连接形式,可分为焊接无缝线路和冻结无缝线路;等等。

3.无缝线路的特点

1）无缝线路的优点

(1)运行平稳,减少轮轨接头冲击,运行阻力减小 10% ~ 20% ,并能适应高速行车的要求。

(2)延长线路设备和机车车辆的使用寿命。据调查,无缝线路较普通线路的钢轨使用寿命延长 15% ~ 30% 。

(3)节约养护维修费用。据一些国家统计,仅从节约劳力和延长设备使用寿命方面计算,无缝线路比普通线路可节约线路维修费用 20% ~ 35% 。

(4)长轨条贯通区间并与道岔焊连,取消了缓冲区,彻底实现了线路的无缝化,全面提高了线路的平顺性与整体强度,适于高速行车,旅客舒适度提高。

(5)温度循环造成的温度力峰也随着伸缩区的消失而消失了。

(6)提高了线路的防爬能力,线路的安全性和可靠性提高了,振动与噪声降低了。

2）无缝线路的缺点

(1)钢轨承受温度变化造成的巨大温度力,从而会出现夏天胀轨、冬季断轨的现象,线路维修与施工受到限制。

(2)钢轨较长,运输、装卸、铺设方法与机具等都需要特殊考虑。

(3)焊接质量对线路影响大。

二、无缝线路工作原理

无缝线路基本理论是把长轨锁定(固定),使其不能随温度升降而伸缩;钢轨由温度变化产生的温度力与轨温呈正比,与轨长无关,但应小于或等于锁定轨道框架的阻力,才能使之在正常情况下保持良好状态。

1.钢轨的自由伸缩量和限制伸缩量

1)钢轨的自由伸缩量

钢轨不受任何阻碍的伸缩叫作自由伸缩。自由伸缩量同钢轨的长度和轨温变化度数呈正比。钢轨自由伸缩量的计算公式是:

$$\Delta l = \alpha l \Delta t \qquad\qquad (5.1.1)$$

式中:Δl——钢轨的自由伸缩量,mm;

α——钢轨的线膨胀系数,0.0118mm/(m·℃);

l——钢轨长度,m;

Δt——轨温变化度数,℃。

【例5.1.1】 一根不受任何阻碍的钢轨,在早晨轨温为19℃时测定的长度是25.004m,中午轨温升高到49℃,钢轨的长度是多少?

【解】 $\Delta t = 49℃ - 19℃ = 30℃$

$\Delta l = \alpha l \Delta t = 0.0118 \times 25.004 \times 30 = 8.8 \approx 9(\text{mm})$

此时钢轨的长度为 $25.004 + 0.009 = 25.013(\text{m})$

【例5.1.2】 某无缝线路长轨条长1000m时的轨温是45℃,在轨温变化到12℃时,松开接头扣件、中间扣件和防爬器,钢轨应缩短多少毫米?

【解】 据题意,我们认为此时的长轨条处于自由缩短状态。

则长轨条缩短量 $\Delta l = \alpha l \Delta t = 0.0118 \times 1000 \times 33 \approx 389(\text{mm})$

这个缩短量是十分惊人的,它将使无缝线路完全丧失行车条件。

2)钢轨的限制伸缩量

无缝线路钢轨在充分锁定状态下的伸缩叫作限制伸缩,而锁定指钢轨扣件的锁固状态。

由于已被强力锁定,自由伸缩量的相当一部分不能实现。无缝线路钢轨的限制伸缩具有如下特点:

(1)只有当轨温变化到相当程度才会产生限制伸缩。

(2)限制伸缩量比自由伸缩量小得多。

(3)限制伸缩量同长轨条的长度无关,即任何长度的长轨条的限制伸缩量,在轨温变化相同度数时都是一致的。

无缝线路未充分锁定或道床抵抗轨枕沿线路方向移动的阻力不够,钢轨的限制伸缩量将会增大,甚至接近自由伸缩量,这将对无缝线路产生巨大的破坏性影响。

2.温度应力和温度力

1)温度应力

无缝线路锁定之后,较大的自由伸缩量变成了较小的限制伸缩量。钢轨未实现的伸缩量,以温度应力的形式积蓄于钢轨内部。很明显,轨温变化越大,应力就越大。因此,我们把在无缝线路上由于轨温变化引起的钢轨伸缩因受到限制而转化到钢轨内部的力叫作温度应力。

微课:温度力计算

夏天轨温上升,钢轨欲伸长时受到的温度应力是压应力。

冬天轨温下降,钢轨欲缩短时受到的温度应力是拉应力。

由胡克定律可知,温度应力为

$$\sigma_t = E\varepsilon_t = E \cdot \alpha \cdot \Delta t \qquad (5.1.2)$$

式中:σ_t——温度应力,MPa;

    Δt——轨温变化度数,℃;

    E——钢轨的弹性模量,$E = 2.1 \times 10^5 \text{MPa} = 2.1 \times 107 \text{N/cm}^2$;

    α——钢轨的线膨胀系数,$\alpha = 0.0118 \text{mm/(m} \cdot ℃) = 0.0000118/℃$。

$$\sigma_t = 2.48\Delta t \qquad (5.1.3)$$

分析上式可知,温度应力的大小只与轨温变化度数有关,与钢轨长度、钢轨断面面积大小和断面形状等因素无关。

2)温度力

温度应力只表示单位面积钢轨断面上受到的力。我们把无缝线路钢轨全断面上受到的温度应力叫温度力。温度力的大小和钢轨长度无关。温度力的计算公式为

$$P_t = \sigma_t \cdot A = E\alpha\Delta tA = 2.48\Delta tA \qquad (5.1.4)$$

式中:P_t——温度力,N;

    A——钢轨断面积,mm^2;

    Δt——轨温变化度数,℃。

由式(5.1.4)可知,温度力的大小只与钢轨的断面面积和轨温变化度数有关,与钢轨长度无关。

夏天轨温上升,钢轨受到的温度应力是压应力,此时温度力为压力。

冬天轨温下降,钢轨受到的温度应力是拉应力,此时温度力为拉力。

以60kg/m钢轨为例,其断面面积为77.45cm^2。其轨温变化1℃所受的温度力为

$$P_t = 77.45 \times 248 \times 1 = 19207.6(\text{N}) \approx 19.21(\text{kN})$$

【例5.1.3】 某无缝线路铺设60kg/m钢轨,设其钢轨断面在25℃时受到的温度力为0(此时钢轨不产生伸缩)。试求:当轨温升高至60℃时钢轨断面受到的温度力。

【解】 轨温升高至60℃时,轨温升高了60 - 25 = 35℃,故钢轨断面受到的钢轨温度压力为

$$P_t = A \times \sigma_t = 19.21 \times 35 = 672.35(\text{kN})$$

由上述计算可知,无缝线路钢轨内的温度力和温度应力均与钢轨长度无关。因此,理论上无缝线路钢轨长度可以无限长,所以可以发展跨区间无缝线路。

无缝线路的钢轨,随轨温的变化要承受巨大的温度力,这是无缝线路区别于普通线路的一个非常重要的特点,也是无缝线路维护工作中必须考虑的一个特殊问题。

在长度固定的钢轨内产生的钢轨温度力,仅与轨温变化幅度 Δt 有关,而与钢轨本身长度无关;温度力随轨温变化而变化,但锁定轨温(一般是一个常量)是决定钢轨温度力的基准。

因此,在无缝线路管理中,正确掌握锁定轨温是关键。

3. 轨温、锁定轨温和轨温变化度数

1)轨温

轨温是指实际测得的钢轨断面的平均温度,也称有效轨温。轨温必须使用专用仪器(如数字式钢轨测温计)测量,切忌根据气温表随意臆测,以免给

微课:轨温确定

施工带来不良影响。

轨温与气温不同,根据长期测定的规律,冬季轨温与气温较接近,夏季轨温较气温高,其差值可达 18～25℃。一般最高轨温都出现在每日的 12:00—15:00。

轨温的影响因素比较复杂,它不仅受气温、风力、风向、湿度和日照的影响,还与地形、线路方向、测量部位和测量条件有关。为了测得正确轨温,应进行长期观测。

轨温与气温变化之间的关系具有以下基本规律:

(1)轨温、气温的高低与线路走向无关。

(2)气温在 0℃ 以上,阳光下测得的轨温高于气温。

(3)轨温、气温最大差值未必出现在最高气温下,两者最大差值约为 20℃。

(4)冬季无阳光照射下,钢轨受气温的影响,凌晨轨温低于气温,在北方尤为明显,测得最低轨温低于最低气温 2～5℃。

设计规范规定,设计所用最高轨温等于历年最高气温加 20℃,最低轨温等于最低气温。

(5)隧道内轨温变化规律

①长隧道距洞口 45m 左右,短隧道距洞口 60m 左右,沿隧道方向气温变化倾于稳定。

②炎热夏季,隧道洞口 45m 以内比洞口 25m 以外,气温至少低 7～10℃,且隧道内有时轨温比气温低 1～2℃,则隧道内外的轨温温差可能达到 27℃。

③严寒季节,隧道洞口 45m 以内比洞口 25m 以外,气温至少高 2～5℃,且隧道内有时轨温比气温高 2℃ 左右。

总的来说,对于长度 800m 以上的隧道,全年轨温变化幅度比一般线路至少小 30℃。

(6)桥上轨温变化规律。桥上轨温,在炎热夏季比桥头路基上的轨温、气温要低,明桥面的情况更为明显。据实测资料显示,明桥面上轨温较桥头 100m 以外线路上的轨温低 12℃ 左右,混凝土有砟桥上轨温较桥头 100m 以外线路上的轨温低 3～5℃。建议桥上无缝线路设计最高、最低轨温的取值仍然与路基上无缝线路相同。

我国地域辽阔,轨温差异大,各地历年最高轨温、最低轨温及中间轨温见表 5.1.1。

2)锁定轨温

(1)锁定轨温用来度量无缝线路温度力的大小,以无缝线路锁定时测得的钢轨温度为基准,此时无缝线路的温度应力为零,因此将无缝线路处于零应力状态测得的钢轨温度定义为锁定轨温。在长轨条铺设过程中取其始终端落槽时的平均轨温为锁定轨温。

(2)锁定轨温的性质

①锁定轨温是"零应力轨温"。

②锁定轨温是轨温变化度数的依据。离开了锁定轨温这个基数,轨温变化度数就无从谈起,温度力和钢轨限制伸缩量也无从算起。

③锁定轨温和钢轨长度是相关统一的。设计无缝线路时,锁定轨温定下来了,钢轨长度也就随之定下来了。无缝线路铺设锁定之后,要想保持锁定轨温不变,就必须保持钢轨长度不变。钢轨伸长了,就意味着锁定轨温升高了;钢轨缩短了,就意味着锁定轨温降低了。一旦锁定轨温偏离了设计要求的范围,就会给无缝线路的受力状况带来不良影响。

据测算,每 100m 长的无缝线路钢轨,每伸长 1.2mm,相当于锁定轨温升了 1℃;每缩短 1.2mm,相当于锁定轨温降低了 1℃。

我国各地历年最高轨温、最低轨温及中间轨温表(单位:℃)　　　表 5.1.1

地区	最高轨温	最低轨温	中间轨温	地区	最高轨温	最低轨温	中间轨温
北京	62.6	−27.4	17.6	宜宾	59.5	−3.0	28.3
天津	65.0	−22.9	21.1	昆明	52.3	−5.4	23.5
石家庄	62.7	−26.5	18.1	西昌	59.7	−6.0	26.9
承德	61.5	−23.3	19.1	贵阳	61.3	−7.8	26.8
张家口	60.9	−56.2	17.4	遵义	58.7	−7.1	25.8
唐山	63.3	−22.6	20.4	安顺	54.3	−7.6	23.4
运城	65.0	−18.9	23.1	济南	62.5	−19.7	21.4
呼和浩特	58.0	−36.2	10.9	德州	63.4	−27.0	18.2
满洲里	58.7	−46.9	5.9	青岛	56.6	−20.5	18.1
二连浩特	59.9	−40.2	9.9	南京	63.0	−14.0	24.5
佳木斯	56.4	−39.6	8.4	徐州	63.6	−22.6	20.4
牡丹江	57.2	−39.7	8.8	上海	60.3	−12.1	24.1
安达	59.5	−44.3	7.6	郑州	63.0	−17.9	22.6
嫩江	58.1	−47.3	5.4	开封	63.0	−16.0	23.5
加格达奇	57.3	−45.4	6.0	安阳	61.7	−21.7	20.0
包头	59.5	−32.8	13.4	许昌	61.9	−17.4	22.3
赤峰	62.5	−31.4	15.6	洛阳	64.2	−20.0	22.1
集宁	55.7	−33.8	11.0	南阳	63.2	−21.2	21.0
沈阳	59.3	−33.1	13.1	信阳	62.0	−20.0	21.0
本溪	57.3	−32.3	12.5	宜昌	63.9	−9.8	27.1
丹东	57.8	−31.9	13.0	武昌	61.3	−18.1	21.6
延吉	60.3	−37.1	11.6	西安	65.2	−20.6	22.3
通化	55.5	−36.3	9.6	延安	59.7	−25.4	17.2
哈尔滨	59.1	−41.4	8.9	汉中	58.0	−10.1	24.0
齐齐哈尔	60.1	−39.5	10.3	宝鸡	61.6	−16.1	22.8
兰州	59.1	−23.3	17.9	安康	61.7	−9.5	26.1
玉门	56.7	−28.2	14.3	格尔木	53.1	−33.6	9.8
酒泉	58.4	−31.6	13.4	银川	59.3	−30.6	14.4
天水	25.2	−19.2	19.5	中卫	58.5	−29.2	14.7
西宁	53.5	−26.6	13.5	乌鲁木齐	60.7	−41.5	9.6
塔城	61.3	−39.2	11.1	柳州	59.2	−3.8	27.7
克拉玛依	62.9	−35.9	13.5	河口	60.9	1.9	31.4
哈密	63.9	−32.0	16.0	拉萨	49.4	−16.5	16.5
库尔勒	60.0	−28.1	16.0	日喀则	58.2	−25.1	16.6
喀什	60.1	−24.4	17.9	台北	58.6	−2.0	28.3
资阳	59.2	−4.0	27.6	台南	59.0	2.0	30.5
内江	61.1	−3.0	29.1	香港	56.1	0.0	28.1
绵阳	57.1	−2.3	27.4	蚌埠	64.5	−19.4	22.6
长沙	63.0	−11.3	25.9	邵武	60.4	−7.9	26.3
南宁	60.4	−2.1	29.2	南昌	60.6	−9.3	25.7
桂林	59.7	−5.0	27.4				

3)设计锁定温度(中和轨温)

设计无缝线路时,根据当地最高、最低轨温和无缝线路的允许温升、允许温降,以及无缝线路稳定条件、缺温度应力条件和强度条件计算所得的轨温称为设计锁定轨温。

由于设计、施工、运营情况不同,锁定轨温的概念应加以区别。将设计锁定轨温称为中和轨温,施工确定的锁定轨温称为施工锁定轨温,无缝线路在运营过程中处于零应力状态的轨温称为实际锁定轨温。这三个概念不应混淆,否则将产生误解。例如,常说锁定轨温改变,其实是实际锁定轨温发生变化。而设计锁定轨温(中和轨温)和施工锁定轨温,一旦设计和施工完成并记入档案,是不允许随意改变的(图5.1.4)。

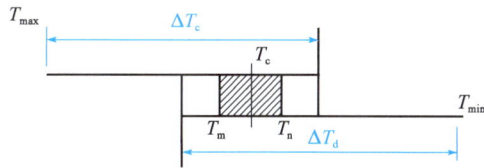

图 5.1.4 设计锁定轨温计算图

钢轨锁定后,轨温的升高或降低的幅度直接影响钢轨内部温度力的大小,如何根据当地气象条件选择一个合适的锁定轨温,以保证冬季低温时不断轨、夏季高温时不跑道,是无缝线路设计的核心问题。设计锁定轨温的计算式如下:

$$T_e = \frac{T_{max} + T_{min}}{2} + \frac{[\Delta T_d] - [\Delta T_c]}{2} \pm \Delta T_k \qquad (5.1.5)$$

式中:T_e——设计锁定轨温,℃;

T_{max}——当地历年最高轨温,℃;

T_{min}——当地历年最低轨温,℃;

$[\Delta T_d]$——保证轨道满足强度条件的允许降温幅度,℃;

$[\Delta T_c]$——保证轨道稳定条件的允许升温幅度,℃;

ΔT_k——考虑当地轨温季节性变化情况的设计锁定轨温修正值,取 0~5℃。

设计锁定轨温的范围为 $T_m = T_e \pm (5 \sim 6)$℃。

通常情况:设计锁定轨温上限 $T_m = T_e + (5 \sim 6)$℃;设计锁定轨温下限 $T_n = T_e - (5 \sim 6)$℃。

设计锁定轨温的上、下限应满足下式要求:

最大温降幅度

$$\Delta T_{dmax} = T_m - T_{min} \leqslant [\Delta T_d] \qquad (5.1.6)$$

最大温升幅度

$$\Delta T_{cmax} = T_{max} - T_n [\Delta T_c] \qquad (5.1.7)$$

某地区能否铺设温度应力式无缝线路,主要取决于轨道的允许温升$[\Delta T_c]$与允许温降$[\Delta T_d]$之和是否大于该地区的年轨温变化幅度。也就是,允许铺设温度应力式无缝线路的条件为

$$[\Delta T_d] + [\Delta T_c] \Delta T + \Delta T_{锁} \qquad (5.1.8)$$

式中:ΔT——铺设地区年轨温变化幅度,即历史最高轨温 T_{max} 与历史最低轨温 T_{min} 之差,即

$\Delta T = T_{max} - T_{min}$,℃;

$\Delta T_{锁}$——锁定线路时允许的轨温波动范围,一般 $\Delta T_{锁} = 8 \sim 10$℃。

4)施工锁定轨温

为了施工单位简便、易行地确定锁定轨温,以长轨条始端或终端落槽时,分别测量 2 次轨

温的平均值作为施工锁定轨温。如果长轨条始端或终端落槽时不在设计锁定轨温的范围内，则必须进行应力调整或放散，并重新锁定。施工锁定轨温一旦确定，应记入无缝线路技术资料登记表，存入档案，绝对不允许改变。

为保证无缝线路铺设施工锁定轨温准确、可靠，严禁采取撞轨、顶轨等强制办法合拢钢轨。左右两股长轨条锁定轨温差不得超过5℃，且曲线上外股轨条锁定轨温不得高于内股。

低温铺设无缝线路，如果铺设当时为提高施工锁定轨温而采用液压拉伸器张拉轨条，则必须将长轨条搁置在滚筒上，然后张拉轨条并配合撞轨，每隔100m设置纵向位移观测标记，测量100m间隔的轨条张拉量 ΔL，要求每一间隔的张拉量均匀相等。低温铺设无缝线路，张拉长轨条锁定后的施工锁定轨温 T_Z 按式(5.1.9)计算：

$$T_Z = T_0 + \frac{\overline{\Delta L}}{\alpha \cdot S} \tag{5.1.9}$$

式中：T_0——长轨条搁置在滚筒上的轨温，℃；

　　　S——纵向位移观测标记的间距，采取等距离设置，通常 $S = 1 \times 10^5$，mm；

　　　$\overline{\Delta L}$——所有观测间距范围测得长轨条张拉量的平均值，mm；

　　　α——钢轨的线膨胀系数，$\alpha = 0.0118 \text{mm}/(\text{m} \cdot ℃) = 1.18 \times 10^{-5}/℃$。

微课：基本温度力图绘制　　　　微课：线路阻力组成

三、轨道框架稳定性

1. 轨道框架刚度

1）轨道框架的受力特点

在线路上，用中间扣件把钢轨与轨枕连接起来的架体叫作轨道框架。

轨道框架的受力特点是钢轨、轨枕和道床群体受力。在温度力的作用下，钢轨会发生伸缩，但是密集的扣件把它紧扣在轨枕上，在扣件作用正常的情况下，钢轨的伸缩必然带动轨枕的位移。而轨枕是置埋在道砟层中的，自身还有相当的重量，它要实现位移，就必须克服其底部、侧面和端部与道砟产生的巨大的摩擦阻力，从而反过来抵消温度力的作用。这样轨道框架就抵制了温度力导致的钢轨纵向位移。

当钢轨的纵向位移受阻时，未被抵消掉的温度力将寻找线路薄弱环节释放出来，使轨道发生横向的弯曲变形。这时，轨道框架又发挥其群体作用，阻止这种弯曲变形。

我们把轨道框架抵抗弯曲变形的能力叫作轨道框架刚度。

2）轨道框架刚度的决定因素

（1）钢轨刚度。钢轨本身具有抵抗弯曲的能力。越是重型的钢轨，横截面积越大，刚度也就越大，形成的轨道框架的刚度也就越大。

（2）中间扣件的强度和拧紧状态。中间扣件的强度越大，拧得越紧，对钢轨的扣压力就越大，轨道框架的整体性就越强，轨道框架刚度就越大。据测算，扣件拧紧产生的轨道框架刚度比两股钢轨本身的刚度之和还要大50%以上。所以，提高轨道框架刚度的有效措施就是按规定的扭力矩拧紧中间扣件。

2. 线路阻力

1）温度力和线路阻力的关系

线路阻止钢轨和轨道框架纵、横向移动的力叫作线路阻力。

在无缝线路上，温度力和线路阻力是矛盾的统一体。无缝线路因为锁定才产生温度力，反过来，温度力又必须靠强有力的锁定产生的阻力来克服。温度力和线路阻力的大小相等、方向相反。也就是说，温度力一旦产生，就必须有相等的线路阻力去平衡、去克服它。线路阻力小于温度力，就会导致轨道的横向变形和纵向爬行。所以，无缝线路"储备"的线路阻力，必须在最高轨温、最低轨温等最不利条件下都大于或等于温度力。无缝线路的全部养护维修工作，都是为了达到这个要求。

2）线路阻力的分类分析

线路阻力主要包括以下三种：

（1）纵向阻力。无缝线路阻止钢轨及轨道框架纵向移动的阻力叫作纵向阻力。纵向阻力包括接头阻力、道床纵向阻力和扣件阻力。

①接头阻力。钢轨或轨道要发生纵向位移，首当其冲的是接头。接头阻力可近似看成是钢轨与夹板之间的摩擦阻力。在允许范围内，接头螺栓拧得越紧，钢轨与夹板之间的摩擦阻力就越大。

②道床纵向阻力：道床抵抗轨枕沿线路方向移动的阻力叫作道床纵向阻力。当全部接头阻力都不足以克服温度力时，道床纵向阻力就开始发挥作用。道床纵向阻力有如下特点：

a. 道床纵向阻力的大小同线路状况有直接关系。道砟材料的优劣、道砟粒径及级配的合理与否、道床断面的大小、道砟的捣实程度、轨道框架的重量、道床的脏污程度等因素都直接影响道床纵向阻力的大小。不同线路的道床纵向阻力值也不一样。

b. 道床纵向阻力随着轨枕位移的增加而增长，但位移达到一定值时，阻力就不再增加。通常采用轨枕位移 2mm 时的道床纵向阻力作为计算常量。

c. 只有当扣件阻力大于道床纵向阻力时，钢轨才能带动轨枕作纵向位移从而产生道床纵向阻力。反之，扣件阻力小于道床纵向阻力，钢轨就不能带动轨枕作纵向位移，道床纵向阻力将不发挥作用。此时，随着轨温的进一步变化，钢轨本身将沿垫板作纵向位移，造成钢轨爬行。所以，无缝线路的中间扣件一定要拧紧。

d. 道床纵向阻力的作用顺序是轨端向无缝线路的中部渐次延伸，到最高轨温、最低轨温、最大温度力为止。

③扣件阻力。中间扣件和防爬设备抵抗钢轨纵向位移的阻力叫作扣件阻力。

（2）横向阻力。道床抵抗轨道框架横向位移的阻力叫作道床横向阻力。线路横向阻力包括轨道框架横向阻力和道床横向阻力。其中，道床横向阻力是防止胀轨跑道、保持线路稳定的重要因素。

道床横向阻力与下列因素有关：道床纵向阻力、道床断面的大小、轨枕端部道砟的多少、轨枕盒内道砟的饱满和夯实程度、轨枕重量和底部粗糙度等。增大道床肩宽是提高道床横向阻力的一个重要手段。

（3）竖向阻力。道床抵抗轨道框架沿垂直方向移动的力称为道床竖向阻力。它由轨道框架重力及轨枕各侧面与碎石道砟之间摩擦阻力组成，也可以近似认为是轨道框架的重力。线路竖向阻力包括轨道框架竖向度和道床竖向阻力。

3.基本温度力图

温度力与线路阻力平衡关系的示意图叫作基本温度力图,如图5.1.5所示。读懂基本温度力图,可以加深对无缝线路的认识。

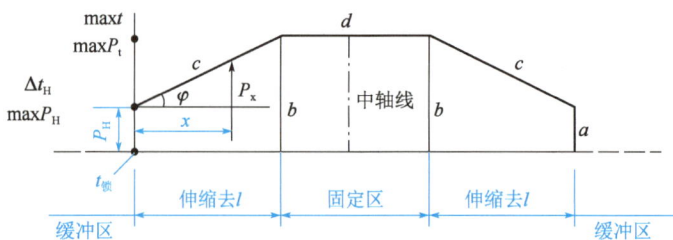

图5.1.5　基本温度力图

注:a、b、c、d为叙述方便设定的图中各线段的代号。

1)图例

纵坐标 t 和 p 表示轨温和温度力。它不是射线而是一个线段,原点 $T_锁$ 即锁定轨温,终点 $\max t$ 和 $\max P_t$ 表示最高轨温和最大温度力。

横坐标表示长轨条全长。原点在横坐标上又表示长轨条左端。

基本温度力图对称于中轴线。当轨温下降到锁定轨温以下至最低轨温时,基本温度力图在横坐标下侧。

2)分析

(1)当轨温 t 等于锁定轨温 $t_锁$ 时,钢轨断面受到的温度力 P_t 等于0,钢轨不伸缩。

(2)当轨温高于 $t_锁$,但轨温变化度数又未达到接头阻力 P_H 折算成的轨温变化度数 Δt_H 时,因接头被锁定,钢轨伸长受阻,从而在钢轨全长范围内产生温度力。该温度力 $P_t=2.48\Delta tF$,并沿 a 线方向随 Δt 的上升而增加,随时与接头阻力 P_H 达成平衡。

(3)轨温继续上升,当轨温变化度数等于 Δt_H 时,最大接头阻力 $\max P_H$ 与温度力持平,即 $P_t=\max P_H$,接头阻力已全部被温度力克服。

(4)轨温进一步升高,钢轨在实现限制伸长的过程中带动轨枕产生纵向位移,道床纵向阻力开始克服温度力。轨温升得越高,温度力越大,道床纵向阻力就越大,产生纵向阻力的道床长度就越长,并从轨端处开始向无缝线路中部延伸。已知:单位道床纵向阻力为 P,道床长度为 x,则该长度道床产生的纵向阻力为 P_x,被平衡的温度力 P_t 则等于 P_x。随着 Δt 的逐步升高,P_t 随之逐步增大,P_x 也随之逐步增大,以同 P_t 平衡。这样,就在图5.1.5中构成了斜线 c,其斜率因线路状况的不同而不同。

(5)轨温升至最高轨温 $\max t$,产生最大温度力 $\max P_t$,此时产生最大纵向阻力的道床达到最长 l,最终完成了线路阻力与温度力平衡。我们把这一段叫作伸缩区。

(6)长轨条两端 l 范围之间的部分 d,随着轨温的升降,始终承受着最大且均衡的温度力。我们把 d 这一段叫作固定区。

(7)从理论上讲,当 $\max t$ 和 $\max P_t$ 呈单纯下降趋势时,d 随之向下平行推移并逐步延长,表示固定区增长,伸缩区变短;当 $\max t$ 和 $\max P_t$ 下降至 $\max P_H$ 点时,基本温度力图呈一矩形,此时已无实际意义上的伸缩区;当 $\max t$ 和 $\max P_t$ 降至原点 $t_锁$ 时,全长范围内长轨条的温度力都等于0,此时基本温度力图成一条直线,可以像普通线路一样对待。

4.伸缩区和固定区

由基本温度力图可知,伸缩区钢轨从轨端向里承受的温度力越来越大,到与固定区的交界处,承受最大温度力。既然克服了全部接头阻力,在伸缩区,温度力必须迫使钢轨带动轨枕发生纵向位移,从而产生与之相等的道床纵向阻力。但是道床纵向阻力的产生有一个过程,也就是说,要待轨枕移动相当距离时,道床纵向阻力值才能达到最大。换句话说,道床纵向阻力的产生是以轨枕轨道框架的微小纵向位移为代价的。这种位移由里向外逐根轨枕累积而形成长轨一端的限制伸缩。也正因为如此,我们才把这一段叫作伸缩区。

无缝线路长轨条两侧,在温度力作用下发生限制伸缩的区段叫作伸缩区。伸缩区长度根据年轨温差幅值、道床纵向阻力、钢轨接头阻力等参数计算确定,一般为 50～100m。

在无缝线路长轨条中部,因为不存在道床纵向阻力克服温度力的问题,最大温度力只是均衡地积存在钢轨内部,所以轨道框架并不发生纵向位移。也正因为如此,我们才把这一段叫作固定区。

无缝线路长轨条中部均衡承受最大温度力,但轨道框架不发生纵向位移的区域叫作固定区。固定区长度不得短于 50m。

无缝线路长轨条两端以外,用来调节钢轨和轨道框架限制伸缩的 2～4 根标准轨距叫作缓冲区。

任务二　无缝线路铺设施工

视频:无缝线路铺设施工　　微课:无缝线路施工　　微课:长钢轨铺设(有砟轨道)

一、总体方案

1. 有砟轨道

有砟轨道无缝线路施工遵循兼顾整体、统筹规划的原则,筹建铺轨基地。

铺轨前,铺砟采用道砟摊铺机一次摊铺压实成型,或采用布砟机配合碾压机进行铺设。长钢轨、轨枕和扣件采用双层轨枕运输车运输至施工现场。

铺轨采用单枕连续铺设法。工地钢轨焊接采用 AMS60 移动接触焊接机进行单元轨节以及锁定焊接,形成跨区间无缝线路。首先将铺下去的 200～500m 长轨条焊连成单元轨节,单元轨节为 1000～2000m 长,然后将单元轨节锁定焊接。

铺轨后,使用大型机械化整道作业车组分层上砟整道,然后对轨道进行应力放散,按照设计锁定轨温进行线路锁定,最后对线路轨道进行调整、打磨等,以确保达到高速铁路轨道线路高平顺性和稳定性控制标准。

2. 无砟轨道

无砟轨道无缝线路施工遵循兼顾整体、统筹规划的原则,筹建铺轨基地。

在无砟轨道的混凝土底座施工完成后,采用 CPG500 长钢轨运输车、长钢轨推送车将500m 长钢轨配对推送至已施工完成的混凝土底座上,从而完成长钢轨放送。

待轨道板铺设和调整完毕,且 CA 砂浆浇筑 48h 后,将 500m 长钢轨收放至板式轨道承轨槽内,安装轨道扣件,并进行轨道调整。一周后用 K922 移动接触焊接机进行单元轨节以及锁定焊接,形成跨区间无缝线路。

最后对线路轨道进行调整、打磨等,以确保达到高速铁路轨道线路高平顺性和稳定性控制标准。

轨道铺设需要投入的主要机械设备见表5.2.1,需从国外采购的大型机械设备见表5.2.2。

轨道铺设需要投入的主要机械设备 表5.2.1

序号	名称		规格	数量	估价(万元)	产地	备注
1	铺轨设备	铺轨主机	SVM1000、NTC、TCM60	1台	3000	奥地利、美国、瑞士	可任选一家
2		枕轨运输车	PG500	2~3套	1200~1800	中国	
3		拖拉机	973、TY220	1台	120~300	美国、中国	
4	运输车辆	机车	DF4	4~6台	1000	中国	
5		轨道车	CY300	1~2台	90	中国	
6		平车	N17、N16	140辆	租用		79.2元/车、天
7		卸砟车	K13	40~60辆	租用		
8	现场焊接及应力放散设备	移动闪光焊机	K920、K922、AMS60	1台	1000	中国上海铁科、美国、法国	可任选一家
9		铝热焊机具		2~3套	50	法国、德国、中国	
10		应力放散机具		1套	50	中国	
11	综合整道设备	线路捣固车	0832	2台	2000	中国昆明工机厂	其中一台应具备高精度
12		动力稳定车	WD320	1台	500	中国昆明工机厂	
13		配砟整型车	SPZ200	1台	250	中国昆明工机厂	
14		钢轨打磨列车	PGM48/3	1套	6000	美国-中国宝鸡合资	
15	线路检测设备	轨道检测车	EM160、EM200	1台	2000	中国铁科院	租用
16		轨道检测仪	EBGHJ	1台	30	中国南昌	
17		全站仪		3台	45		

需从国外采购的大型机械设备 表5.2.2

序号	名称	规格		数量	估价(万元)	产地	备注
1	基地焊轨主设备	除锈刷面机	MBS14	BRA32	1台	200	
2		钢轨焊接焊机	GASS80/580	AC60	1台	1000	还有乌克兰的K1000
3		焊缝四向调直机	SPM4N	PCM31	1台	350	
4		焊缝精磨机	MM14	MAS150	1台	500	
5	移动闪光焊机	K920、K922		1台	900	中国上海铁科	可任选一家
6		HOLLAND130		1台	1100	美国哈兰德	
7		AMS60		1台	1000	法国拉伊台克	
8	铺轨机	SVM1000		1台	4000	奥地利	可任选一家
9		NTC		1台	2800	美国	
10		TCM60		1台	3600	瑞士	

二、铺轨基地

铺轨基地应根据铺轨工程的需要,结合现场实际情况,设置在既有线附近,通过临时道岔接入既有线。铺轨基地一般分设调车作业区、轨枕存放区、钢轨及配件存放区、长钢轨存放区、石砟储存场、机务整备区等。

三、焊轨基地

焊轨基地按100m钢轨存放区、焊轨生产流水线、500m长轨存放区布置,各工位间距按100m考虑,总长度1320m。焊轨生产流水线设焊前初调直工位、除锈工位、焊接工位、正火及风冷工位、粗磨工位、水冷工位、四向调制工位、细磨工位、精磨工位、探伤及检验工位等。

微课:工厂(基地)焊接

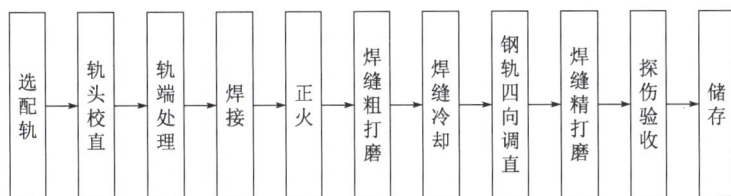

基地长钢轨焊接基本工艺流程图如图5.2.1所示,焊轨基地平面示意图如图5.2.2所示。

图5.2.1 基地长钢轨焊接基本工艺流程图

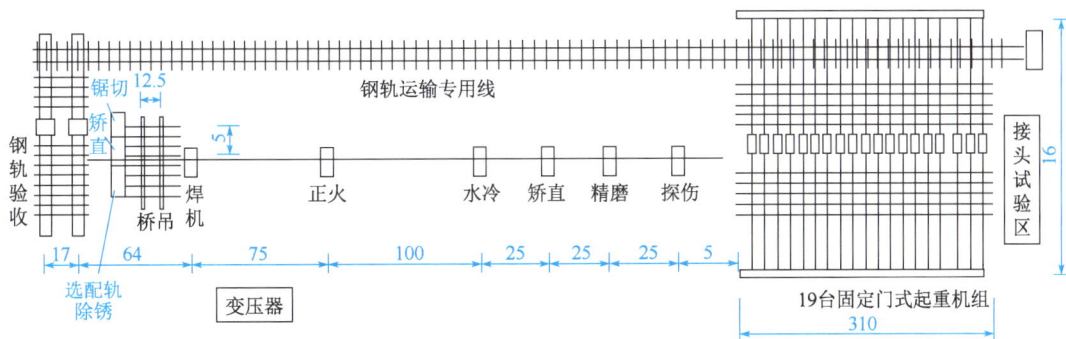

图5.2.2 焊轨基地平面示意图(尺寸单位:m)

1)设备准备

基地长钢轨焊接设备见表5.2.3。

基地长钢轨焊接设备   表5.2.3

序号	名称	规格型号	数量(个)
1	轨端除锈机	MBS-14A	1
2	钢轨调直机	OHR315T	1
3	锯轨机	G4228	1
4	锯轨机	HC355	1
5	焊轨机(含配套设备)	GAAS80	1
6	正火设备	ZHB31	1
7	手提棒砂轮	9350N	2

项目五 无缝线路施工

序号	名称	规格型号	数量(个)
8	水冷隧道		
9	手提角砂轮	9350N	2
10	四向调直机	SPM-4N	1
11	仿型打磨机	FMG-2.2	
12	精磨机	MMA-14	1
13	超声波探伤仪	CTS23B	1
14	门式起重机	10t×17	4
15	门式起重机	3t×17	19
16	钢轨输送架		1
17	除尘设备		1
18	轴流通风机		1
19	空压机	LW22/7	1
20	光电测温仪		1
21	落锤机		1
22	静弯机	MTP3	1
23	硬度检测仪		1

2）钢轨卸车及存放

进场钢轨采用四台10t移动式门式起重机（配装卸扁担）卸车、存放。钢轨应排列整齐、顺直稳固堆放于短轨存放区。多层堆码时，层间垫木必须平直，上下同位。同一垫木的间距为5m且不同的钢种及轨型的钢轨应分类存放，并有明显标志。钢轨卸铺设备如图5.2.3所示。

图5.2.3　钢轨卸铺设备

3）钢轨进场检验

（1）对照"质保书"（质量保证书），检查进场钢轨的钢种、型号。"质保书"由物资部保管。

（2）检查钢轨外观有无硬弯、扭曲、裂纹、毛刺、折叠、重皮、夹渣、结疤、划痕、压痕、碰伤等

高速铁路轨道施工与维护（第3版）

缺陷。

（3）对钢轨批次、炉号、长度做好记录；钢轨型号尺寸检验的项目、要求和方法见表5.2.4。存在缺陷的钢轨按其缺陷种类及部位、尺寸、进场日期等内容进行登记，缺陷超标钢轨严禁使用。

钢轨型号尺寸检验的项目、要求和方法 表5.2.4

项目	尺寸及偏差（mm）	检查工具和方法
钢轨高度	176 ± 0.6	专用样板检查、游标卡尺测量尺寸
轨头宽度	73 ± 0.5	专用样板检查、游标卡尺测量尺寸
轨头顶部断面	± 0.6	专用样板检查是否合格
轨腰厚度	$16.5 \pm {}^{1.0}_{0.5}$	专用样板检查、游标卡尺测量尺寸
轨底宽度	150 ± 1.0	专用样板检查、游标卡尺测量尺寸
离轨底边缘20mm处的轨底厚度	± 0.5	专用样板检查是否合格
轨底边缘厚度	+0.75，−0.5	专用样板检查是否合格
轨底凹陷	≤0.3	直角尺、塞尺检查是否合格
端面垂直度（垂直、水平方向）	≤0.6	直角尺、塞尺检查是否合格
端面不对称	± 1.2	专用样板检查是否合格并分等级
长度	± 6	钢卷尺实测

4）配轨

根据无缝线路设计图纸编制配轨表。按配轨表的顺序和要求，丈量每根钢轨的长度，依次配轨，并在自动流水作业线上按顺序焊接钢轨。

选配轨前对钢轨的端部尺寸进行测量。钢轨平直度、扭曲检验项目和要求见表5.2.5。

钢轨平直度、扭曲检验项目和要求 表5.2.5

部位	项目	允许偏差
距轨端0~1.5m部位	垂直方向 V（向上）（向下）	≤0.5mm/1.5m ≤0.2mm/1.5m
	水平方向 H	≤0.7mm/1.5m
距轨端1~2.5m部位	垂直方向 V	≤0.4mm/1.5m
	水平方向 H	≤0.6mm/1.5m
轨身	垂直方向 V	≤0.4mm/3m，≤0.3mm/1m
	水平方向 H	≤0.6mm/1.5m
钢轨全长	上弯曲或下弯曲	5mm

5）钢轨校直

（1）校直是用1.5m钢直尺检测钢轨的平直度和扭曲，用液压调直机对超出规定公差范围的钢轨适当调直。

（2）距轨端0.5m范围内无法调直的死弯、翘头和扭曲超限的钢轨，需要用锯轨机锯掉。

6）钢轨除锈

采用从瑞士进口的MBS-14A型钢轨刷面除锈机（图5.2.4），清除钢轨表面锈斑、脏物以及其他有害物质，保证焊机的电极与钢轨有良好的导电性能。

图5.2.4　钢轨刷面除锈机

（1）处理好的钢轨除锈面应显出金属光泽，在距端面400mm以内的钢轨应无锈垢。

（2）为保证焊机的电极能与被焊钢轨良好接触，除锈刷磨的范围应为端面左侧和右侧400mm（至少不小于350mm），轨头及轨底上的圆角在1m范围内应圆顺。

7）预热交接

交接工位是将经过焊前处理的钢轨传送给焊机。

8）钢轨焊接

钢轨接头基地焊接采用GAAS80/580直流闪光接触焊轨机焊接，经对中、调尖峰、闪光、顶锻、推凸工序将短轨焊接成设计长度的长钢轨。GAAS80型焊轨机（图5.2.5）能够对新轨或旧轨自动进行对正、起拱量调整、焊接、推凸，能满足高速铁路的焊接标准和精度要求。

图5.2.5　GAAS80型焊轨机

接触焊焊接工艺流程图如图5.2.6所示。

（1）焊机的各项参数一经选定，不得随意改动。确认待焊钢轨除锈处理符合工艺要求，焊接参数与所焊轨种一致。

（2）选定焊轨基准面，进轨、夹持、对齐、确认、焊接。对中后，工作边错位偏差不大于0.1mm，非工作边错位偏差不大于0.6mm。

9）自然冷却、喷号

（1）冷却工位是对钢轨焊接接头进行自然冷却，冷却后钢轨温度要求小于500℃。

```
┌──────────────┐              ┌──────────────┐
│ 装卸100m钢轨 │              │ 轨端刷磨除锈 │
└──────┬───────┘              └──────┬───────┘
       │                             │
       ▼              合格           ▼
┌──────────────┐───────────┐ ┌──────────────┐
│   配轨平台   │           │ │   预热交接   │
└──────┬───────┘           │ └──────┬───────┘
       │ 不合格     合格    │        ▼
       ▼              │    │ ┌──────────────┐
┌──────────────┐──────┘    │ │   钢轨焊接   │
│ 钢轨焊前矫直 │           │ └──────┬───────┘
└──────┬───────┘           │        ▼
       │ 不合格            │ ┌──────────────┐
       │                   │ │ 自然冷却、喷号│
       │                   │ └──────┬───────┘
       │                   │        ▼
       │                   │ ┌──────────────┐
       │                   │ │   中频正火   │
       │                   │ └──────┬───────┘
       │                   │        ▼
       │                   │ ┌──────────────┐
       │                   │ │ 风冷1、风冷2 │
       │                   │ └──────┬───────┘
       │                   │        ▼
       │                   │ ┌──────────────┐
       │                   │ │   人工粗磨   │
       │                   │ └──────┬───────┘
       │                   │        ▼
       │                   │ ┌──────────────┐
       │                   │ │     水冷     │
       │                   │ └──────┬───────┘
       │                   │        ▼
       │                   │ ┌──────────────┐
       │                   │ │   四向调直   │
       │                   │ └──────┬───────┘
       │                   │        ▼
       │                   │ ┌──────────────┐
       │                   │ │   人工细磨   │
       │                   │ └──────┬───────┘
       │                   │        ▼
       │                   │ ┌──────────────┐
       │                   │ │   钢轨精磨   │
       │                   │ └──────┬───────┘
       ▼                   │        ▼
┌──────────────┐           │ ┌──────────────┐
│    锯轨      │           │ │   钢轨探伤   │
└──────────────┘           │ └──────┬───────┘
       ▲       不合格       │        ▼
       └───────────────────┘ ┌──────────────┐
                             │ 形状尺寸检验 │
                             └──────┬───────┘
                                    ▼
                             ┌──────────────┐
                             │   长钢轨装卸 │
                             └──────────────┘
```

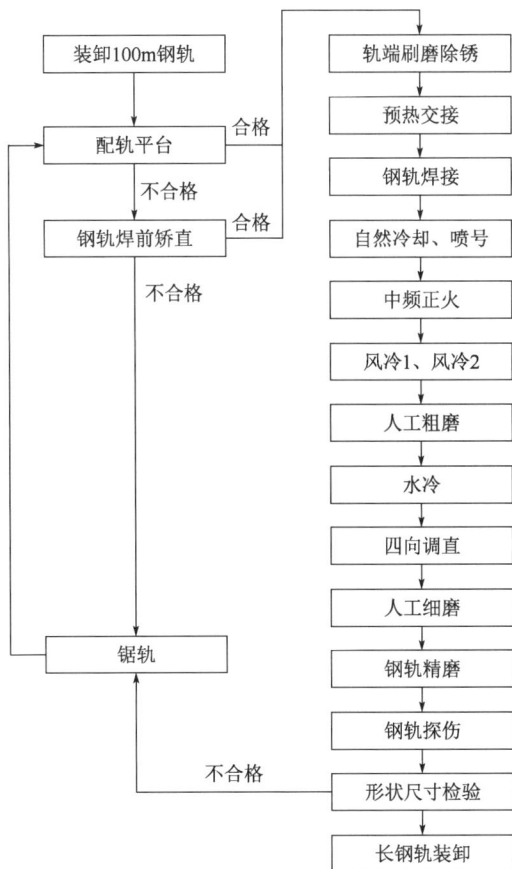

图 5.2.6 接触焊焊接工艺流程图

（2）对长钢轨和各焊头进行编号喷号。

10）焊后正火及风冷

（1）当焊头温度降到500℃以下后，利用正火机把焊头重新加热，加热宽度为以焊缝为中心，向两侧各 60 ～ 100mm 范围内，轨头加热温度为 900℃ ± 20℃，轨底脚加热温度为800 ~ 900℃。

（2）钢轨进入线圈前应及时调控线圈与钢轨的间隙和位置，正火时不得有打火现象；正火机床的风冷装置风压为 0.5MPa，自动定时 120s 左右。

11）焊后粗打磨

粗打磨是对焊接接头范围内轨底角上表面、轨底面、轨顶面及内侧工作面的焊瘤打磨到规定程度。

（1）粗打磨时，应将轨顶面和两侧面及腭部、轨底角上表面及轨底面的残留焊接瘤凸及全部毛边除尽。

（2）人工打磨过程中，砂轮不得冲击钢轨，不得在钢轨上跳动，打磨力量不宜过大。

（3）将钢轨轨底角上表面及轨底面的全部焊瘤及全部毛边除尽，轨底的不平度≤0.5mm/m。焊接接头的轨腰及其上下圆角、轨头的非工作边等部位的平整度≤1mm/m，使轨顶面及工作边打磨余量≤0.5mm/m。

（4）打磨应纵向打磨，不得横向打磨。

12）水冷

用水冷隧道(图5.2.7)循环喷淋焊缝区300mm范围,使焊缝快速冷却,确保调直工位前焊头温度降至50℃以下。水冷隧道主要技术参数见表5.2.6。

图5.2.7　水冷隧道

水冷隧道主要技术参数　　　　　　　　　　　　　　　　　　表5.2.6

设备		尺寸	
水泵电机功率	3kW	长度	3000mm
水流量	20m³/h	宽度	400mm
进口管	50mm	高度	800mm
水箱(地下)	4000L	重量	150kg

13）钢轨四向调直

用SPM-4NL四向调直机(图5.2.8)对焊接接头进行焊后冷调直。

图5.2.8　SPM-4NL四向调直机

钢轨焊接后需经过四向调直机调直处理,先垂直校直,后水平校直。校后1m长度宜有0.3～0.5mm的上拱量。

14)钢轨细磨

(1)用 FMG-22/2 型电动手推摆式钢轨仿形打磨机对焊头左右方向 500mm 范围内的轨顶面和工作面做进一步打磨,使钢轨工作面的不平度≤0.3mm/m。

(2)打磨过程中辊轮和导向法兰紧贴钢轨两侧,确保仿形精确。

(3)打磨钢轨时必须注意磨削量的调整,磨削量不得过大,严禁打亏;打磨表面时严禁发黑、发蓝。

15)钢轨精磨

(1)精磨采用 MMA-14A 型精磨机(图 5.2.9),对焊缝两侧不小于 500mm 范围内的轨顶面和工作面进行精磨,使焊头工作面的不平度≤0.2mm,轨底面的不平度≤0.5mm,不得有负误差。

(2)磨削完毕后,再次测量焊缝位置 1m 范围内的平直度,轨顶面及工作面的平直度允许偏差为 0~0.2mm/m。

图 5.2.9 MMA-14A 型精磨机

16)探伤及检验工位

探伤采用 CTS-23(JTS20)型探伤仪对焊缝逐个探伤,焊头不得有未焊透、过烧、裂纹、气孔夹渣等有害缺陷。

探伤仪使用前,先用对比试块校准,再进行基线校准和灵敏度测试,确认性能良好。清理焊缝两侧各 40cm 范围内的锈斑、焊渣、水渍,确保探头和钢轨耦合良好并减少探头磨损。

探伤范围:轨头、轨腰、轨底角、轨底三角区。

17)钢轨焊缝的质量检验

焊接接头的质量检验分型式检验、周期性生产检验、出厂检验。检验内容、检验方法、检验标准,执行铁道部《钢轨焊接 第 1 部分:通用技术条件》(TB/T 1632.1—2005)的规定。

(1)钢轨焊缝要纵向打磨平顺,用 1m 直靠尺测量,钢轨焊接接头平直度允许偏差见表 5.2.7。

钢轨焊接接头平直度允许偏差(单位:mm/1m)　　表5.2.7

项次	项目	设计速度	
		200km/h	250 及 350km/h
1	轨顶面	+0.3,0	+0.2,0
2	轨头内侧工作面	+0.3,0	+0.2,0
3	轨底(焊筋)	+0.5,0	+0.5,0

(2)钢轨焊头轨顶面及侧面应予打磨。轨头及轨底上圆角在1m范围内应圆顺。母材打磨深度不得超过0.5mm。

(3)轨底上表面焊缝两侧各150mm范围内及距两侧轨底角边缘各35mm的范围内应打磨平整,不得打亏。

(4)焊缝两侧各100mm范围内不得有明显的压痕、碰痕、划伤等缺陷。焊头不得有电击伤。

(5)对焊接接头进行落锤、静弯、疲劳、硬度、金相、抗拉、抗压等试验,保证焊接质量符合设计要求。

18)长钢轨存放

(1)长钢轨编号。

①长钢轨应由焊轨厂按照配轨表的要求进行编号,并具有可追溯性。

②焊轨时应在每个焊头附近钢轨外侧轨腰上标明钢轨工作边位置(左股或右股)、长钢轨编号及焊头编号。

③配对装车时应编写单元轨节铺轨流水号,并做好相应记录。

④长钢轨编号应用油漆标记,编号应色泽鲜明、字体端正、清晰、大小统一。

(2)长钢轨存放。

①合格的长钢轨应分左右股整理堆码,并标明其长度。

②长钢轨存放台要平整、稳固,各层钢轨之间应采用钢轨支垫,支垫跨距7.5m,上下对齐,与各层钢轨垂直放置。

③长钢轨放置应整齐、平直、稳固。500m长钢轨的存放用19台2t固定门式起重机,同步集中控制吊装作业。

四、长钢轨装车、运输

500m长钢轨装车采用焊轨基地的19台3t固定门式起重机联合进行装车作业(图5.2.10);运输车辆采用CPG500型长钢轨运输车,运输采用DF4型内燃机车或重型轨道车作为动力。在焊轨基地将长轨装入长钢轨运输车组并进行锁紧运到施工现场。

图5.2.10　长钢轨装车门吊

1. 长钢轨装车

（1）长钢轨装车前应核实待装长钢轨编号，左、右股长度应符合配轨计划。

（2）吊装长钢轨时各龙门吊应同步作业，缓起，轻落，保持钢轨基本平直。

（3）长钢轨的装车按配轨表要求分左右股对称吊装，按卸车顺序依次排放。

（4）长钢轨装车后必须加固锁紧。

2. 长钢轨运输

长钢轨应按超长货物组织运输，并制定安全措施。在运输中要建立运行监护、停车检查制度。设运轨专用线，以运出成品钢轨及运进 100m 无眼待焊钢轨；设置钢轨输送滚道线（图5.2.11、图5.2.12），作为贯穿焊轨生产线的输送通道。输送线上的滚轮有主动和从动两种。滚轮之间的距离为3m，输送速度为1m/s。整个钢轨辊轮输送线由 PLC 控制，电机采用变频器控制。各段输送线的运行由各设备控制，且各设备之间有互锁，以确保整个生产线上的人和设备安全。每4个滚轮设置一台无级调速电机，标准高度设定为踏轨轮面距工作地面1.1m。供轨平台为全自动、无人化操作的设备，传送速度为3根/min。

图 5.2.11　钢轨辊轮输送线图

图 5.2.12　供轨平台辊轴

五、长钢轨铺设

1. 有砟轨道长钢轨铺设

1）施工工艺流程

有砟轨道长钢轨铺设采用单枕铺轨法，其施工工艺流程图如图5.2.13所示。

动画:长钢轨道
铺设施工

2）材料

（1）正线应使用 60kg/m 钢轨，其尺寸允许偏差及平直度和扭曲允许值应符合设计要求。

（2）区间正线上应铺设 2.6m 长的 Ⅲ 型无挡肩或有挡肩混凝土轨枕，按 1667 根/km 铺设。岔区应铺设混凝土岔枕。轨枕及其扣配件类型、规格、质量应符合设计及产品标准规定。

（3）弹条 Ⅲ 型扣件与 Ⅲ 型无挡肩混凝土轨枕配套使用，弹条 Ⅱ 型扣件与 Ⅲ 型有挡肩混凝土轨枕配套使用。轨下胶垫厚度 10mm，静刚度为 50～80kN/mm。扣压力、型式尺寸应符合产品标准的规定。

3）铺轨机械设备配备

铺轨机械设备及运输设备表见表5.2.8及表5.2.9。

下一个循环

施工准备 → 设备编组进场 → 长钢轨抽送拖放 → 轨枕转运 → 布枕 → 钢轨入槽就位 → 轨枕方正 → 安装扣件

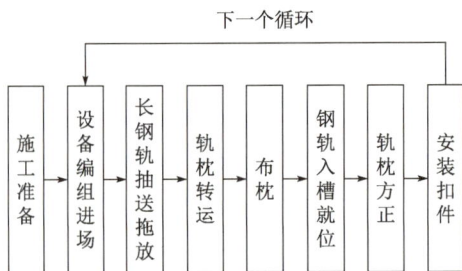

图 5.2.13　单枕铺轨法施工工艺流程图

铺轨机械设备　　　　　　　　　　　　　表 5.2.8

序号	设备名称	规格型号	性能	数量
1	拖拉机	PR732B	牵引力:176~220kN	1 台
2	铺轨机	TCM60 型	作业效率 250m/h	1 台
3	辅助动力车	WES		1 台
4	门式起重机	P20TR	最大起重量:7t	1 台
5	门式起重机		最大起重量:8t	1 台
6	钢轨拖拉架			1 套
7	钢轨拖拉夹具			2 套
8	扣件安装工具(液压)			2 套
9	扣件安装工具(手动)			35 套
10	拖拉滚轮			60 套
11	锯轨机	HC355	转速 5200r/min	1 台
12	钢轨无孔接头	GGJT	抵抗温度力 288kN	12 套/班
13	对讲机			8 部

运输设备　　　　　　　　　　　　　表 5.2.9

序号	设备名称	规格型号	数量
1	机车	DF4	4~6 台
2	轨道车	CY300	1~2 台
3	轨枕运输车	PG500	2 套
4	平车	N17、N16	140 辆
5	卸砟车	K13	45 辆

4)铺轨作业

(1)拉挂线路中线弦线。铺轨作业前应按设计要求在线路中线拉挂弦线,直线地段每20m 一个桩,曲线地段每 10m 一个桩,并用弦线将桩连起来。要求目视直线顺直、曲线圆顺。在铺轨过程中,线路中,线必须以拉挂的弦线为基准。

(2)轨料装车。长钢轨、轨枕和扣件采用双层轨枕运输车运输,先装长钢轨,采用焊轨基地的 19 台 2t 固定龙门吊联合进行装车作业;长钢轨装完后再装轨枕。

（3）设备编组进场。设备应按履带式牵引拖拉机—铺轨机—轨枕运输车的顺序进场。履带式牵引拖拉机提前开至作业现场。设备到位后,解除轨枕转运龙门吊与轨枕存放车间的锁定,确保轨枕转运龙门吊在走行轨道上安全自由行走。

（4）长钢轨抽拉。设备编组完毕,开机试运行一段时间,在确定设备正常后,解除枕轨运输车上的长钢轨锁定装置。先每隔 10m 安置地面滚轮,在铺轨机前面由拖拉机利用托拉夹具将长钢轨从铺轨机牵出,置于预先放置的滚筒上,后端利用铺轨机上的卷扬机从左右两侧把 2 根长钢轨拖拉至铺轨机前端,开始长钢轨拖拉,轨间距 3.1m。

（5）轨枕转运:轨枕转运龙门吊每次可转运一排 28 根轨枕,并通过车载轨道将轨枕运送至铺轨机的存轨平台上。应尽量做到轨枕连续不断供应,保证长轨连续铺设。

（6）布枕、收轨。轨枕传送链将轨枕从平台送至轨枕铺放装置,铺放装置按照精确的枕间距、径向位置以及准确的线路方向准确铺放轨枕,同时放置橡胶垫板。铺轨机后部两侧液压夹钳将长轨收入承轨槽内,随后将扣件紧固。铺轨机可自行紧固 10% 的扣件,其余 90% 在铺轨机通过后由人工补齐。

（7）收尾。相邻长轨排间采用一枚鱼尾螺栓从轨缝中穿入紧固鱼尾夹板的方式临时连接过渡,待进行焊接时,拆除过渡夹板。轨枕双层运输车上轨料铺完后与轨枕存放车摘钩,由机车牵引回基地装料。至此,一个铺设循环完成。

5）质量标准

（1）轨枕及其扣配件的铺设数量应符合设计要求。

（2）钢轨胶接绝缘接头的类型、规格、铺设位置应符合设计要求,质量应符合相关技术条件要求。

（3）联结轨枕时应符合下列要求:

①绝缘轨距块的配置应符合设计要求。

②各种零件应安装齐全,位置正确。

（4）轨枕应正位并与轨道中心线垂直。枕间距为 600mm,允许偏差为 ±20mm;连续 6 根轨枕的距离为(300 ±30)mm。

（5）轨道中心线与线路设计中心线应一致,允许偏差为 30mm。

（6）左右两股钢轨的钢轨胶接绝缘接头应相对,轨缝绝缘端板距轨枕边缘不应小于 100mm。

6）补砟整道

（1）设备配置。线路分层上砟整道施工主要设备包括:风动卸砟车、机械化整道作业车组（简称 MDZ 车组）由捣固车,配砟整形车,动力稳定车等设备组成,见表 5.2.10。

主要机械、检测设备   表 5.2.10

序号	设备名称	规格型号	性能	作业项目	数量
1	配砟整形车	SPZ-200	0.5km/h	配砟	1 辆
2	捣固车	09(08)-32	0.28km	起、拨、捣作业	1(1)辆
3	动力稳定车	WD-320	0.8km/h	稳定作业	1 辆
4	道砟车	K13 型	36m³	运砟	80 ~ 120 辆

序号	设备名称	规格型号	性能	作业项目	数量
5	机车	DF4	—	动力	2~3辆
6	轨道抄平仪	机组配套	—	起、拨、捣作业	2台
7	轨道检测仪	KS5745B	4km/h	轨道检测	1台
8	道床密度检测仪	BH-5049	1.3~3g/cm³	道床检测	1台
9	道床刚度、阻力检测仪	GDY-3	压力量程:0~70kN 位移量程:0~10mm	道床检测	1台
10	水准仪	SD3	—	线路测量	2台
11	轨温计	SGW-Ⅱ	范围:−40~70℃ 误差:±1.1℃	起、拨、捣作业	3台
12	发电机	75GF	75kW	机械整修	1台
13	钢轨打磨车	HTT	—	—	1辆
14	轨道静态检测车	—	—	—	—

高速铁路轨道施工与维护（第3版）

（2）补砟整道工艺流程。随着速度目标值的提高,该部分内容有改动。补砟整道工艺流程图如图5.2.14所示。

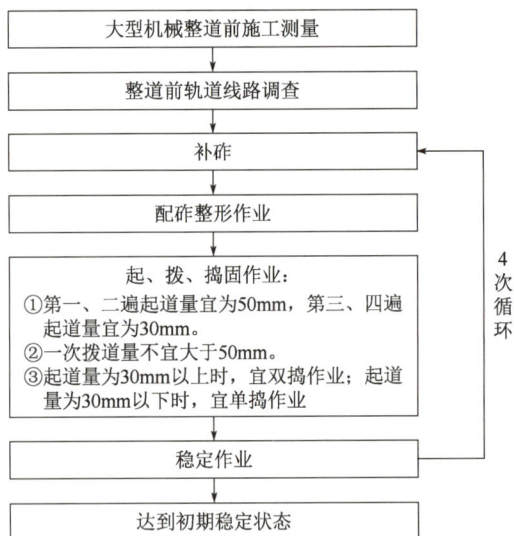

图5.2.14 补砟整道工艺流程图

（3）补砟、配砟。根据起道及线路稳定的需要,分层铺砟整道不少于3层,铺轨后立即卸第一遍砟,卸砟量按设计面砟量的65%控制;MDZ机组作业一遍后卸第二遍砟,卸砟量按设计数量的20%控制;MDZ机组作业两遍后卸第三遍砟,卸砟量按设计数量的10%控制,MDZ机组进行第三遍作业;线路运行一段时间后MDZ机组精整作业之前补足所需道砟,约为设计的5%。每次补砟后进行配砟整形,使轨枕盒内道砟饱满,砟肩丰厚,保证起道达到计划高度以及线路平顺。

（4）起拨道精度控制。在整道作业中,将测量班分为打点、高程测量和方向测量三个小组。采用如下测量方式：

①打点。按施工里程，每10m打点，并将里程用红漆标注在相应的轨枕上，作为高程、方向测设的控制点。

②高程测量。MDZ机组作业前，技术人员要索取并复核线路中桩、水准点、变更等相关资料，铺轨过后，经测量计算出MDZ机组第一次作业所需起拨道资料。捣固车作业时，可按80mm起道；第二、三次整道作业前，提供总起道高度数据，捣固车作业时，综合总起道高度按该作业段实际轨面高低状况确定合适起道量，但最后一层厚度应小于50mm。

③方向测量。第一遍起拨道前，每10m提供一方向拨移值；第二、三遍起拨道前，曲线段每10m提供一方向拨移值；对于直线段，可以在第二遍起道前每10～800m提供一方向拨移值（长大直线段采用激光拨道）；第三遍根据目测情况，抽测2～4点复核，如达不到标准，需增加测点数。一次拨道量不应大于50mm。

（5）起拨道捣固及稳定作业。道砟卸完后，MDZ机组进入施工工地。整形车作业300m后，捣固车进入作业区作业；捣固车作业300m后，稳定车进入作业区作业。

7）质量标准

（1）道床经分层铺设、起道、捣固、稳定作业后，道床达到初期稳定阶段时，道床支承刚度不应小于70kN/mm，道床横向阻力不应小于7.5kN/枕。

（2）整道后的道床断面应基本满足设计要求，曲线外轨超高应按设计要求进行设置，并应在缓和曲线全长范围内均匀递减。

（3）轨道达到初期稳定阶段状态时，其几何尺寸静态允许偏差和检验方法应符合表5.2.11的规定。

轨道几何尺寸静态允许偏差和检验方法　　　表5.2.11

序号	项目		旅客设计行车速度 V（km/h）	
			200	250≤V≤350
1	高低	弦长10m	3	2/10m
		弦长30m	—	2/5m
		弦长300m	—	10/150m
2	轨向	弦长10m	3	2/10m
		弦长30m	—	2/5m
		弦长300m	—	10/150m
3	扭曲		3（基长6.25m）	2（基长3m）
4	轨距		±2	±1
5	水平		3	2

2. 无砟轨道长钢轨铺设

首次铺设长钢轨时，先将滚筒、胶轮小推车、钢轨拉伸器、临时钢轨接头等装上CPG500型长钢轨运输车，随铺轨前进方向编组的长钢轨推送车到达铺轨现场，在底座混凝土上布设好滚筒形成长钢轨输送道。利用长钢轨推送车上的卷扬机将长钢轨由从长轨运输车组上拖出，通过分轨装置将两根长轨收分为1435mm间距，进入钢轨推送装置，由钢轨推送装置向前推送钢轨，通过滚筒形成的长轨输送道引导向前推送。

微课：长钢轨铺设
（无砟轨道）

1)长钢轨就位安装

长钢轨推送到位后,利用钢轨拉伸器调整轨缝,移出滚筒,使长钢轨落入底座混凝土上预埋的螺栓槽内,安装临时钢轨接头。将长钢轨与底座混凝土进行临时固定(钢轨轨距为1435mm),完成长钢轨就位。长钢轨铺设作业流程图如图5.2.15所示。

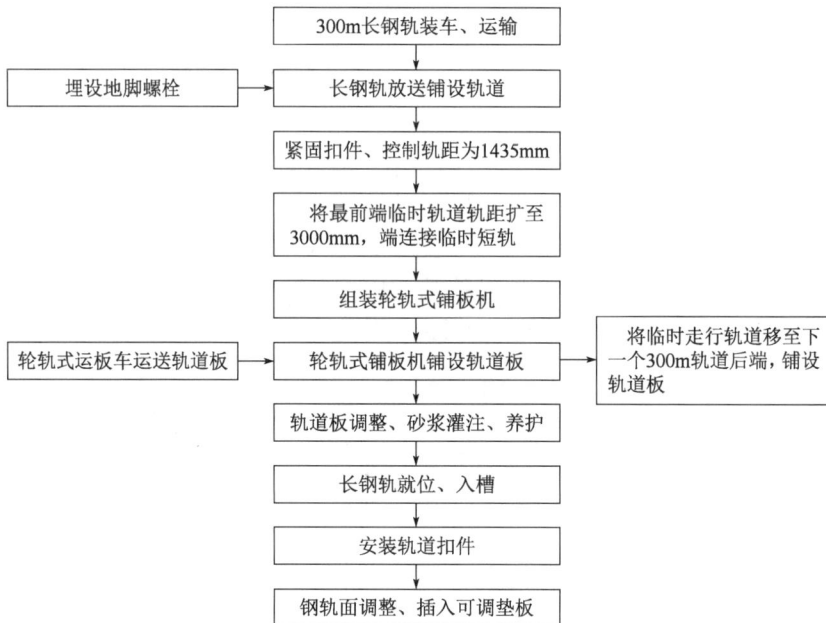

```
                      ┌─────────────────────┐
                      │  300m长钢轨装车、运输  │
                      └─────────────────────┘
                                 ↓
┌─────────────┐       ┌─────────────────────┐
│ 埋设地脚螺栓  │─────→│  长钢轨放送铺设轨道    │
└─────────────┘       └─────────────────────┘
                                 ↓
                      ┌─────────────────────┐
                      │ 紧固扣件、控制轨距为1435mm │
                      └─────────────────────┘
                                 ↓
                      ┌─────────────────────┐
                      │ 将最前端临时轨道轨距扩至 │
                      │ 3000mm,端连接临时短轨  │
                      └─────────────────────┘
                                 ↓
                      ┌─────────────────────┐
                      │   组装轮轨式铺板机      │
                      └─────────────────────┘
                                 ↓                    ┌──────────────┐
┌─────────────────┐   ┌─────────────────────┐        │将临时走行轨道移至下 │
│ 轮轨式运板车运送轨道板 │→│  轮轨式铺板机铺设轨道板  │───────→│一个300m轨道后端,铺设│
└─────────────────┘   └─────────────────────┘        │轨道板         │
                                 ↓                    └──────────────┘
                      ┌─────────────────────┐
                      │ 轨道板调整、砂浆灌注、养护 │
                      └─────────────────────┘
                                 ↓
                      ┌─────────────────────┐
                      │   长钢轨就位、入槽      │
                      └─────────────────────┘
                                 ↓
                      ┌─────────────────────┐
                      │    安装轨道扣件        │
                      └─────────────────────┘
                                 ↓
                      ┌─────────────────────┐
                      │ 钢轨面调整、插入可调垫板 │
                      └─────────────────────┘
```

图5.2.15 长钢轨铺设作业流程图

长钢轨铺设作业程序(图5.2.16)如下:

(1)施工准备:在底座混凝土上布设滚筒(间隔5m),机车顶进机组进入施工现场,启动动力及液压系统,如图5.2.16a)所示。

(2)长钢轨拖拉:机车顶进至已铺长钢轨端处停车,安装止轮器,松开待铺设的一对长钢轨的锁定装置,卷扬机拖拉长钢轨,通过收分轨装置将轨距收分至1435mm,进入长钢轨推送装置,如图5.2.16b)所示。

(3)长钢轨推送:长钢轨进入推送装置后,卷扬机停止,解开钢丝绳,由长钢轨推送装置驱动长钢轨沿滚筒前行(轨距为1435mm),如图5.2.16c)所示。

(4)长钢轨推送完成:长钢轨推送装置推送长钢轨至轨缝处,松开推送装置的夹紧油缸,机组后退,将长钢轨落于滚筒上,如图5.2.16d)所示。

(5)长钢轨就位安装:利用拉轨器调整长钢轨轨缝,利用小型起升设备拆除滚筒,安装轨距拉杆、扣件和临时接头(轨距为1435mm),如图5.2.16e)所示。

(6)形成临时轨道:重复步骤(2)~(5),形成轨道板的临时运输轨道。

(7)临时轨道铺设完成后,将最后一段300m长钢轨轨距从1435mm调整至轨距为3100mm,再连接长度约100m左右的工具轨。轨道板采用轮轨式运板车运输,轮轨式铺板机按照铺设长钢轨的反方向进行轨道板安装。精确调整后,灌注CA砂浆。待灌注的CA砂浆达到规定强度后(48h),利用收轨器依次将轨距为3100mm的长钢轨收回至轨道板上的承轨槽内,安装轨道扣件,并进行轨道调整。然后用K922移动接触焊焊机进行单元轨节以及锁定焊接,形成跨区间无缝线路,如图5.2.16f)所示。

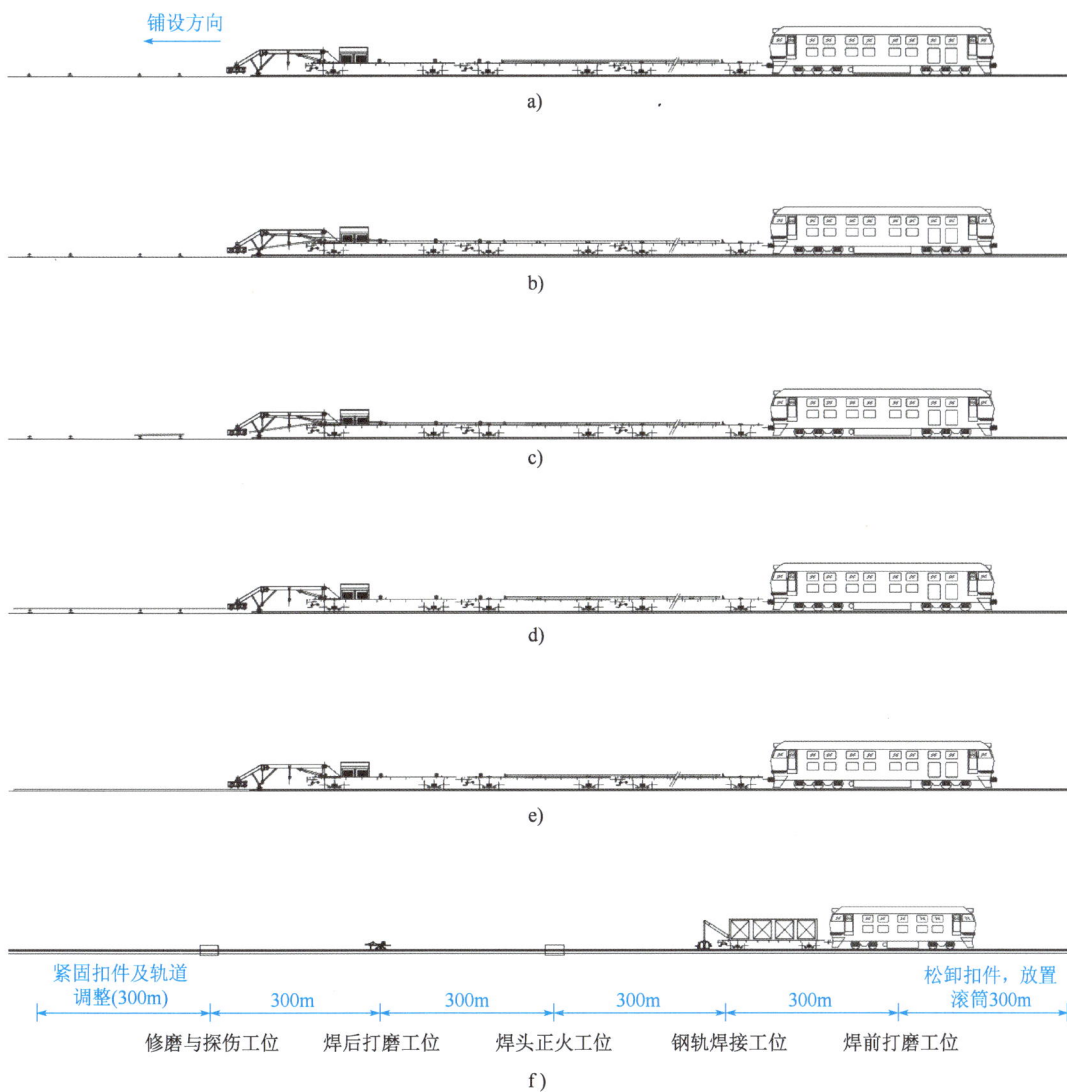

图 5.2.16　长钢轨铺设作业程序图

2）轨道板安装

最后一段 500m 长钢轨推送完成后，将最后一段 500m 长钢轨轨距从 1435mm 调整为 3100mm，再接铺设长度约 100m 的工具轨。

轨道板采用轮轨式运板车运输，轮轨式铺板机按照铺设长钢轨的反方向进行轨道板安装，精确调整后，浇筑 CA 砂浆。

3）收轨、调整

待浇筑的 CA 砂浆达到规定强度后（48h），利用收轨器依次将轨距为 3100mm 的长钢轨收回至轨道板上的承轨槽内，安装钢轨垫板及扣件并进行轨道调整，完成铺轨作业。

4）质量标准

无缝线路轨道整理作业后，动态质量应检查局部不平顺（峰值管理）和线路区段整体不平顺（均值管理）。轨道动态几何尺寸容许偏差管理值、轨道质量指数（TQI）管理值应符合表 5.2.12、表 5.2.13 规定。

轨道动态几何尺寸容许偏差管理值（峰值管理） 表5.2.12

项目	单位	作业验收管理标准	超限等级			
			保养管理标准	舒适度管理标准	临时补修管理标准	限速160km/h标准
			Ⅰ	Ⅱ	Ⅲ	Ⅳ
高低	mm	4	6	8	11	14
轨向	mm	4	5	7	8	10
轨距	mm	−2～+4	−3～+5	−4～+6	−6～+8	−8～+12
水平	mm	4	6	8	10	13
扭曲（基长2.4m）	mm	4	5	6	8	10
车体垂向加速度	g	0.10	0.10	0.15	0.20	0.225
车体横向加速度	g	0.06	0.06	0.10	0.15	0.175

注：1. 各项偏差等级划分及扣分标准。超限等级一般分四级，Ⅰ级为保养标准，每处扣1分；Ⅱ级为舒适度标准，每处扣5分；Ⅲ级为临时补修标准，每处扣100分；Ⅳ级为限速标准，每处扣301分。

2. 轨道动态质量用轨道检查车检查，以千米为单位进行动态评定，每千米扣分总数为各级、各项偏差扣分总和。扣分总数在300分及以下时为合格。

轨道质量指数（TQI）管理值（均值管理） 表5.2.13

项目	高低	轨向	水平	轨距	扭曲	TQI
目标值	1.5×2	1.6×2	1.3	1.1	1.4	10.0

注：线路区段整体不平顺动态质量用轨道质量指数（TQI）评定。每200m区段轨道质量指数（TQI）值应符合本表规定。轨道质量指数（TQI）超过管理值的线路应及时进行整修。

无砟轨道整理作业后，静态几何尺寸允许偏差和检验方法应符合表5.2.14、表5.2.15的规定。

无砟轨道允许偏差和检验方法 表5.2.14

序号	项目		允许偏差（mm）	检验方法
1	轨距		−2～+1	万能道尺量
2	轨向	直线	2	10m弦量
		曲线	表9	20m弦量
3	水平		2	万能道尺量
4	高低		2	10m弦量
5	扭曲（基长6.25m）		2	万能道尺量

无砟轨道曲线正矢允许偏差 表5.2.15

项目	实测正矢与计算正矢差		圆曲线正矢连续差	圆曲线最大最小正矢差
	缓和曲线	圆曲线		
允许偏差（mm）	1	2	3	4

检验数量：每2km抽检两处，每处各抽检10个测点。监理单位验证检测数量为施工单位检测数量的20%。

六、工地钢轨焊接

动画：长钢轨焊接施工

已铺长轨条最终形成无缝线路要通过两个焊接步骤：一是将铺下去的

300m 长轨条焊连成单元轨节,单元轨节为 1000~2000m;二是单元轨节之间的锁定焊接(简称锁定焊)。单元焊和锁定焊优先采用接触焊,根据轨条的长度可采用 K920 焊机、HOLLAND130 焊机或 AMS60 型钢轨移动焊机进行焊接。道岔内及两端与区间线路连接的钢轨锁定焊可采用铝热焊。

1. 现场接触焊

钢轨焊头必须按客运专线铁路钢轨焊接的有关要求进行型式检验和生产检验。型式检验和生产检验合格后方可进行正式生产。现场钢轨焊接采用钢轨移动焊机,可以依两边的行走轨来对位。整个焊接过程全自动,焊接结果自动记录。在焊接结束前,集成于焊机内的推凸刀将焊瘤推去,经打磨后形成完好焊头。工地移动接触焊焊接基本工艺流程图如图 5.2.17 所示。现场接触焊的具体要求与基地接触焊相同。

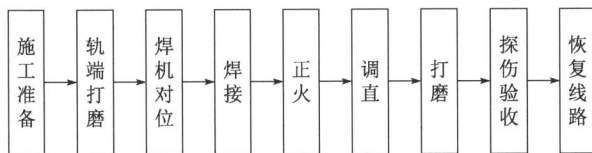

微课:移动式
闪光焊接

施工准备 → 轨端打磨 → 焊机对位 → 焊接 → 正火 → 调直 → 打磨 → 探伤验收 → 恢复线路

图 5.2.17　工地移动接触焊焊接工艺流程图

2. 铝热焊

(1)焊接前将两轨端固定,使两轨端处于同一水平面上,轨端打磨、对轨、夹轨、调整轨缝至(28±2)mm 后,准备铝热焊设备及焊剂进行焊接。焊接前进行试剂试验,使焊接试剂与钢轨材质相匹配。

微课:铝热焊

(2)焊接施工步骤如下:

①制作砂型、坩埚。

②工地布置。氧气瓶、石油液化气或乙炔瓶应布置在距施工焊点 5m 以上;所有设备应布置在施焊一侧的路肩;烘烤坩埚时应离所有气瓶 5m 以上。

③安装调平,使施焊接头及各自 20m 范围内的钢轨平整、顺直。

④烘烤坩埚(一般情况要 20min 左右),同时调整固定轨缝处的万能架,安装砂型,砂型对中并与钢轨密贴。

⑤安装模卡,并用万能架把模卡和砂型牢固地固定在一起,再用封泥抹平缝隙,以防钢水外流。

⑥安装坩埚架,调整好高度后移到钢轨外侧,加热轨头,烘烤砂型,同时在坩埚内装上自熔塞和焊剂、高温火柴;轨头烘烤 6min 后,立即将坩埚移到轨头上方,点燃高温火柴,使焊剂燃烧熔化,钢水进入钢轨焊接缝,填满整个缝隙,焊渣从轨缝两侧流出后用专用设备移走,防止烫伤,焊接过程结束。

⑦冷却后卸去坩埚、坩埚架、万能架,安放推瘤机,在 5min 后推瘤。

⑧待焊缝冷却后打磨。

⑨探伤,进行质量检验,焊接过程完成。

钢轨铝热焊接所采用的设备全部为小型机具,目前在高速铁路上使用较多的为法国拉伊台克公司的焊剂。铝热焊主要机具见表 5.2.16。

名称	锯轨机	打磨机	推瘤机	对轨架	液压拉轨器	预热装置	砂模装置	对钢直尺
规格	HC355	MR150	EGH2	CR57	TR75		60kg	1m
数量	2	2	2	2	2	2	2	2

（3）钢轨焊接工艺要求。

①当气温低于 0℃ 时，不宜进行工地钢轨焊接。当气温低于 10℃ 时，焊前应将距轨端 50cm 范围的钢轨加热升温至 35～50℃，才能进行焊轨作业，焊后应采取保温措施。

②工地焊接完成后应检查焊好的接头，并编号标记，填写焊接记录报告。

③工地钢轨焊接应符合长钢轨布置图，其加焊轨长度不得小于 12m。

④单元轨节左右两股钢轨的焊接接头宜相对，相错量不应大于 100mm。

⑤钢轨铝热焊焊缝距离轨枕边缘不应小于 100mm。

⑥单元轨节起止点不应设置在不同轨道结构过渡段以及不同线下基础过渡段范围。

⑦工地钢轨焊接接头编号应标记齐全，字迹清楚，记录完整。

⑧钢轨焊接打磨后焊接接头的平直度允许偏差应满足表 5.2.17 要求。

钢轨焊接接头平直度允许偏差　　　　　　　表 5.2.17

部位	平直度要求			说明
	厂焊接头	现场焊接头		
		闪光/气压焊	铝热焊	
轨顶面（mm/1m）	+0.1～+0.3	0～+0.2	+0.1～+0.3	"+"表示凸出
轨头内侧工作边（mm/1m）	−0.1～+0.3	0～+0.3	0～+0.3	"+"表示凹进，使轨距增大；"−"表示凸出，使轨距减小
钢轨闪光焊、气压焊轨底面焊筋高度（mm）	0～+0.5		—	"+"表示焊筋凸出

技能训练

　　参考高速铁路轨道施工与维护实训手册的项目 18　钢轨焊缝平直度及焊缝质量手工检查实训作业指导书。

七、道岔焊接

道岔铺设完毕后进行道岔区段的焊接，道砟钢轨的焊接应首先进行道岔内钢轨焊接，然后进行道砟钢轨与岔外钢轨的焊接。

八、无缝线路应力放散、调整及锁定

应力放散就是在设计锁定轨温范围内，锯切长钢轨，并将长钢轨扣件全部松开，轨下垫入滚筒，辅助进行撞轨，使长钢轨能最大限度地缩，放散掉钢轨内的附加应力和温度力，然后重新锁定线路。

应力调整是指不锯切长钢轨，在一定范围内松开扣件，轨下垫入滚

微课：应力放散原理

筒,辅助进行撞轨,使松开扣件范围的长钢轨应力均匀。锁定焊采用原位焊接的铝热焊工艺。

1.应力放散或调整的条件

无缝线路锁定轨温必须准确、均匀,有下列情况之一者,应进行应力放散或调整:

(1)实际锁定轨温不在设计锁定轨温范围内。

(2)锁定轨温不明、不准确。

(3)两相邻单元轨节锁定轨温差超过5℃,或左右股钢轨实际锁定轨温相差超过3℃,或同一区间单元轨节最高、最低锁定轨温相差超过10℃。

(4)铺设或维修作业方法不当,使轨条产生不正常伸缩。

(5)出现严重不均匀位移。

(6)夏季线路轨向严重不良,碎弯多。

(7)通过位移观测或测试分析,发现温度力分布严重不匀。

微课:既有线应力放散

2.应力放散施工基本工艺流程

线路应力放散施工基本工艺流程图如图5.2.18所示。

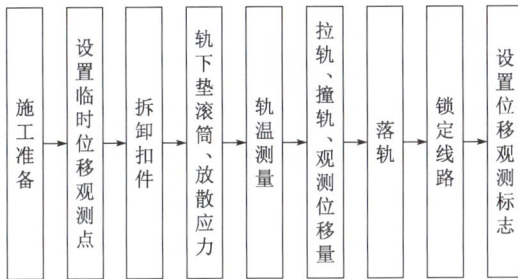

微课:新建线路
应力放散施工

图5.2.18 线路应力放散施工基本工艺流程图

3.应力放散采用的设备

无缝线路应力放散机械设备见表5.2.18。

无缝线路应力放散机械设备

表5.2.18

序号	名称	数量	单位	型号
1	滚筒	300	个	滚动轴承式
2	对讲机	6	个	TK278C
3	专用扳手	60	套	自制
4	压机	10	台	02A147KN
5	接轨器	2	套	自制
6	拉伸器	1	台	TR75 型
7	锯轨机	1	台	HC355 型
8	撬棍	24	根	—
9	手锤	20	把	8 磅

237

项目五 无缝线路施工

序号	名称	数量	单位	型号
10	小平板车	6	辆	自制
11	轨道车	1	辆	—
12	方尺	1	把	—
13	轨温表	4	个	SWG11
14	弦线	若干	捆	—
15	垂球	2	个	—
16	工具车	1	辆	N16
17	自喷漆	若干	筒	—
18	准直仪	1	台	ZCG148

4.应力放散方法

无缝线路应力放散可采用滚筒配合撞轨法或滚筒结合拉伸配合撞轨法。应力放散时,要求做到:总放散量要够,沿钢轨全长放散要匀,最后锁定轨温要准。同时要求结合放散应力,整治线路爬行。

滚筒配合撞轨法是指在接近设计锁定轨温的条件下,松开扣件和防爬器,长钢轨下每隔10~15m垫入滚筒,配合以适当撞轨,使长钢轨正常伸缩。当达到预定锁定轨温,立即取下滚筒,重新锁定线路。这种放散方法的优点是放散较彻底,均匀性好,可以较准确地确定锁定轨温。

滚筒结合拉伸配合撞轨法是指在轨温比较低的条件下,在利用滚筒放散的同时,用拉伸器拉伸并配合以适当撞轨,但原锁定轨温清楚或不准确,必须在滚筒放散的基础上,通过计算后再用拉伸器拉伸。应力放散前,应先调整缓冲区轨缝,并根据计算更换配轨,上紧全部扣件后,方能固定拉伸器进行拉伸。无缝道岔应在设计锁定轨温范围内铺设和锁定,不宜进行应力放散。

5.应力调整的方法

无缝线路应力调整(不改变长钢轨长度),可在比较接近实际锁定轨温的条件下,采用轨下垫入滚筒、辅助进行撞轨的方法。无缝线路应力放散和调整施工前,应制订施工计划及安全措施,组织人力,备齐料具,充分做好施工准备。

6.放散量、锯轨量的计算

1)计算放散量

长钢轨的放散量按下列自由伸缩公式计算:

$$\Delta l = a \cdot L(T_{sh} - T_{sy}) \tag{5.2.1}$$

式中:Δl——长钢轨放散量,mm;

a——钢轨钢线膨胀系数,$a = 0.0118 \text{mm/℃}$;

L——需要放散应力的长钢轨长度,m;

T_{sh}——放散后的锁定温度,℃;

T_{sy}——原锁定轨温,℃。

2)计算锯轨量

$$k = \Delta l + \sum a - \sum b \qquad (5.2.2)$$

式中:k——锯轨量,mm;

Δl——放散量,mm;

$\sum a$——缓冲区预留轨缝缝总和,mm;

$\sum b$——缓冲区原有轨缝总和,mm。

3)设置位移观测点

设置位移观测点,随时掌握长钢轨的应力放散情况。通常 50 ~ 100m 设置一个位移观测点,其观测点伸缩量为

$$\Delta l_n = \frac{\Delta l}{N} \cdot n \qquad (5.2.3)$$

式中:Δl_n——某观测点钢轨计算伸缩量,mm;

Δl——计划放散量,mm;

N——设立观测点数;

n——某观测点号数($n = 1, 2, 3, \cdots, n$)。

7. 锁定线路

应力放散后,应按实际锁定轨温及时修改有关技术资料和位移观测标记。轨温合适时或钢轨拉伸到位时,从下一应力放散单元轨向上一应力放散单元轨依次去除滚筒,将钢轨落到轨枕上,上紧扣件,紧固钢轨。在拉轨器前后各 50m 范围内的钢轨锁定完成后,方可松掉拉轨器的液压油门,拆除拉轨器。钢轨接头用闪光焊接。

8. 位移观测

钢轨锁定后,立即在埋设钢轨位移永久观测桩位置的垂直线上的钢轨轨头外侧面标记钢轨位移零点,每月一次观测无缝线路长轨条位移情况,并填写记录。如位移观测桩处相对位移换算轨温加上原锁定轨温超出设计锁定轨温允许范围,应及时查明原因并进行处理。

9. 应力放散基本工艺要求

(1)测量轨温时,要对钢轨的不同位置进行多点测量,取其平均值。

(2)放散应力时,应每隔 100m 左右设 1 个位移观测点用于观测钢轨的位移量,并及时排除影响应力放散的障碍,使应力放散均匀彻底。

(3)为使钢轨应力放散均匀彻底,应尽量保证支垫钢轨的滚筒高度一致,尽量减少钢轨的变形,减小钢轨的初始应力。

(4)线路锁定时,实际锁定轨温应在设计锁定轨温范围内,相邻单元轨节间的实际锁定轨温之差不得大于 5℃,同一单元轨节左右股钢轨的实际锁定轨温差不得大于 3℃,同一区间内单元轨节的最高与最低实际锁定轨温之差不得大于 10℃。

九、钢轨伸缩调节器施工

1. 钢轨伸缩调节器的结构及装运

钢轨伸缩调节器的功能是协调因温度引起的长大桥梁梁端伸缩位移和长钢轨伸缩位移之

间的位移差,使长钢轨自动调节温度力,从而减小轨道及桥梁所承受的荷载。高速铁路钢轨伸缩调节器左右对称,按伸缩方向分为单向和双向伸缩调节器两种类型。图5.2.19为时速350km/h高速铁路单向伸缩调节器,它由基本轨、尖轨、铁垫板总成(图5.2.20)、轨枕或轨道板组成。

钢轨伸缩调节器在工厂内试组装并验收合格后应整组发运。发运前应将伸缩调节器组装件固定为一整体。产品标志和包装应符合客运专线铁路钢轨伸缩调节器的相关技术要求。装卸作业时严禁摔、砸、碰、撞。

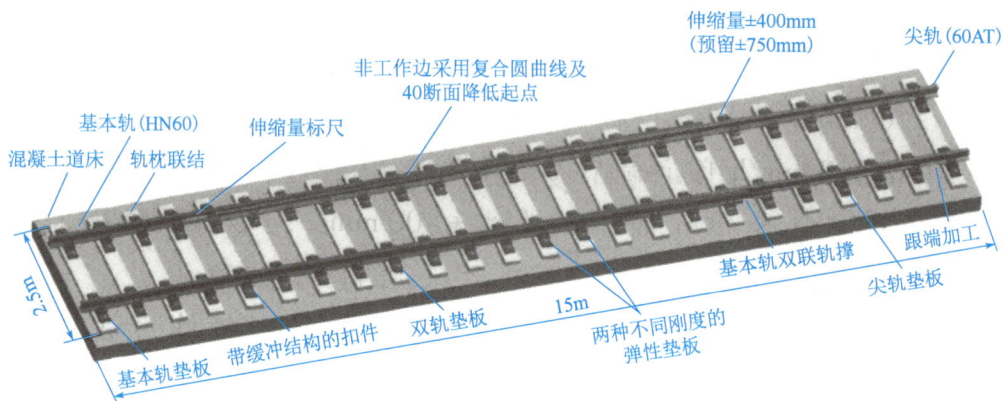

图5.2.19 时速350km/h高速铁路单向伸缩调节器

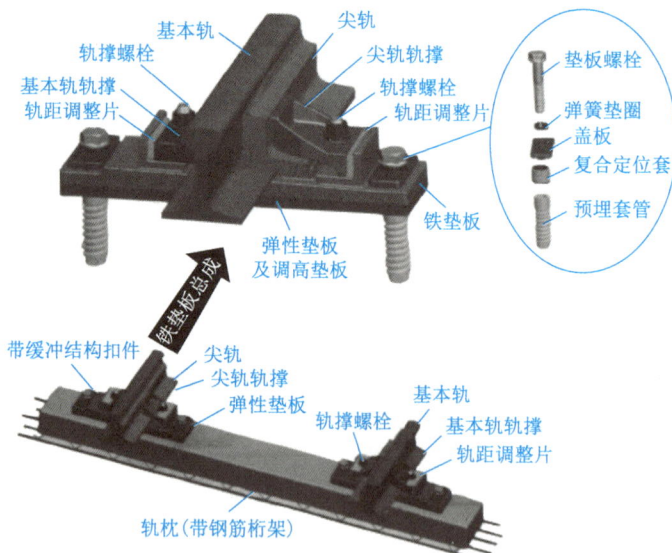

图5.2.20 高速铁路伸缩调节器铁垫板总成

2.钢轨伸缩调节器的铺设

(1)铺设钢轨伸缩调节器应根据锁定时的轨温计算并准确预留伸缩量。

①在设计锁定轨温范围内铺设时,预留伸缩量为设计伸缩量的1/2。

②在设计锁定轨温范围之外铺设时,预留伸缩量可按下式计算:

$$\Delta l = \frac{a}{2} + \alpha \times L \times (5 - t_s) \qquad (5.2.4)$$

式中：Δl——铺设钢轨伸缩调节器时，基本轨预留伸缩量，mm；

a——钢轨伸缩调节器设计伸缩量，600mm 或 1000mm；

α——钢轨线膨胀系数，0.0118；

L——无缝线路伸缩区长度，约 150m；

Δl——无缝线路设计锁定轨温，℃。

（2）钢轨伸缩调节器铺设采用插入法施工，即按设计位置将钢轨伸缩调节器的长度在线路锁定时锯出，然后铺设钢轨伸缩调节器。铺设钢轨伸缩调节器时，宜先铺单股并以线路上已有轨道作为基准控制方向，另一股以此为基准控制轨距。钢轨伸缩调节器铺设就位，调整方向、轨距、水平达到规定要求后，再上紧全部螺栓。

3. 钢轨伸缩调节器的放散锁定

采用等温度锁定的方法。首先松开扣件，垫上滚筒，自由放散到零应力状态。在设计锁定轨温 ±3℃时，先将尖轨部分落槽；然后每隔 2 根轨枕上一组扣件先将尖轨固定，然后再落槽锁定基本轨，并及时做好位移观测桩。

钢轨伸缩调节器的焊连在设计锁定轨温允许范围内进行。检查调整基本轨与长钢轨的轨缝，再次检查确认基本轨与尖轨的相对位置，焊连钢轨伸缩调节器。焊连后按规定打磨平整并及时进行全面整修。

4. 钢轨伸缩调节器铺设标准

钢轨伸缩调节器整道后应符合以下标准：

（1）轨向：单向伸缩调节器用 12.5m 弦、双向伸缩调节器用 25m 弦测量，每隔 1m 检查 1 处，尖轨尖端至尖轨顶宽 5mm 处范围内允许有 4mm 的空线，其余范围内允许有 2mm 的空线，不允许抗线。

（2）轨面高低：用 12.5m 弦测量不得大于 3mm，每组抽检 3 处。

（3）钢轨水平差不得大于 3mm，每组抽检 3 处。

（4）在 6.25m 测量基线内，轨面扭曲不得大于 3mm。

十、伸缩区、缓冲区预留轨缝

在跨区间无缝线路的起终点处，各设 4 根 25m 标准轨作为缓冲区。长轨条与缓冲轨及缓冲轨之间采用 10.9 级高强度螺栓、双头式鱼尾板联结。垫圈采用高强度平垫圈。在设计锁定轨温范围内施工时，缓冲区预留轨缝为 6 ~ 8mm。

十一、有砟轨道钢轨胶接接头及轨道整理

1. 钢轨胶接接头施工

1）钢轨材料要求

（1）钢轨胶接绝缘接头的各项技术性能应符合客运专线铁路胶接绝缘接头的相关技术要求，并具有型式检验合格证明书。

（2）胶接钢轨的钢厂、钢种、轨型应与线路钢轨相同。

（3）用于制作胶接绝缘接头的钢轨，必须经过探伤检查，并应采用同一根钢轨锯开胶接。

道岔内胶接绝缘钢轨长度按设计配轨要求确定。胶接端的端面垂直度偏差及水平偏差均不大于 0.15mm。对轨后用 1m 直尺检查:轨顶允许偏差为(0, +0.2)mm,轨头侧边允许偏差为 ±0.3mm。胶接绝缘钢轨全长范围内不得有硬弯。

2)钢轨胶接绝缘接头铺设工艺

(1)钢轨胶接绝缘接头铺设(焊接)前应按规定测定确认其电绝缘性能。

(2)搬运、铺设、焊连钢轨胶接绝缘接头时严禁摔、撞。

(3)铺设钢轨胶接绝缘接头应避免扣件与绝缘接头螺栓接触。

(4)两股钢轨的绝缘接头应相对铺设,相错量符合相关规定,绝缘轨缝绝缘端板宜设于轨枕盒中央,距轨枕边缘不应小于 100mm。

2. 轨道整理

1)轨道整理基本工艺流程

轨道整理基本工艺流程图如图 5.2.21 所示。

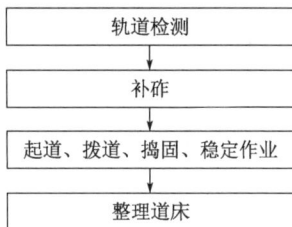

图 5.2.21 轨道整理基本工艺流程图

2)轨道整理作业内容

(1)根据设计要求,在规定的作业轨温范围内,应对线路进行至少 2 遍精细调整,使之达到验交标准。

(2)对不符合设计要求的道床断面应进行整修,堆高砟肩,拍拢夯实。

(3)缓和曲线、竖曲线区段应调整圆顺。

(4)整修打磨不平顺焊缝,提高轨面平顺性。

(5)调整轨距,补齐扣、配件。

(6)测取钢轨爬行量,复核锁定轨温。

3)大型养路机械作业轨温条件

(1)一次起道量小于或等于 30mm、一次拨道量小于或等于 10mm 时,作业轨温不得超过实际锁定轨温 ±20℃。

(2)一次起道量在 31~50mm、一次拨道量在 11~20mm 时,作业轨温不得超过实际锁定轨温 ±10℃。

4)无缝线路及道岔的整理作业

(1)高温时,不应安排影响线路稳定性的整理作业,可安排矫直钢轨、整理扣件、整理道床外观、钢轨打磨等作业。

(2)进行无缝线路整理作业,必须掌握轨温,观测钢轨位移,分析锁定轨温变化,按实际锁定轨温和现场轨温条件进行作业,严格执行"作业前、作业中、作业后测量轨温"的制度,并注意做好以下各项工作:

①在整理地段按需要备足道砟。

②起道前应先拨正线路方向。

③起、拨道机不得安放在铝热焊缝处。

④扒开的道床应及时回填、夯实。

（3）无缝线路整理作业,必须遵守下列作业轨温条件:

①当轨温在实际锁定轨温减30℃以下时,伸缩区和缓冲区禁止进行整理作业。

②在跨区间无缝线路上的无缝道岔尖轨及其前方25m范围内综合整理,允许在实际锁定轨温±10℃内进行作业。

（4）无缝线路应力放散和调整后,应按实际锁定轨温及时修改相关技术资料和位移观测标记。

（5）桥上无缝线路整理作业应注意做好以下各项工作:

①按照设计文件规定,保持扣件布置方式和拧紧程度。

②单根抽换桥面枕,在实际锁定轨温 – 20 ~ +10℃范围内进行。

③对桥上钢轨焊缝应加强检查,发现伤损应及时处理。

④对桥上伸缩调节器的伸缩量应定期观测,如果发现轨道异常爬行,应及时分析原因并整治。

（6）扒道床、起道、拨道作业轨温条件如下:

①在实际锁定轨温±10℃范围内,可进行不影响行车的扒道床、起道和拨道作业。

②在实际锁定轨温 – 20 ~ +15℃范围内,连续扒开道床不得大于50m,起道高度不得大于40mm,拨道量不得大于20mm,禁止连续扒开枕头道床。

③在实际锁定轨温 +20℃范围内,连续扒开道床不大于25m,起道高度不大于30mm,拨道量不大于10mm,禁止连续扒开枕头道床。

（7）无缝线路养护维修及故障处理参照铁路客运专线维修相关规定执行。

5）位移观测规定

每月一次观测无缝线路长轨条位移情况,并填写记录。位移观测桩处相对位移换算轨温加上原锁定轨温超出设计锁定轨温允许范围时,应及时查明原因并进行处理。

十二、线路全长预打磨

1）钢轨打磨设备

钢轨打磨设备见表5.2.19。

钢轨打磨设备　　　　表5.2.19

序号	机械名称	型号规格	数量	单位	备注
1	钢轨打磨列车	PGM48/3	1	列	美国杰克逊、宝鸡工程机械厂
2	波磨机		4	台	
3	重型轨道车	Y240	1	台	宝鸡工程机械厂
4	发电机组	30kW	1	台	

2）打磨工艺

（1）钢轨全长预打磨应符合下列条件:

①无缝线路经整理作业后,道床已进入稳定阶段。

②轨面高程及道床外观尺寸符合设计要求。

③钢轨扣件齐全紧固。

④钢轨焊接接头的平直度已达到规定要求。

（2）钢轨全线预打磨施工。

（3）打磨前,应确认打磨车的测量和打磨装置下放是否正确,并确定每次打磨深度和打磨角度及作业压力。

（4）打磨前用安装在打磨列车上的测量设备对整个打磨段上的钢轨进行纵断面零位测量。

（5）打磨工作速度在8km/h左右,打磨深度在0.15~0.2mm。

（6）道岔尖轨及可动心轨、辙叉和钢轨伸缩调节器尖轨,应用手工操作的钢轨波纹研磨机进行打磨,严禁用普通打磨列车打磨。

3）质量标准

（1）消除钢轨微小缺陷及锈蚀等。

（2）消除钢轨在轧制过程中形成的轨面斑点及微小不平顺。

（3）消除轨头表面约0.3mm厚的脱碳层。

（4）使钢轨的表面粗糙度与列车速度相适应。

（5）钢轨顶面平直度1m范围内的允许偏差为0~0.2mm。

（6）钢轨头部工作的边实际横断面相对理论横断面允许偏差为±0.3mm。

技能训练

参考高速铁路轨道施工与维护实训手册的项目19　焊缝平直度检查及精磨实训作业指导书。

任务三　轨　道　精　调

动画:长轨道精调原理　　微课:长轨道精调概述　　微课:轨道精调　　微课:安伯格轨检小车操作

一、轨道精调

1.轨道精调作业流程

轨道精调作业流程图如图5.3.1所示。

2.轨道精调作业的主要设备

轨道精调作业的主要设备见表5.3.1。

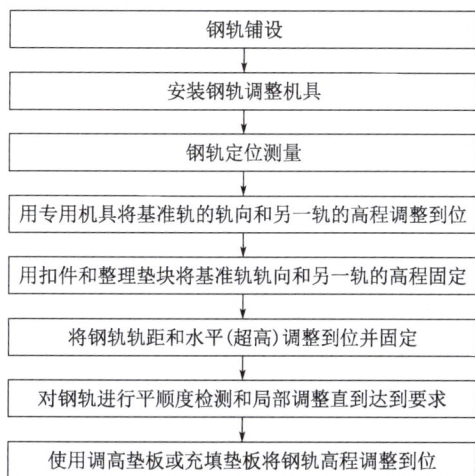

图 5.3.1 轨道精调作业流程图

轨道精调作业的主要设备 表 5.3.1

序号	设备	数量	用途
1	轨道几何状态测量仪	1 套	对钢轨进行轨距、水平(超高)、绝对坐标的测量
2	气象传感器	1 只	用于测距气象改正
3	全站仪	1 台	对轨道几何状态测量仪上的棱镜进行坐标测量
4	CPⅢ目标棱镜	8 个	全站仪自由设站边角交会的目标
5	钢轨调整支架	1 套	调整左右钢轨的横向和高程位置
6	钢轨整理垫块	若干	垫于钢轨下面,用于固定钢轨高程和横向位置及轨底坡

3.轨道精调作业步骤

轨道精调作业的基准轨,在曲线地段以外轨为准,在直线地段则同前方曲线的基准轨。

轨道精调作业步骤如下:

(1)将轨道几何状态测量仪组装并放置在待调轨道上,启动测量程序。

(2)用已设程序控制的全站仪测量轨道几何状态测量仪上的棱镜,计算和显示轨道调整量。

(3)应在每隔两个扣件支点位置进行调整,调整时宜先调基准轨的轨向和另一轨的高程,再调两轨的轨距和水平。

(4)重复精调作业步骤(2)和(3),直至满足轨道几何状态静态检测精度及允许偏差的要求。

4.精调作业基本要求

精调作业基本要求应符合下列规定:

(1)全站仪设站应符合设站的一般规定,全站仪与轨道几何状态测量仪的观测距离宜为 5~60m。

(2)轨道几何状态测量应采用静态测量方式。

(3)轨道精调作业的测量方向为单向后退测量。

(4)钢轨调整宜采用专用的调整机具,并用专用的装置固定钢轨。

(5)换站后,应首先对上站调整到位的最后 1~3 个调整点位置进行复测,同一点位的横向和高程的相对偏差均应不大于2mm。如果复测超限,应重新设站后再次复测。如果依然超限,必须对换站前的所有钢轨调整点重新进行调整,满足要求后方能进行换站后的钢轨调整。对于小于±2mm的偏差,应使用线性或余弦函数方式进行换站搭接平顺修正,搭接长度应不小于10m。

二、轨道几何状态检测

1.轨道几何状态静态检测精度及允许偏差要求

(1)轨道几何状态静态平顺度允许偏差及检验方法应符合表5.3.2的规定。

轨道几何状态静态平顺度允许偏差及检验方法 表5.3.2

序号	项目		平顺度允许偏差(mm)	检验方法
1	轨距		±2	轨道几何状态测量仪
2	高低	弦长10m	2(10m)	
		弦长30m	2(5m)	
		弦长300m	10(150m)	
3	轨向	弦长10m	2(10m)	
		弦长30m	2(5m)	
		弦长300m	10(150m)	
4	扭曲	基长3m	3	
5	水平		2	

检验数量:施工单位连续检测,监理单位全部见证检验。

(2)在满足轨道平顺度标准的情况下,轨面高程允许偏差为 -6 ~ +4mm,紧靠站台为0 ~ +4mm。

检验数量:施工单位每1km抽查2处,每处各抽查10个测点。

检验方法:水准仪测量。

(3)轨道中线与设计中线允许偏差为10mm;线间距允许偏差为0 ~ +10mm。

检验数量:施工单位每1km抽查2处,每处各抽查10个测点。

检验方法:轨道中线与设计中线允许偏差检验采用轨道几何状态测量仪;线间距检验采用尺量。

2.提交资料

竣工测量完成后,应提交下列成果资料:

(1)技术总结:包括执行标准、施测单位、施测日期、施测方法、使用仪器、精度评定和特殊情况处理等内容。

(2)施工测量的原始观测记录。

技能训练

参考高速铁路轨道施工与维护实训手册的项目20 轨道精调实训作业指导书。

复习思考题

1. 何谓无缝线路？跨区间无缝线路与普通无缝线路有何区别？

2. 何谓温度力、温度应力？

3. 无缝线路轨温与锁定轨温有何关系？怎样确定锁定轨温？

4. 简述无缝线路铺设施工中，长钢轨焊接的基本方法。

5. 现场铝热焊的基本工序包括哪些步骤？

6. 轨道精调的基本工序包括哪些内容？

7. 简述无缝线路应力放散的条件和方法。

8. 使用轨检小车采集轨道状态数据的主要目的是什么？

9. 如何看懂轨检图并判定病害位置？

10. 无缝线路相比普通线路有哪些优势？

11. 无缝线路的工作原理是什么？

12. 简述无缝线路铺设施工中的主要质量控制标准。

13. 某区间温度应力式无缝线路，铺设 60kg/m 钢轨（钢轨弹性模量为 20.6×10MPa，线膨胀系数为 $11.8 \times 10^{-6}/℃$，断面积为 $77.45cm^2$），每千米铺设 1760 根混凝土 II 型枕，接头采用 10.9 级 $ 24 螺栓，接头扭矩为 570N·m，现已知锁定轨温为 $(27 \pm 5)℃$，当地最高气温为 43℃，最低气温为 -17.9℃。

(1) 计算钢轨所承受的最大温度压力和最大温度拉力；

(2) 绘出降温时的基本温度力图。

项目六

轨道检测与维修

学习目标

知识目标：

1. 了解无砟轨道容易出现病害的部位。
2. 了解无砟轨道病害的表现形式及其形成原因。
3. 了解无砟轨道病害的判定标准量化指标，以及病害对轨道性能和行车安全的影响程度。
4. 掌握各种无砟轨道检测设备的用途和工作原理。
5. 掌握板式及双块式等不同类型无砟道床的结构特点和技术要求。
6. 了解无砟轨道所用材料的性能要求，以及这些材料对轨道性能的影响。
7. 掌握无缝线路胀轨跑道病害产生的原因。
8. 掌握轨道动态检测和静态检测的原理和区别。

能力目标：

1. 能正确对无砟轨道出现病害的部位和病害形式作出判断，并采取正确对策。
2. 能使用磨耗仪对钢轨磨耗进行检测维护。

3. 能使用塞尺、套筒扳手、平扳手等设备对连接零件进行检测及维护。
4. 能使用轨检小车、电子道等先进设备对无砟轨道的整体状态进行全面、准确的检测。
5. 能正确选用轨道检测及维护所需设备，清楚其工作特点和精度要求。
6. 能正确判定无缝线路胀轨跑道病害并及时处理。
7. 能识读轨检图，正确判定轨道病害位置及类型，采取恰当的处置措施。

素质目标：

依照"重检慎修"原则，通过对无砟轨道病害和无缝线路病害处置、轨道动态和静态几何状态检测等内容进行学习，认识到轨道检测与维修工作对铁路运输安全的重要性，树立"质量、安全就是生命""科学严谨和团队协作"的意识，培养动手能力和吃苦耐劳的工匠精神。

本项目主要学习无砟轨道病害和无缝线路病害处置、轨道动态和静态几何状态检测等内容,理解并掌握无砟轨道检测设备的用途及其在无砟轨道维护中的应用。

任务一　无砟轨道伤损及维修

无砟道床分为 CRTS Ⅰ型板式无砟道床、CRTS Ⅱ型板式无砟道床、CRTS Ⅲ型板式无砟道床、CRTS 双块式无砟道床以及道岔区轨枕埋入式无砟道床和板式无砟道床等。

一、无砟道床结构及其主要技术要求

1. CRTS Ⅰ型板式无砟道床结构及其主要技术要求

(1)道床结构由轨道板、水泥乳化沥青砂浆充填层、混凝土底座、凸形挡台及其周围填充树脂等部分组成。曲线超高在底座上设置。

(2)水泥乳化沥青砂浆应灌注饱满,与轨道板底部密贴。

(3)凸形挡台分为圆形和半圆形,周围填充树脂应与凸形挡台和轨道板混凝土密贴。

(4)混凝土轨道板不得有贯通裂缝。

(5)底座混凝土不得有贯通裂缝;底座伸缩缝状态应良好,不得有离缝。

(6)排水通道,特别是框架式轨道板内排水通道、底座内预埋横向排水管道,应保持通畅。

2. CRTS Ⅱ型板式无砟道床结构及其主要技术要求

(1)路基地段道床结构由轨道板、水泥乳化沥青砂浆充填层、支承层等部分组成。曲线超高在路基基床表层上设置。

(2)桥梁地段道床结构由轨道板、水泥乳化沥青砂浆充填层、底座板、滑动层、高强度挤塑板、侧向挡块及弹性限位板等部分组成。桥台后路基设置锚固结构(包括摩擦板、土工布、端刺)及过渡板。曲线超高在底座板上设置。长大桥区段底座板设有钢板连接器后浇带。

(3)隧道地段道床结构由轨道板、水泥乳化沥青砂浆充填层、支承层等部分组成。曲线超高一般在仰拱回填层(有仰拱隧道)或底板(无仰拱隧道)上设置。

(4)水泥乳化沥青砂浆充填层应与轨道板和支承层或底座板密贴。

(5)轨道板除预裂缝处以外,其他部位不得有贯通裂缝。

(6)桥梁地段连续底座板(含后浇带部位)混凝土不得有贯通裂缝,侧向挡块混凝土与底座板、轨道板不得粘连。

(7)路基和隧道地段支承层不得有竖向贯通裂缝(不含假缝)。

(8)排水通道应保持通畅。

3. CRTS Ⅲ型板式无砟道床结构及其主要技术要求

(1)道床结构由轨道板、自密实混凝土层、隔离层、混凝土底座及凹槽周围弹性垫层等部分组成。底座沿线路纵向单元设置,底座间设横向伸缩缝。曲线超高在底座上设置。

(2)自密实混凝土应灌注饱满,与轨道板底部密贴,形成复合结构。

(3)混凝土轨道板不得有贯通裂缝。

(4)底座混凝土不得有贯通裂缝;底座伸缩缝应状态良好,不得有离缝。

(5)排水通道应保持通畅。

4. CRTS 双块式无砟道床结构及其主要技术要求

（1）路基地段连续道床结构由双块式轨枕、道床板、支承层、端梁等部分组成。路基地段单元道床结构由双块式轨枕、道床板、隔离层、底座、凹槽周围弹性垫层等部分组成。曲线超高一般在基床表层或底座上设置。

（2）桥梁地段道床结构由双块式轨枕、道床板、隔离层、底座（钢筋混凝土保护层）、凹槽（凸台）周围弹性垫层等部分组成。道床板和底座沿线路纵向分块设置。道床板与底座（保护层）间设置隔离层，底座凹槽（凸台）侧立面粘贴弹性垫层。曲线超高在底座上设置。

（3）隧道地段道床结构由双块式轨枕、道床板等部分组成。曲线超高在道床板上设置。

（4）道床板混凝土不得有横向或竖向贯通裂缝。双块式轨枕和道床板混凝土间应密贴。

（5）支承层或底座不得有竖向贯通裂缝（不含假缝），支承层或底座与道床板、路基基床表层间应密贴。

（6）排水通道应保持通畅，道床板表面不得积水。

5. 道岔区轨枕埋入式无砟道床结构及其主要技术要求

（1）路基和隧道地段道床结构由桁架式预应力岔枕、道床板、底座或支承层等部分组成。

（2）桥梁地段道床结构由桁架式预应力岔枕、道床板、隔离层、底座及凹槽周围弹性垫层等部分组成。

（3）道床板混凝土不得有横向贯通裂缝或竖向贯通裂缝。岔枕和道床板混凝土间应密贴。

（4）底座或支承层不得有竖向贯通裂缝。

（5）排水通道应保持通畅，道床板表面不得积水。

6. 道岔区板式无砟道床结构及其主要技术要求

（1）路基地段道床结构由道岔板、底座（自密实混凝土层）及找平层等部分组成。

（2）桥梁地段道床结构由道岔板、水泥乳化沥青砂浆充填层、底座板、滑动层、高强度挤塑板、侧向挡块及弹性限位板等部分组成。

（3）扣件周围道岔板混凝土不得有裂缝。

（4）路基地段底座、桥梁地段水泥乳化沥青砂浆充填层应与道岔板底部密贴。

（5）桥梁地段连续底座板混凝土不得有贯通裂缝。

（6）排水通道应保持通畅，道岔板表面不得积水。

二、无砟轨道伤损判定标准

无砟道床伤损等级分为Ⅰ级、Ⅱ级，伤损形式及等级判定标准见表 6.1.1～表 6.1.6。对无砟道床Ⅰ级伤损应做好观测、记录、分析。对Ⅱ级伤损及无砟道床混凝土、水泥乳化沥青砂浆充填层、自密实混凝土层等缺损掉块应列入维修计划并适时进行修补。无砟道床伤损达到以下条件之一者，应及时修理或更换：

（1）轨道板（轨枕）挡肩缺损大于 50%。

（2）轨道板挡肩顶面裂缝宽度大于 1.5mm。

（3）轨道板沿线路纵向贯通裂缝宽度大于 0.5mm。

（4）轨道板严重网状龟裂（裂缝宽度大于 0.5mm）。

（5）轨道板（轨枕）预埋件周围的混凝土裂缝宽度大于 1.5mm。

（6）CRTSⅡ型板式无砟轨道水泥乳化沥青砂浆充填层离缝面积比大于60%。

（7）凸形挡台、侧向挡块混凝土劈裂。

（8）双块式轨枕环裂（裂缝大于0.5mm）。

CRTSⅠ型板式无砟道床伤损形式及伤损等级判定标准　　表6.1.1

伤损部位	伤损形式	判定项目	评定等级及限值	
			Ⅰ级	Ⅱ级
预应力轨道板	裂缝	宽度（mm）	0.2	0.3
	锚穴封端离缝	宽度（mm）	0.5	1.0
普通轨道板	裂缝	宽度（mm）	0.3	0.5
凸形挡台	裂缝	宽度（mm）	0.3	0.5
底座	裂缝	宽度（mm）	0.3	0.5
底座伸缩缝	离缝	宽度（mm）	1.0	2.0
水泥乳化沥青砂浆充填层	离缝	宽度（mm）	1.5	2.0
		深度（mm）	50	100
		长度（mm）	200	800
	裂缝	宽度（mm）	0.5	1.0
凸形挡台周围填充树脂	离缝	宽度（mm）	2.0	3.0
	裂缝	宽度（mm）	0.5	1.0

CRTSⅡ型板式无砟道床伤损形式及伤损等级判定标准　　表6.1.2

伤损部位	伤损形式	判定项目	评定等级及限值	
			Ⅰ级	Ⅱ级
轨道板	裂缝*	宽度（mm）	0.2	0.3
	挡肩缺损	面积比	10%	30%
板间接缝	裂缝	宽度（mm）	0.3	0.5
	离缝	宽度（mm）	0.3	0.5
支承层	裂缝	宽度（mm）	0.5	1.0
底座板	裂缝	宽度（mm）	0.3	0.5
侧向挡块	裂缝	宽度（mm）	0.3	0.5
水泥乳化沥青砂浆充填层	离缝	宽度（mm）	1.5	2.0
		面积比（%）	30	50
	裂缝	宽度（mm）	0.5	1.0

注：*预裂缝处的裂缝除外。

CRTSⅢ型板式无砟道床伤损形式及伤损等级判定标准　　表6.1.3

伤损部位	伤损形式	判定项目	评定等级及限值	
			Ⅰ级	Ⅱ级
预应力轨道板	裂缝	宽度（mm）	0.2	0.3
	挡肩缺损	面积比	10%	30%
普通轨道板	裂缝	宽度（mm）	0.3	0.5

伤损部位	伤损形式	判定项目	评定等级及限值	
			Ⅰ级	Ⅱ级
底座	裂缝	宽度(mm)	0.3	0.5
底座伸缩缝	离缝	宽度(mm)	1.0	2.0
自密实混凝土层	离缝	宽度(mm)	1.0	1.5
		深度(mm)	50	100
		长度(mm)	100	300
	裂缝	宽度(mm)	0.3	0.5

CRTS 双块式无砟道床伤损形式及伤损等级判定标准　　　　　表 6.1.4

伤损部位	伤损形式	判定项目	评定等级及限值	
			Ⅰ级	Ⅱ级
双块式轨枕	裂缝	宽度(mm)	0.2	0.3
	挡肩缺损	面积比	10%	30%
道床板	裂缝	宽度(mm)	0.3	0.5
	轨枕界面裂缝	宽度(mm)	0.3	0.5
支承层	裂缝	宽度(mm)	0.5	1.0
底座	裂缝	宽度(mm)	0.3	0.5
底座伸缩缝	离缝	宽度(mm)	1.0	2.0

道岔区轨枕埋入式无砟道床伤损形式及伤损等级判定标准　　　　　表 6.1.5

伤损部位	伤损形式	判定项目	评定等级及限值	
			Ⅰ级	Ⅱ级
岔枕	裂缝	宽度(mm)	0.2	0.3
道床板	裂缝	宽度(mm)	0.3	0.5
	岔枕界面裂缝	宽度(mm)	0.3	0.5
底座	裂缝	宽度(mm)	0.3	0.5
底座伸缩缝	离缝	宽度(mm)	1.0	2.0
支承层	裂缝	宽度(mm)	0.5	1.0

道岔区板式无砟道床伤损形式及伤损等级判定标准　　　　　表 6.1.6

伤损部位	伤损形式	判定项目	评定等级及限值	
			Ⅰ级	Ⅱ级
道岔板	裂缝	宽度(mm)	0.3	0.5
底座	裂缝	宽度(mm)	0.3	0.5
	离缝	宽度(mm)	0.3	0.5
找平层	裂缝	宽度(mm)	0.3	0.5
底座板	裂缝	宽度(mm)	0.3	0.5
侧向挡块	裂缝	宽度(mm)	0.3	0.5

伤损部位	伤损形式	判定项目	评定等级及限值	
			Ⅰ级	Ⅱ级
水泥乳化沥青砂浆充填层	离缝	宽度(mm)	1.5	2.0
		面积比	30%	50%
	裂缝	宽度(mm)	0.5	1.0

三、无砟轨道维修

1. 无砟道床混凝土裂缝修补

根据无砟轨道结构特点、无砟道床混凝土裂缝性质和裂缝伤损等级,混凝土裂缝修补方法可分为表面封闭法、无压注浆法、低压注浆法和柔性填充法 4 种,具体施作要求如下。

1)表面封闭法

(1)技术要求。

①表面封闭涂层材料、底涂材料的性能均应满足表 6.1.7 的要求。

②表面封闭材料涂刷宽度为裂缝两侧各 5~10cm,长度不小于裂缝长度。

③表面封闭修补完成后涂层均匀且厚度不小于 300μm,无针孔、无气泡、无开裂、无起皮,外观整齐,颜色与混凝土颜色相近。

表面封闭涂层材料性能要求 表 6.1.7

序号	项目	单位	指标要求	检测方法
1	表干时间	h	≤2	GB/T 16777
2	拉伸强度(7d)	MPa	≥2	GB/T 16777
3	断裂伸长率(7d)	—	≥100%	GB/T 16777
4	人工气候老化(720h)	—	无裂纹及变形	GB/T 19250
5	耐碱性(碱处理,拉伸强度保持率)	—	60%~150%	GB/T 16777
6	不透水性(0.3MPa,30min)	—	不透水	GB/T 16777
7	粘接强度(7d)	MPa	≥1.5	GB/T 16777(A 法)

注:1. 涂层材料颜色应尽量与混凝土颜色相近。
　　2.《建筑防水涂料试验方法》(GB/T 16777)。
　　3.《聚氨酯防水涂料》(GB/T 19250)。

(2)作业准备。

①修补材料:表面封闭的涂层材料宜采用聚合物水泥基材料,底涂材料可采用高聚合物乳液含量的聚合物水泥基材料。

②工机具:包括钢丝刷、真空吸尘器、计量工具、搅拌工具、盛料容器、热风机、涂刷工具等。

③对表面封闭涂层材料、底涂材料的性能进行工艺性试验。

(3)作业程序。

①使用钢丝刷将裂缝表面两侧刷毛,刷毛长度、宽度不小于涂层长度、宽度。用真空吸尘器清除灰尘等杂物。采用热风机对封闭工作面及裂缝内进行干燥处理。

②称量并配制表面封闭用修补材料,采用手持式搅拌机或专用搅拌器将修补材料搅拌

均匀。

③沿裂缝表面涂刷一层底涂材料。

④待底涂材料表干后,涂刷表面封闭涂层材料3遍以上,涂层材料表干后方可进行下一遍涂刷,且相邻两遍涂刷方向相互垂直。(在一个天窗内无法完成时可在下一个天窗内完成,但在涂刷之前需要进行表面清洁。)

(4)注意事项。

①作业前应将无砟道床混凝土裂缝部位清除干净,且表面无明水。

②环境要求:作业适宜温度5～30℃,雨雪天不得作业。

③在大风干燥等条件下适当采取薄膜覆盖等方法养护,防止涂层材料失水过快导致涂层开裂。天窗结束之前应将薄膜揭掉。

2)无压注浆法

(1)技术要求。

①无压注浆法宜采用低黏度树脂材料,其性能应满足表6.1.8要求。

②无压注浆围挡宽度为裂缝两侧各5～10mm,长度不小于裂缝长度。

③注浆材料硬化打磨后,进行表面封闭修补。表面封闭修补要求与上述"表面封闭法"相同。

低黏度树脂材料性能要求   表6.1.8

序号	项目单位	指标要求	检测方法
1	黏度(mPa·s)	≤50	GB/T 2794
2	凝胶时间(min)	≤30	GB/T 7193
3	拉伸强度(MPa)	≥6(2h) ≥14(24h) ≥20(7d)	GB/T 2567
4	抗压强度(MPa)	≥10(2h) ≥20(24h) ≥30(7d)	JC/T 1041
5	断裂伸长率(7d)	≥2%	GB/T 2567
6	收缩率(7d)	≤2%	通过测量液态密度(GB/T 13354)和成形硬化物的密度(GB/T 1033.1),计算得出
7	黏结强度(7d)(MPa)	≥5	JC/T 1041

注:1.《胶黏剂黏度的测定》(GB/T 2794)。

2.《不饱和聚酯树脂试验方法》(GB/T 7193)。

3.《树脂浇铸体性能试验方法》(GB/T 2567)。

4.《混凝土裂缝用环氧树脂灌浆材料》(JC/T 1041)。

5.《液态胶粘剂密度的测定方法 重量杯法》(GB/T 13354)。

6.《塑料 非泡沫塑料密度的测定 第1部分:浸渍法、液体比重瓶法和滴定法》(GB/T 1033.1)。

(2)作业准备。

①修补材料:无压注浆法修补混凝土裂缝宜采用低黏度树脂材料。

②工机具:包括钢丝刷、手动双组分注浆器、电热吹风机、真空吸尘器、角磨机等。

③对低黏度树脂材料的性能进行工艺性试验。

（3）作业程序。

①用真空吸尘器清除裂缝内杂物。

②采用电热吹风机去除裂缝内水分。

③沿裂缝两侧制作注浆围挡，防止浆体污染混凝土表面。

④采用手动双组分注浆器向裂缝内注入低黏度树脂材料。在灌注过程中，应随时观察树脂渗透情况，并及时补注修补材料直至注满。

⑤修补材料固化后，去除裂缝围挡，将裂缝表面多余树脂材料打磨平整。

⑥在裂缝表面涂刷裂缝封闭材料，其修补材料及工艺与上述"表面封闭法"相同。

（4）注意事项。

①作业前应将无砟道床混凝土裂缝部位清除干净，且裂缝干燥。

②环境要求：作业适宜温度为 5 ~ 30℃，雨雪天不得作业。

3）低压注浆法

（1）技术要求。

①低压注浆法修补材料性能应满足表 6.1.9 要求。

②低压注浆法注浆压力应不大于 0.3MPa。

③注浆材料硬化打磨后，进行表面封闭修补。表面封闭修补要求与上述"表面封闭法"相同。

低压注浆法修补材料性能要求　　　　　　　　表 6.1.9

序号	项目单位	指标要求	检测方法
1	黏度（mPa·s）	≤200	GB/T 2794
2	凝胶时间（min）	≤60	GB/T 7193
3	拉伸强度（MPa）	≥6（2h） ≥14（24h） ≥20（7d）	GB/T 2567
4	抗压强度（MPa）	≥10（2h） ≥30（24h） ≥60（7d）	JC/T 1041
5	断裂伸长率（7d）	≥2%	GB/T 2567
6	收缩率（7d）	≤2%	通过测量液态密度（GB/T 13354）和成形硬化物的密度（GB/T 1033.1），计算得出
7	黏结强度（7d）（MPa）	≥5	JC/T 1041

注：1.《胶黏剂黏度的测定》（GB/T 2794）。

2.《不饱和聚酯树脂试验方法》（GB/T 7193）。

3.《树脂浇铸体性能试验方法》（GB/T 2567）。

4.《混凝土裂缝用环氧树脂灌浆材料》（JC/T 1041）。

5.《液态胶粘剂密度的测定方法　重量杯法》（GB/T 13354）。

6.《塑料　非泡沫塑料密度的测定　第 1 部分：浸渍法、液体比重瓶法和滴定法》（GB/T 1033.1）。

（2）作业准备。

①修补材料：低压注浆法修补混凝土裂缝宜采用性能满足表 6.1.9 要求的树脂材料；封缝材料可采用聚合物快硬水泥浆、专用封缝材料或专用封缝带等。

②工机具:包括注浆器、注浆嘴、钢丝刷、真空吸尘器、角磨机等。

③对低压注浆修补材料的性能进行工艺性试验。

（3）作业程序。

①使用钢丝刷清洁裂缝区域表面,用真空吸尘器清除周围杂物。

②采用封缝材料封闭裂缝,封闭过程中留出注浆孔和排气孔。

③通过注浆器向裂缝内注入修补材料,直至注满为止。

④当修补材料固化后,去除封缝材料,并将裂缝表面打磨平整。

⑤在裂缝表面涂刷裂缝封闭材料,其修补材料及工艺与上述"表面封闭法"相同。

（4）注意事项。

①作业前应将无砟道床混凝土裂缝部位清除干净,且裂缝干燥。

②环境要求:作业适宜温度为 5 ~ 30℃,雨雪天不得作业。

4）柔性填充法

（1）技术要求。

柔性填充法宜采用弹性聚氨酯或有机硅树脂材料,其性能应满足表6.1.10 要求。

柔性填充法修补材料性能要求   表6.1.10

序号	项目		指标要求	检测方法
1	表干时间(h)		≤2	
2	质量损失率		≤5%	
3	弹性恢复率(定伸 150%)		≥85%	
4	100% 拉伸模量(MPa)	温度条件:23℃	≤0.3	
		温度条件: －20℃	≤0.4	
5	拉伸强度(MPa)	温度条件:23℃	≥0.8	
		温度条件: －20℃	≤2.0	
		热老化(80℃)336h 后	≥0.6	
		碱处理336h 后	≥0.6	
		紫外老化720h 后	≥0.6	Q/CR 601
6	断裂伸长率	温度条件:23℃	≥800%	
		温度条件: －20℃	≥600%	
		热老化(80℃)336h 后	≥600%	
		碱处理336h 后	≥600%	
		紫外老化720h 后	≥600%	
7	定伸黏结性(150%)	温度条件:23℃	无破坏	
		温度条件: －20℃	无破坏	
		热老化(80℃)336h 后	无破坏	
		浸水 192h 后	无破坏	
8	与混凝土黏结破坏面积		≤20%	
9	冷拉-热压后黏结性		无破坏	
10	拉伸-压缩循环后黏结性		无破坏	

注:《铁路无砟轨道嵌缝材料》(Q/CR 601)。

（2）作业准备。

①修补材料：弹性聚氨酯或有机硅树脂材料。

②工机具：包括手动注浆器、钢丝刷、真空除尘器、胶带等。

（3）作业程序

①使用钢丝刷、真空吸尘器等清洁裂缝内杂物。

②采用胶带封闭两侧缝隙。

③采用手动注浆器向伸缩缝中注入修补材料。

④去除两侧封闭胶带，修正磨平凸出部位。

（4）注意事项

①作业前应将裂缝伤损区域清理干净，且表面干燥无水。

②环境要求：作业适宜温度为 5～30℃，雨雪天不得施工。

2. 无砟道床缺损修补

1）无砟道床混凝土缺损修补

根据无砟轨道结构特点、无砟道床混凝土缺损性质，混凝土缺损修补可采用树脂砂浆或聚合物水泥砂浆，修补方法可按以下要求进行施作。

（1）技术要求。

混凝土缺损修补材料的性能应满足表 6.1.11 要求。

混凝土缺损修补材料性能要求　　　　　　表 6.1.11

序号	项目单位	指标要求		检测方法
1	抗压强度（MPa）	≥15.0(2h)		Q/CR 659
		≥20.0(1d)		
		≥30.0(7d)		
		≥40.0(28d)，且大于基体设计强度		
2	抗折强度（MPa）	≥5.0(2h)		
		≥6.0(1d)		
		≥8.0(7d)		
		≥10.0(28d)		
3	黏结强度（28d）（MPa）	未处理	≥2.0	
		浸水处理	≥1.5	
		25 次冻融循环处理	≥1.5	
4	收缩率（28d）	≤0.10		
5%	耐碱性	无开裂，无剥落		
6	抗冻性	300 次冻融循环试验后，相对动弹模量不应小于 60%，质量损失率不应大于 5%。		

注：《高速铁路混凝土结构用修补砂浆》(Q/CR 659)。

（2）作业准备。

①修补材料：混凝土缺损修补宜采用性能满足表 6.1.11 要求的树脂砂浆或聚合物水泥砂浆材料；底涂材料可选用黏度较低的树脂或聚合物水泥净浆。

②工机具：包括切割机、真空吸尘器、计量工具、搅拌工具、盛料容器、抹子、铲刀、打磨

器等。

③对混凝土缺损修补材料的性能进行工艺性试验。

（3）作业程序。

①将结构受损处松散混凝土和集料颗粒凿除,并采用真空吸尘器清理缺损区域碎屑、灰尘等杂物。

②如有钢筋露出,对钢筋进行除锈、防锈处理,分次涂刷防锈剂。

③根据需要,在混凝土破损部位支立模板。

④在修补混凝土暴露面涂刷底涂材料。

⑤计量并配制树脂砂浆或聚合物水泥砂浆。

⑥向混凝土缺损部位灌注树脂砂浆或聚合物水泥砂浆。

⑦待砂浆硬化后,拆除模板,将砂浆修正磨平。

（4）注意事项。

①作业前应将无砟道床混凝土缺损部位松动混凝土清除干净,且表面干净无水。

②环境要求:作业适宜温度为5~30℃,雨雪天不得作业。

2）CRTS I 型板式无砟轨道水泥乳化沥青砂浆充填层缺损掉块修补

（1）技术要求。

CRTS I 型板式无砟轨道水泥乳化沥青砂浆充填层缺损修补材料性能均应满足表6.1.12要求。

CRTS I 型板式无砟轨道水泥乳化沥青砂浆充填层缺损掉块修补材料性能要求 表6.1.12

序号	项目单位	技术要求		检测方法
1	抗压强度(MPa)	2h	≥2.0	Q/CR 659
		1d	≥3.0	
		7d	≥5.0	
		28d	≥10.0	
2	弹性模量(MPa)	100~300		
3	膨胀率	0~2.0%		
4	抗冻性	300次冻融循环试验后,相对动弹模量不应小于60%,质量损失率不应大于5%		
5	耐候性	无剥落、无开裂、相对抗压强度应不低于70%		

注:《高速铁路混凝土结构用修补砂浆》(Q/CR 659)。

（2）作业准备。

①修补材料:水泥乳化沥青砂浆充填层缺损掉块修补材料应采用性能满足表6.1.12要求的树脂砂浆或聚合物水泥砂浆材料。

②工机具:包括模板、电镐、振捣器、搅拌机、钢丝刷、盛料容器、涂刷工具等。

③对水泥乳化沥青砂浆充填层缺损修补材料的性能进行工艺性试验。

（3）修补作业。

①清理水泥乳化沥青砂浆充填层碎块和杂物,凿到新水泥乳化沥青砂浆充填层表面,清理后,用热风枪烘烤干燥。

②根据缺损面积大小,选择模板法或无模板法进行修补。

③采用模板法时,首先支立模板,配制并搅拌树脂砂浆,灌注树脂砂浆至缺损位置,待树脂

砂浆硬化后拆除模板。

④采用无模板法时,配制并搅拌树脂砂浆,将树脂砂浆填入缺损位置,采用振捣器将其振捣密实。

⑤砂浆充填层侧面修正,清理施工现场。

(4)注意事项。

①作业前应将无砟道床水泥乳化沥青缺损区域清理干净,且表面干净无水。

②环境要求:作业适宜温度为5~30℃,雨雪天不得作业。

3)CRTSⅡ型板式无砟轨道水泥乳化沥青砂浆充填层缺损掉块修补

(1)技术要求。

CRTSⅡ型板式无砟轨道水泥乳化沥青砂浆充填层缺损修补材料性能均应满足表6.1.13要求。

CRTSⅡ型板式无砟轨道水泥乳化沥青砂浆充填层缺损掉块修补材料性能要求 表6.1.13

序号	项目单位	技术要求		检测方法
1	抗折强度(MPa)	2h	≥1.0	Q/CR 659
		1d	≥2.0	
		7d	≥3.0	
		28d	≥4.0	
2	抗压强度(MPa)	2h	≥5.0	
		1d	≥10.0	
		7d	≥15.0	
		28d	≥18.0	
3	黏结强度(MPa)	≥1.5		
4	膨胀率	0~2.0%		
5	弹性模量(MPa)	7000~15000		
6	抗冻性	300次冻融循环试验后,相对动弹模量不应小于60%,质量损失率不应大于5%		
7	抗疲劳性	10000次不断裂,试件变形量不超过0.04mm		

注:《高速铁路混凝土结构用修补砂浆》(Q/CR 659)。

(2)作业准备。

①修补材料:CRTSⅡ型板式无砟轨道水泥乳化沥青砂浆充填层缺损掉块修补材料应采用性能满足表6.1.13要求的树脂砂浆或聚合物水泥砂浆材料。

②工机具:包括模板、电镐、加热器、搅拌机、振捣器、垫块、铲子、桶、刷子等。

③对水泥乳化沥青砂浆充填层缺损修补材料的性能进行工艺性试验。

(3)作业程序。

①采用电镐修凿、清除劣化伤损的水泥乳化沥青砂浆充填层,并向内修凿约100mm。

②清理修凿产生的碎片、残渣等。

③如修凿部位残留水分,采用加热器干燥修凿部位。

④为保证修补材料与基体可靠粘接,可在修凿部涂敷底漆。

⑤根据缺损尺寸,选择是否支立模板。

⑥按配比准确称量树脂材料、石英砂等,采用手持式搅拌机使修补材料混合均匀。

⑦根据缺损面积大小,选择模板法或无模板法进行修补。

⑧对于无模板法,用铲子将混合均匀的树脂砂浆放入修补处,并用振捣器将修补砂浆振捣密实。

⑨对于模板法,首先支立模板,将修补材料灌入缺损部位,直至灌注饱满。待修补材料固化后,拆除模板。

⑩砂浆充填层侧面修正,清理施工现场。

(4)注意事项。

①作业前应将水泥乳化沥青砂浆充填层缺损区域清理干净,且表面干净无水。

②环境要求:作业适宜温度为5~30℃,雨雪天不得作业。

3.无砟道床离缝修补

1)CRTS Ⅰ型板式无砟轨道水泥乳化沥青砂浆充填层离缝修补

(1)技术要求。

CRTS Ⅰ型板式无砟轨道水泥乳化沥青砂浆充填层离缝修补宜采用树脂材料,其主要性能应满足表6.1.14要求。

CRTS Ⅰ型板式无砟轨道水泥乳化沥青砂浆充填层离缝修补材料性能要求　表6.1.14

序号	项目单位	指标要求	检测方法
1	黏度(mPa·s)	≤100	GB/T 2794
2	凝胶时间(min)	≤30	GB/T 7193
3	拉伸强度(7d)(MPa)	≥20	GB/T 2567
4	抗压强度(MPa)	≥6(2h) ≥20(1d) ≥30(7d)	Q/CR 659
5	弹性模量(7d)(MPa)	100~300	GB/T 2567
6	断裂伸长率(7d)	≥2%	GB/T 2567
7	收缩率	≤2%	通过测量液态密度(GB/T 13354)和成形硬化物的密度(GB/T 1033.1),计算得出
8	黏结强度(7d)(MPa)	≥3	JC/T 1041

注:1.《胶黏剂黏度的测定》(GB/T 2794)。

2.《不饱和聚酯树脂试验方法》(GB/T 7193)。

3.《树脂浇铸体性能试验方法》(GB/T 2567)。

4.《高速铁路混凝土结构用修补砂浆》(Q/CR 659)。

5.《液态胶黏剂密度的测定方法 重量杯法》(GB/T 13354)。

6.《塑料 非泡沫塑料密度的测定 第1部分:浸渍法、液体比重瓶法和滴定法》(GB/T 1033.1)。

7.《聚氨酯防水涂料》(GB/T 19250)。

8.《混凝土裂缝用环氧树脂灌浆材料》(JC/T 1041)。

(2)作业准备。

①修补材料:水泥乳化沥青砂浆充填层离缝修补材料、泡沫密封条等。

②工机具:包括手持搅拌器、压力灌浆机、角磨机等。

③对充填层离缝修补材料的性能进行工艺性试验。

（3）作业程序。

①清理水泥乳化沥青砂浆充填层离缝处杂物，保证分离面清洁。

②使用泡沫密封条等将离缝部位进行封堵，防止修补材料渗漏。

③准备修补材料，按规定的配合比，配制并采用手持搅拌器搅拌树脂材料，使用压力灌浆机进行树脂材料灌注（压力保持在 0.2MPa），同时观察树脂渗漏情况，以灌注最高密封端出现溢流即灌注饱满。

④灌注完成后约 1h，拆除泡沫密封条，检查灌注饱满和固化程度，如不饱满，应重新灌注。

⑤砂浆充填层侧面修正，清理施工现场。

（4）注意事项。

（1）作业前应将水泥乳化沥青砂浆充填层离缝区域清理干净，且表面干净无水。

（2）环境要求：作业适宜温度为 5~30℃，雨雪天不得作业。

2）CRTS Ⅱ型板式无砟轨道水泥乳化沥青砂浆充填层离缝修补

（1）技术要求。

①CRTS Ⅱ型板式无砟轨道水泥乳化沥青砂浆充填层离缝修补宜采用低黏度树脂材料，其性能应满足表 6.1.15 要求。

CRTS Ⅱ型板式无砟轨道水泥乳化沥青砂浆充填层离缝修补材料性能要求　表 6.1.15

序号	项目单位	指标要求	检测方法
1	黏度（mPa·s）	≤50	GB/T 2794
2	凝胶时间（min）	≤10	GB/T 7193
3	拉伸强度（MPa）	≥6（2h） ≥10（1d） ≥15（7d）	GB/T 2567
4	抗压强度（MPa）	≥15（2h） ≥20（1d） ≥30（7d）	JC/T 1041
5	断裂伸长率（7d）	≥2%	GB/T 2567
6	收缩率（7d）	≤2%	通过测量液态密度（GB/T 13354）和成形硬化物的密度（GB/T 1033.1），计算得出
7	黏结强度（7d）（MPa）	≥3	JC/T 1041

注：1.《胶黏剂黏度的测定》（GB/T 2794）。

2.《不饱和聚酯树脂试验方法》（GB/T 7193）。

3.《树脂浇铸体性能试验方法》（GB/T 2567）。

4.《混凝土裂缝用环氧树脂灌浆材料》（JC/T 1041）。

5.《液态胶黏剂密度的测定方法　重量杯法》（GB/T 13354）。

6.《塑料　非泡沫塑料密度的测定　第 1 部分：浸渍法、液体比重瓶法和滴定法》（GB/T 1033.1）。

②离缝封边处理宜采用离缝封边材料，其性能应满足表 6.1.16 要求。

③CRTS Ⅱ型板式无砟轨道水泥乳化沥青砂浆充填层离缝修补材料应进行线下实尺工艺

性模拟试验,并进行推板试验,测试离缝修补材料剪切黏结性能,实尺轨道板剪切黏结破坏力应不低于2000kN。

封边材料性能要求 表6.1.16

序号	项目单位	指标要求	检测方法
1	黏度(mPa·s)	≥20000	GB/T 2794
2	凝胶时间(min)	≤20	GB/T 7193
3	粘接强度(MPa)	≥0.5	JC/T 1041

注:1.《胶黏剂黏度的测定》(GB/T 2794)。

2.《不饱和聚酯树脂试验方法》(GB/T 7193)。

3.《混凝土裂缝用环氧树脂灌浆材料》(JC/T 1041)。

(2)作业准备。

①修补材料:水泥乳化沥青砂浆充填层离缝修补材料、封边材料等。

②工机具:包括钢丝刷、真空除尘器、注浆器(泵)等。

(3)作业程序。

①使用钢丝刷、真空除尘器或压缩空气等清洁离缝区域表面。

②用封边材料或封边带封边,封边时留出注浆口和排气孔。

③按规定的配合比制备修补树脂材料。采用注浆器(泵)将修补材料从注浆口注入离缝区域,直至注满。

④修补材料固化以后,拆除封边材料或封边带,检查灌注饱满程度,如不饱满,应重新灌注。

⑤砂浆充填层侧面修正,清理施工现场。

(4)注意事项。

①作业前应将水泥乳化沥青砂浆充填层离缝区域清理干净,且表面干净无水。

②环境要求:作业适宜温度为5~30℃,雨雪天不得作业。

3)CRTS Ⅲ型板式无砟轨道自密实混凝土离缝修补

(1)技术要求。

CRTSⅢ型板式无砟轨道自密实混凝土离缝修补材料性能应满足表6.1.17的要求。

CRTSⅢ型板式无砟轨道自密实混凝土离缝注浆修补材料性能要求 表6.1.17

序号	项目单位	指标要求	检测方法
1	黏度(mPa·s)	≤50	GB/T 2794
2	凝胶时间(min)	≤10	GB/T 7193
3	拉伸强度(MPa)	≥8(2h) ≥12(24h) ≥20(7d)	GB/T 2567
4	抗压强度 MPa	≥15(2h) ≥25(24h) ≥40(7d)	JC/T 1041
5	断裂伸长率(7d)	≥2%	GB/T 2567

序号	项目单位	指标要求	检测方法
6	收缩率(7d)	≤2%	通过测量液态密度(GB/T 13354)和成形硬化物的密度(GB/T 1033.1),计算得出
7	黏结强度(7d)(MPa)	≥3	JC/T 1041

注:1.《胶黏剂黏度的测定》(GB/T 2794)。

2.《不饱和聚酯树脂试验方法》(GB/T 7193)。

3.《树脂浇铸体性能试验方法》(GB/T 2567)。

4.《混凝土裂缝用环氧树脂灌浆材料》(JC/T 1041)。

5.《液态胶黏剂密度的测定方法 重量杯法》(GB/T 13354)。

6.《塑料 非泡沫塑料密度的测定 第1部分:浸渍法、液体比重瓶法和滴定法》(GB/T 1033.1)。

(2)作业准备。

①修补材料:离缝注浆修补材料等。

②工机具:钢丝刷、吹风机、注浆器、打磨器等。

③对离缝注浆修补材料的性能进行工艺性试验。

(3)作业程序。

①离缝清理:用钢丝刷对离缝区域自密实混凝土周围进行清理。

②设置注浆口:在离缝合适部位设置注浆口。

③离缝封边:用离缝封边材料对离缝进行封闭。

④离缝注浆:用注浆器从注浆口依次向离缝内部进行注浆,直至整个离缝区域灌注饱满。

⑤表面修饰:待低黏度树脂材料固化后,将表面封边材料打磨清理干净即可。

(4)注意事项。

①作业前应将离缝伤损区域清理干净,且表面干燥无水。

②环境要求:作业适宜温度为5~30℃,雨雪天不得作业。

4)CRTSⅡ型板式轨道板间连接处离缝修补

(1)技术要求。

CRTSⅡ型板式无砟轨道板间宽接缝混凝土与轨道板离缝修补宜采用有机硅树脂材料,其性能应满足表6.1.18的要求。

CRTSⅡ型板式无砟轨道板间宽接缝混凝土与轨道板离缝修补材料性能要求 表6.1.18

序号	项目		指标要求	检测方法
1	表干时间(h)		≤2	
2	质量损失率		≤5%	
3	弹性恢复率(定伸150%)		≥85%	
4	100%拉伸模量(MPa)	温度条件:23℃	≤0.3	
		温度条件:-20℃	≤0.4	Q/CR 601
5	拉伸强度(MPa)	温度条件:23℃	≥0.8	
		温度条件:-20℃	≤2.0	
		热老化(80℃)336h后	≥0.6	
		碱处理336h后	≥0.6	
		紫外老化720h后	≥0.6	

序号	项目		指标要求	检测方法
6	断裂伸长率	温度条件:23℃	≥800%	Q/CR 601
		温度条件:-20℃	≥600%	
		热老化(80℃)336h后	≥600%	
		碱处理336h后	≥600%	
		紫外老化720h后	≥600%	
7	定伸黏结性(150%)	温度条件:23℃	无破坏	
		温度条件:-20℃	无破坏	
		热老化(80℃)336h后	无破坏	
		浸水192h后	无破坏	
8	与混凝土黏结破坏面积		≤20%	
9	冷拉-热压后黏结性		无破坏	
10	拉伸-压缩循环后黏结性		无破坏	

注:《铁路无砟轨道嵌缝材料》(Q/CR 601)。

（2）作业准备。

①修补材料:宽接缝混凝土与轨道板离缝修补材料等。

②工机具:包括手动注浆器、钢丝刷、真空除尘器等。

③对宽接缝混凝土与轨道板离缝修补材料的性能进行工艺性试验。

（3）作业程序。

①使用钢丝刷、真空吸尘器等清洁离缝内杂物,并保持裂缝内部干燥。

②采用铲刀等工具将有机硅树脂修补材料压入离缝内部20mm以上。

③待修补材料固化后,表面修整,清理现场。

（4）注意事项。

①作业前应将离缝伤损区域清理干净,且表面干燥无水。

②环境要求:作业适宜温度为5~30℃,雨雪天不得作业。

技能训练

参考高速铁路轨道施工与维护实训手册的项目21 无砟轨道道床板裂纹修补实训作业指导书。

参考高速铁路轨道施工与维护实训手册的项目22 双块式轨枕离缝注胶实训作业指导书。

任务二 无缝线路养护维修

一、基本原则和要求

无缝线路养护维修的特殊性,主要反映在锁定轨温和提供线路阻力两个方面。无缝线路的养护维修,都应以保持合理的锁定轨温、充分提高线路阻

微课:位移观测桩设置

力为前提,以"夏防胀冬防断"为中心。

1.无缝线路养护维修的基本原则

(1)不使合理的锁定轨温发生变化,必须在设计锁定轨温范围内牢固锁定。

(2)道床横断面必须按设计标准经常保持完好。因清筛或其他施工等原因导致缺砟时,应按设计标准补足、夯实、整形(无缝线路道床断面标准:轨枕端石砟肩宽400mm,$R≤400m$ 小半径曲线地段上股外侧肩宽不小于450mm,砟肩堆高150mm,边坡按1∶1.75)。

(3)线路应经常保持平整圆顺,无三角坑、暗坑、吊板,其几何偏差要经常控制在养护标准的超限值内。

(4)根据季节性特点、锁定轨温情况和线路状态,制订维修计划和组织线路作业。

(5)严格按无缝线路作业轨温标准安排各作业项目和作业量。

(6)在无缝线路伸缩区与固定区交界处、道口前后、桥头、曲线头尾、变坡点、制动地段等容易出现温度力峰值的处所,尤其应注意加强线路结构,对有关作业规定从严掌握,对线路状态加强检测。

(7)要注意伸缩区和缓冲区的养护工作。

(8)备料齐全(备料标准见《维规》附录七)。

为满足上述要求,养护维修时必须做到以下几点:

(1)缓冲区接头螺栓必须使用10.9级螺栓,扭力矩要达到900N·m,并经常保持在700N·m以上。

(2)扣件应经常保持紧、密、靠、正,达到三点接触,扭力矩保持在80~150N·m(一般情况扭力矩达到100N·m,半径不大于650m曲线应达到150N·m),扣件不良率不得超过8%,防止长轨节爬行及过量伸缩。

(3)道床要经常保持丰满、密实、整齐、排水良好。

(4)线路方向要经常保持顺直。钢轨硬弯或焊缝工作边矢度用1m直尺测量,超过0.5mm时要及时整修。

(5)严格控制轨道结合尺寸偏差。

(6)焊接接头轨顶面凸凹面不平必须打磨、焊补,整治后用1m直尺测量不超过0.5mm;线上钢轨无重伤。

(7)翻浆等影响线路稳定的病害应及时处治。

(8)位移观测桩应保持全、牢固、标记明显准确,并定期对线路进行观测分析;若发现不正常位移时,应及时采取有效措施,进行纠正。

(9)作业前、作业中、作业后要测量轨温,做到作业不超温。作业过程中不改变锁定轨温。严格按照《维规》规定的作业轨温条件进行养护维修,严格做到"一准"(准确掌握锁定轨温)、"二清"(维修作业半日一清,补修作业一撬一清)、"三测"(作业前、作业中、作业后测量轨温)、"四不超"(作业不超温,扒砟不超长,起道不超高,拨道不超量)、"五不走"(扒开道床不回填不走,作业后道床不夯实不走,不组织检查不走,质量不合格不走,发生异状不处理不走)。(简称"一准、二清、三测、四不超、五不走")

(10)加强巡道工作,根据季节气候特点,有重点检查线路,发现异常情况,应及时采取措施并汇报,确保行车安全。

(11)按单元轨条建立技术档案,准确、及时地登记胀轨、断轨、焊接、应力放散、大中修施工等情况,以及线路上进行各种影响无缝线路施工的施工情况。(为便于查照,每段无缝线路应在长轨条两端钢轨腹部注明铺设日期、锁定轨温、长度等情况;每处现场焊接的焊缝都应有特殊标记。)

（12）备齐各种常备材料,并保持完好。

2. 检查及观测制度

1）检查制度

（1）经常检查。无缝线路的经常检查和监督主要由工长和巡道工负责。工长和巡道工应熟悉无缝线路的特点,掌握管内每根长轨条的锁定轨温和每个爬行观测桩的位移情况。巡道工应按巡道工作要求检查线路;工长应结合每月一次的线路检查,重点检查伤损焊缝的情况。夏季,不仅要注意观察线路方向和轨缝变化情况,特别是线路薄弱地段和施工作业地段,更应认真注意检查;冬季,则应重点检查现场焊接的焊缝和轨缝变化情况。掌握轨缝变化的情况,就是掌握了长轨条长度变化的情况,即锁定轨温变化的情况;而锁定轨温的变化,则直接反映了线路阻力的大小。所以,无论是在夏季还是在冬季,缓冲区的轨缝大小都必须密切注意。

（2）定期检查。

①每年夏、冬季之前,各领工区应在段组织下,按要求对管内无缝线路进行全面检查、分析,做出书面总结,报送铁路局集团公司。

②入夏前,工区对使用的测温计进行检查、校正。

③入冬前,钢轨探伤组对现场焊接的焊缝进行一次全断面检查;工区对用鱼尾板或急救器加固的伤损钢轨和不良焊缝,应进行全面拆检。

（3）特别检查。高温季节,工务技术人员应深入现场,领工员应添乘列车,检查线路的变化情况;必要时,临时增设巡检人员,加强巡查监视。施工作业地段,在气温变化急剧时,要留人看守。

2）位移观测制度

位移观测桩是检查钢轨位移量、判断应力是否均匀的重要设施。跨区间无缝线路和区间无缝线路均按单元轨节等距离设置位移观测桩,且桩间距离不宜大于500m。单元轨节位移观测桩可按图6.2.1设置,单元轨节长度不足500m整倍数时,可适当调整桩间距离。

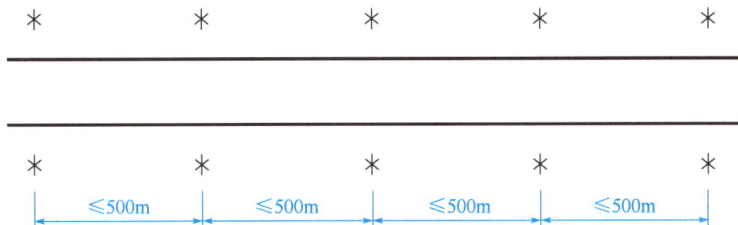

图6.2.1　单元轨节位移观测桩布置图

跨区间无缝线路和区间无缝线路在长轨条起、终点及距起、终点100m处应分别设置1对位移观测桩。

普通无缝线路的长轨条长度不大于1200m时,可按图6.2.2设置5对位移观测桩;长轨条长度大于1200m时,应适当增设位移观测桩且桩间距离不宜大于500m。

无缝道岔宜按图6.2.3在道岔始端和终端、尖轨跟端（限位器处）分别设置1对钢轨位移观测桩,18号及以上的道岔宜在心轨处加设1对位移观测桩。

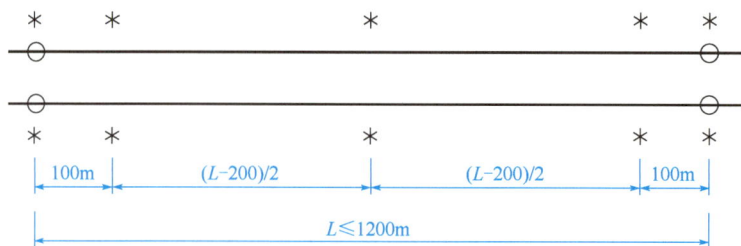

图 6.2.2　普通无缝线路观测桩设置图

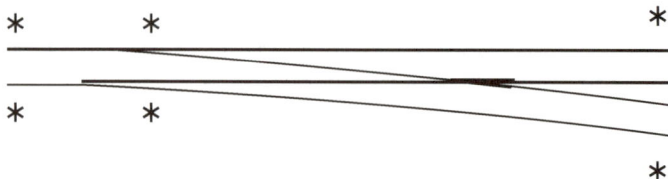

图 6.2.3　无缝道岔位移观测桩布置图

调节器宜按图 6.2.4 在尖轨尖端、基本轨始端、基本轨跟端设置 3 对位移观测桩,用于观测尖轨、基本轨位移。

图 6.2.4　调节器位移观测桩布置图

位移观测桩必须预先设置,桥上位移观测桩应设置在固定端(调节器设置位移观测桩除外),内侧应距线路中心不小于 3.1m。在轨条就位或轨条拉伸到位后,应立即进行标记。标记应明显、耐久、可靠。若固定区位移量超过 10mm 时,应及时上报工务段查明原因,及时处理。

工长每月、领工员每季应通过位移观测桩观测、分析一次钢轨位移的情况,并做好记录;观测周期原则上定为 1 年 4 次,即防胀始、终日期,一年最热、最冷日期,也可根据设备状态需要适当增加观测次数。若发现观测桩处累计位移量大于 10mm 时(不含长轨条两端观测桩),应及时上报技术科查明原因,采取相应措施。

利用观测桩的观测资料可分析锁定轨温的变化,具体计算如下:

$$\Delta t_{锁} = \frac{84.7 \times \Delta l}{l} \qquad (6.2.1)$$

式中:$\Delta t_{锁}$——锁定轨温改变值(升降值),℃;

　　　Δl——长轨条长度变化值,mm;

　　　l——轨条设计长度,m。

对单线线路,观测桩点编号顺里程增加方向依次编号,顺上行方向(里程减少方向)爬行为负,反之(顺里程,里程增加方向)爬行为正。两桩间爬行量差 Δl 为前方桩的爬行量减后方桩的爬行量(均带符号计算),若差值为正,则两桩间钢轨伸长,为负,则两桩间钢轨缩短,相应表明其锁定轨温上升、下降。

【例 6.2.1】　鹰厦线无缝线路,一股钢轨各点观测到的爬行量如下图,各桩号在上侧记录,桩距 180m。试计算:3-4 桩间和 4-5 桩间的锁定轨温变化度数。

	1	2	3	4	5	6	7

（图示虚线表示）

| | +3 | +3 | −3 | +6 | −4 | +3 | +3 |

【解】 ①3-4 桩间

$$\Delta l = +6 - (-3) = +9(\text{mm})$$

$$t_{锁} = \frac{(84.7 \times \Delta l)}{l} = 84.7 \times \frac{9}{180} = 4.2(℃)$$

说明锁定轨温上升了 4.2℃。

②4-5 桩间

$$\Delta l = -4 - (+6) = -10(\text{mm})$$

$$t_{锁} = \frac{(84.7 \times \Delta l)}{l} = 84.7 \times \frac{-10}{180} = -4.6(℃)$$

说明锁定轨温下降了 4.6℃。

③测温制度

坚持执行作业测温制度,是防止无缝线路超温作业的重要依据。

④故障报告分析制度

钢轨折断或胀轨、跑道事故发生后,工区应及时报告领工区和段。段上应派人及时深入现场,分析原因,处理故障,制定改进工作的措施。如果发现胀轨跑道,应做好记录,于5d内将报表送铁路分局和铁路局;如果发现断轨,应按格式登记,于5d内将报表送铁路分局和铁路局。

二、无缝线路作业轨温条件

无缝线路的稳定性,依靠各种线路阻力的支持,而在线路上进行作业时,会暂时降低线路阻力。因此,为使无缝线路能在任何温度状态下都具有足够的稳定性和强度,就必须对不同作业内容和范围的作业轨温加以限制。无缝线路作业必须遵守的作业轨温条件见表6.2.1～表6.2.3。

混凝土枕无缝线路维修作业轨温条件 表6.2.1

线路条件	作业项目及作业量		
	连续扒开道床不超过 25m,起道高度不超过 30mm,拨道量不超过 10mm	连续扒开道床不超过 50m,起道高度不超度 40mm,拨道量不超过 20mm	扒道床、拨道与普通线路相同
直线及 $R \geqslant 2000$m	+20℃	−20 ~ +15℃	±10℃
800m$\leqslant R <$2000m	−20 ~ +15℃	−15 ~ +10℃	±5℃
400m$\leqslant R <$800m	−15 ~ +10℃	−10 ~ +5℃	
$R <$400m	−15 ~ +10℃	−10 ~ +5℃	

注:作业轨温范围按实际锁定轨温计算。

$R \geqslant 400\text{m}$ 曲线及直线混凝土枕无缝线路维修作业轨温条件　　　　表 6.2.2

序号	作业项目	按实际锁定轨温计算				
		−20℃以下	−20 ~ −10℃	−10 ~ +10℃以下	+10 ~ +20℃	+20℃以上
1	改道	与普通线路同	与普通线路同	与普通线路同	与普通线路同	禁止
2	松动防爬设备	同时松动不超过 25m	同时松动不超过 25m	与普通线路同	同时松动不超过 12.5m	禁止
3	更换扣件或涂油	隔二松一，流水作业	隔二松一，流水作业	隔二松一，流水作业	隔二松一，流水作业	禁止
4	方正轨枕	当日连续方正不超过 2 根	隔二方一，方正捣固，恢复道床逐根进行（配合起道除外）	与普通线路同	隔二方一，方后捣固，恢复道床，逐根进行（配合起道除外）	禁止
5	更换轨枕	当日不连续更换	当日连续更换不超过 2 根（配合起道除外）	与普通线路同	当日连续更换不超过 2 根（配合起道除外）	禁止
6	更换接头螺栓或涂油	禁止	逐根进行	逐根进行	逐根进行	禁止
7	更换钢轨或夹板	禁止	禁止	与普通线路同	禁止	禁止
8	不破底清筛道床	逐孔倒筛夯实	逐孔倒筛夯实	逐孔倒筛夯实	逐孔倒筛夯实	禁止
9	破底清筛道床	禁止	禁止	与普通线路同	禁止	禁止
10	矫直硬弯钢轨	禁止	禁止	禁止	与普通线路同	与普通线路同

$R < 400\text{m}$ 曲线混凝土枕无缝线路维修作业轨温条件　　　　表 6.2.3

序号	作业项目	按实际锁定轨温计算				
		−20℃以下	−20 ~ −10℃	−10 ~ +5℃以下	+5 ~ +15℃	+15℃以上
1	改道	与普通线路同	与普通线路同	与普通线路同	与普通线路同	禁止
2	松动防爬设备	同时松动不超过 25m	同时松动不超过 25m	与普通线路同	同时松动不超过 12.5m	禁止
3	更换扣件或涂油	隔二松一，流水作业	隔二松一，流水作业	隔二松一，流水作业	隔二松一，流水作业	禁止
4	方正轨枕	当日连续方正不超过 2 根	隔二方一，方正捣固，恢复道床逐根进行（配合起道除外）	与普通线路同	隔二方一，方后捣固，恢复道床，逐根进行（配合起道除外）	禁止
5	更换轨枕	当日不连续更换	当日连续更换不超过 2 根（配合起道除外）	与普通线路同	当日连续更换不超过 2 根（配合起道除外）	禁止
6	更换接头螺栓或涂油	禁止	逐根进行	逐根进行	逐根进行	禁止
7	更换钢轨或夹板	禁止	禁止	与普通线路同	禁止	禁止
8	不破底清筛道床	逐孔倒筛夯实	逐孔倒筛夯实	逐孔倒筛夯实	逐孔倒筛夯实	禁止
9	破底清筛道床	禁止	禁止	与普通线路同	禁止	禁止
10	矫直硬弯钢轨	禁止	禁止	禁止	与普通线路同	与普通线路同

1.执行表6.2.1～表6.2.3遵守的规定

(1)混凝土枕(含混凝土宽枕)无缝线路维修作业轨温条件见表6.2.1和表6.2.2。

(2)混凝土枕(含混凝土宽枕)无缝线路,当轨温在实际锁定轨温减30℃以下时,伸缩区和缓冲区禁止进行维修作业。

(3)木枕地段无缝线路作业时,按表中规定减5℃;当轨温在实际锁定轨温减20℃以下时,禁止在伸缩区和缓冲区进行维修作业。

(4)在跨区间无缝线路上的无缝道岔尖轨及其前方25m范围内的综合维修,按实际锁定轨温±10℃进行作业。

2.表6.2.1～表6.2.3重点说明

(1)作业轨温比实际锁定轨温高+20℃以上时,许多作业禁止进行;而当作业轨温比实际锁定轨温减20℃以下时,一些作业却能够进行。原因是:当作业轨温比实际锁定轨温高+20℃以上时,巨大的温度压力将对线路形成威胁,在作业动道使线路阻力削弱的情况下,无缝线路更容易产生钢轨过量伸长、应力不均、方向紊乱甚至胀轨、跑道等现象;而当作业轨温比实际锁定轨温减20℃以下时,计算温度拉力虽与相应温度压力相等,但钢轨、接头和焊缝的抗拉强度却能够适应这种温度拉力而不致变形或折损。也就是说,无缝线路的强度适应降温的能力,本来就大于其稳定性适应升温的能力。

(2)"矫直钢轨硬弯"一项,轨温高20℃以上时不但可以进行,而且同普通线路一样对待;轨温减20℃以下反而禁止。这是因为轨温越高,钢轨越容易矫直,弯轨器各支点对钢轨的作用力越小,对线路的扰动就越小。相反,轨温越低,钢轨就越不容易矫直,弯轨器各点对钢轨的作用力就越大,从而使钢轨断面承受巨大的温度拉力之外,还承受相当大的附加拉应力,容易产生拉应力集中或钢轨折断事故。轨温减20℃以下,这种后果会比较突出。

(3)轨温比实际锁定轨温增减10℃以内,大多数作业都可像普通线路一样进行,是因为此时温度力较小,对线路阻力的要求本来不高;即使作业时使阻力减小一部分,也无关大局,不至于使实际锁定轨温发生明显的改变。增减的度数越小,就越可以放手作业。但是应当注意,这项规定仅仅指的是作业时的轨温条件。也就是说,我们所进行的维修作业必须在增减10℃以内的轨温条件下完成,而不能跨越或拖延到其他轨温条件下进行。例如,普通线路成段扒开道床之后,可隔夜于第二天恢复,其间轨温可能会变化很多度;显然,无缝线路要这样做,就无异于冒险。

(4)曲线地段的扒、起、拨作业对线路的扰动,因为有纵向力的径向分力叠加,容易造成方向不良甚至引发胀轨、跑道;曲线半径越小,径向分力越大,故$4000m \leqslant R < 800m$的曲线地段,对轨温条件的限制较为严格。

3.执行表6.2.1～表6.2.3规定的注意事项

(1)无缝线路综合维修或成段进行保养,如必须在高温或低温季节进行而不能满足作业轨温条件时,应有计划地先放散钢轨温度应力,然后再进行作业,使作业轨温在许可条件下进行。作业完毕后,在设计锁定轨温范围内,重新做好应力放散与锁定工作。

(2)少量的维修作业,如需在高温或低温季节进行而不能满足作业轨温条件时,可采用调整作业时间的办法,避开高温或低温。

(3)作业中必须测量与掌握轨温,密切注意钢轨位移情况、线路状态和行车情况。如发现胀轨迹象,应立即停止作业,回填道床,恢复线路,同时应加强线路监视,必要时采取防胀措施。

(4)应将"一准、二清、三测、四不超、五不走"作为执行表 6.2.1～表 6.2.3 的规定以及保证行车安全的补充措施。

三、无缝线路胀轨和跑道

1.胀轨、跑道的定义

当轨温高于锁定轨温时,无缝线路钢轨断面上要承受温度压力。温度压力和轨温的正向变化度数成正比。

当轨温升到最高值 $\max t$ 时,温度压力达到最大值 $\max P_t$。

因为有接头阻力和道床纵向阻力的存在,温度压力绝大部分被积存在钢轨断面上,只有极小部分通过限制伸缩在伸缩区被释放掉。这股积存在钢轨断面上的温度压力,总要遵循自然规律寻机放散出去,以求彻底平衡。当它达到一定值,在纵向上仍得不到释放时,就会在横向上去尝试,而无缝线路的曲线正好给它提供了这种机会,即纵向温度压力合成的径向分力 P_r 正好指向曲线外侧的方向,使曲线顺势向上股方向臌曲。而直线线路也不可能绝对直,一旦某处有些弯曲,纵向温度压力也会顺弯曲的方向合成径向分力 P_r,造成直线轨道向弯曲的方向变形。

这样,只要温度压力达到了一定值,无缝线路轨道出现横向变形就不可避免。

2.无缝线路变形阶段

大量试验表明,温度应力变形的发生与发展过程是有一定规律的,基本上可分为持稳阶段、胀轨阶段和跑道阶段三个阶段。

1)持稳阶段

持稳阶段是无缝线路承受温度压力的初始阶段。在这个阶段,温度压力虽因轨温升高而增大,但轨道并不发生变形,仍保持初始状态,温度力完全以弹性状态"储存"于钢轨断面上。钢轨的初始弯曲越小,对应这一状态的温度压力值越高。如果钢轨为理想的几何直线,此状态可能一直持续,当温度压力达到一个相当大的值,才会在外力的干扰下发生突然臌曲。然而,由于种种原因,钢轨不可能是理想的几何直线,总会有某种程度的弯曲,也就是说,持稳阶段的钢轨温度压力不可能达到前述的"相当大的值",相反,线路阻力越小,轨道几何状态尤其是方向性越差,造成轨道臌曲变形的温度压力就越低。

无缝线路的轨道是否"持稳",要看温度压力是否达到了一个临界值,即轨温是否达到了一个临界轨温。临界温度压力或临界轨温随线路状态的不同而有高有低。就同一条无缝线路而言,只要温度超过了临界值,轨道就由持稳状态进入胀轨状态。

我们把使无缝线路由持稳状态进入胀轨状态的温度压力叫作第一临界温度压力。在持稳阶段,无缝线路是相对安全的。

2)胀轨阶段

当轨温继续升高,温度压力越过第一临界值时,胀轨阶段就开始了。在这一阶段,不断增大的温度压力使轨道产生由小到大、由少到多的横向变形,有时凭肉眼就能清晰地觉察变化——弯曲的线形越来越明显,变形矢度越来越大,轨道方向显著不良。

但是轨温不可能无限制地升高,当它升到一定程度(只要在轨道的承受范围之内)后开始下降时,随着温度压力的逐步解除,我们可能看见轨道的变形弯曲也跟着缩小,直至恢复到初始状态。也就是说,在胀轨阶段,轨道的变形是弹性变形。

无缝线路轨道在温度压力作用下产生的弹性变形叫胀轨。

在胀轨阶段,在温度压力解除之后,能够恢复到初始状态的轨道弹性变形(横向)只有 2mm。从理论上讲,超过 2mm 的轨道弹性变形,在温度压力解除之后是不能完全恢复的,总要留下一些残余变形。轨温反复变化,这种残余变形将积累起来造成方向严重不良。因此,我们必须及时对胀轨量加以限制,对矢度达到 2mm 以上的胀轨,切不可忽视,以免留下安全隐患。

3)跑道阶段

在胀轨阶段,温度压力没有超过无缝线路的承受能力,但有可能达到能力的极限。此时,无缝线路的相对稳定已是在勉强维持,安全岌岌可危。

当轨温再稍微升高,温度压力继续增大,若轨道稍受外力干扰(如列车制动、施工影响、锤击钢轨等),积聚在钢轨断面上的过量温度压力将使轨道几何状态突然发生恶性变化——胀轨阶段的变形矢度突然显著加大,有时可达数百毫米,轨道在一瞬间发出巨大的声响,严重臌曲,轨排脱离并拉坏道床,或钢轨与轨枕脱离——行车条件完全丧失。通过严重扭曲变形的钢轨可以看出,它的变形已超出其弹性限度,成为塑性变形;钢轨断面上的温度力已全部释放出来;钢轨在自然状态处于"零应力"状态,温度压力与线路阻力同时消除——线路已严重破坏了。

无缝线路轨道在温度压力作用下发生的破坏性变形称为跑道。

我们把使无缝线路从胀轨突变为跑道的极限温度压力叫作第二临界温度压力。第二临界温度压力通常用 P_k 表示。把与第二临界温度压力相应的极限轨温叫作第二临界轨温。第二临界轨温用 t_k 表示,与它们相应的钢轨变形矢度则用 f_k 表示。

第一临界温度压力和第一临界轨温并不常用,所以通常所说的临界温度压力和临界轨温系指第二临界压力和第二临界轨温。

显然,随着温度压力的升高,持稳阶段、胀轨阶段和跑道阶段的关系是顺次的因果关系,前两个阶段是量变阶段,后一个阶段是质变阶段。

胀轨和跑道是两种性质完全不同的概念,不能混为一谈。胀轨并未使轨道破坏,只要采取一定措施,是能维持行车的;而跑道则使轨道发生严重破坏,完全丧失了行车条件。胀轨和跑道的发生有其客观规律,切不可因为它们不经常发生而放松警惕,造成不必要的损失。

3. 无缝线路"失稳"的表现

无缝线路"失稳"就是胀轨。无缝线路的"失稳"主要表现在以下几方面:

(1)碎弯增多,矢度增大。此时的直观感觉是方向反常的"不好看",并呈现一种无规律的混乱现象,有的地段轨距反常扩大。

(2)空吊连续增多。应注意区别不成段的空吊板,多半是捣固质量不良所致,成段的空吊板,则多半是温度压力作用于高低不良地段所致。

(3)起道省力,捣固不易捣实。如果确认成段空吊是胀轨形成,就应在该段停止起道、捣固作业。如果此时起道,温度压力会成为起道机的附加力,起道自然过分轻松。如果此时捣固,轨道框架会乘势抬高。在温度压力没有释放完之前,是不可能捣实的。在有胀轨迹象的地段起道、捣固,将使无缝线路的稳定性迅速丧失,甚至有可能导致跑道,所以应绝对禁止。

(4)逆向拨道吃力或回弹量大。因为温度压力的径向力始终向弯曲方向的,所以逆向拨道会倍感吃力。即使勉强拨回,拨力取消后,径向力依然会使轨道向弯曲方向弹,回弹量超乎常规,接近、等于甚至超出拨出量。

(5)轨枕头胀轨一侧道砟散落,另一侧离缝。

上述迹象都足以表明无缝线路正在胀轨,其稳定性正在丧失。若发现这些迹象,应严密监视并及时处理,否则,跑道就有可能接踵而至,无缝线路的稳定性将彻底丧失。

四、胀轨、跑道的原因及其防治措施

1. 产生胀轨、跑道的原因

1)温度压力大

无缝线路的现场锁定轨温,叫作实际锁定轨温。绝对温度压力是指轨温从实际锁定轨温上升到最高轨温所产生的温度压力。

从理论上讲,实际锁定轨温应在设计锁定轨温范围内。但由于种种原因,无缝线路的实际锁定轨温却往往高于或低于设计锁定轨温。低于设计锁定轨温时,当轨温从实际锁定轨温上升到最高轨温时,产生的绝对温度压力就可能大于容许压力,从而导致胀轨、跑道。也就是说,实际锁定轨温偏低是导致温度压力大的主要原因。

实际锁定轨温偏低,通常由以下几方面的原因造成:

(1)铺设进度的影响,造成实际锁定轨温偏低。

(2)低温焊复钢轨造成锁定轨温偏低。

(3)冬季线路不均匀爬行,造成局部锁定轨温偏低。线路质量、条件不均衡,使无缝线路的线路阻力不均衡。在线路阻力较低的地段,冬季钢轨的收缩爬行量将大于其他地段,即锁定轨温低于其他地段。来年轨温升高时,这些地段的绝对温度压力将较大,从而存在着胀轨、跑道的危险。

(4)冬季超温超长作业,造成局部锁定轨温偏低。冬季低温,当轨温低于锁定轨温一定数值时,有些作业禁止进行,有些作业只能在一定长度上进行,如接头夹板、螺栓涂油,成段中间扣件涂油,成段更换轨枕,成段扒道床,成段清筛道床等。如果超温、超长作业,必然大大降低接头阻力和道床纵向阻力。在巨大的温度拉力作用下,上述作业地段及其附近受温度拉力影响地段的钢轨或轨道框架将产生收缩爬行,同样局部降低了锁定轨温,留下胀轨、跑道的隐患。

2)线路阻力小

导致无缝线路稳定性差或线路阻力小的原因有以下几种:

(1)线路设备状态不良。线路设备不良的表现很多,包括扣件螺栓松动、扣件零件缺损、道床疏松、道砟不饱满、道床肩宽不足、空吊板多、钢轨硬弯、胶垫损坏等。例如,中间扣件螺栓连续松动数个,将使钢轨与轨枕"分家",轨道框架刚度就只剩下钢轨刚度,该段线路的横向阻力就大大降低,便有可能发生胀轨、跑道。再如,道床肩宽不足,以至于轨枕头暴露,道床边坡坍塌,这样,道床横向阻力就大大降低,稳定性严重削弱,温度压力就有了突破口。

(2)线路几何状态不良。诱发胀轨、跑道的温度压力的对立面是线路阻力,而线路阻力的大小除由设备状态决定外,还由线路几何状态决定。无缝线路的稳定性要求轨道具有良好的几何状态,而良好的几何状态则简言为直线的"直顺"和曲线"圆顺"。决定直顺和圆顺的主要因素是钢轨的方向和水平,但轨距和高低却对方向和水平产生直接的影响,所以线路几何状态实际上是由轨距、水平、方向、高低四个因素决定的。在这四个因素中,方向不良是导致胀轨、跑道的一个重要因素。曲线方向不良即正矢误差超限是不允许的,因为曲线不圆顺地段要产生附加径向力。总之,温度压力的作用,在轨道直、圆、顺的几何状态良好地段是难以体现出来的;而在轨道直、圆、顺的不良地段,温度压力通过对线路的"胀轨、跑道"求得平衡。所以,整治轨道方向不良是保持无缝线路几何状态良好的关键。

（3）线路维修作业的影响。维修作业可使线路状态得到改善，却暂时破坏了线路状态，降低了线路的纵、横向阻力。特别是违章作业、超温、超长作业，会使纵、横向阻力大幅度降低。

2. 胀轨、跑道防治措施

（1）正确掌握铺轨的锁定轨温，不使其偏低。如不得不偏低，应于来年进行应力放散，重新锁定，使实际锁定轨温符合设计值。

（2）低温焊复钢轨，应在焊复前将钢轨拉伸至原有长度。否则，来年也要进行应力放散，重新锁定，使实际锁定轨温符合设计值。

（3）提高线路维修质量，做到阻力均衡，以避免冬季的不均匀爬行。

（4）禁止超温、超长作业，根据轨温合理安排作业项目。

（5）保持线路几何状态良好，尤其是方向不超限。

（6）保持线路设备状态全面、经常良好。

（7）加强线路监视和位移观测，发现胀轨迹象，及时处理。

同时，认识胀轨、跑道的规律，也有助于对胀轨、跑道的防治。一般来说，胀轨、跑道具有如下规律：

（1）因为稳定性不强、临界温度压力低是胀轨、跑道的决定性因素，所以多数胀轨、跑道并非发生在高温季节，而是发生在春、夏之交，气温变化较大、乍暖还寒的日子里。这是因为：线路质量本来就差，经过冬季的寒冷，线路的稳定性受到了影响；到了气温回升的季节，铁路已经受不住气温的突然、剧烈、反复的变化。只要春、夏之交这一关挺过去了，进入高温季节，气温相对稳定，反而不容易发生胀轨、跑道。所以，春、夏之交是防止胀轨、跑道的重点季节，此时，要抓紧时机对锁定轨温偏低的无缝线路进行应力放散或调整，不留后患。

（2）按《维规》规定的作业轨温条件作业，把维修作业对线路造成的扰动降到最低限度。

（3）在胀轨、跑道事故中，很少有走行列车第一节机车脱线或颠覆的事例，多数是中、后部车辆脱轨。这是因为无缝线路本已失稳，又反复叠加上运行列车的动弯力、纵向力、推挤力、冲击力，且轨温有所升高，使无缝线路"雪上加霜"，越往列车后部，失稳状态越严重，最终丧失行车条件。一旦出现这种情况，要想补救是非常困难的。要避免这种情况的发生，唯一的办法就是平时严密监视线路，若发现有危及行车安全的失稳迹象，应立即采取措施增强其稳定性，或拦停列车。未进入失稳状态的无缝线路，是不会猝然发生胀轨、跑道的。

（4）陡长下坡终端（线路爬行造成钢轨压力增大）、列车制动地段（制动力叠加温度压力）、平交道口、桥头及曲线头附近（温度压力大）容易发生胀轨、跑道，故这些地段不但平时应加强养护，同时应严密监视。

（5）曲线跑道常为向外的单波，跑道量较小；直线跑道通常为 S 波，跑道量较大，故曲线比直线容易跑道。

（6）同一段无缝线路，固定区及固定区与伸缩区的交界处容易发生胀轨、跑道。这是因为固定区承受的温度压力大，而固定区与伸缩区的交界处在轨温反复变化的情况下容易产生温度压力的积累，形成"应力峰"，所以，这两个地段应采取不同于其他地段的养护方法，以进一步增强其稳定性。

3. 胀轨、跑道处理办法

处理胀轨、跑道时必须遵循两个原则：①决不冒险放行列车；②尽一切努力恢复行车。

《维规》第4.3.6条规定的胀轨、跑道的防治和处理方法如下：

（1）当发现线路出现 3～5mm 连续的碎弯时，必须加强巡道查或派专人监视，观测轨温和线路方向的变化。若碎弯继续膨胀扩大，应设慢行信号，并通知工区紧急处理。线路稳定后，恢复正常行车速度。

（2）养护维修作业过程中，发现轨向、高低不良，起道、拨道省力，枕端道砟离缝，则必须停止作业，及时采取防止胀轨、跑道措施。

（3）无论是在作业中还是在作业后，发现线路轨向不良，都要用 10m 长弦测量两股钢轨的轨向偏差；当平均值达到 10mm 时，必须设置慢行信号，并采取夯拍道床、填满枕盒道砟和堆高砟肩的措施；当两股钢轨的轨向偏差平均值达到 12mm 时，在轨温不变的情况下，过车后线路弯曲变形会突然扩大，必须立即设置停车信号，及时通知车站采取钢轨降温等紧急措施，消除故障后方可放行列车。

（4）发生胀轨、跑道后，可以采取浇水或喷洒液态二氧化碳的办法降低钢轨温度。轨温降低后方可拨道。曲线地段拨道只能上挑，不宜下压。拨道后必须夯拍道床，限速放行列车，并派专人看守，待轨温降至接近锁定轨温时，再恢复线路正常行车速度。

无缝线路发生胀轨、跑道时，应对胀轨、跑道情况做好登记。

五、无缝线路单项作业

1.起道作业

视频：扣件
紧固施工

起道时钢轨和轨枕被提起，不仅道床阻力减小，而且钢轨有附加力，起道越高，影响范围越大，钢轨承受的附加力越大主要体现在两方面：一方面，轨枕浮起，道床阻力锐减；另一方面，钢轨被强制变形，附加力剧增。这两种因素加在一起，对无缝线路的稳定极为不利。因此，无缝线路严禁起高道，起道量和起道长度必须严格按照作业轨温条件表上的规定执行。如有超过规定的起道量，应分次进行；起道机距铝热焊缝不得少于1m；起道机应垂直放置以免引起线路方向的变化；在曲线地段起道，起道机应放在上股外侧或下股内侧，使其横向推力与温度压力的径向力相抵；如同一地段既有起道作业又需整治方向不良，应先拨（改）后起，以增强起道的安全度；扒、起、捣、填、夯各步紧密连接，使道床阻力尽快恢复到相当程度；起道量较大时，应事先备好和及时补充道砟，使道床丰满，阻力充足；每起一撬，都要在列车通过之前做好顺坡、捣固，以减少列车碾压造成的应力集中和轨道变形。

2.拨道作业

无缝线路进行曲线拨道时，拨力方向易与水平方向形成一定角度，因而轨排横移的同时难免向上浮起，从而大大降低道床横向阻力，加上温度力的影响，对线路的稳定性和强度极为不利。此外，当拨道量产生时，钢轨的长度自然要发生变化，向外拨时伸长，向内拨时缩短。我们知道，钢轨伸缩量的产生，势必造成其影响范围锁定轨温的变化，从而在钢轨断面上产生附加拉应力或附加压应力，加上温度力的作用，对线路的稳定性和强度更为不利。因此，无缝线路的拨道作业，除必须严格执行作业轨温条件表的规定外，还应注意如下几点：

（1）拨道机具不得安设在铝热焊缝处，以免损伤焊缝。

（2）每拨一段，都要在列车通过前做好顺坡，以减小列车摇晃产生的附加挤压力。

（3）先拧紧扣件螺栓再拨道，以增大轨道框架刚度，弥补道床横向阻力的损失。

（4）维修作业时，先回填道床再拨道，以避免胀轨（向外拨时）或回弹量过大（向里拨时）；拨道后再回填和夯实道床。

（5）正拨量等于负拨量。一段曲线上产生的正负拨量之和为零，这样就可以使整个曲线上钢轨的伸缩量相互抵消，锁定轨温相对均衡，以消除附加拉应力或附加压应力。

3. 清筛道床作业

清筛道床作业，使原有的坚实轨道基础破坏，道床阻力下降；尤其是破底清筛后，阻力降低更大。试验表明：混凝土枕地段破底清筛恢复道床后，道床纵向阻力降低35%，横向阻力只有原来的35%，需要一个月以上才能恢复。如果清筛后线路方向又不良，线路的稳定性会极大地降低。因此，破底清筛道床，严禁在实际锁定轨温增减10℃之外的轨温条件下进行。不破底清筛道床，则必须逐孔倒筛，并做到筛一根捣一根、回填夯实一根，始终保持轨道有饱满的道砟和良好的方向。

4. 接头扣件螺栓施拧作业

无缝线路的接头扣件螺栓是否按规定扭力矩拧紧，将直接影响长轨条长度、缓冲区轨缝大小和锁定轨温的变化。接头阻力是无缝线路纵向阻力的关键。而且，拧紧的接头螺栓，会随着列车的振动和冲击而渐渐松动；如果是大轨缝、低接头，这种松动更快；而接头螺栓的松动，将直接导致接头阻力衰减和伸缩区延长。所以，应采取以下措施：

（1）无缝线路接头螺栓必须采用10.9级高强度螺栓，扭矩应达到900N·m，扭矩不足时，亦不得低于700N·m。

（2）每年春、秋季，在允许的作业轨温范围内，要全面拧紧接头螺栓各一次；在缓冲区作业时，作业前后也要拧紧接头螺栓各一次，这样才能保证接头螺栓经常保持紧固状态。

（3）全面拧紧接头螺栓时，如发现钢轨已有爬行、轨缝不合要求时，应在合适的轨温条件下先松开螺栓，利用轨温变化使轨缝恢复正常，然后再全面拧紧。

5. 中间扣件螺栓施拧作业

随着列车振动，中间扣件的扭力矩也要随之减小，因此，应采取以下措施：

（1）每次综合维修作业前后，应全面拧紧扣件螺栓各一次，以增强轨道框架刚度。

（2）每年春、秋季，应在实际锁定轨温±5℃范围内，全面拧紧扣件螺栓各一次。

（3）扣件整正涂油时采取"隔二松一"流水作业，当日回检拧紧一遍，1～4d后复拧一遍，并做好封口涂油工作。

6. 巡道作业

无缝线路的巡道工作，除了普通线路的作业项目外，还应有一些特殊要求，具体如下：

（1）巡道工必须掌握管内每段无缝线路的技术、设备状态，如实际锁定轨温、伸缩区长度、缓冲区轨缝、位移观测桩的位置、薄弱地段的位置等，以便及时、准确地发现问题并向工长汇报。

（2）随时坚持小补修"三紧"，即紧接头螺栓、紧松动扣件、紧拉杆。

（3）为了掌握无缝线路轨道状态的变化情况，要坚持好测轨温、测轨缝和测线路爬行的"三测"工作，尤其在夏、冬季，应做到每班有记录。

（4）夏季以观察轨道方向变化为重点，冬季以观察焊缝状态为重点，发现病害，应及时向工长汇报，并采取应急措施。

（5）高温季节应酌情增加巡道班次。

7.缓冲区养护作业

缓冲区是无缝线路的薄弱环节,它既具有普通线路的缺点,又要受长轨条伸缩的影响,兼有普通线路的结构和无缝线路的功能。缓冲区的两端都是长轨条,如缓冲区接头阻力不足,当温度压力较大时,两端长轨条的过量伸长都向缓冲区挤压,缓冲区的几十毫米轨缝是远远不足以调节的,于是温度压力陡增,易发生胀轨、跑道。相反,当两端长轨条的温度拉力较大时,其过量收缩必须会在缓冲区拉出大轨缝,甚至拉断螺栓。另外,缓冲区轨缝的存在还增大了列车的冲击力。总之,缓冲区阻力不足将影响两侧无缝线路长轨条的安全。为了保证行车安全,延长设备使用寿命,使无缝线路伸缩区质量状态良好,缓冲区的设备质量必须满足如下要求:

(1)经常保持足够的线路阻力量。

(2)保持接头轨缝尺寸正常。

(3)使接头处具有良好的平顺性。

(4)使接头轨道有足够的弹性。

(5)确保轨端绝缘安全可靠。

为此,无缝线路缓冲区的养护维修应重点采取如下措施:

(1)定期拧紧扣件螺栓,注意施工前后的拧紧和复拧,切实控制长轨条的不正常伸缩,减轻缓冲区接头的温度力负担。

(2)如已发生不正常伸缩,应及时更换调节轨,把轨缝维持在允许的尺寸范围内。入夏前,可将轨缝调整至最大值;入冬前,可调整至最小值。

(3)定期拧紧接头螺栓,保持接头处道床设计横断面。

(4)综合整治钢轨接头处病害,加强接头处道砟捣固,保持道床丰满;及时清筛脏污道床;及时更换失效轨枕,及时整平高低错牙。

六、整治钢轨病害

无缝线路的钢轨病害,除焊缝外和普通线路相同,包括硬弯、擦伤、磨损、剥落、掉块、飞边、塌陷、裂纹等。这些病害的整治方法和普通线路相同,只是要求更及时一些;焊缝的病害处理有其特殊性。

1.焊缝病害整治

无缝线路钢轨焊缝常见的病害有高焊缝、低焊缝、焊缝上下或左右错牙等。这些焊缝病害,大多数是焊接质量控制不严的产物。另外,有一些焊缝病害如低塌、开裂等,则兼有焊接不良或列车长期碾压冲击两方面的原因。焊缝一旦开裂,就面临折断的危险,其后果自不必说;而其他的病害,则造成了轨面的不平顺,危害也极大。据测,列车通过不平顺焊缝,所产生的附加压力为 270~400kN。这种附加压力叠加于正常压力,可使焊缝及其两侧的热影响区轨面磨耗加重,使焊缝处产生类似于普通线路的"低接头"病害,还可能使轨面数毫米以下产生疲劳裂纹;当附加动压力为负值时,若同时出现较大的横向推力,车轮还有爬上钢轨的危险。因此,及时整治焊缝不平顺病害是整治无缝线路钢轨病害的重要内容之一。如不及时整治焊缝,将会使焊接接头处的线路病害日益加重,形成恶性循环,增大养护工作量;使行车条件恶化,埋下行车事故的隐患。

低塌焊缝的整治方法:

(1)焊缝打磨。对于低塌焊缝,应使用小型磨轨机打磨顺坡。打磨得越平缓,附加动压力就越小。据测,最不利的临界低塌焊缝长度,一般为 30 ~ 40cm,故顺坡长度应超过 40cm,越长越好。错牙焊缝也可用此法整治。

(2)清筛低塌焊缝处道床的石砟并加强捣固,尽量减小附加冲击力。

(3)现场焊补低塌焊缝。新工艺手工电弧焊是一种比较好的焊补方法。

①高焊缝的整治方法。对高焊缝的整治,也应采用小型磨轨机打磨。在钢轨顶面未形成硬化面以前,挫磨效果更为理想,所以也宜早不宜迟。焊道凸凹、鞍形磨耗,打磨后用 1m 直尺测量,不平度应小于 0.5mm。

②钢轨和焊缝重伤的处理方法。《维规》第 4.3.13 条规定:探伤检查发现钢轨或焊缝有重伤时,不待钢轨或焊缝断裂,即切除重伤部位,切除长度不超过 60mm,用钢轨拉伸器张拉钢轨,用铝热焊法实施原位焊复。

缓冲区的重伤和折断钢轨应及时更换。

2.钢轨硬弯病害整治

1)硬弯的鉴别

硬弯容易和碎弯混淆。鉴别钢轨是否存在硬弯,可采用如下方法:

(1)看:先骑站在一股钢轨上,看前方有无陡弯,如有陡弯,再细看。站立位置一般距陡弯顶点 10 ~ 15m。查看时,应背向阳光照射,沿着轨距线由近到远,再由远到近,采取立、蹲、俯三种姿势,反复查看左右两股钢轨。确认硬弯凸出的顶点在什么位置后,再看其弯曲状态。如一股钢轨弯急而短,另一股有同向较缓的弯曲,则弯急而短的是硬弯。

(2)查:用拨道的方法查找硬弯。这种硬弯应是弯曲缓顺、长度较大的一种;但又难以同轨道小方向不良区别开来。如拨道后全部或大部回弹,则是硬弯;小方向不良拨道后回弹量很小。

(3)对:根据线路检查记录簿对照弯曲处的轨距、方向变化情况,分析变化规律。如果频繁出现轨距、方向不良的"痼疾",则是硬弯。

(4)量:用 1m 直尺测量弯曲处矢度,如矢度达 1mm 及以上,则一般都是硬弯。

2)硬弯的分类

硬弯大致可分为如下几种:

(1)小硬弯:一般形状不正规,硬弯长度很短,约 0.5m 左右。

(2)尖角硬弯:弯曲顶点处有一尖角,一般长度为 1 ~ 2m。

(3)小硬弯群:几个小硬弯凑在一起,总长度为 2 ~ 3m。

(4)弧状硬弯:曲度平缓,长度一般为 1.5 ~ 2.5m。

3)硬弯矫直技术要求

硬弯矫直后的钢轨,应目视无方向不良,无不直;用 1mm 直尺测量,其矢度不超过 0.5mm;矫直处的方向和轨距不再有规律性的变形。

4)作业方法

(1)准备工作。直轨前,应认真、细致地调查硬弯状态,包括起止点、长度和各点矢距,并在线路上标明调直位置和方向,做好记录;卸掉矫直范围顺矫直方向一侧扣件,另一侧的螺栓松一圈。

(2)上弯轨器。弯轨器应垫平,位置摆正,各支点与轨底、轨头、轨面密贴,防止钢轨扭曲。

(3)矫直。如采用 TZ-30 型钢轨调直器,使用时,从硬弯始点起,将矫直点(中间支点)每隔 150 ~ 200mm 对准钢轨,逐点顺序调直。液压千斤顶放在弯臂前端,在千斤顶处计算调直行程。使用支点在中间的动力弯轨器时,应将液压千斤顶放在需调直的位置上。较长的硬弯应分 2~3 次矫直。矫直量必须预留回弹量。根据轨温和矫直量的大小,矫直量可为矢度的 1.0~1.6 倍。

(4)整理。先拨正非矫直股方向,然后改正轨距,补齐、拧紧螺栓。

使用 TZ30 型钢轨调直器时,油压千斤顶行程和矫直点矢度的关系见表 6.2.4。

油压千斤顶行程和矫直点矢度关系　　　　表 6.2.4

矫直点矢度(mm)	1	2	3	4	5
油压千斤顶行程(mm)	11	18~20	24~26	28~30	35~40

3. 钢轨折断的处理

无缝线路钢轨折断危及行车安全时,应首选设置停车信号防护,及时通知车站,并按下述办法进行处理。

1)紧急处理

当断缝小于 50mm 时,立即在断缝处上好普通夹板或特制拱形夹板,用急救器加固,在焊缝两端各 50m 范围内加强防爬锁定,拧紧扣件,防止断缝进一步拉大。并派人看守,限速 5km/h 放行列车。如断轨小于 30mm,限速 15~25km/h 放行列车。

经过紧急处理开通线路后,如果设备条件许可,应在原位焊复,否则应在轨端钻孔,上好普通夹板或特制拱形夹板,拧紧接头螺栓,然后可适当提高行车速度。同时在断缝两侧约 3.8m 处的轨头非工作边上做出标记,并准确丈量两标记间的距离和轨头非工作边一侧的断缝值,做好记录,以便观测断缝是否扩大和永久处理后检测是否恢复原位。

原位焊复前,切除断口折损部位的长度不超过 60mm,以满足铝热焊的最大焊缝宽度。原位焊复后,无缝线路实际锁定温度保持不变。

原位焊复时,应松开接头两侧 200~250m 范围内的钢轨扣件,并在此范围内每隔 50m 设立 1 处位移观测点,用钢轨拉伸器张拉钢轨,辅以撞轨,观测钢轨位移情况。位移到位后即进行焊接。

2)临时处理

钢轨折损严重或断缝大于 50mm,以及紧急处理后不能立即焊接修复,断缝仍继续扩大,应封锁线路进行临时处理。

临时处理时,在断缝两侧约 3.8m 处轨头非工作边上做出标记,并准确丈量两标记间的距离和轨头非工作边一侧的断缝值,做好记录,以便观测断缝是否扩大和为永久处理做好准备。然后,沿断缝两侧对称切除伤损部位,两锯口间插入 6m 的同型钢轨,轨端钻孔,上好接头夹板,用螺栓拧紧。在短轨前后各 50m 范围内拧紧扣件后,按正常速度放行列车。

3)永久处理

钢轨断缝处紧急处理或临时处理后,在接近或低于实际锁定轨温时,插入短轨重新焊接修复。

采用铝热焊时,插入短轨长度等于切除钢轨长度减去 2 倍预留焊缝值。先焊好一端,另一端张拉到位后焊接。插入短轨长度应大于 6m,短于 6.5m。焊后长轨条基本上恢复原有状态,保持原锁定轨温不变。焊接时的轨温不应低于 0℃。放行列车时,焊缝轨温应降至 300℃ 以下。

任务三　线路设备维修

一、线路设备维修周期

（1）采用大型养路机械进行有砟轨道线路和道岔（调节器）捣固维修的周期，铁路局集团公司可按照线路累计通过总质量并结合设备实际状况、线路条件、运输条件、自然条件及单元评价结果等具体情况确定，最长不宜超过 3 年。

（2）钢轨打磨列车预防性打磨原则上每 60Mt 左右通过总质量进行一次，一般不宜超过 4 年；在相邻两次钢轨打磨列车预防性打磨之间宜安排钢轨快速打磨车进行快速打磨。道岔预防性打磨宜与正线线路钢轨同步。钢轨打磨列车打磨作业与大型养路机械捣固维修作业时间相近时，应先捣固后打磨。

二、轨道检测设备分类

线路设备检查分为静态（地面）检查和动态检查两种。只有静态检查与动态检查相结合，才能较全面地掌握线路设备状态。

1. 静态检查

静态检查分为手工检查和仪器检查。手工检查的常用工具有轨距尺、支距尺、弦绳、钢尺、木折尺等；仪器检查使用的设备主要有轨道检查仪、轨道测量仪、电子平直仪、钢轨超声波探伤仪（钢轨探伤小车）、通用（焊缝）超声波探伤仪等。

2. 动态检查

动态检查：在机车、车辆的动力作用下，线路发生弹性变形，这种弹性变形的大小是不固定的，它随列车的速度、质量的不同而改变，通过轨道检查车来检查，它可以反映弹性变形和永久变形的叠加状态。添乘机车、客车尾部凭借人的经验感觉也能确定线路病害的种类、晃车及危及行车的程度，也起一定的检查作用。

动态检查使用的设备主要有轨道检查车（简称轨检车）、便携式线路检查仪、车载式线路检查仪、钢轨探伤车等。

三、轨道静态几何不平顺容许偏差管理值

（1）轨道静态几何不平顺容许偏差管理值见表 6.3.1、表 6.3.2。

200 ~ 250km/h 线路轨道静态几何不平顺容许偏差管理值　　表 6.3.1

项目	作业验收		计划维修	临时补修	限速（不大于 160km/h）
	有砟	无砟			
轨距（mm）	+2 −2	+1 −1	+4 −2	+6 −4	+8 −6
水平（mm）	3	2	5	8	10
高低（mm）	3	2	5	8	11

项目	作业验收		计划维修	临时补修	限速
	有砟	无砟			(不大于160km/h)
轨向(直线)(mm)	3	2	4	7	9
三角坑(mm/3m)	3	2	4	6	8
轨距变化率	1/1500		1/1000	—	—

注:1.高低偏差和轨向偏差为10m弦测量的最大矢度值。

2.三角坑偏差不含曲线超高顺坡造成的扭曲量,在延长18m的距离范围内无超过表列的三角坑。

250(不含)~350km/h线路轨道静态几何不平顺容许偏差管理值　　　　表 6.3.2

项目	作业验收		计划维修	临时补修	限速
	有砟	无砟			(不大于200km/h)
轨距(mm)	+2 −2	+1 −1	+4 −2	+5 −3	+6 −4
水平(mm)	2		4	6	7
高低(mm)	2		4	7	8
轨向(直线)(mm)	2		4	5	6
三角坑(mm/3m)	2		3	5	6
轨距变化率	1/1500		1/1000	—	—

注:1.高低偏差和轨向偏差为10m弦测量的最大矢度值。

2.三角坑偏差不含曲线超高顺坡造成的扭曲量,在延长18m的距离范围内无超过表列的三角坑。

（2）道岔静态几何不平顺容许偏差管理值见表6.3.3、表6.3.4,调节器静态几何不平顺容许偏差管理值见表6.3.5、表6.3.6。

200~250km/h道岔静态几何不平顺容许偏差管理值　　　　表 6.3.3

项目		作业验收		计划维修	临时补修	限速
		有砟	无砟			(不大于160km/h)
轨距(mm)	岔区	+2 −2	+1 −1	+4 −2	+5 −2	+8 −6
	尖轨尖	+1 −1		+2 −2	+3 −2	
水平(mm)		3	2	5	7	10
高低(mm)		3	2	5	7	11
轨向(mm)	直股	3	2	4	6	9
	支距	2	2	3	4	—

高速铁路轨道施工与维护（第3版）

项目	作业验收		计划维修	临时补修	限速 (不大于160km/h)
	有砟	无砟			
三角坑(mm/3m)	3	2	4	6	8
轨距变化率	1/1500		1/1000	—	—

注:1. 轨距偏差不含构造轨距加宽值。

2. 高低偏差和轨向偏差为10m弦测量的最大矢度值。

3. 支距偏差为实际支距与计算支距之差。

4. 导曲线下股高于上股的限值:作业验收为0,计划维修为2mm,临时补修为3mm。

5. 三角坑偏差不含曲线超高顺坡造成的扭曲量,在延长18m的距离范围内无超过表列的三角坑。

250(不含)~350km/h道岔静态几何不平顺容许偏差管理值 表6.3.4

项目		作业验收	计划维修	临时补修	限速 (不大于200km/h)
轨距(mm)	岔区	+1 −1	+4 −2	+5 −2	+6 −4
	尖轨尖	+1 −1	+2 −2	+3 −2	
水平(mm)		2	4	6	7
高低(mm)		2	4	7	8
轨向(mm)	直股	2	4	5	6
	支距	2	3	4	—
三角坑(mm/3m)		2	3	5	6
轨距变化率		1/1500	1/1000	—	—

注:1. 轨距偏差不含构造轨距加宽值。

2. 高低偏差和轨向偏差为10m弦测量的最大矢度值。

3. 支距偏差为实际支距与计算支距之差。

4. 导曲线下股高于上股的限值:作业验收为0,计划维修为2mm,临时补修为3mm。

5. 三角坑偏差不含曲线超高顺坡造成的扭曲量,在延长18m的距离范围内无超过表列的三角坑。

200~250km/h调节器静态几何不平顺容许偏差管理值 表6.3.5

项目		作业验收		计划维修	临时补修	限速 (不大于160km/h)
		无砟	有砟			
轨距(mm)	尖轨尖	+1 −1		+2 −2	+3 −2	+8 −6
	其他	+1 −1		+4 −2	+5 −2	
水平(mm)		2		5	7	10
高低(mm)		2		5	7	11
轨向(mm)		2		4	6	9
三角坑(mm/3m)		2	3	4	6	8
轨距变化率		1/1500		1/1000	—	—

注:1. 轨距偏差不含构造轨距加宽值。

2. 高低偏差和轨向偏差为10m弦测量的最大矢度值。

3. 三角坑偏差不含曲线超高顺坡造成的扭曲量,在延长18m的距离范围内无超过表列的三角坑。

项目		作业验收	计划维修	临时补修	限速（不大于200km/h）
轨距（mm）	尖轨尖	+1 −1	+2 −2	+3 −2	+6 −4
	其他	+1 −1	+4 −2	+5 −2	
水平（mm）		2	4	6	7
高低（mm）		2	4	7	8
轨向（mm）		2	4	5	6
三角坑（mm/3m）		2	3	5	6
轨距变化率		1/1500	1/1000	—	—

注：1.轨距偏差不含构造轨距加宽值。

　　2.高低偏差和轨向偏差为10m弦测量的最大矢度值。

　　3.三角坑偏差不含曲线超高顺坡造成的扭曲量，在延长18m的距离范围内无超过表列的三角坑。

（3）轨道静态几何不平顺长弦测量作业验收容许偏差管理值见表6.3.7。

轨道静态几何不平顺长弦测量作业验收容许偏差管理值　　　表6.3.7

项目	基线长（m）	容许偏差（mm）	
		$v = 200$km/h	200km/h $< v \leq$ 350km/h
高低	300	10	10
	30	3	2
轨向	300	10	10
	30	3	2

注：表中容许偏差2mm（或3mm）指当基线长为30m时，相距5m任意两测点实际矢度差与设计矢度差的偏差；容许偏差10mm指当基线长为300m时，相距150m任意两测点实际矢度差与设计矢度差的偏差。

（4）曲线正矢作业验收、计划维修和临时补修容许偏差管理值见表6.3.8、表6.3.9。

200～250km/h 线路曲线正矢容许偏差管理值　　　表6.3.8

项目	实测正矢与计算正矢差（mm）		圆曲线正矢连续差（mm）	圆曲线最大最小正矢差（mm）
	缓和曲线	圆曲线		
作业验收	2	3	4	5
计划维修	3	4	5	6
临时补修	5	6	7	8

注：曲线正矢用20m弦在钢轨踏面下16mm处测量。

250（不含）～350km/h 线路曲线正矢容许偏差管理值　　　表6.3.9

项目	实测正矢与计算正矢差（mm）		圆曲线正矢连续差（mm）	圆曲线最大最小正矢差（mm）
	缓和曲线	圆曲线		
作业验收	2	3	3	5
计划维修	3	4	5	6
临时补修	4	5	6	8

注：曲线正矢用20m弦在钢轨踏面下16mm处测量。

轨道静态几何不平顺容许偏差管理值中,作业验收管理值为计划维修和临时补修作业后的质量检查标准;计划维修管理值为安排轨道维修计划的质量管理标准;临时补修管理值为应及时进行轨道整修的质量控制标准;限速管理值为保证列车运行平稳性和舒适性,需立即进行限速的质量控制标准。

技 能 训 练

　　参考高速铁路轨道施工与维护实训手册的项目23　轨道检查仪检查线路实训作业指导书。

四、轨道动态几何不平顺容许偏差管理值

　　轨道动态几何不平顺管理分为局部峰值管理和单元均值管理。轨道动态几何不平顺的检测项目包括高低、轨向、轨距、水平、三角坑、复合不平顺、轨距变化率、车体垂向和横向振动加速度等。

1.局部峰值管理

（1）各项目偏差等级划分及容许偏差管理值。

　　线路(含道岔及调节器范围)各项偏差管理值划分为四级(表6.3.10、表6.3.11)：Ⅰ级为日常保持标准,Ⅱ级为计划维修标准,Ⅲ级为临时补修标准,Ⅳ级为限速标准。

200～250km/h 线路轨道动态质量容许偏差管理值　　　　　　表6.3.10

项目		日常保持	计划维修	临时补修	限速(不大于 160km/h)
偏差等级		Ⅰ级	Ⅱ级	Ⅲ级	Ⅳ级
轨距(mm)		+4 −3	+6 −4	+8 −6	+12 −8
水平(mm)		5	8	10	13
三角坑(基长3m)(mm)		4	6	8	10
高低(mm)	波长1.5～42m	5	8	11	14
轨向(mm)		5	7	8	10
高低(mm)	波长1.5～70m	6	10	15	—
轨向(mm)		6	8	12	—
复合不平顺(mm)		7	9	—	—
车体垂向振动加速度(m/s²)		1.0	1.5	2.0	2.5
车体横向振动加速度(m/s²)		0.6	0.9	1.5	2.0
轨距变化率(基长3m)		1.0‰	1.2‰	—	—

注:1.表中管理值为轨道不平顺实际幅值的半峰值。
　　2.轨距偏差不含构造轨距加宽值。
　　3.水平偏差不包含曲线按规定设置的超高值及超高顺坡量。
　　4.三角坑偏差包含缓和曲线超高顺坡造成的扭曲量。
　　5.复合不平顺指水平和轨向逆向复合不平顺,按水平和轨向(波长1.5～42m)代数差计算。
　　6.车体垂向振动加速度采用20Hz 低通滤波,车体横向振动加速度Ⅰ级、Ⅱ级偏差采用0.5～10Hz 带通滤波处理的值进行评判,Ⅲ级、Ⅳ级偏差采用10Hz 低通滤波处理的值进行评判。
　　7.车体加速度超过Ⅳ级时,按照检测时速度对应的速度等级进行限速处理。

项目		日常保持	计划维修	临时补修	限速（不大于200km/h）
偏差等级		Ⅰ级	Ⅱ级	Ⅲ级	Ⅳ级
轨距（mm）		+4 −3	+6 −4	+7 −5	+8 −6
水平（mm）		5	6	7	8
三角坑（基长3m）（mm）		4	6	7	8
高低（mm）	波长 1.5～42m	4	6	8	10
轨向（mm）		4	5	6	7
高低（mm）	波长 1.5～120m	7	9	12	15
轨向（mm）		6	8	10	12
复合不平顺（mm）		6	8	—	—
车体垂向振动加速度（m/s²）		1.0	1.5	2.0	2.5
车体横向振动加速度（m/s²）		0.6	0.9	1.5	2.0
轨距变化率（基长3m）		1.0‰	1.2‰	—	—

注：1. 表中管理值为轨道不平顺实际幅值的半峰值。

　　2. 轨距偏差不含构造轨距加宽值。

　　3. 水平偏差不包含曲线按规定设置的超高值及超高顺坡量。

　　4. 三角坑偏差包含缓和曲线超高顺坡造成的扭曲量。

　　5. 复合不平顺指水平和轨向逆向复合不平顺，按水平和轨向（波长1.5～42m）代数差计算。

　　6. 车体垂向振动加速度采用20Hz低通滤波，车体横向振动加速度Ⅰ级、Ⅱ级偏差采用0.5～10Hz带通滤波处理的值进行评判，Ⅲ级、Ⅳ级偏差采用10Hz低通滤波处理的值进行评判。

　　7. 车体加速度超过Ⅳ级时，按照检测时速度对应的速度等级进行限速处理。

（2）偏差扣分标准。

各项目偏差扣分标准：Ⅰ级每处扣1分，Ⅱ级每处扣5分，Ⅲ级每处扣100分，Ⅳ级每处扣301分。

（3）线路动态质量评价。

线路动态评价以千米为单位，每千米扣分总数为各级、各项偏差扣分总和。每千米线路动态评定标准：优秀总扣分在50分及以内；良好总扣分在51～300分；一般总扣分在300分以上。

2. 单元均值管理

轨道质量指数（TQI）是线路轨道几何状态单元均值评价指标，为单元内左高低（波长1.5～42m）、右高低（波长1.5～42m）、左轨向（波长1.5～42m）、右轨向（波长1.5～42m）、轨距、水平、三角坑单项标准差之和，TQI单元长度为200m。

线路轨道质量指数（TQI）管理值 TQI管理值见表6.3.12。TQI按Ⅰ级、Ⅱ级、Ⅲ级进行管理。

Ⅰ级管理值：大型养路机械捣固维修、无砟轨道成段精调等作业的验收质量管理标准。

Ⅱ级管理值：安排轨道维修计划的质量管理标准。

Ⅲ级管理值:保持线路质量稳定均衡,超过时应及时进行维修的质量管理标准。

线路轨道质量指数(TQI)管理值　　　　　　　表6.3.12

线路速度等级 (km/h)	波长 (m)	TQI(mm)		
		Ⅰ级	Ⅱ级	Ⅲ级
200≤v≤250	1.5～42	4	6	7
250<v≤350	1.5～42	3	4	5

对轨道出现以下连续三波、多波及长波轨道不平顺情况应尽快处理:

(1)允许速度为250km/h<v≤350km/h的线路区段,高低或轨向幅值达到4mm时;120m长波高低达到7mm且车体垂向振动加速度达到1.5m/s²时;120m长波轨向达到6mm且车体横向振动加速度达到0.9m/s²时。

(2)允许速度为200km/h≤v≤250km/h的线路区段,高低或轨向幅值达到5mm时。70m长波高低达到6mm且车体垂向振动加速度达到1.5m/s²时;70m长波轨向达到6mm且车体垂向振动加速度达到0.9m/s²时。

复习思考题

1.线路设备检查周期有何规定?

2.无砟道床病害形式有哪几种类型?

3.CRTSⅠ型板式无砟道床伤损形式及伤损等级判定标准是什么?

4.CRTSⅡ型板式无砟道床伤损形式及伤损等级判定标准是什么?

5.CRTSⅢ型板式无砟道床伤损形式及伤损等级判定标准是什么?

6.双块式无砟道床伤损形式及伤损等级判定标准是什么?

7.轨道动态不平顺管理值的检查项目有哪些?

8.简述轨道质量指数(TQI)确定的方法。

9.轨道静态检测和动态检测有何区别?

10.线路动态评价扣分标准是什么?

11.轨道检测资料分析的内容是什么?

12.简述无缝线路胀轨跑道发展阶段。

13.无缝线路位移观测桩设定方法是什么?

14.无缝线路胀轨跑道预兆表现在哪几个方面?

15.无砟轨道胀轨跑道的防治措施有哪些?

参 考 文 献

［1］国家铁路局.高速铁路线路维修规则:TG/GW 115—2023［S］.北京:中国铁道出版
社,2023.

［2］国家铁路局.铁路线路设计规范:TB 10098—2017［S］.北京:中国铁道出版社,2017.

［3］铁道部劳动和卫生司,铁道部运输司.高速铁路线路维修岗位［M］.北京:中国铁道出版
社,2012.

［4］国家铁路局.高速铁路轨道工程施工质量验收标准(2023 年局部修订):TB 10754—2018
［S］.北京:中国铁道出版社,2018.

［5］国家铁路局.高速铁路设计规范(2024 年局部修订):TB 10621—2014［S］.北京:中国铁
道出版社,2014.

［6］铁路职工岗位培训教材编审委员会.铁路线路工［M］.北京:中国铁道出版社,2010.

［7］中国国家铁路集团有限公司工电部.铁路线路［M］.北京:中国铁道出版社,2012.

［8］王平,杨荣山.轨道工程［M］.北京:机械工业出版社,2021.

［9］易思蓉.铁道工程［M］.3 版.北京:中国铁道出版社,2015.

高速铁路轨道施工与维护（第 3 版）

目　　录

项目 1 胶结绝缘接头安装实训作业指导书

<table>
<tr><td colspan="2" style="text-align:center">作业准备</td><td rowspan="3">
微课:胶结绝缘接头</td></tr>
<tr><td>所属模块</td><td>轨道结构</td></tr>
<tr><td>任务类型</td><td>小组</td></tr>
<tr><td>实训目标</td><td colspan="2">该实训项目为安装高速铁路有挡肩轨枕扣件。通过实训,使学生清楚胶结绝缘接头安装作业方法和作业标准</td></tr>
<tr><td rowspan="2">机具材料
及安全备品</td><td colspan="2">
发电机　拉伸机　剁斧　扭力扳手　电子道尺　起道器</td></tr>
<tr><td colspan="2">
撬棍　拐子　活口扳手　角磨机　防护备品</td></tr>
<tr><td>作业安全
要求</td><td colspan="2">1.作业过程中注意轻拿轻放仪器。
2.雷雨天气严禁上道作业。
3.上下道时不得打闹嬉戏。
4.上道所有作业人员必须穿着统一工装。
5.在轨道电路区段作业,撬棍等金属长柄工具,应加绝缘套,工具在使用过程中要注意防止连电</td></tr>
<tr><td colspan="3" style="text-align:center">作业程序与质量标准</td></tr>
<tr><td>作业前</td><td colspan="2">　1.作业负责人组织确认工机具、材料、安全备品的数量、状态
</td></tr>
</table>

作业中	2. 对接头前后 20m 范围内的线路进行扣件复紧;对新夹板进行抛光打磨,清除钢轨打磨面的铁质灰粒;检查胶接绝缘夹板绝缘电阻,当电阻在 20Ω 时才能实施组装	
	3. 拆除接头螺栓,打开旧夹板,对轨端、螺栓孔进行打磨去毛刺,对钢轨接头及两端各 450mm 进行除锈打磨清洁处理,要求无锈斑、无油污、无水气	
	4. 用拉伸机对轨缝进行调整,以达到标准要求;组装前应顶紧绝缘端片,对轨应用 1m 电子道尺检查,轨顶垂直凸起不超过 0.3mm,轨头侧边不超过 ±0.3mm	
	5. 准备好胶接绝缘材料及相关设备,试装胶接绝缘夹板;将绝缘套管安装在钢轨螺栓孔内,试组装胶接绝缘夹板,确保每一根螺栓都能够从绝缘套管中通过,实现两块胶接绝缘夹板对穿后卸下	
	6. 调配胶液:将含有沉淀物的甲组份胶液调和,再将乙组份胶液全部倒入已调和的甲组份胶液容器中,并均匀搅拌 40 次以上	
	7. 涂抹胶液:将搅拌好的胶粘剂均匀涂在胶接绝缘夹板作用面和钢轨轨腰接触面上,特别是轨缝处必须涂抹到位,以密封防水浸入	

作业中	8.组装接头:确保轨端与绝缘端片处于密贴状态,且绝缘套管在钢轨螺栓孔内,然后将胶接绝缘夹板(两侧)紧贴钢轨轨腰,交替对穿螺栓	
	9.拧紧螺母:用扭力扳手按3—4—2—5—1—6的顺序拧紧螺母,拧后用手锤锤击螺栓头部,再进行复拧螺栓,然后用扭力扳手依次检查复拧至标准扭矩,锤击螺栓头部后再进行一次复检	
	10.整理外观:清除被挤出的余胶,保持表面美观、整洁	
作业后	11.检查结束,负责人组织检查现场、清点工具,确保现场无杂物后,组织撤离现场	

实训概况			
实训日期		指导教师	
班级		姓名	

实训成果		
实训步骤	质量要求	结构图片
接头除锈		
钢轨对正 轨缝调整		
夹板和轨腰 涂抹胶液		
组装接头 拧紧螺母		

实训评价				
评价	目标			
	知识目标 （100分）	能力目标 （100分）	思政目标 （100分）	小计 （100分）
小组（个人）评价				
教师评价				
总体评价＝小组（个人）评价（30%）＋教师评价（70%）				

项目 2　扣件螺栓涂油实训作业指导书

作业准备		
所属模块	轨道维护	 微课:画撬并更换扣件
任务类型	个人	
实训目标	通过智慧职教慕课和虚拟仿真平台学习,掌握铁路线路扣件螺栓涂油作业的方法,熟练使用各种工具	
机具材料 及安全备品	 　　丁字扳手　　　刷子　　　　油脂　　　　棉纱　　　防护备品	
作业安全 要求	1. 作业过程中注意轻拿轻放仪器。 2. 雷雨天气严禁上道作业。 3. 上下道时不得打闹嬉戏。 4. 上道所有作业人员必须穿着统一工装。 5. 涂油过程中应避免油脂遗撒轨面、枕面,作业完毕,必须对遗撒的油脂清理干净	
作业程序与质量标准		
作业前	1. 防护完毕,作业负责人组织工机具、材料、数量、状态进行确认	
作业中	2. 对螺栓进行松卸,隔二松一	

作业中	3.清理清除承轨台脏物,螺杆涂油	
	4.对扣件进行安装并复紧	
	5.涂明油封口	
作业后	6.检查结束,由材料员清点工具,作业负责人检查现场,在材料机具登记本上登记,确保工完料净后,组织撤离现场	

实训概况			
实训日期		指导教师	
班级		姓名	

实训成果		
主要作业程序	成果照片	质量要求
拆卸扣件 规整摆放		
除锈涂油		
扣件安装		
线路检查		

实训评价				
评价	目标			
	知识目标 （100分）	能力目标 （100分）	思政目标 （100分）	小计 （100分）
小组(个人)评价				
教师评价				
总体评价 = 小组(个人)评价(30%) + 教师评价(70%)				

项目3 WJ-7型扣件实训作业指导书

<table>
<tr><td colspan="2" align="center">作业准备</td><td rowspan="3">
动画:WJ-7型扣件安装</td></tr>
<tr><td>所属模块</td><td>轨道结构</td></tr>
<tr><td>任务类型</td><td>个人(小组)</td></tr>
<tr><td>实训目标</td><td colspan="2">该实训项目是对高速铁路无挡肩轨枕扣件进行检查及安装作业,使学生掌握WJ-7型扣件的结构组成及安装方法,并清楚安装作业的质量标准</td></tr>
<tr><td>机具材料
及安全备品</td><td colspan="2">
扭力扳手　　钢丝刷　　　　防锈油脂　　　十字扳手　　　塞尺</td></tr>
<tr><td>作业安全
要求</td><td colspan="2">1.作业过程中注意轻拿轻放仪器。
2.雷雨天气严禁上道作业。
3.上下道时不得打闹嬉戏。
4.上道所有作业人员必须穿着统一工装</td></tr>
<tr><td colspan="3" align="center">作业程序与质量标准</td></tr>
<tr><td rowspan="2">作业前</td><td>1.学习智慧职教慕课和虚拟仿真平台课程轨道结构组成;认真学习扣件类型和扣件组成</td><td></td></tr>
<tr><td>2.WJ-7型扣件,在无挡肩轨枕地段使用,可在实训工区CRTSI型板式无砟轨道、高速道岔地段进行扣件安装实训练习</td><td></td></tr>
</table>

8

作业中	3.测量轨温:作业前、作业中、作业后分别测量轨温,并如实记录当日气温和轨温	
	4.标记作业量:对超限处所用电子道尺进行核查,并在钢轨上用石笔标记清楚,标清垫板调整量以及所需绝缘缓冲垫板、轨下微调垫板、铁垫板下调高垫板规格、数量,将准备更换的绝缘缓冲垫板、轨下微调垫板、铁垫板下调高垫板型号数值写在轨头上	
	5.垫板作业:WJ-7 型扣件调整钢轨高低时,如遇有钢轨高低和水平有少量不平顺,可垫入调高垫板,此时应提升钢轨,垫入调高垫板。当调高量小于 10mm 时,用轨下调高垫板,当调高量超过 10mm 时,可同时在铁垫板下放入调高垫板。 (1)使用轨下调高垫板:松开 T 型螺栓,抬起钢轨,在轨下垫板和铁垫板之间放入调高垫板(严禁放在轨下垫板上面),轨下调高垫板总厚度不得大于 10mm,数量不得超过 2 块,并应把最薄的轨下调高垫板放在下面,以防轨下调高垫板窜出。轨下调高垫板垫入后,拧紧螺栓,使弹条扣件中部前端下颚靠贴绝缘块(离缝不大于 0.5mm)或扭矩达到 120N·m。 (2)使用铁垫板下调高垫板:松开并卸下铁垫板与轨道板之间的锚固螺栓,垫入或更换调高垫板及绝缘缓冲垫板。铁垫板下调高垫板应放在铁垫板与绝缘缓冲垫板之间,数量不得超过 2 块,厚度不得超过 20mm。铁垫板下调高垫板及更换绝缘缓冲垫板后,拧紧锚固螺栓,扭矩在 300~350N·m	

作业中	6.用电子道尺检查基准股调整后轨距、水平,轨距－1～＋1mm、轨距变化率0.3‰、轨向1mm、高低1mm、水平1mm、水平变化率0.5‰、三角坑2mm;对超过作业验收标准的处所进行整修	
	7.安装铁垫板时箭头方向朝向轨道内侧	
	8.WJ型弹条的理论安装扭矩在120N·m左右,X2型弹条的理论安装扭矩在80N·m左右,锚固螺栓的扭矩在300～350N·m	
作业后	9.检查轨道轨向、高低,满足设计规范要求。使弹条扣件中部前端下颚靠贴绝缘块(离缝不大于0.5mm)或扭矩达到120N·m	 弹条中部前端下颚

绝缘缓冲垫板、轨下微调垫板、铁垫板下调高垫板配置 表1

单股高低调整量 （mm）	绝缘缓冲垫板厚度 （mm）	轨下微调垫板总厚度 （mm）	铁垫板下调高垫板总厚度 （mm）
－4	2	0	0
－3	2	1	0
－2	2	2	0

单股高低调整量 （mm）	绝缘缓冲垫板厚度 （mm）	轨下微调垫板总厚度 （mm）	铁垫板下调高垫板总厚度 （mm）
−1	2	3	0
0	6	0	0
1	6	1	0
2	6	2	0
3	6	2 + 1	0
4	6	2 + 2	0
5	6	5 或 0	0 或 5
6	6	5 + 1 或 1	0 或 5
7	6	5 + 2 或 2	0 或 5
8	6	2 + 1	5
9	6	2 + 2	5
10	6	0 或 5 + 5	10 或 0
11	6	1	10 或 5 + 5
12	6	2	10 或 5 + 5
13	6	2 + 1	10 或 5 + 5
14	6	2 + 2	10 或 5 + 5
15	6	0 或 5	10 + 5 或 10/5 + 5
16	6	1 或 5 + 1	10 + 5 或 10
17	6	2 或 5 + 2	10 + 5 或 10
18	6	2 + 1	10 + 5
19	6	2 + 2	10 + 5
20	6	0 或 5 或 5 + 5	10 + 10 或 10 + 5 或 10
21	6	1 或 5 + 1	10 + 10 或 10 + 5
22	6	2 或 5 + 2	10 + 10 或 10 + 5
23	6	2 + 1	10 + 10
24	6	2 + 2	10 + 10
25	6	5 或 5 + 5	10 + 10 或 10 + 5
26	6	5 + 1	10 + 10

实训概况			
实训日期		指导教师	
班级		姓名	
实训成果			
实训步骤	质量要求		结构图片
安装弹性垫板 及铁垫板			
安装锚固螺栓			
安装弹条			
安装 T 型螺栓			

实训评价				
评价	目标			
	知识目标 （100 分）	能力目标 （100 分）	思政目标 （100 分）	小计 （100 分）
小组(个人)评价				
教师评价				
总体评价 = 小组(个人)评价(30%) + 教师评价(70%)				

项目 4　WJ-8 型扣件实训作业指导书

作业准备		
所属模块	轨道结构	
任务类型	小组	
实训目标	该实训项目是对高速铁路有挡肩轨枕扣件进行检查及安装作业,使学生掌握 WJ-8 型扣件的结构组成及其安装方法,并清楚安装作业的质量标准	
机具材料及安全备品	扭力扳手　　钢丝刷　　　防锈油脂　　十字扳手　　　塞尺	
作业安全要求	1. 作业过程中注意轻拿轻放仪器。 2. 雷雨天气严禁上道作业。 3. 上下道时不得打闹嬉戏。 4. 上道所有作业人员必须穿着统一工装	
作业程序与质量标准		
作业前	1. 学习智慧职教慕课和虚拟仿真平台课程——轨道结构组成,认真学习扣件类型和扣件组成	
	2. 本次采用 WJ-8 型扣件,在有挡肩轨枕地段使用。可在实训工区 CRTS Ⅰ 型双块式、CRTS Ⅱ 型板式、CRTS Ⅲ 型板式无砟轨道地段训练使用	

作业中	3.用扭力扳手或者十字扳手松卸扣件放在轨枕面上。注意:长螺杆一定要放置在弹条之上,一般摆放在轨枕左侧,内外分开	
	4.清扫除锈,除锈油均匀涂抹螺杆和丝扣	
	5.使用起道器起道,最大起道量不得超过15mm,同时保证起道器两侧轨枕,至少有两处处于松懈状态	
	6.拆卸铁垫板,安装作业方案中对应型号调高垫片。1~10mm调高量采用防爬胶垫下设置微调垫片方式;10mm以上调高量采用弹性垫板下设置调高垫配合防爬胶垫下设置微调垫片方式。钢轨下最少保证有2mm防爬胶垫	
	7.撤除起道器,安装弹条、螺栓,并复紧	

作业后	8.用塞尺检查扣件中舌部位、轨距挡板、绝缘块位置离缝,不得超过0.5mm	

实训概况			
实训日期		指导教师	
班级		姓名	
实训成果			
将扣件安装过程图片进行拍摄,并说明每个操作过程的质量标准			
实训步骤	质量要求		结构图片
扣件除锈 及承轨槽清理			
安装弹性垫板			
安装轨下垫板			
安装轨距挡板			

放置钢轨		
安装绝缘快		
安装弹条		
长螺杆拧紧		
密贴检查		

实训评价				
评价	目标			
	知识目标 （100分）	能力目标 （100分）	思政目标 （100分）	小计 （100分）
小组(个人)评价				
教师评价				
总体评价＝小组（个人）评价(30%) + 教师评价(70%)				

项目 5　有砟轨道结构实训作业指导书

作业准备		 微课:有砟轨道结构
所属模块	轨道结构	
任务类型	个人(小组)	
实训目标	本实训项目在高铁实训工区进行,使学生掌握有砟轨道结构的组成及其之间连接方式	
机具材料 及安全备品	 　钢板尺　　　　　钢卷尺　　　　　塞尺	
作业安全 要求	1.作业过程中注意轻拿轻放仪器。 2.雷雨天气严禁上道作业。 3.上下道时不得打闹嬉戏。 4.上道所有作业人员必须穿着统一工装	
作业程序与质量标准		
作业前	1.学习智慧职教慕课和虚拟仿真平台课程——有砟轨道结构组成	
作业中	2.钢轨:断面形状、长度。不同型号钢轨顶面宽度、高度等尺寸量测,轨缝位置和轨缝量测	

作业中	3. 轨枕:木枕、有挡肩预应力钢筋混凝土轨枕、无挡肩预应力钢筋混凝土轨枕、桥枕、宽枕等不同类型轨枕断面形状、长度、宽度等尺寸量测	
	4. 中间连接零件:适用有挡肩轨枕扣件类型及组成,无挡肩轨枕扣件类型及组成	
	5. 接头连接零件:接头类型判定,导电接头、绝缘接头、胶结接头、异型接头、尖轨接头等;接头组成结构,接头夹板、接头螺栓安装方式;轨缝大小用塞尺量测	
	6. 道床:道床结构尺寸三要素、砟肩堆高量测	
	7. 加强设备:防爬器、轨距拉杆、轨撑结构认知、安装位置	

实训概况		
实训日期	指导教师	
班级	姓名	
实训成果		
在实训工区对应查找下列结构部位,并拍摄相应结构图片		
结构组成	结构检查项目	结构图片
钢轨	60(50)钢轨	
轨枕	木枕	
	有挡肩预应力混凝土轨枕	
	无挡肩预应力混凝土轨枕	
	桥枕	
	宽枕	

结构组成	结构检查项目	结构图片
中间连接零件	(Ⅱ型、Ⅲ型)弹条扣件	
	WJ-7 扣件	
	WJ-8 扣件	
	扣板式扣件	
接头连接零件	对接接头	
	错接接头	
	导电接头	
	绝缘接头	
	异型接头	
	轨缝量测	

结构组成	结构检查项目	结构图片
道床	道床结构尺寸三要素	
	砟肩堆高	
加强设施	轨距拉杆	
	防爬器	
	轨撑	

实训评价				
评价	目标			
	知识目标 (100分)	能力目标 (100分)	思政目标 (100分)	小计 (100分)
小组(个人)评价				
教师评价				
总体评价 = 小组(个人)评价(30%) + 教师评价(70%)				

项目6　道岔结构实训作业指导书

<table>
<tr><td colspan="2" align="center">作业准备</td><td rowspan="3">
微课:普通单开道岔结构</td></tr>
<tr><td>所属模块</td><td align="center">轨道结构</td></tr>
<tr><td>任务类型</td><td align="center">小组</td></tr>
<tr><td>实训目标</td><td colspan="2">　该实训项目是对高速铁路12号可动心轨或者9号普通单开道岔进行结构量测,通过任务训练,学生能识读图纸,清楚单开道岔结构组成、道岔主要结构尺寸和关键连接零件等,并了解道岔结构的主要技术标准</td></tr>
<tr><td>机具材料及安全备品</td><td colspan="2">
　　钢板尺　　　　　　　　钢卷尺　　　　　　　　塞尺</td></tr>
<tr><td>作业安全要求</td><td colspan="2">1.作业过程中注意轻拿轻放仪器。
2.雷雨天气严禁上道作业。
3.上下道时不得打闹嬉戏。
4.上道所有作业人员必须穿着统一工装</td></tr>
<tr><td colspan="3" align="center">作业程序与质量标准</td></tr>
<tr><td rowspan="2">作业前</td><td>　1.学习智慧职教慕课和虚拟仿真平台课程——普通单开道岔,认真学习扣件道岔结构组成</td><td></td></tr>
<tr><td>　2.在智慧职教慕课点击"道岔图集",识读道岔图纸,本次实训在实训工区道岔地段进行训练;学习并量测道岔全长、前长、后长,道岔钢轨长度,道岔轨枕数量和轨枕长度等主要尺寸</td><td></td></tr>
</table>

作业中	3.量测道岔钢轨长度,基本轨、尖轨、8 根配轨、翼轨、心轨、护轨长度。注意:各类钢轨的安装位置要求	
	4.量测道岔轨枕长度并确定不同长度轨枕数量。注意:现场道岔铺设方向、间距和布枕端部对齐要求	
	5.确定转辙器部位道岔大垫板类型和数量	
	6.确定道岔轨撑位置、类型和数量	
	7.检查道岔零配件部件有无缺损、扣件安装是否密贴	

续上表

作业后	8. 根据量测尺寸按照 1：20 比例绘制道岔结构图	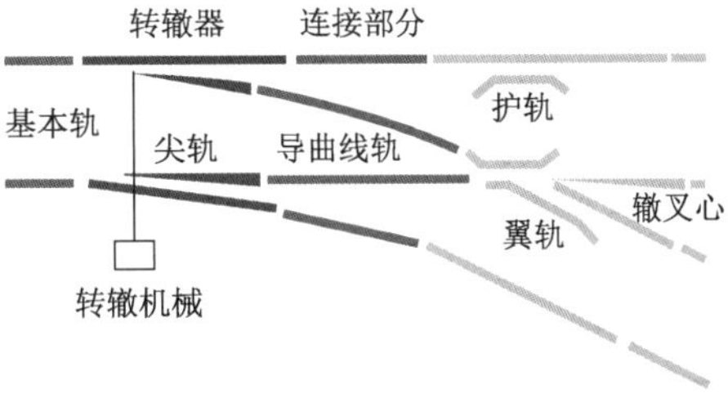

实训概况			
实训日期		指导教师	
班级		姓名	

实训成果
识读道岔图纸,分类列出道岔钢轨、轨枕、垫板、轨撑等机构数量。量测道岔钢轨轨枕尺寸,并实地记录。可按1∶50~1∶20比例范围绘制。绘制步骤:确定直股、曲股股道中心线,根据道岔长度尺寸可按1∶50~1∶20比例范围绘制,确保直股和曲股轨距一致;道岔图上标识道岔全长、岔头、岔尾、道岔中心、基本轨、尖轨、翼轨、心轨、护轨、警冲标位置等

1. 道岔尺寸:道岔全长　　　　道岔前长　　　　道岔后长
2. 道岔支距:

序号										
支距值										

3. 钢轨长度:基本轨——　　　　尖　轨——　　　　直上股钢轨——
　　　　　　直下股钢轨——　　　　曲上股钢轨——　　　　曲下股钢轨——
　　　　　　护轨——　　　　　　心轨——　　　　　　翼轨——
4. 轨枕数量:总数量——

序号	轨枕长度	数量	序号	轨枕长度	数量

5. 现场量测尺寸并绘制道岔结构图(另附图纸):

实训评价				
评价	目标			
	知识目标 (100分)	能力目标 (100分)	思政目标 (100分)	小计 (100分)
小组(个人)评价				
教师评价				
总体评价 = 小组(个人)评价(30%) + 教师评价(70%)				

项目7　CRTSⅢ型板式无砟轨道结构实训作业指导书

作业准备		
所属模块	轨道结构	微课：Ⅲ型板式无砟轨道结构
任务类型	个人	
实训目标	通过实训工区CRTSⅢ型板式无砟轨道结构展示段进行检查,掌握CRTSⅢ型板式无砟轨道结构组成及各部位结构特点,并量测结构主要尺寸	
机具材料及安全备品	画图工具　　　　　　　钢卷尺　　　　　　　塞尺	
作业安全要求	1.作业过程中注意轻拿轻放仪器。 2.雷雨天气严禁上道作业。 3.上下道时不得打闹嬉戏。 4.上道所有作业人员必须穿着统一工装	
作业程序与质量标准		
作业前	1.学习智慧职教慕课和虚拟仿真平台课程——CRTSⅢ型板式无砟轨道结构组成	
作业中	2.识读无砟轨道横断面图、平面图布置图,确认CRTSⅢ型板式无砟轨道轨道板、底座板、自密实混凝土层结构尺寸	

作业中	3.实训工区 CRTSⅢ 型板式无砟轨道自密实混凝土层结构认知并量测各结构层的尺寸	
	4.CRTSⅢ 型轨道板纵、横向预应力钢筋等量测；CRTSⅢ 型轨道板灌浆孔、承轨台、预留螺栓孔位置量测。CRTSⅢ 型轨道板门型钢筋结构示意	
	5.CRTSⅢ 型板式无砟轨道自密实混凝土结构尺寸及纵横向钢筋布置	
	6.CRTSⅢ 型板式无砟轨道底座及抗剪凹槽结构尺寸及纵横向钢筋布置	

实训概况			
实训日期		指导教师	
班级		姓名	

实训成果		
项目	结构尺寸	结构特点
轨道板		
自密实 混凝土层		
底座		
抗剪凹槽		
轨道板 伸缩缝		
底座 伸缩缝		
轨道板 纵向钢筋		
轨道板 横向钢筋		

实训评价				
评价	目标			
	知识目标 (100分)	能力目标 (100分)	思政目标 (100分)	小计 (100分)
小组(个人)评价				
教师评价				
总体评价 = 小组(个人)评价(30%) + 教师评价(70%)				

项目 8 线路几何形位检查实训作业指导书

作业准备		
所属模块	轨道精调	
任务类型	小组	微课:轨道状态检查——道尺　微课:线路检查——电子道尺
实训目标	通过智慧职教慕课和虚拟仿真平台学习,掌握线路几何形位检查基本操作程序和轨距尺、弦绳的使用方法	
机具材料及安全备品	 弦绳　钢板尺　塞尺　扭力矩扳手　电子道尺　防护备品	
作业安全要求	1.作业过程中注意轻拿轻放仪器。 2.雷雨天气严禁上道作业。 3.上下道时不得打闹嬉戏。 4.上道所有作业人员必须穿着统一工装	
作业程序与质量标准		
作业前	1.校准量具:调头测量,检查道尺水平精度,校核误差在1mm以内。(电子道尺水平精度校核误差在0.2mm以内)	
作业中	2.测量轨向、高低:采用目视检查线路轨向、高低,对目视检查不良处所使用弦绳进行套拉检查;在基准股钢轨布置弦绳,利用钢板尺在钢轨非作用边检查轨向、轨顶面检查高低;使用普通弦绳时,磁头厚一般为10mm,弦绳长设定为10m	

作业中	3.确定水平基准股:根据大里程方向,确定左股为基准股,曲线以曲下股为基准股。比基准股高记为"＋",比基准股高记为"－"	
	4.测量轨距、水平:使用道尺每6.25m测量一处,记录轨距水平偏差值,不良处所进行逐根检查(电子道尺每3.125m测量一处)	
	5.检查扣件系统松动、缺少、失效等情况并记录	
	6.使用扭力矩扳手每千米连续检测100个扣件扭力矩	
	7.复核检查数据,并根据实际检查情况初步确定现场病害类型及整修方案	

作业后	8.检查结束,由材料员清点工具,作业负责人检查现场,在材料机具登记本上登记,确保工完料净后,组织撤离现场	

线路轨道静态几何尺寸容许偏差管理值　　表1

项目		v>160km/h			160km/h≥v>120km/h			v≤120km/h			其他站线		
		作业验收	经常保养	临时补修	作业验收	经常保养	临时补修	作业验收	经常保养	临时补修	作业验收	经常保养	临时补修
轨距		+2 −2	+4 −2	+6 −4	+4 −2	+6 −4	+8 −4	+6 −2	+7 −4	+9 −4	+6 −2	+9 −4	+10 −4
水平		3	5	8	4	6	8	4	6	10	5	8	11
高低		3	5	8	4	6	8	4	6	10	5	8	11
轨向(直线)		3	4	7	4	6	8	4	6	10	5	8	11
三角坑 (扭曲)	缓和曲线	3	4	6	4	5	4	5	5	5	5	7	8
	直线和圆曲线	3	4	6	4	6	4	6	6	5	5	8	10

线路检查记录簿（有砟轨道） 表2

正线_____km 至_____km 站线_____股道 曲线半径_____m 超高_____mm 顺坡率_____%

检查日期	检查项目	钢轨编号													
		接头	中间	接头	中间	接头	中间	接头	中间	接头	中间	接头	中间	接头	中间
	轨距														
	水平、三角坑														
	轨向、高低及其他														
	临时补修日期及内容														
	轨距														
	水平、三角坑														
	轨向、高低及其他														
	临时补修日期及内容														

项目9 CPⅢ高程及沉降观测实训作业指导书

作业准备		
所属模块	轨道精调	
任务类型	小组任务	微课:CPⅢ平差计算　　视频:二等水准外业观测
实训目标	通过智慧职教慕课和虚拟仿真平台学习,掌握CPⅢ高程及沉降观测的程序和设备使用方法,并会进行测后数据成果计算和平差计算	
机具材料 及安全备品	 　　　水准仪　　　　　　　　水准尺(铟瓦钢尺)　　　　　　　三脚架 　　　　　　20m卷尺　　　　　　沉降观测杆	
作业安全 要求	1.作业过程中注意轻拿轻放仪器。 2.严禁不穿工装上道作业。 3.上下道时不得打闹嬉戏。 4.雷雨天气严禁上道作业	
作业程序与质量标准		
作业前	1.清点仪器设备	

作业前	2.小组人员分工,学习在线课程,清楚精密水准测量步骤和实训内容	课件　作业　考试 课程介绍　＞ 线下结构物沉降观测及评估　＞ CPⅢ点位布设及测量　∨ 　轨道控制网CPⅢ测量　＞ 　CPⅢ高程控制网测量及评差　＞
作业中	3.丈量沉降观测点距离,选取中间点做标记	
	4.观测人员在中间点架设水准仪	
	5.整平水准仪,使水准气泡居中	DL-2003AG
	6.扶尺人员将水准尺立于沉降观测桩上,并使水准气泡居中;如将水准尺立于CPⅢ观测桩上,则需要安装沉降杆	

作业中	7. 观测人员瞄准水准尺开始观测，并记录测量结果，注意观测顺序： 奇数站：后前前后； 偶数站：前后后前	
作业后	8. 整理测量结果，并进行平差计算和限差校核	高程误差配赋表
	9. 检查仪器，并放回指定位置	

<table>
<tr><td colspan="11" align="center">实训概况</td></tr>
<tr><td colspan="2" align="center">实训日期</td><td colspan="3"></td><td colspan="2" align="center">指导教师</td><td colspan="4"></td></tr>
<tr><td colspan="2" align="center">班级</td><td colspan="3"></td><td colspan="2" align="center">姓名</td><td colspan="4"></td></tr>
<tr><td colspan="2" rowspan="6" align="center">小组成员
及任务分工</td><td colspan="3" align="center">分项任务</td><td colspan="6" align="center">人员</td></tr>
<tr><td colspan="3"></td><td colspan="6"></td></tr>
<tr><td colspan="3"></td><td colspan="6"></td></tr>
<tr><td colspan="3"></td><td colspan="6"></td></tr>
<tr><td colspan="3"></td><td colspan="6"></td></tr>
<tr><td colspan="3"></td><td colspan="6"></td></tr>
</table>

实训成果

1. 水准测量成果表

测站	视准点	视距读数		标尺读数		读数差（mm）	高差中数（m）	累积高差（m）	备注
	后视	后距1	后距2	后尺读数1	后尺读数2				
	前视	前距1	前距2	前尺读数1	前尺读数2				
		视距差（m）	累积差（m）	高差（m）	高差（m）				
1									
2									
3									
4									

<table>
<tr><td rowspan="4" align="center">测段
计算</td><td align="center">测段起点</td><td></td><td></td><td></td><td></td><td></td></tr>
<tr><td align="center">测段终点</td><td></td><td align="center">累计视距差</td><td align="center">m</td><td></td><td></td></tr>
<tr><td align="center">累计前距</td><td align="center">km</td><td align="center">累计高差</td><td align="center">m</td><td></td><td></td></tr>
<tr><td align="center">累计后距</td><td align="center">km</td><td align="center">测段距离</td><td align="center">km</td><td></td><td></td></tr>
</table>

2. 高程平差赋值表

点名	测段编号	距离（m）	观测高差（m）	改正数（m）	改正后高差（m）	高程（m）
Σ						

$W =$ mm $W_{允} =$ mm

注：距离取位到 0.001m，高差、改正数和改正后高差取位到 0.00001m，高程取位到 0.00001m，闭合差和允许闭合差取位到 0.01mm。

实训评价

评价	目标			
	知识目标（100分）	能力目标（100分）	思政目标（100分）	小计（100分）
小组(个人)评价				
教师评价				
总体评价 = 小组(个人)评价(30%) + 教师评价(70%)				

项目 10 全站仪后方交会法设站实训作业指导书

作业准备		
所属模块	轨道精调	
任务类型	小组任务	微课:全站仪设站　　微课:棱镜安装
实训目标	通过智慧职教慕课和虚拟仿真平台学习,掌握全站仪后方交会法设站基本方法,熟练使用全站仪,清楚设站过程中精平、设站完成后质量标准	
机具材料及安全备品	全站仪　　　　CPⅢ棱镜　　　　三脚架	
作业安全要求	1.作业过程中注意轻拿轻放仪器。 2.严禁不穿工装上道作业。 3.上下道时不得打闹嬉戏。 4.雷雨天气严禁上道作业	
作业程序与质量标准		
作业前	1.清点仪器设备,检查仪器	
	2.小组人员分工,学习智慧职教慕课和虚拟仿真平台相应课程,清楚实训内容,学习设备使用方法	

作业中	3.安装 CPⅢ 观测棱镜。 注意:按住卡扣后再装入棱镜	
	4.架设全站仪	
	5.整平全站仪,使水准气泡居中,调转 180°后再次进行检查气泡居中情况	
	6.点击"设站",选择"后方交会"	
	7.输入点号(一般以日期进行命名)	

作业中	8.选择观测点(301或者309),盘左状态瞄准对应点后点击观测,仪器自动保存测量结果	
	9.选择观测点(302或者310),瞄准对应点后点击观测,仪器自动保存测量结果。其余观测点,全站仪将自动搜索并照准,检查是否正确,并点击测量,直至6个(8个)观测点全部测量结束,点击完成测量	
	10.检查设站质量,满足要求后点击计算,设站完成	
作业后	11.关闭全站仪,并取出蓄电池,装入箱内,放回指定位置	
	12.将棱镜取下,并装入棱镜包,放回指定位置。依次检查其他设备并装箱	

实训概况			
实训日期		指导教师	
班级		姓名	

实训成果

1. 下图是实训工区 CPⅢ控制点平面位置图,请在图中标出全站仪设站位置及观测顺序

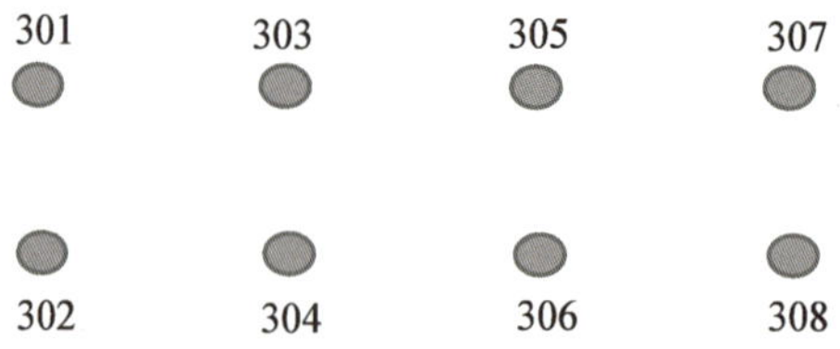

301 303 305 307

302 304 306 308

2. 绘制出设站水准气泡居中情况(拍摄仪器精平图片贴于此处)

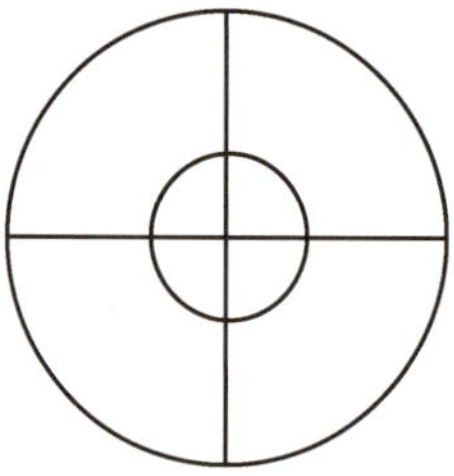

N:
S:

3. 设站质量成果(拍摄仪器设站图片贴于此处)
东坐标标准差(1σ):
北坐标标准差(1σ):
高程标准差(1σ):
方位角标准差:

4. 全站仪设站操作步骤

实训评价				
评价	目标			
	知识目标 (100 分)	能力目标 (100 分)	思政目标 (100 分)	小计 (100 分)
小组(个人)评价				
教师评价				
总体评价 = 小组(个人)评价(30%) + 教师评价(70%)				

项目 11　CRTSⅢ型板式无砟轨道施工实训作业指导书

作业准备		
所属模块	轨道施工	
任务类型	个人	微课:底座板放样
实训目标	通过智慧职教慕课和虚拟仿真平台学习和图纸识读训练,掌握桥梁段 CRTSⅢ型板式结构主要组成、结构层主要尺寸及基本施工工艺,并清楚主要工序质量标准	
机具材料及安全备品	 画图工具　　　　　　钢卷尺　　　　　　塞尺	
作业安全要求	1. 作业过程中注意轻拿轻放仪器。 2. 雷雨天气严禁上道作业。 3. 上下道时不得打闹嬉戏。 4. 上道所有作业人员必须穿着统一工装	
作业程序与质量标准		
作业前	1. 学习智慧职教慕课和虚拟仿真平台课程——CRTSⅢ型板式无砟轨道施工	
	2. 识读无砟轨道平面布置图,确认轨道板在不同长度桥梁段布置方式,并列表记录	
作业中	3. 梁面处理	

作业中	4.底座施工	
	5.隔离层及弹性垫板施工	
	6.轨道板粗铺	
	7.轨道板精调	
	8.自密实混凝土灌注	

实训概况			
实训日期		指导教师	
班级		姓名	

实训成果
1.轨道板在不同长度梁段的布置方式

24m 梁轨道板布置	
32m 梁轨道板布置	
48m 梁轨道板布置	

2.绘制 CRTS Ⅲ 型板式无砟轨道施工流程图,注明质量控制要点

实训评价				
评价	目标			
	知识目标 (100分)	能力目标 (100分)	思政目标 (100分)	小计 (100分)
小组(个人)评价				
教师评价				
总体评价 = 小组(个人)评价(30%) + 教师评价(70%)				

项目 12   CRTSⅢ型板式无砟轨道精调实训作业指导书

作业准备		
所属模块	轨道精调	
任务类型	小组任务	微课:精调爪安装及调整 微课:CRTSⅢ型板精调
实训目标	通过智慧职教慕课和虚拟仿真平台学习,掌握 CRTSⅢ型轨道板精调基本操作程序,会熟练使用全站仪、安装标架和棱镜,掌握计算机端操作和精调爪的调节	
机具材料及安全备品		
	全站仪　　　　　　　　CPⅢ棱镜　　　　　　　三脚架（小）	
	工控机　　　　　测量标架(带棱镜)　　　　精调爪　　　　扭力扳手(小)	
作业安全要求	1.作业过程中注意轻拿轻放仪器。 2.严禁不穿工装上道作业。 3.上下道时不得打闹嬉戏。 4.雷雨天气严禁上道作业	
作业程序与质量标准		
作业前	1.清点仪器设备,检查仪器完好情况	

作业前	2.校准标架	
作业中	3.架设全站仪,并采用后方交会的方法进行设站	
	4.安装精调爪	
	5.U字形安装精调标架及棱镜。注意:标架活动端应位于承轨槽外侧	
	6.将全站仪和工控机通过蓝牙连接后,进行CRTSⅢ型板精调软件设置	

	7.打开软件,进行选板和定向作业	
作业中	8.瞄准 1 号标架,点击测量,并保存	
	9.根据测量显示结果,指挥精调人员进行轨道板调整,直至满足要求为止	
作业后	10.整理检查仪器设备,并放回指定位置	

实训概况			
实训日期		指导教师	
班级		姓名	

	分项任务	人员
小组成员 及任务分工	全站仪设站	
	标架摆放	
	精调爪安装	
	电脑软件操作	
	CPⅢ测点棱镜安装	

实训成果

1. 在下图中标出标架的安放位置及标号

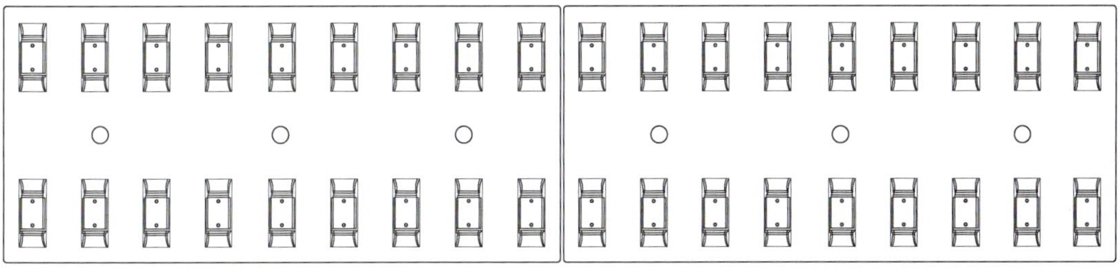

2. 轨道板对应位置初始偏差值及调整后测量结果

标架编号	初始测量偏差值	调整后测量偏差值	调整次数
1号			
2号			
5号			
6号			

3. 全站仪设站质量成果(拍摄仪器设站质量图片贴于此处)

东坐标标准差(1σ):
北坐标标准差(1σ):
高程标准差(1σ):
方位角标准差:

4.现场精调完毕应该满足什么要求？（拍摄电脑端精调前后数据图片贴于此处）

5.请详细列出轨道板精调步骤（拍摄现场全站仪、标架、精调爪、电脑端完整图贴于此处）

实训评价				
评价	目标			
	知识目标 （100分）	能力目标 （100分）	思政目标 （100分）	小计 （100分）
小组（个人）评价				
教师评价				
总体评价 = 小组（个人）评价（30%）+ 教师评价（70%）				

项目 13　CRTS 双块式无砟轨道施工实训作业指导书

作业准备		
所属模块	轨道施工

微课:CRTS 双块式无砟轨道结构 |
任务类型	个人	
实训目标	通过智慧职教慕课和虚拟仿真平台学习和图纸识读训练,掌握路基段双块式轨枕结构主要组成、结构层主要尺寸及基本施工工艺,并会进行主要材料数量的计算	
机具材料 及安全备品	 　　画图工具　　　　　　　　钢卷尺　　　　　　　塞尺	
作业安全 要求	1.作业过程中注意轻拿轻放仪器。 2.雷雨天气严禁上道作业。 3.上下道时不得打闹嬉戏。 4.上道所有作业人员必须穿着统一工装	
作业程序与质量标准		
作业前	1.学习智慧职教慕课和虚拟仿真平台课程——CRTS 双块式无砟轨道施工	
	2.识读 CRTS 双块式无砟轨道路基段横断面图、平面布置图,确定道床板、支承层结构尺寸	
	3.识读道床板钢筋布置图,清楚道床板上下层钢筋类型和数量	
作业中	4.恢复中线,设定铺设边线,摊铺机就位	

51

作业中	5.卸料布料	
	6.水硬性支承层摊铺作业	
	7.水硬性支承层拉毛及整修	
	8.水硬性支承层切缝	
	9.轨排组装	

作业中	10.道床板底层钢筋绑扎及轨排粗调	
	11.道床板底层钢筋绑扎及模板安装	
	12.轨排精调	
	13.道床板混凝土浇筑	
作业后	14.混凝土养护,并完成轨道复测	

<table>
<tr><td colspan="4" align="center">实训概况</td></tr>
<tr><td align="center">实训日期</td><td></td><td align="center">指导教师</td><td></td></tr>
<tr><td align="center">班级</td><td></td><td align="center">姓名</td><td></td></tr>
</table>

<table>
<tr><td colspan="3" align="center">实训成果</td></tr>
<tr><td colspan="3">1.学习视频和课件,列出路基段 CRTS 双块式无砟轨道施工流程,并注明质量控制要点</td></tr>
</table>

工序		作业内容	质量标准
项目		结构尺寸	结构特点
长度≥300m 路基	道床板		
	底座		
	端梁		
长度<300m 路基	道床板		
	底座		
凹槽			
道床板上层钢筋			
道床板下层钢筋			

2.根据图纸,写出一块(对应学号)道床板的上下层钢筋类型、数量、长度、重量等

<table>
<tr><td colspan="5" align="center">实训评价</td></tr>
<tr><td rowspan="2" align="center">评价</td><td colspan="4" align="center">目标</td></tr>
<tr><td align="center">知识目标
(100 分)</td><td align="center">能力目标
(100 分)</td><td align="center">思政目标
(100 分)</td><td align="center">小计
(100 分)</td></tr>
<tr><td align="center">小组(个人)评价</td><td></td><td></td><td></td><td></td></tr>
<tr><td align="center">教师评价</td><td></td><td></td><td></td><td></td></tr>
<tr><td colspan="4" align="center">总体评价 = 小组(个人)评价(30%) + 教师评价(70%)</td><td></td></tr>
</table>

项目 14 CRTS 双块式无砟轨道底座放样实训作业指导书

作业准备			
所属模块	轨道施工	微课:CRTS I 型双块式无砟轨道布板里程计算	微课:CRTS I 型双块式无砟轨道梁端里程反算
任务类型	个人		
实训目标	通过智慧职教慕课和虚拟仿真平台学习和图纸识读训练,掌握桥梁段双块式轨枕结构主要组成、结构层主要尺寸及基本施工工艺,并会进行底座放样计算		
机具材料及安全备品	 画图工具　　　　　　　钢卷尺　　　　　　塞尺		
作业安全要求	1.作业过程中注意轻拿轻放仪器。 2.雷雨天气严禁上道作业。 3.上下道时不得打闹嬉戏。 4.上道所有作业人员必须穿着统一工装		
作业程序与质量标准			
作业前	1.学习智慧职教慕课和虚拟仿真平台课程——桥梁段 CRTSI 型双块式无砟轨道施工		
	2.学习底座放样计算视频		
作业中	3.识读无砟轨道平面布置图,确认道床板在不同长度梁段布置方式,并列表记录		

<table>
<tr><td rowspan="3" style="text-align:center"></td><td rowspan="1">4.查找工点分布表，确认自己需要计算的资料</td><td>

GNZQ-9标沿线工点分布表

序号	结构物名称	起点里程	终点里程	长度(m)
1	正线区间路基	DK420+383.25	DK420+400	16.75
2	坡蕉二号隧道(733m)	DK420+400	DK421+133	733
3	路基	DK421+133	DK421+180	47
4	新屯一号隧道(4645m)	DK421+180	DK425+825	4645
5	新屯二号隧道(245m)	DK425+860	DK426+105	245
6	路基	DK426+105	DK426+124.221	19.22
7	位升双线特大桥DK426+720	DK426+124.221	DK427+274.455	1150.234

</td></tr>
</table>

作业中	5.查找曲线要素表

序号	交点号	X (N) 坐标	Y (E) 坐标	半径	Ls1	Ls2
	407000	2626819.7320	491890.1486			
	JD63	2622835.7570	493563.7906	9000	530	530
	JD64	2618555.9243	493075.4525	9000	530	530
	JD65	2615109.1328	493456.4859	9000	530	530
	JD66	2607749.418	493191.867	9000	530	530
	JD67	2605619.272	492758.637	10000	470	470
	JD68	2601581.137	492372.483	10000	470	470
	JD69	2594648.714	493291.725	9000	530	530
	442000	2592299.060	494018.706			

|

| 作业中(续) | 6.计算自己任务的底座坐标 |

清除中桩	中桩坐标计算	高程计算			边桩坐标计算	
桩号	中线坐标		切线方位角	高程	左	
	N (X)	E (Y)			距离	右夹角
K438+178.75	2596013.046	493110.814	172°26'47.8"		1.4	
438184.94	2596006.910	493111.628	172°26'47.8"		1.4	
K438+185.04	2596006.811	493111.641	172°26'47.8"		1.4	
K438+191.44	2596000.467	493112.482	172°26'47.8"		1.4	
K438+191.54	2596000.367	493112.495	172°26'47.8"		1.4	
K438+197.94	2595994.023	493113.337	172°26'47.8"		1.4	
K438+198.04	2595993.924	493113.350	172°26'47.8"		1.4	
K438+204.44	2595987.579	493114.191	172°26'47.8"		1.4	
K438+204.54	2595987.480	493114.204	172°26'47.8"		1.4	
K438+211.35	2595980.729	493115.099	172°26'47.8"		1.4	

|

| 作业后 | 7.根据底座坐标，准备全站仪、棱镜进行实地放样 | |

<table>
<tr><td colspan="4" align="center">实训概况</td></tr>
<tr><td align="center">实训日期</td><td></td><td align="center">指导教师</td><td></td></tr>
<tr><td align="center">班级</td><td></td><td align="center">姓名</td><td></td></tr>
</table>

实训成果

1. 道床板在不同长度梁段的布置方式

24m 梁道床板布置	
32m 梁道床板布置	
48m 梁道床板布置	

2. 底座坐标计算成果(作为附件提交)

3. 学习视频和课件、列出桥梁段 CRTS Ⅰ 型双块式无砟轨道底座施工流程,并注明质量控制要点

工序	作业内容	质量标准

实训评价				
评价	目标			
	知识目标 (100分)	能力目标 (100分)	思政目标 (100分)	小计 (100分)
小组(个人)评价				
教师评价				
总体评价 = 小组(个人)评价(30%) + 教师评价(70%)				

项目 15　CRTS 双块式无砟轨道精调实训作业指导书

作业准备		微课:CRTS I 型双块式 无砟轨道精调操作	微课:安伯格轨检 小车安装（1）	微课:安伯格轨检 小车安装（2）
所属模块	轨道精调			
任务类型	小组任务			
实训目标	通过智慧职教慕课和虚拟仿真平台学习,掌握 CRTSI 型双块式无砟轨道精调基本操作程序,会熟练使用全站仪,能正确安装精调小车和棱镜,掌握计算机端操作和精调螺杆的调节			
机具材料 及安全备品	全站仪　　　　　　CPⅢ棱镜　　　　　三脚架(小) 工控机　　　　　　精调小车　　　　　扭力扳手(小)			
作业安全 要求	1.作业过程中注意轻拿轻放仪器。 2.严禁不穿工装上道作业。 3.上下道时不得打闹嬉戏。 4.雷雨天气严禁上道作业			
作业程序与质量标准				
作业前	1.清点仪器设备,检查仪器完好情况			

作业前	2. 双块式无砟轨道完成粗调，并且安装完精调螺杆和道床板混凝土模板	
作业中	3. 安装棱镜及架设全站仪，确保全站仪位于前后 CP Ⅲ点位中间部位，且距离最近的 CPⅢ点不少于 15m。全站仪精平后采用后方交会的方法进行设站，设站完毕后瞄准精调小车棱镜	
	4. 在无砟轨道上安装精调小车，距离全站仪位置不超过 50m 左右	
	5. 打开计算机软件，进行参数设置，连接全站仪，并进行精调小车倾斜度测试，之后锁定全站仪。开始施工模式测量，选定新的序列，确认精调小车测量大、小里程方向	

作业中	6. 根据计算机测量高程和中线偏差值进行竖向和横向螺杆的调节, 直至满足测量值在 0.5mm 范围	
作业后	7. 整理检查仪器设备, 并放回指定位置	

实训概况			
实训日期		指导教师	
班级		姓名	
小组成员及任务分工	分项任务		人员
	全站仪设站		
	精调螺杆操作		
	电脑软件操作		
	CPⅢ测点棱镜安装		

实训成果
1. 全站仪设站质量成果(拍摄仪器设站质量图片贴于此处) 东坐标标准差(1σ): 北坐标标准差(1σ): 高程标准差(1σ): 方位角标准差:
2. 精调小车软件操作步骤(拍摄小车参数、通信、线路平纵断面等设置图片贴于此处)

3. 现场精调完毕应该满足什么要求? (拍摄电脑端对应轨枕处螺杆精调前数据及螺杆精调后数据图片,贴于此处)

4. 请详细列出双块式无砟轨道精调步骤

	目标			
评价	知识目标 (100分)	能力目标 (100分)	思政目标 (100分)	小计 (100分)
小组(个人)评价				
教师评价				
总体评价 = 小组(个人)评价(30%) + 教师评价(70%)				

实训评价

项目16　单开道岔检查实训作业指导书

（1）轨向高低检查

作业准备		
所属模块	轨道检查模块	 微课:普通单开道岔检查——轨向、高低检查
任务类型	小组	
实训目标	通过智慧职教慕课和虚拟仿真平台学习,掌握普通单开道岔轨向高低检查的部位及方法,能正确使用弦绳进行检查作业	
机具材料及安全备品	 钢板尺　　　塞尺　　　弦绳	
作业安全要求	1.作业过程中注意轻拿轻放仪器。 2.雷雨天气严禁上道作业。 3.上下道时不得打闹嬉戏。 4.上道所有作业人员必须穿着统一工装	
作业程序与质量标准		
作业前	1.负责人组织工机具、材料、数量、状态进行确认并设置防护 2.学习智慧职教慕课和虚拟仿真平台课程——普通单开道岔检查	
作业中	3.目测轨向:在距道岔30~50m处站立目视道岔直外股的轨向,目测道岔直上股工作边是否顺直、曲线是否圆顺。当发现轨向或高低不良区段时,再用弦绳和塞尺进行轨向和高低检查	

63

作业中	4.目测高低:在距道岔 30～50m 处在道岔尖轨前,俯身看工作边下颚部位高低	
	5.轨向检查:一般用 20m 的弦线在钢轨内侧套拉 10m 的测点	
	6.高低检查:一般用 20m 的弦线在钢轨顶面顺着前进方向套拉 10m 的测点进行数据测量	
作业后	7.将轨向和高低检查结果记录在"轨向、高低及其他栏内"。检查结束,由材料员清点工具,负责人组织检查现场,在材料机具登记本上登记,确保现场无杂物后,组织撤离现场	

普通单开道岔检查表   表 1

检查日期	检查项目	转辙部分					导曲线部分						辙叉部分										支距	记事
		前顺坡终点	尖轨尖端处	尖轨中	尖轨跟端		直线			导曲线			叉心前		叉心中		叉心后		查照间隔		护背距离			
					直	曲	前	中	后	前	中	后	直	曲	直	曲	直	曲	直	曲	直	曲		
	轨距																							
	水平			—									—	—					—	—	—	—		
	轨向、高低及其他																							
	临时补修日期及内容																							
	轨距																							
	水平			—									—	—					—	—	—	—		
	轨向、高低及其他																							
	临时补修日期及内容																							

实训概况			
实训日期		指导教师	
班级		姓名	

实训成果
1. 道岔轨向检查过程图片
2. 道岔高低检查过程图片

实训评价				
评价	目标			
	知识目标 (100分)	能力目标 (100分)	思政目标 (100分)	小计 (100分)
小组(个人)评价				
教师评价				
总体评价 = 小组(个人)评价(30%) + 教师评价(70%)				

项目 16　单开道岔检查实训作业指导书

（2）轨距水平检查

作业准备			
所属模块	轨道检查		
任务类型	小组		
			微课：普通单开道岔检查——轨距水平检查
实训目标	通过智慧职教慕课和虚拟仿真平台学习，掌握普通单开道岔轨距水平检查的部位及方法，能正确使用道尺进行检查作业并正确记录检查数值		
机具材料及安全备品	钢板尺　　塞尺　　电子道尺		
作业安全要求	1.作业过程中注意轻拿轻放仪器。 2.雷雨天气严禁上道作业。 3.上下道时不得打闹嬉戏。 4.上道所有作业人员必须穿着统一工装		
作业程序与质量标准			
点前准备	1.作业负责人对作业人员上道进行点名、分工、技术交底、安全教育和健康问询		
	2.作业负责人组织工机具、材料、数量、状态进行确认		
作业前	1.设置防护		
	2.校准道尺，调头测量，检查电子道尺水平精度，校核误差在 0.2mm 以内；普通道尺水平误差在 ±1mm 以内		

作业前	3. 学习智慧职教慕课和虚拟仿真平台课程——单开道岔检查,清楚9号普通单开道岔轨距水平检查的17各点位。确定基准股:一般以直上股钢轨和曲上股钢轨为直线和曲线股道水平检查的基准股	
作业中	4. 第1处:尖轨前顺坡终点。 具体位置:基本轨接头第二个螺栓处(距基本轨端部200～250mm处)	
	5. 第2处:尖轨尖端处。 具体位置:在距尖轨尖端50～100mm处(此处50－9号道岔轨距加宽15mm,即1450mm)	
	6. 第3处:尖轨中部。 具体位置:在尖轨刨切终点处,即涂有轨距加宽的部位(此处轨距加宽50－9号道岔为9mm,即1444mm),此处不检查水平	

作业中	7. 第 4 处:尖轨跟端直股。 　具体位置:在尖轨跟曲股对应处,放在连接轨夹板第二螺栓处(此处 50－9 号道岔轨距加宽 4mm,即 1439mm)	
	8. 第 5 处:尖轨跟端曲股。 　具体位置:放在连接轨夹板第二螺栓处,在导曲线轨端 100mm 范围内,不能在尖轨上(此处 50－9 号道岔轨距加宽 4mm,即 1439mm)	
	9. 第 6 处:导曲线部分直股前。 　具体位置:在距尖轨跟端 1.5m 处	
	10. 第 7 处:导曲线部分导曲线前。 　具体位置:在尖轨跟端 3m 处(此处 50－9 号道岔轨距加宽 15mm,即 1450mm)	
	11. 第 8 处:导曲线部分导曲线中。 　具体位置:放在导曲线内股接头第二螺栓处(此处 50－9 号道岔轨距加宽 15mm,即 1450mm)	

作业中	12.第 10 处:导曲线部分直股中。 　具体位置:在直内股接头第二螺栓处	
	13.第 10 处:导曲线部分直股后。 　具体位置:距辙叉前直线段 4m 处	
	14.第 11 处:导曲线部分导曲线后。 　具体位置:距辙叉导曲线终点前 4m 处(此处 50 – 9号道岔轨距加宽 15mm,即 1450mm)	
	15.第 12 处:叉心前曲股。 　具体位置:在辙叉趾端 100mm 范围内,放在辙叉接头第四、第五螺栓处	
	16.第 13 处:叉心中曲股。 　具体位置:在辙叉心宽 20 ~ 50mm 范围内。先检查轨距,后检查查照间隔和护背距离(即查照间隔≥1391mm、护背距离≤1348mm),此处不检查水平,道尺活动端应在叉心一侧	

作业中	17. 第 14 处:叉心后曲股。 　具体位置:在距岔跟 100mm 范围内,放在辙叉跟第二个螺栓处	
	18. 第 15 处:叉心后直股。 　具体位置:在距岔跟 100mm 范围内,放在辙叉跟第二个螺栓处	
	19. 第 16 处:叉心中直股。 　具体位置:在辙叉心宽 20~50mm 范围内。先查轨距,后检查查照间隔和护背距离(即 91、48),此处不检查水平,道尺活动端应放在心轨一侧	
	20. 第 17 处:叉心前直股。 　具体位置:在辙叉趾端 100mm 范围内,放在辙叉接头第四、第五螺栓处	
作业后	21. 检查结束,由材料员清点工具,负责人组织检查现场,在材料机具登记本上登记,确保现场无杂物后,组织撤离现场	

9 号道岔检查点 17 处标准轨距

表 2

第 1 处：尖轨前顺坡终点 1435mm	第 2 处：尖轨尖端 1445mm	第 3 处：尖轨中部（尖轨刨切终点）1442mm	第 4 处：尖轨跟端直股 1439mm	第 5 处：尖轨跟端曲股（导曲线起点处）1439mm	第 6 处：尖轨跟端后直股（距跟端 1.5m）1435mm	第 7 处：导曲线前部（距导曲线起点 3m）1445mm	第 8 处：导曲线中部 1445mm	第 9 处：导曲直股中部 1435mm
第 10 处：直股后部 1435mm	第 11 处：导曲线后部（距导曲线终点 4m）1445mm	第 12 处：辙叉曲股前 1435mm	第 13 处：辙叉曲股中轨距 1435mm；查照间隔 ≥1391mm 护背距离 ≤1348mm	第 14 处：辙叉曲股后 1435mm	第 15 处：辙叉直股后 1435mm	第 16 处：辙叉直股中 1435mm（查照和护背）	第 17 处：辙叉直股前 1435mm	

<table>
<tr><td colspan="4" align="center">实训概况</td></tr>
<tr><td align="center">实训日期</td><td></td><td align="center">指导教师</td><td></td></tr>
<tr><td align="center">班级</td><td></td><td align="center">姓名</td><td></td></tr>
</table>

实训成果

将检查结果记录在道岔记录簿中,同时在下方粘贴个人进行尖轨尖端、尖轨中、导曲线前直股、导曲线前曲股、导曲线后直股、导曲线后曲股轨距水平测量的过程图片

实训评价				
评价	目标			
	知识目标 (100分)	能力目标 (100分)	思政目标 (100分)	小计 (100分)
小组(个人)评价				
教师评价				
总体评价 = 小组(个人)评价(30%) + 教师评价(70%)				

项目 16 单开道岔检查实训作业指导书

（3）支距检查

作业准备		
所属模块	轨道检查	
任务类型	小组	
		微课：普通单开道岔检查——支距检查
实训目标	通过智慧职教慕课和虚拟仿真平台学习，掌握普通单开道岔支距检查的部位及方法，能正确使用支距尺进行检查作业并正确记录检查数值	
机具材料及安全备品	 支距尺	
作业安全要求	1.作业过程中注意轻拿轻放仪器。 2.雷雨天气严禁上道作业。 3.上下道时不得打闹嬉戏。 4.上道所有作业人员必须穿着统一工装	
作业程序与质量标准		
作业前	1.负责人组织工机具、材料、数量、状态进行确认	
	2.学习智慧职教慕课和虚拟仿真平台课程——普通单开道岔支距检查	
作业中	3.支距检查位置从直上股钢轨尖轨跟端开始，沿着直上股方向每隔2m为一测点，量测直上股作用边至曲上股作用边距离 f，量测到导曲线终点结束。道岔支距检查点一般用红色小方框标识在直上钢轨头部外侧 	

74

作业中	4.支距尺使用方法:丁字尺头部中心对准直上股量测点,两个胶轮顶紧直上股作用边,确保支距尺垂直;此时移动卡尺,使卡尺尖端紧贴曲上股钢轨工作边,则红色刻度线对准位置即支距读数,读数以 mm 为单位并取整	
	5.检查位置:支距检查部位的位置偏差不得超过10mm。道岔支距每隔 2m 横距的检查点用于标识在直上股钢轨头部的外测位置	标定支距点
	6.检查导曲线支距,对照理论计算支距,其检查记录方式为:实量支距大于理论支距时,记为" + "反之为" - ",支距检查记录在"支距"栏内。勾画偏差值超过1mm 区段,进行调整	60kg/m钢轨道岔支距尺寸表 表格如下
作业后	7.检查结束,由材料员清点工具,负责人组织检查现场,在材料机具登记本上登记,确保现场无杂物后,组织撤离现场	

60kg/m钢轨道岔支距尺寸表

序号	道岔支距尺寸(mm)	
	9号	12号
1	154	311
2	213	401
3	294	502
4	397	615
5	522	739
6	670	875
7	840	1022
8	1032	1181
9	1208	1211

实训概况			
实训日期		指导教师	
班级		姓名	

实训成果
将检查结果记录在道岔记录簿中,同时在下方粘贴个人使用支距尺的过程图片

实训评价				
评价	目标			
	知识目标 (100分)	能力目标 (100分)	思政目标 (100分)	小计 (100分)
小组(个人)评价				
教师评价				
总体评价=小组(个人)评价(30%)+教师评价(70%)				

项目 16　单开道岔检查实训作业指导书

(4)轮缘槽及动程检查

作业准备			
所属模块	轨道检查	微课:普通单开道岔检查——查照间隔、护背距离检查	微课:尖轨动程检查
任务类型	小组		
实训目标	通过智慧职教慕课和虚拟仿真平台学习,掌握普通单开道岔查照间隔、护背距离、轮缘槽宽度、尖轨动程检查的部位及方法,以及查照间隔、护背距离、轮缘槽宽度、尖轨动程的容许范围		
机具材料及安全备品	钢板尺　　　塞尺　　　电子道尺		
作业安全要求	1. 作业过程中注意轻拿轻放仪器。 2. 雷雨天气严禁上道作业。 3. 上下道时不得打闹嬉戏。 4. 上道所有作业人员必须穿着统一工装		
作业程序与质量标准			
作业前	1. 学习智慧职教慕课和虚拟仿真平台课程——单开道岔检查,清楚查照间隔、护背距离概念		
作业中	2. 检查位置:两黑色线条长度位置为心轨顶面宽度为 20～50mm 地段,红色线条为心轨宽度 30mm 处,一般道尺放置在此处		

作业中	3.检查方法:将道尺活动端朝向心轨处,固定端顶紧护轨工作边;当活动端紧贴心轨工作边时量取查照间隔;当活动端紧贴翼轨工作边时量取护背距离	 查照间隔 护背距离
	4.标准:查照间隔允许变化范围:1391～1394mm;护备距离允许变化范围:1346～1348mm	
	5.在护轨平直段量测基本轨工作边和护轨工作边的距离,为护轨轨轮缘槽宽度。标准值为42mm,容许偏差 -1～+3mm	开口段 缓冲段 平直段 缓冲段 开口段 护轨 咽喉
	6.尖轨第一动程:9号道岔直尖轨为142mm,曲尖轨为152mm,容许偏差 -1～+3mm	

作业中	7.以上各部尺寸检查时,如有超过容许偏差的,记录在轨向高低及其他或"记事"栏内。检查完毕,清理现场,整理设备	

实训概况			
实训日期		指导教师	
班级		姓名	
实训成果			
检查项目	成果照片		
查照间隔			
护备距离			
护轨轨轮缘			
尖轨动程			

实训评价				
评价	目标			
	知识目标 （100分）	能力目标 （100分）	思政目标 （100分）	小计 （100分）
小组(个人)评价				
教师评价				
总体评价 = 小组(个人)评价(30%) + 教师评价(70%)				

项目 17　提速道岔检查实训作业指导书

作业准备		
所属模块	轨道检查	微课:高速道岔检查——结构检查项目　微课:高速道岔检查——密贴性检查
任务类型	小组	
实训目标	通过智慧职教慕课和虚拟仿真平台学习,掌握提速道岔检查的点位和基本操作程序以及电子道尺、支距尺使用方法	
机具材料及安全备品		
	弦绳　钢板尺　塞尺　电子道尺　支矩尺	
	5m钢卷尺　检查锤　护备品	
作业安全要求	1.作业过程中注意轻拿轻放仪器。 2.雷雨天气严禁上道作业。 3.上下道时不得打闹嬉戏。 4.上道所有作业人员必须穿着统一工装	
作业程序与质量标准		
点前准备	1.校准量具:调头测量,检查道尺水平精度,校核误差在1mm以内(电子道尺水平精度校核误差在0.2mm以内)	

作业前	2.设置防护	
	3.校准量具,调头测量,检查电子道尺水平精度,校核误差在0.2mm以内	
作业中	4.测量轨向、高低。以道岔外直基本轨为基准股,使用钢板尺测量,在基准股钢轨布置弦绳,在钢轨非作用边检查轨向、轨顶面检查高低。若使用普通弦绳,将板厚设定为20mm,弦绳长设定为20m;若使用弦架测量轨向,固定在钢轨非工作边,板厚为100mm,长度一般不小于21m,进行逐枕测量	
	5.测量轨距、水平时,必须使用电子道尺按照检查记录本位置进行测量,在道岔转辙部分检查时,直股检查完毕后,将道岔转向曲股,并对曲股进行检查	
	6.使用塞尺检查道岔尖轨、心轨及各部位顶铁密贴情况,木折尺检查绝缘接头状态等	
	7.使用支距尺检查道岔支距,使用5m卷尺检查道岔框架尺寸	

作业中	8.使用检查锤检查道岔连接零配件状态	
作业后	9.检查结束,清点工具,负责人组织检查现场,在材料机具登记本上登记,确保现场无杂物后,组织撤离现场	

道岔完整检查部位及方法

序号	检测项目	检测工具	检测方法	示意图
1	道岔全长、轨件长度	钢卷尺、弹簧秤、磁力拉环	磁力拉环固定钢卷尺末端,弹簧秤拉紧端头,确认全长	
2	水平	轨距尺、轨道测量仪、轨道检查仪	轨距尺读取水平读数	
3	高低	弦线、钢板尺、轨道测量仪、轨道检查仪	轨顶用 10m 弦线每隔 5m 交替测量弦线至轨顶距离。轨道测量仪、轨道检查仪测量高低	

序号	检测项目	检测工具	检测方法	示意图
4	方向	弦线、钢板尺、轨道测量仪、轨道检查仪	轨头侧面（正线非工作边）用10m弦线每隔5m交替测量弦线至轨头工作边距离。轨道测量仪、轨道检查仪测量轨向	
5	方正差	方尺、支距尺、钢板尺	道岔始端任意处，方尺或支距尺垂直于直股工作边，钢板尺测量两基本轨始端至方尺或支距尺边距离，计算差值	
6	轨距	轨距尺、轨道测量仪、轨道检查仪	轨距尺水平放置于测量点位置处，使轨距尺垂直于轨距中心线，测量两钢轨之间最小距离	
7	尖轨与基本轨间隙	塞尺	分别使用塞尺中合适厚度的尺片，以确定间隙大小	
8	直尖轨工作边直线度	弦线、钢板尺	轨头侧面（尖轨工作边）用10m弦线每隔5m交替测量弦线至工作边距离	

序号	检测项目	检测工具	检测方法	示意图
9	尖轨与基本轨间顶铁间隙	塞尺	使用塞尺中合适厚度的尺片逐一反复滑塞,确定间隙大小	
10	尖轨轨底与滑床台间隙	塞尺	使用塞尺中合适厚度的尺片逐一反复滑塞,确定间隙大小	
11	尖轨相对基本轨降低值	尖轨降低值测量仪	参见说明书	
12	转辙器部分最小轮缘槽	卡钳、钢板尺	用卡钳在基本轨、尖轨之间滑动(16mm 工作边处),确定最窄处并量出数据	
13	尖轨限位器两侧间隙偏差	宽度尺、游标卡尺	测量限位器两边间隙,确定偏差	

序号	检测项目	检测工具	检测方法	示意图
14	道岔导曲线支距	支距尺	使用支距尺测量各个支距点数据	
15	岔枕位置及间距偏差	卷尺、盘尺	使用卷尺、盘尺测量岔枕位置及间距	
16	尖轨轨底与辊轮及滑床台间隙	辊轮专用安装、调整、检测工具	使用专用工具进行安装、调整和检测	
17	各种螺母紧固扭矩	扭矩扳手	使用扭矩扳手检测相应螺栓紧固扭矩是否达标	

序号	检测项目	检测工具	检测方法	示意图
18	顶面轮廓（含轨顶坡、降低值）	钢轨轮廓（磨耗）测量仪	使用钢轨轮廓（磨耗）测量仪测试钢轨顶面轮廓、轨顶坡和降低值	
19	可动心轨辙叉咽喉宽		同序号 12	
20	心轨和翼轨密贴		同序号 7	
21	叉跟尖轨与短心轨间隙		同序号 7	
22	心轨各控制断面相对翼轨降低值		同序号 11	
23	心轨轨底与台板间隙		同序号 10	
24	心轨直股工作边直线度		同序号 8	
25	心轨轨腰与顶铁间隙		同序号 9	
26	叉跟尖轨轨腰与顶铁间隙		同序号 9	
27	护轨平直段、缓冲段、开口段轮缘槽宽度		同序号 12	
28	查照间隔		同序号 6	
29	尖轨、心轨各牵引点处开口值		同序号 12	

提速道岔检查记录簿　　表2

检查日期	检查项目		转辙部分						导曲线部分					辙叉部分					支距	记事
			基本轨前端	尖轨尖端	尖轨中前部	尖轨中部竖切终点	尖轨中后部	尖轨跟端	前部	中前部	中部	中后部	后部	辙叉前部	辙叉中部	查照间隔	弹性可弯中心后部	辙叉后部		
	轨距	直													—					
		曲	—	—																
	水平	直				—											—	—		
		曲	—	—		—											—	—		
	轨向、高低及其他																			
	临时补修日期及内容																			

88

实训概况			
实训日期		指导教师	
班级		姓名	

实训成果

道岔结构检查记录表

站名：		道岔编号：	道岔类型：
项目		状态	销记签认
密贴	尖轨与基本轨		
	心轨与翼轨		
离缝	尖轨与滑床板		
	心轨与滑床板		
顶铁	转辙部分		
	辙叉部分		
岔枕	外观状态、空吊情况		
零配件	岔枕螺栓		
	弹性夹、防跳轮		
	间隔铁、防松设备		
	辊轮		
	胶垫、垫板		
	滑床板		
	弹条扣件		
钢轨	伤损、焊缝		
	硬弯、肥边		

实训评价

评价	目标			
	知识目标 （100分）	能力目标 （100分）	思政目标 （100分）	小计 （100分）
小组(个人)评价				
教师评价				
总体评价 = 小组(个人)评价(30%) + 教师评价(70%)				

项目 18 钢轨焊缝平直度及焊缝质量手工检查实训作业指导书

作业准备	
所属模块	轨道施工
任务类型	个人

微课:钢轨探伤仪使用

实训目标	通过智慧职教慕课和虚拟仿真平台学习,掌握长钢轨焊缝平直度及焊缝质量手工检查作业程序,以及焊缝平直度和焊缝质量检查标准
机具材料及安全备品	镜子　　1m平直尺　　塞尺　　防护备品　　防护备品 手工锤　　反光镜　　手电(头灯)　　放大镜　　活动扳手
作业安全要求	1.作业过程中注意轻拿轻放仪器。 2.雷雨天气严禁上道作业。 3.上下道时不得打闹嬉戏。 4.上道所有作业人员必须穿着统一工装
作业前	1.仪器检查:上道前检查1m平直尺,确保上道使用的平直尺没有发生变形;检查塞尺,确认塞尺无锈蚀现象

作业中	2.焊缝平直度检查包含轨顶面、作用边、轨底面三个项目。其中,轨顶面、作用边采用1m平直尺测量平直度的方法;轨底面采用反光镜外观检查的方式检查。平直度以焊缝为中心进行测量	
	3.上道测量焊缝平直度低塌处所,将平直尺搭在焊缝位置,利用塞尺测量最大低塌值作为该处平直度实测值	
	4.上道测量焊缝平直度突起处所,将平直尺搭在焊缝位置,同时按压平直尺的一端,利用塞尺测量平直尺的另一端与钢轨间隙,测量值除以2即该处焊缝平直度实测值	
	5.对检查发现的焊缝平直度数值进行记录	
	6.看(目视检查): (1)全面观察钢轨表面状态,注意观察焊缝所具有的特征,综合判断焊缝有无伤损; (2)观看轨头是否扩大或下垂,下颚是否有铁渣剥落和锈痕,轨底是否向上翘起; (3)检查钢轨焊缝伤损,霜雪天气,裂纹处沾着的霜雪往往较其他部分少,而且融化较慢,并有残留霜雪痕迹。雨后裂纹处留有明显的水痕和流锈现象,干后尚有红锈存在; (4)焊缝是否存在溢流肥边,钢轨炉号侵入焊缝等,做好记录建立台账	

作业中	7. 敲(小锤检查): (1)敲击时蹲在钢轨外侧(在桥上蹲在内侧),手握锤柄,使锤头高出轨面30~50mm,让小锤自由落下,平敲轨面,做到眼看跳动,耳听声音,手感震动,如钢轨良好,小锤将连续跳动3~5次,声音清脆;如钢轨有伤,小锤落下后,跳动次数明显减少,跳动的高度也很小,甚至不起跳,发出的声音浑浊不清,锤把震动无力; (2)如小锤敲后,不能准确判断伤损,可将小石子或硬币放在轨面,再用小锤敲击,看小石子或硬币是否随着小锤的敲击而跳动;如果小石子或硬币跳动,证明钢轨有伤; (3)用小锤敲击接头时应将夹板范围内全部敲到,从轨缝一侧轨端向夹板端部敲,然后折回至另一端,按序敲回至轨缝	
	8. 照: (1)照轨头侧面,下颚及轨腰,从镜中观看裂纹、锈线或其他伤损特征; (2)将小镜伸入轨底,从轨缝处向上反光或从上面反射光线射入轨缝内(阴天、隧道内可用手电),查看轨端裂纹; (3)卸下一个螺栓,用双面小镜或袖珍手电筒插入螺栓孔内,察看螺栓孔裂纹	
	9. 卸: (1)拆卸螺栓或夹板检查。如果用看、敲、照等方法检查后,仍不能判断接头处钢轨有无伤损,应卸下螺栓或卸下夹板进行检查,卸夹板时,应按更换夹板作业设好防护; (2)钢轨焊缝手工检查坚持"一看、二敲、三照、四卸"的程序进行,检查范围为焊缝两侧各400mm区域内,重点检查轨底有无撞击伤、划痕、扣件严重卡损等	

| 作业后 | 10. 检查结束,由材料员清点工具,作业负责人检查现场,在材料机具登记本上登记,确保工完料净后,组织撤离现场 | |

实训概况			
实训日期		指导教师	
班级		姓名	

实训成果

在下方列出焊缝平直度检查质量标准及现场检查结果(建议结果以现场图片展示)		
检查部位	平直度标准及外观检测	检查结果
钢轨顶面		
钢轨工作边		
钢轨底部		

实训评价				
评价	目标			
	知识目标 (100分)	能力目标 (100分)	思政目标 (100分)	小计 (100分)
小组(个人)评价				
教师评价				
总体评价 = 小组(个人)评价(30%) + 教师评价(70%)				

项目 19　焊缝平直度检查及精磨实训作业指导书

视频:钢轨打磨作业

作业准备	
所属模块	轨道维护
任务类型	个人
实训目标	通过智慧职教慕课和虚拟仿真平台学习,掌握焊缝平直度检查及精磨作业的基本程序,能熟练使用设备,以及钢轨焊缝平直度的标准
机具材料及安全备品	 精磨机　　1m平直尺　　照明灯具　　塞尺　　探伤仪　　防护设备
作业安全要求	1.作业过程中注意轻拿轻放仪器。 2.雷雨天气严禁上道作业。 3.上下道时不得打闹嬉戏。 4.上道所有作业人员必须穿着统一工装。 5.砂轮片必须完好,无裂纹痕迹,砂轮片安装应坚固,螺栓无松动、失效,防护罩完好。磨轨时,铁屑能飞溅到的地方严禁站人。距打磨机砂轮转动前方30m内,禁止人员站立或走动,以免砂轮碎裂飞出砸伤人。 6.正确使用磨轨机,打磨量的控制要适度,推动动作要平衡、均匀,以免动作过猛,使打磨过量造成砂轮片碎裂

作业程序与质量标准	
作业前	1.精磨前,钢轨焊缝现场复核病害。使用1m平直尺、塞尺对钢轨面、作用边进行复测。其中,钢轨顶面面平直度测量在轨面中心及两侧测3次
作业中	2.准备精磨机,对焊缝进行打磨

作业中	3.打磨后,使用平直尺复核病害,若复核结果不合格继续进行打磨	
	4.打磨完成后,清理钢轨,进行钢轨焊缝探伤	
作业后	5.作业结束,由材料员清点工具,作业负责人检查现场,在材料机具登记本上登记,确保工完料净后,组织撤离现场	

实训概况			
实训日期		指导教师	
班级		姓名	

实训成果		
主要作业程序	成果照片	质量要求
平直尺复测		
焊缝打磨		
焊缝探伤		
现场整理		

实训评价				
评价	目标			
	知识目标 （100分）	能力目标 （100分）	思政目标 （100分）	小计 （100分）
小组(个人)评价				
教师评价				
总体评价 = 小组(个人)评价(30%) + 教师评价(70%)				

项目 20　轨道精调实训作业指导书

作业准备		微课:安伯格小车数据采集	微课:轨检小车软件操作(南方小车)	微课:TDES 曲线调整方法
所属模块	轨道精调			
任务类型	小组任务			
实训目标	通过智慧职教慕课和虚拟仿真平台学习,掌握轨道精调基本操作程序,会安装 AMBERG 小车,熟悉计算机端操作,能进行后期数据的调整并生成现场轨道调整方案			
机具材料及安全备品	全站仪　　AMBERG小车　　精测棱镜　　电子道尺　　防护备品			
作业安全要求	1. 作业过程中注意轻拿轻放仪器。 2. 雷雨天气严禁上道作业。 3. 上下道时不得打闹嬉戏。 4. 上道所有作业人员必须穿着统一工装			
作业程序与质量标准				
作业前	1. 校准道尺:调头测量,检查电子道尺水平精度,校核误差在 0.2mm 以内			
	2. 校准全站仪:对全站仪调平,确保倾斜 L、T 皆在 0.003° 以内			

作业前	3. 校准 AMBERG 小车:使用软件对 AMBERG 小车进行校准,超高≤0.2mm,轨距≤0.2mm	
作业中	4. 安设棱镜:每站安设 8 个棱镜,保证棱镜面朝向全站仪	
	5. 利用笔记本或计算机将在室内已经录入的 CPⅢ点位数据、线性资料等数据导入	
	6. 全站仪设站:选择"后方交会"进行自由建站,采用 8 个 CPⅢ作为后视点,CP3 与自由测站点距离大于等于 15m,每站有效距离为 60~80m。设站精度倾斜 L、T 皆在 0.0010°以内	
	7. 全站仪设站完毕照准轨道小车棱镜,小车锁定全站仪,开始轨道测量。轨道测量采用"一枕一测"的方式逐根进行,全站仪换站搭接偏差值≤2mm,对精测线路扣件进行检查登记,便于制订精调方案	

作业后	8.测量结束,由材料员清点工具,作业负责人检查现场,在材料机具登记本上登记,确保工完料净后,组织撤离现场	
	9.内业数据处理分析,制作精调方案	

实训概况			
实训日期		指导教师	
班级		姓名	

实训成果

1. 主要设备操作步骤及质量要求

主要设备	操作步骤及质量控制标准	操作过程图片
全站仪设站		
小车操作		

2. 小组轨道精调外业采集数据成果,以电子表格形式交付

实训评价				
评价	目标			
	知识目标 (100分)	能力目标 (100分)	思政目标 (100分)	小计 (100分)
小组(个人)评价				
教师评价				
总体评价 = 小组(个人)评价(30%) + 教师评价(70%)				

项目 21　无砟轨道道床板裂纹修补实训作业指导书

<table>
<tr><td colspan="2" align="center">作业准备</td><td rowspan="3"></td></tr>
<tr><td>所属模块</td><td align="center">轨道维护</td></tr>
<tr><td>任务类型</td><td align="center">个人</td></tr>
<tr><td colspan="2"></td><td align="center">微课:板式无砟轨道裂缝检查</td></tr>
<tr><td>实训目标</td><td colspan="2">通过智慧职教慕课和虚拟仿真平台学习,掌握无砟轨道道床板裂纹整治作业的基本程序,会进行微小裂纹修补,并有效防治病害延伸</td></tr>
<tr><td rowspan="2">机具材料
及安全备品</td><td colspan="2">
毛刷　　真空吸尘器　　计量工具　　搅拌工具　　称料容器　　表面封闭材料</td></tr>
<tr><td colspan="2">
灌注胶　　石英砂　　角磨机　　涂刷工具　　防护备品</td></tr>
<tr><td>作业安全
要求</td><td colspan="2">1.作业过程中注意轻拿轻放仪器。
2.雷雨天气严禁上道作业。
3.上下道时不得打闹嬉戏。
4.上道所有作业人员必须穿着统一工装</td></tr>
<tr><td colspan="3" align="center">作业程序与质量标准</td></tr>
<tr><td>作业前</td><td>1.防护设置完毕,确定需整治道床板裂纹位置,按照作业分工进行作业</td><td></td></tr>
</table>

作业中	2.使用毛刷、真空吸尘器将裂纹内部和表面灰尘等杂物清理干净	
	3.先按照比例配胶,将灌注胶徐徐注入裂纹缝隙内;然后将石英砂撒入裂纹处,配合灌注胶将裂纹填补完全	
	4.待胶体完全凝固后,使用角磨机对修补处所进行打磨,将表面打磨光滑且去道床表面平齐	
	5.配制表面封闭用修补材料,搅拌均匀,再均匀涂刷在裂纹处	
作业后	6.作业结束,由材料员清点工具,作业负责人检查现场,在材料机具登记本上登记,确保工完料净后,组织撤离现场	

实训概况			
实训日期		指导教师	
班级		姓名	

实训成果		
主要作业程序	成果照片	质量要求
裂纹内部和表面杂物清理		
裂缝灌浆		
角磨机打磨		
表面封闭		

实训评价				
评价	目标			
	知识目标 （100分）	能力目标 （100分）	思政目标 （100分）	小计 （100分）
小组(个人)评价				
教师评价				
总体评价＝小组(个人)评价(30%)＋教师评价(70%)				

项目 22　双块式轨枕离缝注胶实训作业指导书

动画:高铁精调维护

作业准备	
所属模块	轨道维护
任务类型	个人
实训目标	通过智慧职教慕课和虚拟仿真平台学习,掌握双块式轨枕离缝注胶作业基本程序,熟练掌握设备的使用,掌握无砟线路轨枕离缝修补作业的标准
机具材料及安全备品	 钢丝刷　棉纱　钢钎　角磨机　灌注胶　表面封闭胶　抹刀 计量工具　称料容器　吹风机　碘钨灯　发电机　防护备品
作业安全要求	1.作业过程中注意轻拿轻放仪器。 2.雷雨天气严禁上道作业。 3.上下道时不得打闹嬉戏。 4.上道所有作业人员必须穿着统一工装
作业程序与质量标准	
作业前	1.防护设置完毕,确定需整治轨枕离缝位置,按照作业分工进行作业

作业中	2.使用角磨机对轨枕离缝进行拉槽,用钢刷、吹风机将杂物清理干净	
	3.按照比例配胶,延拉槽徐徐倒入灌注胶	
	4.待灌注胶已全部填满离缝且凝固,按照比例配表面封闭用涂层材料。使用抹刀涂抹均匀封闭轨枕与道床板离缝表面	
	5.可使用碘钨灯加快胶体凝固	
作业后	6.作业结束,由材料员清点工具,作业负责人检查现场,在材料机具登记本上登记,确保工完料净后,组织撤离现场	

实训概况			
实训日期		指导教师	
班级		姓名	

实训成果		
主要作业程序	成果照片	质量要求
检查离缝		
用磨机对轨枕离缝拉槽进行处理		
清理离缝		
离缝灌浆		

实训评价				
评价	目标			
	知识目标 (100分)	能力目标 (100分)	思政目标 (100分)	小计 (100分)
小组(个人)评价				
教师评价				
总体评价＝小组(个人)评价(30％)＋教师评价(70％)				

107

项目 23　轨道检查仪检查线路实训作业指导书

作业准备		
	微课:瑞邦轨道检查仪	微课:瑞邦小车软件操作
所属模块	轨道精调	
任务类型	小组任务	
实训目标	通过智慧职教慕课和虚拟仿真平台学习,掌握用轨道检查仪进行轨道状态相对检测的基本操作程序,清楚电脑端的操作,并能进行后期外业数据的整理和方案的生成	
机具材料及安全备品	 轨道检查仪　　　　电子道尺　　　防护备品	
作业安全要求	1.作业过程中注意轻拿轻放仪器。 2.雷雨天气严禁上道作业。 3.上下道时不得打闹嬉戏。 4.上道所有作业人员必须穿着统一工装	
作业程序与质量标准		
作业前	1.仪器组装: (1)检测机器各部分,有无松动现象; (2)将纵梁和横梁对接,拨动扳手端头卡簧朝下,拉起连接部位的卡板手柄,使横梁、纵梁连接紧固,连接数据线,安装电池盒; (3)将计算机卡紧在手推架托架上,并调整手架高度; (4)打开电源开关及面板开关检查数据信号接通是否正常	
	2.标定检测小车	

作业前	3.仪器组装好之后,打开计算机进入系统,根据主菜单提示,选择相应的功能界面,导入线路资料	
作业中	4.确定小车起始点位置,进行检测,用电子道尺复核检测数据: (1)曲线前根据提示,标记曲线特征。 (2)检测过程中为防止非正常情况下突然断电,数据采集可采用自动保存,并设定间隔时间,建议间隔为5~10min	
作业后	5.仪器拆卸下道 (1)仪器采集数据完毕后,在轨道检查状态按 ESC 键退出,再按回车键确定键,此时测得的数据文件将自动保存在面板内存中;再按面板系统操作步骤,将面板正常关机,再将电池的工作开关置于空位,最后将仪器下道。 (2)将 U 盘接入控制面板 USB 接口,开机将检测数据导出道 U 盘中,关机后拔出 U 盘	
	6.检查结束,由材料员清点工具,作业负责人检查现场,在材料机具登记本上登记,确保工完料净后,组织撤离现场	
	7.内业资料数据处理,导出线路超限报表,制作精调方案	

实训概况			
实训日期		指导教师	
班级		姓名	

实训成果

1. 计算机软件设备操作步骤及质量要求

操作	操作步骤及质量控制标准	操作过程图片
电脑端线形文件		
数据采集界面		

2. 小组轨道检测外业采集数据成果,以电子表格形式交付

实训评价				
评价	目标			
	知识目标 (100 分)	能力目标 (100 分)	思政目标 (100 分)	小计 (100 分)
小组(个人)评价				
教师评价				
总体评价 = 小组(个人)评价(30%) + 教师评价(70%)				